教育部立项推荐

高等职业教育物流管理专业紧缺人才培养指导方案配套教材

物流基础

（第2版）

周建亚　主编

中国财富出版社

图书在版编目（CIP）数据
物流基础/周建亚主编．—2版．—北京：中国财富出版社，2015.8
（教育部立项推荐高等职业教育物流管理专业紧缺人才培养指导方案配套教材）
ISBN 978-7-5047-5782-1

Ⅰ.①物…　Ⅱ.①周…　Ⅲ.①物流—高等职业教育—教材　Ⅳ.①F252

中国版本图书馆CIP数据核字（2015）第148262号

策划编辑　张　茜　　责任编辑　颜学静
责任印制　何崇杭　　责任校对　杨小静　　责任发行　斯　琴

出版发行　中国财富出版社
社　　址　北京市丰台区南四环西路188号5区20楼　　邮政编码　100070
电　　话　010-52227568（发行部）　　010-52227588转307（总编室）
　　　　　010-68589540（读者服务部）　　010-52227588转305（质检部）
网　　址　http://www.cfpress.com.cn
经　　销　新华书店
印　　刷　中国农业出版社印刷厂
书　　号　ISBN 978-7-5047-5782-1/F·2422
开　　本　787mm×1092mm　1/16　　版　　次　2015年8月第2版
印　　张　20　　印　　次　2015年8月第1次印刷
字　　数　499千字　　定　　价　42.00元

第 2 版前言

我们依据国家规划教材的要求，结合 2005 年开始实施的我国《物流企业分类与评估指标》国家标准和 2006 年修订的国家标准《物流术语》（修订版）（GB/T 18354）、2014 年国务院印发的《关于加快发展现代职业教育的决定》及《物流业发展中长期规划（2014—2020 年）》等文件要求，参照人力资源和社会保障部颁发的物流师职业标准，在 2006 年第 1 版的基础上，根据教学需要组织编写了本教材。

本教材是国家物流管理、物流工程专业通用的理论教学与技能训练一体化系列高职教材之一，是按工作任务的设计而编写的，贯彻了“以能力为本位、基于工作过程”的教学理念。

本教材具有如下特点：

（1）坚持就业导向。我们先后奔赴诸多物流企业与科研院所和高等学校进行了大量调研，从而瞄准物流管理相关就业群，准确定位高职物流管理专业办学方向，真正引导学生在实践中找岗位、在岗位上练技能、以技能谋就业、以思维求发展。

（2）源于物流企业。经过课改实践与反复研讨，我们绘制了物流企业的一般组织结构与岗位设置模型图，收集了各岗位的工作职责，对该组织结构中与物流管理专业相关的岗位职责进行了分析，归纳出典型工作任务，依据典型工作任务确定了物流管理专业的行动领域，最后将这些工作领域转化为学习领域进行本教材的编写。

（3）基于工作过程。本教材以基于工作过程的课程理念为指导，分单元模块来进行，每一模块按照“教学目标—引导案例—相关知识—任务实施—资料链接—模块总结—自测练习”的主线，以案例为驱动，围绕工作任务，全面阐述物流业务中的基础理论、组织和管理的技术与操作规程，简要阐述现代物流的基本知识，紧紧围绕应用型本专科培养的第一线所需要的高技能专门人才的目标，坚持改革、创新的精神，按照先进、精简、适用的原则选择教材内容，兼顾“知识点”“技能点”和“能力点”，体现了应用性、技术性与实用性特色。

（4）遵循认识规律。由于物流管理是一门发展迅速、新成果层出不穷的学科，因此，在教材的编写过程中，尽量从学生学习的角度出发，深入浅出，循序渐进，使学习内容逐步深化。全书从物流管理的实际案例入手，引出各模块的重要概念、基本原理和运作程序，并从理论上和实践环节上进行分解阐述，便于读者准确了解所学知识。既注重了理论的系统性和规范性，又突出了实用性和灵活性，在内容上既体现了物流管理战略的国际化，又体现了策略的本土化，本着全面、客观的原则，尽可能翔实、客观地将目前物流管理学科的不同观点展示出来，以便于教学和自学使用。

本教材由武汉工商学院物流学院院长周建亚教授担任主编，赵智锋、代承霞担任副主编，杨芬芳、李海英、程红兰、李散绵参加了编写。在教材编写过程中，我们参考了国内外的相关文献和物流专业方面的教材，以及大量研究成果，在此，对涉及的专家、学者表示衷心的感谢！

由于编者水平有限，教材中错误与不足难免存在，敬请同行及读者予以批评指正。

编　者
2015年5月

目 录

模块一　现代物流概论

知识目标

（1）理解物流的概念、传统物流和现代物流的区别。
（2）掌握物流和商贸的关系。
（3）了解物流的产生和发展。

能力目标

（1）能阐述物流与市场营销、国际贸易、运输、仓储的关系。
（2）熟悉物流服务、物流服务需求、物流服务市场的关系。

素质目标

（1）初步形成对物流专业的职业认同感。
（2）逐步形成并掌握学习适用物流专业知识技能的方法。

引导案例

城市生鲜蔬菜供应

学生小王到某小区农贸市场调研，发现本小区农贸市场多家生鲜超市销售蔬菜的商贩的进货渠道基本有两种：①清晨4点到白沙洲蔬菜大市场去采购，蔬菜大市场的菜价比较低，货源有保障，但需配置一辆汽车，雇用一个司机把蔬菜运到农贸市场，而运输成本分摊到每斤蔬菜上转嫁给消费者承担。②与近郊的蔬菜种植经理人联系，请蔬菜种植户把蔬菜送到农贸市场摊位上，这样的进货成本高，而蔬菜相对新鲜，可以卖好价钱。

学生们经过观察分析，采用第一种方式进货的商贩，专门养一台车一个司机，主要只是清早发挥一下作用，很长时间闲置，因此增加了成本；而蔬菜种植户自备车把蔬菜送到农贸市场要受车辆、人力的限制，货源及价格都要受运输条件的影响。

于是同学们决定开一个物流公司，专门为蔬菜种植户、农民经纪人、生鲜超市商贩服务。

请思考：1. 设计一个物流实施方案，说明如何使各方都受益。

2. 请制作该方案作业流程图，表明该方案中物流、商流、信息流、资金流的流程及相关关系。

任务一　了解物流

相关知识

一、初步认识物流

人类社会的经济活动是由生产、流通和消费所构成的。流通活动的内容包括商流、物流、资金流和信息流（见图1-1）。

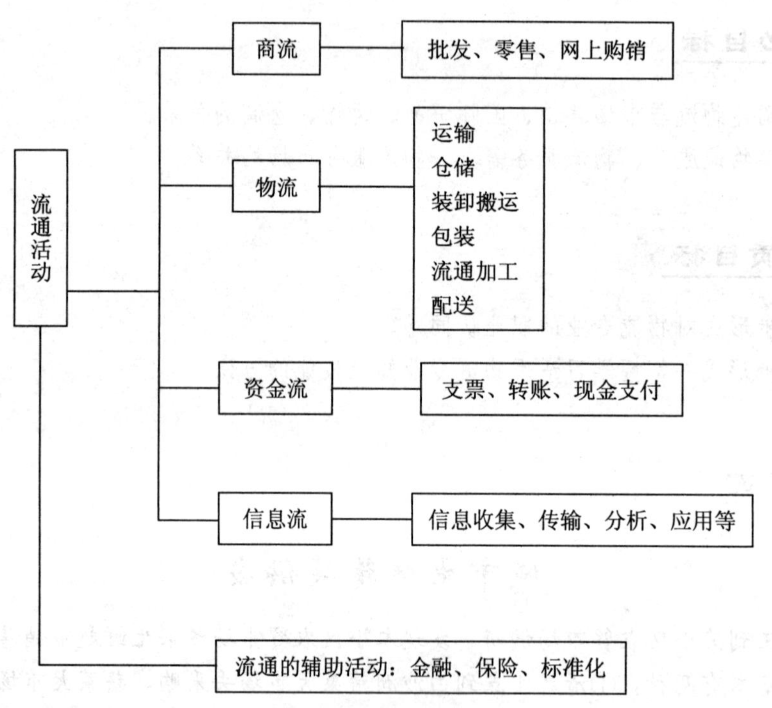

图1-1　流通活动内容

资金流从属于商流，信息流从属于商流和物流，因而一般认为流通活动主要包括商流和物流。

根据经济学的观点，物资的再生产过程包括两个领域，即生产领域和流通领域。生产领域指承担社会物质的生产任务，将一种物资改造成另一种物资，并使其具有新的价值和使用价值。流通领域指把生产的商品及时地从生产者手中转移到消费者手中的路径，包括物流和商流两种形式。

小贴士

商流与物流的区别

(1) 物流是物资实体的流动，目的是消除供需间的空间距离和时间距离、同时创造物资的空间效用和时间效用。商流是物资的等价交换运动和所有权转移运动，以消除供需之间的社会距离、创造物资的所有权效用。

(2) 商品是价值和使用价值的对立统一体，一方面表现为使用价值物的运动、另一方面表现为价值物的运动。使用价值物的运动表现为时间、空间位置变化运动即物流，价值物运动表现为与货币等的等价交换和商品所有权转移运动即商流。

(3) 商流和物流是相互独立的、可以独立进行。没有商流的物流和没有物流的商流也是可能的。在商品流通情况下，物流和商流既分工又合作、既互相区别又互相联系、既独立又统一，大家和谐相处共同完成流通功能。

商流和物流的分离是人类经济活动的一大进步。因为商流和物流具有各自不同的活动内容和规律，使商品的交易过程和实物的运动过程不一定一致，所以在合理组织流通的活动中实现商物分离是提高社会经济效益的客观需要。如图 1-2 所示。

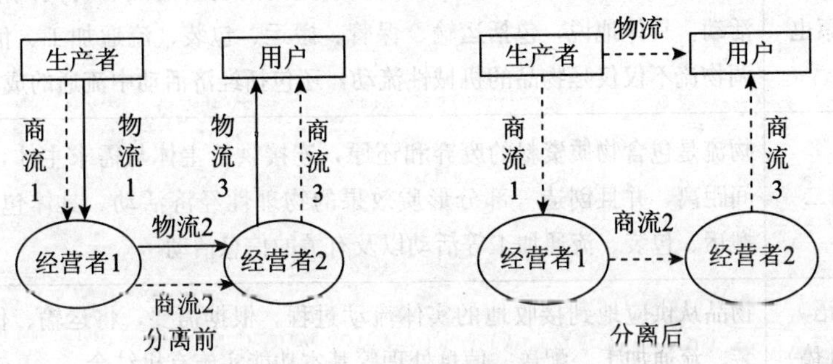

图 1-2　商流和物流的分离

小贴士

物流活动的主要内容

一个完整的流通活动，必然会涉及商流、物流、信息流和资金流四个流通过程。资金流是在商品所有权转移过程中发生的，故从属于商流；信息流分别从属于商流和物流，即物流信息和商流信息。所以流通活动实际上是由商流和物流组成的。商流解决商品所有权问题，实现商品的价值。物流解决实物从生产（供应）地向使用地转移问题，实现商品的使用价值。由此可见，物流是整个流通活动中最重要的组成部分，是信息流、资金流的基础和载体。

二、物流的定义

物流概念由于各国侧重点不同，对物流的定义也不同，主要观点如表1-1所示。

表1-1 各国物流概念比较

项目	主要概念
美国物流协会（CLM）	以获得最高效率、最大成本以及满足客户需求为目的，从商品的生产到消费地对原材料、在制地、产成品以及相关信息资料的流动与储存进行设计、实施和控制的过程。美国密歇根大学的斯素基教授所倡导的物流的主要目的：完美的价格、适宜的商品，主要表现为：①按交货期将所订购商品适时且准确地交给用户；②尽可能地减少订货断档，维持适当的库存量；③配备适当的物流配送中心以提高配送效率；④提高运输、保管、搬运、包装、流通加工等作业效率；⑤保证订货、送货及配送的信息畅通无阻；⑥物流成本最低
德国学者R. 尤明曼	物流学是对系统（企业、地点、国家、国际）的物料及有关的信息流进行规划与管理的科学理论
日本学者菊池康也	物流是为消除商品从生产者到消费者之间的场所间隔和时间间隔的物理性经济活动。具体地说，包括运输、保管、搬运、包装、流通加工、信息活动等（强调物流不仅仅是物品的机械性流动，还包括经济活动中流通的成本和收益问题）
日本学者林周二	物流是包含物质资料的废弃和还原，连接供给主体与需求主体，克服空间和时间距离，并且创造一部分形质效果的物理性经济活动。具体包括运输、保管、搬运、包装、流通加工等活动以及有关的信息活动
我国《物流术语》国家标准（报批稿）	物品从供应地到接收地的实体流动过程。根据需要，将运输、保管、搬运、包装、流通加工、配送、信息处理等基本功能实施有机结合

一、活动准备

学生分小组，以小组为单位结合案例讨论物流的主要活动和物流的概念等。

二、活动实施

每个小组分别查找一个关于物流主要活动的案例，进行小组讨论，进而阐述对物流概念的理解。

三、技能训练

请讨论：1. 什么是物流？

2. 物流的主要活动涉及哪些内容？

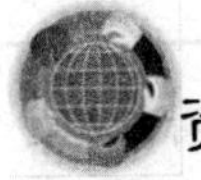
资料链接

1. 中国物流与采购网 . http：//www. chinawuliu. com. cn.

2. 申纲领主编、赵智锋主审，《物流管理案例引导教程》，人民邮电出版社，2009 年版 .

任务二　现代物流的概念

相关知识

一、物流概念的发展

物流的定义并不是永恒不变的，目前关于物流的定义只是站在当前经济和社会生产力发展条件下来制定的。在社会经济领域中，物流活动无处不在，但由于物流活动的对象、目的、形式不同，就形成了不同类型的物流。我国在 2000 年曾制定了《物流术语》，并对物流一词作定义。

物流（GB/T18354—2006）物品从供应地向接收地的实体流动过程。根据实际需要，将运输、储存、装卸、搬运、包装、流通加工、配送、信息处理等基本功能实施有机结合。

我们对该定义作以下理解：物流是供应链过程中的一部分；为满足客户的需求，适应市场竞争的需要，达到高效率、低成本、安全、低碳地把物品从供应方转移到需求方；将采购、供应、生产、运输、仓储、配送、流通加工、装卸、搬运、回收废弃物处理、信息处理、费用结算过程作为一个系统；用自然科学和社会科学的技术方法对物流加以计划、组织、协调、控制、监督。

物流的概念应包括以下内涵：

（1）物流研究的对象是贯穿流通领域和生产领域的供应链中一切物料流以及有关信息，研究目的是以系统的观念对其进行规划、管理与控制，使其高效率、高效益地完成预定服务目标。

（2）物流的作用是将物质由供给主体向需求主体的转移，包含废弃物，创造时间价值和空间价值，并且创造部分形质效果。

（3）物流活动包括运输、保管、装卸、搬运、包装、流通加工、配送以及有关信息的处理，这些活动是物流系统的子系统。

（4）物流作为供应链的一个组成部分，是供应链管理与整合中主要的研究内容。

二、关于物流概念的分析

（一）物流与市场营销的关系（见表1-2）

表1-2　物流与市场营销的关系

物流	物流属于市场营销的一部分，最早的物流定义是由营销组织提出来的，物流被看作是营销要素之一，相当于营销组合中的场所、地点或实物流通渠道
市场营销	市场营销是企业的市场提供商品环节中的各种流通活动，包括市场调查、预测、决策与促销等

（二）物流与物流管理的关系（见表1-3）

表1-3　物流与物流管理的关系

物流	研究如何实现物品的时间位移和空间位移，以及其作业活动，往往从物流企业角度出发
物流管理	研究物品何时发运，运到何处，在何处保存，存库是多少，能否在最恰当的时候将合适的商品及时送到客户手中，如何尽可能以低的成本满足客户的要求，往往从工商企业角度看

（三）物流与交通运输的关系

物流与交通运输存在着密切的关系，但是两者是不同的概念。

（1）物流与运输是系统与要素之间的关系，物流是一个系统，交通运输是物流系统的功能要素或子系统。交通运输和物流的其他功能要素——保管、装卸、包装、流通加工以及信息之间存在有机联系，共同构成物流系统。只有在考虑了要素之间相互关系的基础上才可以实现物流系统的最优化。也就是说，要提高物流服务水平，有效控制物流总成本，仅仅靠交通运输一个功能是不够的，必须通过构成物流系统各项功能活动的有机结合才能实现。

（2）交通运输是实现物流目的的手段。在保证物流目的实现的前提下，运输距离越短越好，将商品送达用户手中的时间越快越好。

（3）传统的交通运输活动或运输管理重视本身的合理化，并没有将其同物流系统整体的合理化结合在一起。

（4）物流管理是交通运输发展到一定阶段的产物，物流概论和物流管理都是现代运输网络相当完善以后才出现的。没有交通运输的现代化，就没有物流的现代化。

（5）货物运输系统正在逐渐成为社会物流体系的一个有机组成部分。

（6）交通运输与社会生产的物流结构是相互影响的。

一、活动准备

学生分小组，以小组为单位结合案例讨论物流管理的概念及与市场营销等的关系。

二、活动实施

每个小组分别查找一个关于物流管理的案例，进行小组讨论，列举案例中物流管理与市场营销、与交通运输的相互关系。

三、技能训练

请讨论：1. 物流的内涵有哪些？

2. 物流与市场营销有什么相互关系？

3. 物流与交通运输有什么相互关系？

1. 中国物流与采购网．http：//www.chinawuliu.com.cn.
2. 申纲领主编、赵智锋主审，《物流管理案例引导教程》，人民邮电出版社，2009年版．
3. 翁心刚主编，《物流管理基础》，中国物资出版社，2006年版．

任务三　物流的分类

相关知识

为了更好地研究物流，有必要对物流进行适当的分类。

一、从生产制造业的角度分类

1. 采购物流

采购物流是指原材料、零部件从供货方送达到作为购入方的制造业的过程中所发生的物流活动。

2. 供应物流

供应物流是指供应原材料、零部件或其他物料时所发生的物流活动。即生产企业、流通企业或消费者购入原材料、零部件或配套件的物流过程。对生产企业而言，指对生产活动所需要的原材料、零部件在采购供应过程中发生的物流活动；对流通企业而言，指交易

活动中从买方自身的角度出发的交易行为中所发生的物流活动。

3. 生产物流

生产物流是指企业在生产产品的过程中发生的涉及原材料、在制品、半成品、产成品等所进行的物流活动，即生产企业通过供应物流将生产所需要的材料送达生产现场后，在整个生产过程中所有物流活动的总称。生产物流的科学合理对企业的生产秩序、生产成本有较大影响。生产物流的平稳可以保证生产顺畅流转，减少库存，缩短生产周期。

4. 销售物流

销售物流是指企业在出售商品过程中发生的物流活动，即产品确定销售给某客户后，从生产企业成品仓库到送达客户手中整个过程中所涉及的物流活动。

5. 逆向物流（反向物流）

逆向物流（反向物流）是指物品从供应链下游向上游的运动过程所引发的物流活动，即伴随产成品销售发生的返品回收所涉及的物流活动。

6. 废弃物物流

废弃物物流是指将经济活动或人民生活中失去原有使用价值的物品，根据实际需要进行收集、分类、加工、包装、搬运、储存等，并分到专门处理场所的物流活动，包括生产、流通、消费过程中产生的各种废弃物所涉及的物流活动。

二、从物流活动的主体角度分类

1. 社会物流

社会物流是指在流通领域所发生的物流，是全社会物流的整体，也有人称为大物流或宏观物流。社会物流是伴随商业贸易活动发生的，物流过程和所有权是更迭相关的。物流科学主要的研究对象是社会物流，社会物资流通网络是国民经济的命脉，流通网络分布的合理性和渠道的畅通至关重要。必须进行科学管理和有效控制，采用先进的技术手段，以保证高效率，低成本运行，这样做可以带来巨大的经济效益和社会效益，物流科学对宏观经济计划的重大影响是物流科学受到高度重视的主要原因。

2. 行业物流

同一行业中所有企业的物流总称为行业物流。同一行业中的企业是市场上的竞争对手，但在物流领域中常相互协作，共同促进行业物流系统的合理化。行业物流系统化的结果将使参与的各个企业都得到相应的利益。

3. 企业物流

企业物流是指在企业范围内进行的相关物流活动的总称。企业是为社会提供产品或某些服务的一个经济实体。企业物流的水平结构如图 1-3 所示，垂直结构如图 1-4 所示。

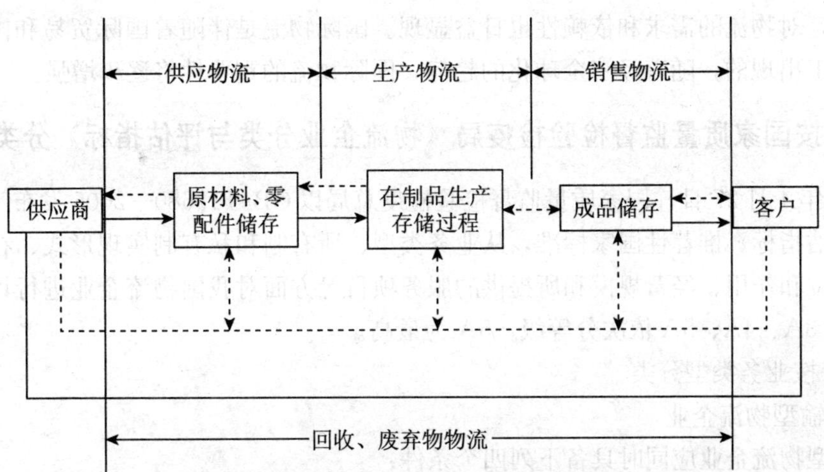

图 1-3　企业物流的水平结构

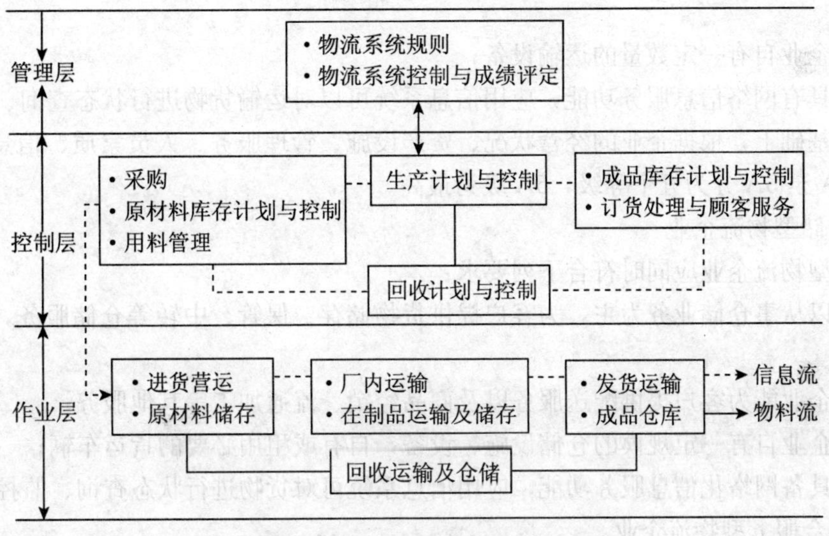

图 1-4　企业物流的垂直结构

三、从物流活动的范围分类

1. 国内物流

国内物流是指以一个国家为对象，研究在一个国家内进行的问题。国家或相当于国家的拥有自己领土和领空权的政治经济实体所制订的各项计划、法令政策都应该是为其整体的利益服务的。物流作为国民经济的一个重要方面必须纳入国家总体规划的内容，以更好地为国家整体经济的发展服务。

2. 国际物流

国际物流是指跨越不同国家（地区）之间的物流活动，包括两国之间或多国之间展开的物流活动。全球一体化使国与国之间的经济交流越来越频繁，原材料与产成品的流通越来越发达，对物流的需求和依赖性也日益显现。国际物流是伴随着国际贸易和国际之间经济合作分工出现的，随着经济全球化的趋势，国际物流的重要性将逐步增强。

四、按国家质量监督检验检疫局《物流企业分类与评估指标》分类

2005年4月27日，国家质量监督检验检疫总局以GB/T19680—2005发布《物流企业分类与评估指标》推荐性国家标准，从业务类型、所有制和私有制实现形式、在商品流通中所处地位和作用、经营规模和所提供的服务项目等方面对我国物流企业进行评估，并按1A、2A、3A、4A、5A依次分等级，5A为最高。

（一）按业务类型分类

1. 运输型物流企业

运输型物流企业应同时具备下列四个条件：

(1) 以从事货物运输业务为主，包括货物快递服务或运输代理服务，具有一定规模；

(2) 可以提供门到门运输，门到站运输，站到门运输，站到站运输服务和其他物流服务；

(3) 企业自有一定数量的运输设备；

(4) 具有网络信息服务功能，应用信息系统可以对运输货物进行状态查询、监控。

在此基础上，根据企业的经营状况、资产设施、管理服务、人员素质、信息化水平等方面按1A至5A分为五个等级，5A级为最高。

2. 仓储型物流企业

仓储型物流企业应同时符合下列要求：

(1) 以从事仓储业务为主，为客户提供货物储存、保管、中转等仓储服务，具备一定规模；

(2) 企业能为客户提供配送服务以及商品经销、流通加工等其他服务；

(3) 企业自有一定规模的仓储设施、设备，自有或租用必要的货运车辆；

(4) 具备网络化信息服务功能，应用信息系统可对货物进行状态查询、监控。

3. 综合服务型物流企业

综合服务型物流企业应同时符合下列要求：

(1) 从事多种物流服务业务，可以为客户提供运输、货运、代理、仓储、配送等多种物流服务，具备一定规模；

(2) 根据客户的要求，为客户制订整合物流资源的运作方案，为客户提供契约性的综合物流服务；

(3) 按照业务要求，企业自有或租用必要的运输设备、仓储设施及设备；

(4) 企业具有一定运营范围的货物集散、分拨网络；

(5) 企业配置专门的机构和人员，建立完备的客户服务体系，能及时、有效地提供客户服务；

(6) 具备网络化信息服务功能，应用信息系统可对物流服务全过程进行状态查询和监控；

(7) 能够提供一定的增值作业。用尽量少的投入满足客户要求，实现客户的最大价值，并获得高效率、高效益的物流。

（二）按企业在商品流通中所处地位和作用分类

1. 批发物流企业

批发物流企业是指从生产企业或其他批发企业大宗、整批地购进商品，再供应给零售企业或其他批发企业的物流企业。批发物流企业处于商品流通的起点或中间环节，以满足用户需要为最终目的，是连接城乡、地区之间商品流通的纽带。

批发企业有其存在的必要性。首先，可以减轻生产企业的社会负担，节省企业为销售自身产品所花费的人力和资金，以便集中精力搞好生产；其次，还可以把零星的及大量的购、销、运、存集中为整批的购、销、运、存，大大地节约了社会劳动时间；最后，可以为零售企业备齐花色品种，承担储备商品的任务，便于零售企业做到快进快销。

批发物流企业可按经营商品分类，如日用工业品批发物流企业，其经营内容包括石油、纺织品、针织品、五金、交电、化工、工业品生产资料、农业生产资料、日用百货、文化用品、废弃物资等。在传统物流向现代物流的过渡中，为适应社会主义市场经济的发展需要，充分发挥中心城市在经济活动中的作用，出现了各种商品的交易市场、物流中心、物流配送中心等新型批发形式。

另外，农副产品批发物流企业正在逐步发展，主要从事农副产品收购和农业机械、化肥、农药、种子等农业生产资料的供应。

2. 零售物流企业

零售型物流企业是以商品直接供应居民用作生活消费或供给集团单位用作非生产和生产性的消费的商业性物流企业，处于商品流通的终点，是处理直接消费的商业环节。零售物流企业与批发物流企业的比较如表 1－4 所示。

表 1－4　零售物流企业与批发物流企业的比较

企业类型	服务对象	物流数量	企业位置与结果
零售物流企业	居民或社会生产集团单位	零星	商品流通过程终点，是最终消费
批发物流企业	商业企业或生产企业	大批	商品流通过程的起点或中间环节

五、按经营规模分类

物流企业按经营规模分类如表 1－5 所示。

表 1－5　物流企业按经营规模分类

企业类型	大型	中型	小型
批发物流企业	2.5 亿元人民币以上	0.2 亿元～2.5 亿元人民币以上	低于中型标准
零售物流企业	1.2 亿元人民币以上	0.05 亿元～1.2 亿元人民币以上	低于中型标准
对外贸易物流企业	年进出口额 8000 万美元以上	年进出口额 2800 万～8000 万美元	低于中型标准
物资供销社物流企业	2.5 亿元人民币以上	0.2 亿元～2.5 亿元人民币以上	低于中型标准

六、按提供的物流服务项目分类

1. 功能型物流企业

功能型物流企业指以提供相对固定的单纯的功能性物流服务为主的经济组织，如有某几条定向运输线路服务为主的运输企业或仓储企业以及货代企业等。这类企业目前在物流市场上占有很大的比重。

2. 综合型物流企业

综合型物流企业指能为用户提供一体化或一站式物流服务的经济组织。这类物流企业对所涉及的物流资源进行有效的整合，为客户提供物流及供应链问题的解决方案。综合型物流企业往往与某大型制造企业、零售企业、商贸企业建立起长期稳定的合作伙伴关系，并以协议或契约方式承接企业的物流外包，能够为客户提供量身定制的物流服务。这类企业在物流市场上发展很快，比较受企业欢迎。

3. 服务技术型物流企业

服务技术型物流企业指以提供管理咨询和信息服务等物流支持服务的企业。服务技术型物流企业包括物流软件的开发企业、物流信息技术服务企业、物流方案设计咨询企业等。这类企业以提供知识信息服务为主，并与功能型服务企业、综合型物流企业相互合作、互为补充，因此能为社会提供更好的服务。

任务实施

一、活动准备

学生分小组，以小组为单位结合案例讨论供应链的原则、方法和步骤。

二、活动实施

每个小组分别查找一个关于物流企业管理的案例，进行小组讨论，从不同的角度对该企业进行了分类。

三、技能训练

请讨论：从不同的角度对该物流企业进行了分类，并说明理由。

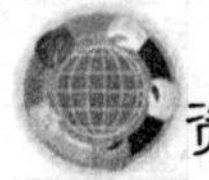

资料链接

1. 中国物流与采购网．http：//www.chinawuliu.com.cn.

2. 申纲领主编、赵智锋主审，《物流管理案例引导教程》，人民邮电出版社，2009年版．

任务四　物流科学的形成与发展

一、物流科学的产生

（一）物流科学的萌芽

自从人类社会有了商品交换，就有了物流。而把物流作为一门学科去研究的历史却很短，这就使物流科学成了一门新兴学科。最初，人们从物料的装卸搬运去研究物流，这在我国《史记》里可以找到。在第二次世界大战末期，美国军队后勤部门因为军需品的运输战线太长而遇到困难，由此，美国开始研究如何合理组织军需品的供给，军需品的供应基地、中间基地、前线供应点的合理配置，各级供应基地合理库存量的确定，后方向前方运送军需品路线的选择，以及运输工具的合理使用，这些综合性的课题开创了物流科学研究。以系统观点解决军事后勤保障问题是物流科学的萌芽阶段。

（二）物流科学的形成

20 世纪 50 年代，由于各种生产机械设备不断改进，产品的数量急剧上升，生产成本相对下降，市场繁荣，商品丰富，而流通成本相对于生产成本而言却不断上升，流通费用在商品总销售价格中的比重逐渐增加，这就影响了销售，影响了商品的竞争力。于是人们对各种物流活动的规律进行认真研究，以求寻找到降低流通费用的途径。

日本于 1956 年派人赴美国学习考察物流，不久后便在日本出现了“物流热”，在商品流通环节获得了十分可观的经济效益。流通费用是在运输、保管、装卸、搬运、包装、配送等物流活动中产生的，这些活动具有共同的本质，就是物流实现了物品的空间效用、时间效用或形质效用。物流活动之间存在着相互联系、相互制约关系，这就是物流系统及其子系统。物流系统的界定使其从原来的社会经济活动潜隐的状态下显现出来，结束了各种物流活动处于孤立、分散、从属地位的历史，逐渐形成现代物流科学。

（三）关于物流的后进性

既然物流活动是在人类社会产生商品交换后就有的，人类社会生产活动的交易行为形成的同时期就有物流活动，那为什么物流科学的形成却只有几十年的历史呢?

（1）运输、仓储、装卸、搬运等作业是在生产活动和社会经济活动中产生的，但长期以来仅被作为辅助环节看待，而把生产过程作为主要环节，把物流活动放在孤立的从属地位。随着生产水平的提高和科学技术的发展，物流作业的机械化、自动化水平相应提高，人力运输、畜力运输逐渐被汽车、火车、轮船、飞机取代，可是物流的从属地位并没有根本改变，这就在很大程度上限制了物流技术的发展和经济潜力的发挥。

到了生产高度发达、产品较为丰富的 20 世纪 50 年代中期，流通成本相对上升的矛盾产生，物流的重要性才被人们认识，物流科学的产生和研究迎来了大发展的年代。由此可见，物流科学是在生产力发展到一定水平之后，适应社会经济计划的需要才真正产生，这是物流比生产后进的根本原因。

（2）传统物流与现代物流的比较如表1-6所示。

表1-6　　传统物流与现代物流的比较

项目	传统物流	现代物流
服务功能	服务功能相对独立，不具有控制整个供应链的功能	强调对供应链全面和有效的控制
客户关系	与客户的业务室随机安排的、短期的，通过价格竞争和服务态度赢得客户	与客户的业务关系战略合作伙伴关系，通过降低成本、提供增值和定制物流服务等方式满足客户要求
信息系统建设	没有外部整合系统，只有有限的EDI联系，没有卫星跟踪系统	实施信息系统管理，广泛运用EDI及卫星跟踪系统
物流企业管理	通常采用传统的、人工的分散管理	采用现代化、信息化、全面质量管理系统管理

二、互联网时代物流的特点

（一）经营全球化

互联网技术的出现，导致了全球经济一体化进程的加快，企业的发展趋向多国化、全球化模式。全球化的经营导致物流全球化趋势，促进了国际物流的发展，要求物流企业、生产企业和综合企业及时调整发展战略，制定相应对策，而物流业务外包为物流发展创造了条件。

（二）系统网络化

物流系统的网络化是经济全球化电子商务时代物流活动的主要特征之一，完善的物流网络是现代高效物流系统的基础条件，是现代物流系统不可缺少的资源。

物流网络系统包括通路、节点以及信息系统等。今后，全国性的物流系统将是基础建设，如各种物流通路、大型物流中心建设将有较快发展，现代化的物流配送系统亦逐步成熟。

小贴士

供应链

生产及流通过程中，涉及将产品或服务提供给最终用户所形成的网链结构。

供应链管理

对供应链涉及的全部活动进行计划、组织、协调与控制。

（三）供应链的简约化

互联网技术为供应链所有环节提供了强大的信息支持，生产商、经销商、消费者都能够及时了解供应链的全部动态，因为供应链具有更好的透明度，供应链中的任何多余环节、不合理流程与作业都能被及时发现，因此，供应链将变得更为紧凑。

互联网时代信息技术的应用改变了企业的管理系统。一个企业指令的直接下达和信息的逐步上报的管理模式将被用网络将各级直接连通的模式所替代，这将引起企业组织的金字塔结构向扁平化结构的转变。

物流企业的业务流程长、活动范围广、外部环节变化多等自身特点，使物流企业现代化对信息技术的需求更为迫切。

（四）企业规模化

在电子商务时代，物流的小批量、多品种、快速化的特征日益明显，配送的难度加大，物流企业必须建立起自己的运营网点，并且达到一定的规模才能产生相应的经济效益，没有规模就没有效益。这样，物流企业之间的兼并、联合趋势必然加强，此时，弱者被淘汰出局，形成强强联合。物流企业必须依靠自己先进的经营模式、高质量的客户服务、强大的实施能力、合适的合作伙伴，才能在联合中得到发展。

（五）服务一体化

物流系统的复杂化，使客户对物流服务水平的要求越来越高，这为第三方物流的发展提供了广大的市场。物流是生产性服务业，服务水平的高低就成为竞争因素的重要部分。当前物流企业把物流服务从规划设计到营运管理全部承担下来，使用户拥有一个高效、流畅的物流体系。

在供应链急剧变化的时代，第三方物流业通过增值服务以扩大营业是今后物流发展的一个重要方向，物流企业降低成本，广大客户获得了期望的增值服务。

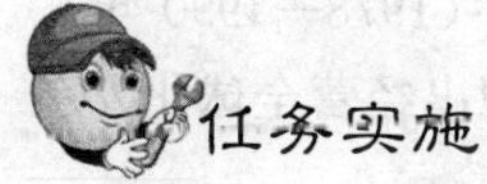

任务实施

一、活动准备

学生分小组，以小组为单位结合案例讨论 ECR 的特征和供应链管理为公司带来的效益。

二、活动实施

每个小组分别查找一个关于电商物流的案例，进行小组讨论，试举例说明互联网时代物流的特点。

三、技能训练

请讨论：互联网时代物流呈现出哪些特点？

资料链接

1. 中国物流与采购网．http：//www.chinawuliu.com.cn.

2. 申纲领主编、赵智锋主审，《物流管理案例引导教程》，人民邮电出版社，2009年版．

3. 吴清一主编，《物流实物》，中国物资出版社，2005年版．

模块总结

人类社会的经济活动是由生产、流通和消费所构成的。流通活动的内容包括商流、物流、资金流和信息流。

物流（GB/T18354—2006）是指物品从供应地向接收地的实体流动过程。根据实际需要，将运输、储存、装卸、搬运、包装、流通加工、配送、信息处理等基本功能实施有机结合。

为了更好地研究物流，有必要对物流和物流企业进行适当的分类。从生产制造业的角度可分为采购物流、供应物流、生产物流、销售物流、逆向物流（反向物流）、废弃物物流；从物流活动的主体角度可分为社会物流、行业物流、企业物流；从物流活动的范围可分为国内物流、国际物流。物流企业按业务类型可分为运输型服务企业、仓储型服务企业、综合型服务企业；按企业在商品流通中所处地位和作用可分为批发物流企业、零售物流企业；按经营规模可分为大型、中型、小型物流企业；按提供的物流服务项目可分为功能型物流企业、综合型物流企业、服务技术型物流企业。

从物流在我国的发展过程看，我国现代物流大体上已经经历了四个阶段，即初期发展阶段（1949—1965年），停滞阶段（1966—1977年），较快增长阶段（1978—1990年），高速增长阶段（1990年至今）。目前，伴随着互联网的发展，物流呈现出经营全球化、系统网络化、供应链简约化、企业规模化、服务一体化的特点。

案例

长久物流承担奥运火炬传递

2008年2月，长久集团（物流）依靠雄厚的实力，以绝对的优势在众多国内外顶尖汽车物流公司的竞争中脱颖而出，中标“奥运火炬传递”用车承运项目，成为2008年奥运火炬传递用车独家承运商，为奥运火炬在中国境内113个城市的火炬传递活动提供汽车物流运输服务。

为了保障整个项目的有序进行，长久物流专门成立了奥林匹克项目组，对整个火炬传递所涉及的车辆、线路、操作标准等通过先进的科技手段进行了系统规划，制作了完善的物流转场方案保障火炬传递的有序进行。2008年5月4日至8月8日，北京奥运会圣火从海南省开始在全国113个城市，历时97天，于8月8日晚按时送达北京鸟巢。通过长久物流全体员工的齐心努力，圆满完成了为奥运服务的光荣使命。

此次奥运火炬传递是奥运历史上奥运火炬传递规模最大、传递线路最长、传递范围最广、参与人数最多的一次火炬接力活动，途经27个省市，运输里程达56万多千米。在整个传递运输过程中，经受了各种天气和道路等因素的影响，南到酷热的海南三亚，西到高海拔的青藏高原，还经历了西南地区崎岖难行的山路，西北地区风沙的严峻考验，这些运输作业都需要在短短三个月中完成，尤其在时间上有十分严格的要求，可以说本次汽车物流的复杂性也是史无前例的。

因此，仅仅依靠中国传统的物流手段或简单的信息技术是难以完成的，必须依靠先进的可视化、智能化技术对各种运输环节进行监控管理，才能确保顺畅、安全，以满足奥运物流服务的及时性、安全性、准确性的需要。

(1) 火炬传递路线规划软件系统。根据奥组委和大众中国奥运火炬传递路线以及所标配的媒体车、礼宾车、安保车等各种功能车辆及车型尺寸，长久集团也配置了相应的运输车辆并对车体进行了改造，把运输车辆分成五组，每组五台共25台，第一台装3台指挥车，第二台装5台宝马摩托车，第三台装1台安保车、1台指挥车，第四台装一台媒体车，第五台为空载空驶备用车。在此基础上又分为正式运行车队和保障车队，参加火炬接力活动时保障车队不参加，在正式运行车队发生故障时顶替。保障车队每到一城市需把所装运的车辆卸下，在火炬接力活动完成后再把车辆装上保障车，并在正式运行车队出发15分钟后再跟随大队去下一个城市。

(2) 线路设计及路线规划。因为火炬车辆采用欧四柴油，国内仅在北京有一个加油点，故长久集团配置了两台柴油运输车，同时，为保证火炬传递的安全性、准时性，对线路提前进行了考察和优化，对进出城路线、停车场所、住宿场所、线路存在的潜在问题制定了相应的应对措施。

(3) 运用仿真软件及车辆运输预演。

(4) 建立火炬运输车辆监控系统。使用B/S架构的GPS车辆监控系统研发，车辆GPS终端系统，使携带式GPS终端系统和实时数据采集系统，如司机疲劳监控器(DFM)。

问题：1. 通过北京长久集团承担2008年火炬设备传递，您一定想更了解物流，请谈谈你的想法。

2. 2008年北京奥运会场馆内设备的运输物流任务要求高、时间紧，最后由UPS中标的，您有什么话想说吗？

作业

1. 什么是物流？什么是商流？
2. 物流和市场营销、运输、管理及流通是什么关系？
3. 物流的分类有哪些？
4. 你怎么理解互联网时代物流的特点？

模块二 供应链管理

知识目标

（1）掌握供应链、供应链管理的内涵及供应链特征。
（2）了解供应链的类型及供应链管理的发展趋势。
（3）掌握供应链管理下的物流环境及物流管理的特点。
（4）掌握供应链管理方法。

能力目标

（1）供应链与供应链管理的基本概念。
（2）掌握供应链管理与物流管理的关系。
（3）了解供应链的构筑与发展。
（4）掌握第三方物流在供应链管理中的运作。

素质目标

（1）培养学生的团队合作意识。
（2）培养学生的良好沟通能力。

引导案例

三菱化学公司的供应链管理

化工行业由于其供应链管理非常复杂，每个环节都要求有一个非常严谨的供应链计划，这样企业才可以更合理地做出是否购买中间产品或最终产品的重要决策，以有效地实现贸易交换以及商业伙伴之间的贸易均衡。同时，企业需要针对不同的市场需求做出具有可行性的供应安排。企业利用这些信息可以判断是否有机会捕获更多的针对某些特定产品的需求，或者是否有可能在供应紧张的情况下提高产品的价格。

三菱化学公司是由三菱卡石公司和三菱石化公司于1994年合并而成的，年销售收入达140亿美元。公司主要经营范围涉及石化产品、农用化学品、医药产品、塑料制品、专用化工产品。因此，对三菱化学来说，一条高度集成和完整的供应链就显得格外重要。一家公司受聘为三菱化学提供管理咨询，并帮助其建立起一套完整的包括产品销售、供给、生产和筹资计划等在内的供应链业务流程。同时，协助三菱化学建立起整个供应链的计划运行机制，使其能够高效地运行，还协助三菱化学建立起与其相适应的物流模式。

整个项目包括以下五方面的内容。

(1) 需求计划设计。用统计工具、因果要素和层次分析等手段进行更为精确的预测。用包括互联网和协同引擎在内的通信技术帮助生成企业间的最新和定时的协作预测。

(2) 生产计划和排序。分析企业内部和供应商生产设施的物料和能力的约束，编制满足物料和能力约束的生产进度计划，并且还可以按照给定的条件进行优化。各软件供应商根据不同的生产环境应用不同的算法和技术，提供各有特色的软件。

(3) 分销计划。帮助管理分销中心并保证产品可订货、可赢利。分销计划帮助企业分析原始信息。然后企业能够确定如何优化分销成本或者根据生产能力和成本提高客户服务水平。

(4) 物流和运输计划。帮助确定将产品送达客户的最好途径。物流和运输计划的指标是短期的和战术的。物流和运输计划对交付进行重组并充分利用运输能力。

(5) 企业或供应链分析。以整个企业或供应链的图示模型，帮助企业从战略功能上对工厂和销售中心进行调整。有可能对贯穿整个供应链的一个或多个产品进行分析，注意和发掘到问题的症结。

供应链管理系统在三菱化学公司试点单位的实施，使生产线的准备时间和生产物料供应提前期有了明显提高。通过整合和优化供应链中的需求和供应计划，达到了公司管理层预先设定的要求：当客户有新的需求时，可及时查阅整个供应链上的资源重新配置概况。

请思考：三菱化学公司是如何采用供应链计划进行管理的？

三菱化学公司的供应链计划可以编制高精度的月生产、销售计划，同时，可以通过系统模拟客户需求量的变化对整个供应链的潜在影响程度。高精度的月生产计划帮助三菱化学公司减少了浪费，降低了生产成本。整个供应链上各要素的综合计划如生产能力、可用库存量和客户对产品的特殊要求等，帮助三菱化学公司提高了客户满意度。

任务一　供应链与供应链管理概述

相关知识

20 世纪 80 年代，随着物流一体化由企业内部的物流活动的整合转向跨越企业边界的不同企业间的协作，供应链与供应链管理的概念应运而生。

供应链与供应链管理分别译自英文的“Supply Chain”(SC) 和“Supply Chain Management”(SCM)。有的人将其译为“供需链”“供给链”，甚至“传送链”“物流链”。尽管不是很准确，但鉴于“供应链”一词现在已经被广泛使用，人们已经约定俗成，现在普遍沿用供应链的译法。

由于供应链及供应链管理的提法只有 20 多年的历史，所以目前关于供应链和供应链

管理的定义尚未形成定论，概念还不统一，界限也不十分明晰。由于研究对象、环境、范围及角度的不同，国内外许多学者对供应链与供应链管理存在着不同的理解与解释，给出了许多不同的供应链与供应链管理的定义。这些定义其实是在一定的背景下提出的，而且是在不同的发展阶段上的产物。

一、供应链

（一）供应链的定义

供应链的概念最初是由美国专家在 1982 年提出来的。美国供应链专家 Robert B. Handfield 和 Ernest L. Nichols 认为，供应链包括从与原材料阶段到最终用户的物质转换和流动，以及与此伴随的信息流有关的一切活动。而供应链管理就是通过改善供应链关系，对上述活动进行整合，以获得持续的竞争优势。此概念与物流一体化管理的概念非常接近。

美国供应链协会认为：供应链，目前国际上广泛使用的一个术语，涉及从供应商的供应商到顾客的顾客的最终产品生产与交付的一切努力。

2001 年 4 月 17 日由国家质量技术监督局发布、2001 年 8 月 1 日实施的国家标准《物流术语》（GB/T18354—2001）对供应链给出的定义是：生产及流通过程中，涉及将产品或服务提供给最终用户活动的上游与下游企业所形成的网链结构。

综上所述，可以将供应链定义为：供应链是围绕核心企业，通过对信息流、物流、资金流的控制，从采购原材料开始，制成中间产品以及最终产品，最后由销售网络把产品送到消费者手中的将供应商、制造商、分销商、零售商、直到最终用户连成一个整体的功能网链结构模式。这个概念强调了供应链的战略伙伴关系。各种物料在供应链上移动，是一个不断采用高新技术增加其技术含量或附加值的增值过程。

（二）供应链的结构模型

根据供应链的定义，其结构可以简单地归纳为如图 2－1 所示的模型。

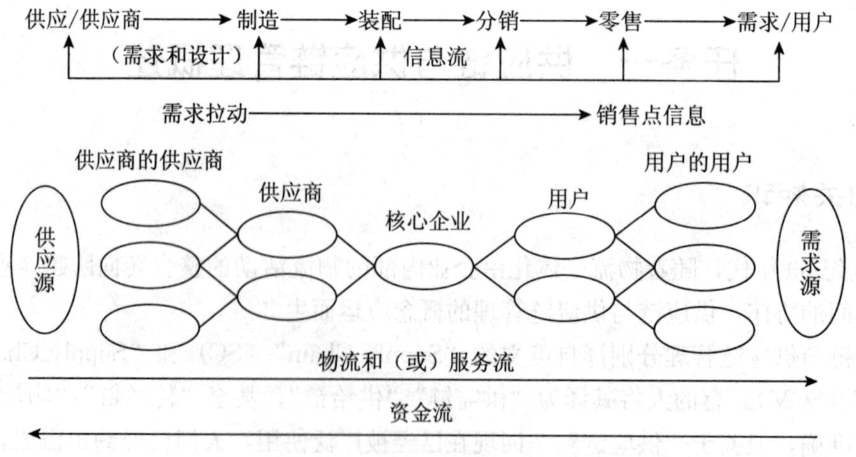

图 2－1　供应链的网链结构模型

从图 2-1 中可以看出，供应链由所有加盟的节点企业组成，其中一般有一个核心企业（可以是产品制造企业，也可以是大型零售企业，如美国的沃尔玛），节点企业在需求信息的驱动下，通过供应链的职能分工与合作（生产、分销、零售等），以资金流、物流和（或）服务流为媒介实现整个供应链的不断增值。

从供应链的结构模型可以看出，供应链是一个网链结构，由围绕核心企业的供应商、供应商的供应商和用户、用户的用户组成。一个企业是一个节点，节点企业与节点企业之间是一种需求与供应关系。

（三）供应链的特征

供应链主要具有以下特征。

1. 复杂性

因为供应链结点企业组成的跨度（层次）不同，供应链往往由多个、多类型甚至多国企业构成，所以供应链结构模式比一般单个企业的结构模式更为复杂。

2. 动态性

供应链管理因企业战略和适应市场需求变化的需要，其中节点企业需要动态地更新，这就使供应链具有明显的动态性。

3. 交叉性

节点企业可以是这个供应链的成员，同时又是另一个供应链的成员，众多的供应链形成交叉结构，增加了协调管理的难度。

4. 面向用户需求

供应链形成、存在、重构，都是基于一定的市场需求而发生的，并且在供应链运作过程中，用户的需求拉动是供应链中信息流、产品/服务流、资金流运作的驱动源。

（四）供应链的类型

根据不同的划分标准，可以将供应链分为以下几种类型。

1. 稳定的供应链和动态的供应链

根据供应链存在的稳定性，可以将供应链分为稳定的供应链和动态的供应链。基于相对稳定、单一的市场需求而组成的供应链稳定性较强，而基于相对频繁变化、复杂的需求而组成的供应链动态性较高。在实际管理运作中，需要根据不断变化的需求，相应地改变供应链的组成。

2. 平衡的供应链和倾斜的供应链

根据供应链容量与用户需求的关系可以划分为平衡的供应链和倾斜的供应链。一个供应链具有一定的、相对稳定的设备容量和生产能力（所有节点企业能力的综合，包括供应商、制造商、运输商、分销商、零售商等），但用户需求处于不断变化的过程中。当供应链的容量能满足用户需求时，供应链处于平衡状态。而当市场变化加剧，造成供应链成本增加、库存增加、浪费增加等现象时，企业不是在最优状态下运作，供应链则处于倾斜状态。平衡的供应链可以实现各主要职能（采购/低采购成本、生产/规模效益、分销/低运输成本、市场/产品多样化和财务/资金运转快）之间的均衡。

3. 有效性供应链和反应性供应链

根据供应链的功能模式（物理功能和市场中介功能），可以把供应链划分为两种：有

效性供应链（Efficient Supply Chain）和反应性供应链（Responsive Supply Chain）。有效性供应链主要体现供应链的物理功能，即以最低的成本将原材料转化成零部件、半成品、产品，以及在供应链中的运输等。反应性供应链主要体现供应链的市场中介的功能，即把产品分配到满足用户需求的市场，对未预知的需求做出快速反应等。

市场反应性供应链与物流有效性供应链的比较见表 2-1。

表 2-1　市场反应性供应链与物理有效性供应链的比较

	市场反应性供应链	物理有效性供应链
基本目标	尽可能快地对不可预测的需求做出反应，使缺货、降价、库存最小化	以最低的成本供应可预测的需求
制造的核心	配置多余的缓冲库存	保持高的平均利用率
库存策略	部署好零部件和成品的缓冲库存	产生高收入而使整个库存最小化
提前期	大量投资以缩短提前期	尽可能短的提前期（在不增加成本的前提下）
供应商的标准	以速度、柔性、质量为核心	以成本和质量为核心
产品设计策略	用模块化设计以尽可能延迟产品差异	绩效最大化而成本最小化

二、供应链管理

（一）供应链管理的定义

2001 年 4 月 17 日由国家质量技术监督局发布、2001 年 8 月 1 日实施的国家标准《物流术语》（GB/T18354—2001）对供应链管理给出的定义是：供应链管理是利用计算机网络技术全面规划供应链中的商流、物流、信息流、资金流等，并进行计划、组织、协调与控制。该定义强调应用先进手段实现过程控制与管理。

供应链管理所有的定义或描述都表明供应链管理不同于传统的企业管理，它更强调整体效率的提高和整体成本的下降，以最终用户为中心，进行供应链整体集成与协调，突破传统基于职能部门的管理模式，要求各链条企业围绕物流、信息流、资金流进行信息共享与经营协调，实现全过程的战略管理。这种管理过程通过采用集成思想和方法，实现了柔性和稳定的供需关系。与传统企业管理相比，供应链管理完成了从功能管理向过程管理、利润管理向利润率管理、产品管理向顾客管理、企业间交易性管理向关系性管理、库存管理向信息管理等诸多方面的转变，以适应全球经济一体化和扩张性企业发展的要求。

综上所述，供应链管理定义为：供应链管理是用系统的观点通过对供应链中的物流、信息流、资金流进行设计、规划、控制与优化，以寻求建立供、产、销企业以及客户间的战略合作伙伴关系，最大限度地减少内耗与浪费，实现供应链整体效率的最优化并保证供应链中的成员取得相应的绩效和利益，来满足顾客需求的整个管理过程。

（二）供应链管理的内容

供应链管理的内容主要涉及四个主要领域：供应（Supply）、生产计划（Schedule Plan）、物流（Logistics）、需求（Demand），如图 2－2 所示。供应链管理是以同步化、集成化生产计划为指导，以各种技术为支持，尤其以 Internet/Intranet 为依托，围绕供应、生产作业、物流（主要指制造过程）、满足需求实施的。供应链管理主要包括计划、合作、控制从供应商到用户的物料（零部件和成品等）和信息。供应链管理的目标在于提高用户服务水平和降低总的交易成本，并且寻求两个目标之间的平衡（这两个目标往往有冲突）。

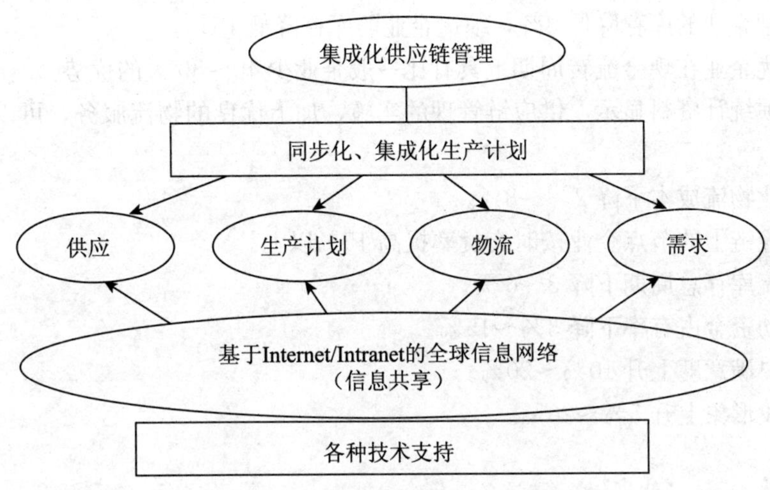

图 2－2 供应链管理涉及的领域

在以上四个领域的基础上，供应链管理可以细分为职能领域和辅助领域。职能领域主要包括产品工程、产品技术保证、采购、生产控制、库存控制、仓储管理、分销管理。辅助领域主要包括顾客服务、制造、设计工程、会计核算、人力资源、市场营销。

由此可见，供应链管理关心的并不仅仅是物料实体在供应链中的流动，除了企业内部与企业之间的运输问题和实物分销以外，供应链管理还包括以下主要内容。

（1）战略性供应商和用户合作伙伴关系管理。

（2）供应链产品需求预测和计划。

（3）供应链的设计（全球节点企业、资源、设备等的评价、选择和定位）。

（4）企业内部与企业之间的物料供应与需求管理。

（5）基于供应链管理的产品设计与制造管理、生产集成化计划、跟踪和控制。

（6）基于供应链的用户服务和物流（运输、库存、包装等）管理。

（7）企业间的资金流管理（汇率、成本等问题）。

（8）基于 Internet/Intranet 的供应链交互信息管理等。

供应链管理注重总的物流成本（从原材料到最终产成品的费用）与顾客服务水平之间的关系，为此要把供应链各个职能部门有机地结合在一起，从而最大限度地发挥出供应链整体的力量，达到供应链企业群体获益的目的。

（三）供应链管理的效益

1997年，美国PRTM（Pittiglio Rabin Tidd&Mcgrath）公司进行的一项关于集成化供应链管理的调查表明，通过实施供应链管理，企业可达到以下多方面的效益。

（1）总供应链管理成本（占收入的百分比）降低10%以上。

（2）中型企业的准时交货率提高15%。

（3）订单满足提前期缩短25%～35%。

（4）中型企业的增值生产率提高10%以上。

（5）绩优企业资产运营业绩提高15%～20%。

（6）中型企业的库存降低3%，绩优企业的库存降低15%。

（7）绩优企业在现金流转周期上具有比一般企业少40～50天的优势。

另据一项统计资料显示，供应链管理的实施，加上优良的物流服务，可以为企业带来如下好处。

（1）企业物流成本下降2%～8%。

（2）供应链上的节点企业按时交货率提高15%以上。

（3）物流库存总周期下降3～6天。

（4）流动资金占有率下降3%～15%。

（5）客户满意度上升10%～20%。

（6）企业形象上升5%～20%。

边学边议：

商品的供应管理和供应链管理有哪些不同？

三、供应链管理与物流管理

目前，关于供应链管理和物流管理存在许多理解上的混乱。例如，经常有人认为“供应链是物流的延伸”“现代物流发展进入到了供应链管理阶段”等。美国俄亥俄州州立大学供应链研究中心的玛莎·库珀等人则提出，供应链管理与物流管理之间存在着本质的区别，不可互换使用。一方面，供应链管理是在物流管理由内部一体化向外部一体化发展过程中产生的一种管理思想，与物流管理之间存在不可割裂的联系。另一方面，供应链管理虽然源于物流管理，但是却高于物流管理，与传统的企业内部的一体化的物流管理是有着根本区别的。

（一）供应链管理与物流管理之间的联系

人们最初提出“供应链管理”一词，是用来强调在物流管理过程中，在减少企业内部库存的同时也应该考虑减少企业之间的库存。随着供应链管理思想越来越受到欢迎和重视，其视角早已拓宽，不仅仅着眼于降低库存，其管理触角伸展到企业内外的各个环节、各个角落。从某些场合下人们对供应链管理的描述看，它类似于穿越不同组织界限的、一体化的物流管理。

实质上，供应链管理战略的成功实施必然以成功的企业内部物流管理为基础。能够真

正认识并率先提出供应链管理概念的也是一些具有丰富物流管理经验和先进物流管理水平的世界级顶尖企业，这些企业在研究企业发展战略的过程中发现，面临日益激化的市场竞争，仅靠一个企业和一种产品的力量，已不足以占据优势，企业必须与它的原料供应商、产品分销商、第三方物流服务者等结成持久、紧密的联盟，共同建设高效率、低成本的供应链，才可以从容面对市场竞争，并取得最终胜利。正因为如此，英国著名物流专家马丁·克里斯托弗（Martin Christopher）才感叹："市场上只有供应链没有企业""21世纪的竞争不是企业和企业之间的竞争，而是供应链和供应链之间的竞争"。

（二）供应链管理与物流管理之间的区别

一般而言，供应链管理涉及制造问题和物流问题两个方面，物流管理涉及的是企业的非制造领域问题。具体来看，供应链管理与物流管理之间的区别表现在以下几个方面。

1. 范围不同

从范围来看，美国物流管理协会（the Council of Logistics Management，CLM）2000年对物流的最新定义指出：物流为供应链管理的一个子集，两者并非同义词。CLM的定义清楚地表明，物流在恰当的实施下，总是以点到点为目的，20世纪80年代到90年代之间的教科书也持这一观点。而供应链管理将许多物流以外的功能穿越企业之间的界限整合起来，其功能超越了企业物流的范围。关于这一点，一个明显的例子就是企业的新产品开发。众所周知，强大的产品开发能力可以成为企业有别于其对手的竞争优势，乃至于成为促使其长期发展的核心竞争能力。而在产品开发过程中，需要涉及方方面面的业务关系，包括营销理念、研发组织形式、制造能力、物流能力、筹资能力等。这些业务关系不是一个企业内部的，往往还涉及企业的众多供应商或经销商，以便缩短新产品进入市场的周期。而这些都是供应链管理要整合的内容。显然，单从一个企业的物流管理的角度来考虑，很难想象会将这么多的业务关系联系在一起。

2. 对一体化的理解不同

从学科发展来看，供应链管理也不能简单地理解为一体化的物流管理。一体化的物流管理分为内部一体化和外部一体化两个阶段。目前，即使是在物流管理发展较早的国家，许多企业也仅仅处于内部一体化的阶段，或者刚刚认识到结合企业外部力量的重要性。也正因为这样，一些学者才提出"供应链管理"这一概念，以使那些领导管理方法潮流的企业率先实施的外部一体化战略区别于传统企业内部的物流管理。要真正使供应链管理能够成熟发展，成为一门内涵丰富的新型独立学科，就有必要将供应链管理与一体化物流管理加以区分，不能将供应链管理简单地视为一体化物流管理的代名词。许多西方学者认为，在这一点上，学术界的研究往往落后于实践。一些实施供应链管理战略的世界顶级企业的高层管理者对供应链管理的理解和把握比研究者更为准确。正如在供应链管理的定义中指出的那样，供应链管理所包含的内容比传统物流管理要广泛得多。在考察同样的问题时，从供应链管理来看，视角更宽泛，立场更有高度。

3. 研究者的范围不同

供应链管理的研究者范围也比物流管理更为广泛。除了物流管理领域的研究者外，还有许多制造与运作管理的研究者也使用和研究供应链管理。他们对供应链管理研究的推进和重视，决不亚于物流管理的研究者们。

4. 学科体系的基础不同

供应链管理思想的形成和发展，是建立在多个学科体系（系统论、企业管理等）基础上的，其理论根基远远超越了传统物流管理的范围。正因为如此，供应链管理还涉及许多制造管理的理论和内容。它的内涵比传统的物流管理更丰富，覆盖面更加宽泛，而对企业内部单个物流环节的注意就不如传统物流管理那么集中，考虑那么细致了。

5. 优化的范围不同

供应链管理把对成本有影响和在产品满足顾客需求的过程中起作用的每一方都考虑在内：从供应商的供应商和制造工厂经过仓库和配送中心到零售商和商店及顾客的顾客；而物流管理考虑自己路径范围的业务。物流管理主要涉及组织内部商品流动的最优化，而供应链管理强调光有组织内部的合作和最优化是不够的。

6. 管理的角度不同

首先，物流管理主要从一个企业的角度考虑供应、存储和分销，把其他企业当作一种接口关系处理，没有深层次理解其他企业内的操作，企业之间只是简单的业务合作关系。而供应链管理的节点企业之间是一种战略合作伙伴关系，要求对供应链所有节点企业的活动进行紧密的协作控制。它们形成了一个动态联盟，具有“双赢（win－win）”关系。其次，物流管理强调一个企业的局部性能优先，并且采用运筹学的方法分别独立研究相关的问题。通常，这些问题被独立地从它们的环境中分离出来，不考虑与其他企业功能的关系。而供应链管理将每个企业当作供应网络中的节点，在信息技术支持下，采用综合的方法研究相关的问题，通过紧密的功能协调追求多个企业的全局性能优化。最后，物流管理经常是面向操作层次的，而供应链管理更关心战略性的问题，侧重于全局模型、信息集成、组织结构和战略联盟等方面的问题。

（三）物流管理在供应链管理中的重要作用

物流管理是供应链管理的重要内容，在供应链管理中有着重要作用。这可以通过以下两方面来印证。

1. 从价值组成看

美国统计协会于1988年公布的供应链上各环节的价值分布如表2－2所示。从该表可以看出，不同的行业和产品类型，其供应链的价值分布不同，但物流价值（采购和分销之和）在各种类型的产品和行业中都占到了整个供应链价值的一半以上，而制造价值却不到一半。在易耗消费品和耐用消费品中，物流价值的比例更大，达80%以上。

表2－2　　供应链上的价值分布

产品类型	采购（%）	制造（%）	分销（%）
易耗消费品（如肥皂、香精等）	30～50	5～10	30～50
耐用消费品（如轿车、冰箱等）	50～60	10～15	20～30
重工业品（如工业设备、飞机等）	30～50	30～50	5～10

另据研究，我国目前物流过程造成的浪费现象已十分严重，物流成本已占商品流通成

本的50%～60%。无效运输、破损现象极为普遍，如玻璃、陶瓷的破损率达到20%，每年损失上亿元。商品流通效率也十分低下，物流过程在我国工业企业中所占用的时间几乎占整个生产经营过程的90%，其中汽车零配件行业大约只有4%的时间用于生产、加工，96%的时间用于原材料的购运和成品包装、储存及装卸。

这充分说明了物流价值对整个供应链的价值意义。供应链管理本身就是价值增值链的过程，有效地管理好物流过程，对于提高供应链的价值增值水平，有着举足轻重的作用。

2. 从功能上看

传统观点认为，物流对制造企业的生产是一种支持作用，是辅助的功能部门。但现代企业生产方式的转变，即从大批量生产转向精细的准时化生产，需要此时物流包括采购和供应都跟着转变运作方式，实行准时供应和准时采购等。另外，顾客需求的瞬时化，要求企业能以最快的速度把产品送到用户手中，以提高企业快速响应市场的能力。所有这一切，都要求企业物流系统具有和制造系统协调运作的能力，以提高供应链的敏捷性和适应性。因此，物流管理不再是传统的保证生产过程连续性的问题，而是要在供应链管理中发挥重要作用：创造用户价值，降低用户成本；协调制造活动，提高企业的敏捷性；提供增值物流服务；提供信息反馈，协调供需矛盾。

物流管理要求企业快速响应顾客需求，以提高企业快速响应市场的能力。而这种能力的获得必须建立在物流系统的高效运作上，如快速准确的运输、较低的库存费用、需求信息的及时反馈等。因此，只有建立快捷而高效的供应链物流系统，才能达到提高企业竞争力的要求。供应链管理将成为21世纪企业的核心竞争力，而物流管理又将成为供应链管理的核心能力的主要构成部分。

(四) 供应链管理环境下物流管理的特点

由于供应链管理下物流环境的改变，使新的物流管理和传统的物流管理相比有许多不同的特点，这些特点反映了供应链思想的要求和企业竞争的新策略。

在传统的物流系统中，需求信息和反馈信息（供应信息）都是逐级传递的，因此，上级供应商不能及时掌握市场信息，因而对市场的信息反馈速度比较慢，从而导致需求信息的扭曲现象。另外，传统的物流系统没有从整体角度进行物流规划，常常导致一方面库存不断增加，另一方面当需求出现时又无法满足，这样，企业就会因为物流系统管理不善而丧失市场机会。简言之，传统物流管理的主要特点表现在：

(1) 纵向一体化的物流系统；

(2) 不稳定的供应关系，缺乏合作；

(3) 资源的利用率低，没有充分利用企业的有用资源；

(4) 信息的利用率低，没有共享有关的需求资源，需求信息扭曲现象严重。

供应链管理环境下的物流系统和传统的纵向一体化物流模型相比，不但信息的流量大大增加，而且需求信息和反馈信息不是逐级传递，而是网络式传递的，企业通过EDI/Internet可以很快掌握供应链上不同环节的供求信息和市场信息。合作性和协调性也是供应链管理的一个重要特点，倘若没有物流系统的无缝链接，当运输的货物逾期未到，顾客的需要不能得到及时满足，采购的物资常常在途受阻时，都会使供应链的合作性大打折扣，因此，无缝链接的供应链物流系统是使供应链获得协调运作的前提条件。

归纳起来，供应链环境下的物流管理的特点可以用以下几个术语简要概括：信息—共享；过程—同步；合作—互利；交货—准时；响应—敏捷；服务—满意。

（五）供应链环境下物流管理面临的主要问题

在供应链环境下的物流管理和传统企业的物流管理的意义和方法不同。由于企业的经营思想的转变，为保证供应链的企业之间运作的同步化、并行化，实现快速响应市场的能力，供应链环境下的物流系统管理将面临一系列的转变和以下 5 个方面的问题：

（1）实现快速准时交货的措施问题；

（2）低成本准时的物资采购供应策略问题；

（3）物流信息的准确输送、信息反馈与共享问题；

（4）物流系统的敏捷性和灵活性问题；

（5）供需协调实现无缝供应链连接问题。

任务实施

一、活动准备

学生分小组，以小组为单位结合案例讨论供应链的概念供应链管理的内容等。

二、活动实施

每个小组分别查找一个关于物流供应链管理的案例，进行小组讨论，列举案例中供应链的构成，说明供应链管理的内容和作用。

三、技能训练

请讨论：1. 什么是供应链？

2. 供应链管理涉及哪些内容？

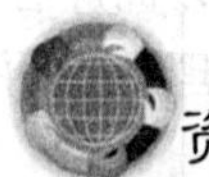

资料链接

1. 中国物流与采购网 . http：//www. chinawuliu. com. cn.
2. 申纲领主编、赵智锋主审，《物流管理案例引导教程》，人民邮电出版社，2009 年版 .

任务二　供应链的构筑

相关知识

为了提高供应链管理的绩效，除了必须有一个高效的运行机制外，建立一个高效精简的供应链，也是极为重要的一环。作为供应链管理的一项重要环节，无论是理论研究人员

还是企业实际管理人员，都非常重视供应链的构建问题。

一、在供应链构建中需要说明的几个问题

（一）供应链设计与物流系统设计

物流系统是供应链的物流通道，是供应链管理的重要内容。物流系统设计是指原材料和外购件所经历的采购入厂—存储—投料—加工制造—装配—包装—运输—分销—零售等一系列物流过程的设计。物流系统设计也称通道设计（Channel Designing），是供应链系统设计中最主要的工作之一。设计一个结构合理的物流通道对于降低库存、减少成本、缩短提前期、实施 JIT 生产与供销、提高供应链的整体运作效率都是很重要的。但供应链设计却不等同于物流系统设计，（集成化）供应链设计是企业模型的设计，它从更广泛的思维空间——企业整体角度去勾画企业蓝图，是扩展的企业模型。它既包括物流系统，还包括信息和组织以及价值流和相应的服务体系建设。在供应链的设计（建设）中创新性的管理思维和观念极为重要，要把供应链的整体思维观融入到供应链的构思和建设中，企业之间要有并行的设计才能实现并行的运作模式，这是供应链设计中最为重要的思想。

（二）供应链设计与环境因素的考虑

一个设计精良的供应链在实际运行中并不一定能按照预想的那样，甚至无法达到设想的要求，这是主观设想与实际效果的差距，原因并不一定是设计或构想得不完美，而是环境因素在起作用。因此构建和设计一个供应链，既要考虑供应链的运行环境（地区、政治、文化、经济等因素），同时，还应考虑未来环境的变化对实施供应链的影响。因此，我们要用发展的、变化的眼光来设计供应链，无论是信息系统的构建还是物流通道设计都应具有较高的柔性，以提高供应链对环境的适应能力。

（三）供应链设计与企业再造工程

从企业的角度来看，供应链的设计是一个企业的改造问题，供应链所涉及的内容任何企业都或多或少在进行。供应链的设计或重构不是要推翻现有的企业模型，而是要从管理思想革新的角度，以创新的观念武装企业（比如动态联盟与虚拟企业，精细生产），这种基于系统进化的企业再造思想是符合人类演进式的思维逻辑的，尽管 BPR 教父哈默和钱贝一再强调其彻底的、剧变式的企业重构思想，但实践证明，实施 BPR 的企业最终还是走向改良道路，所谓无源之水、无本之木的企业再造是不存在的。因此，在实施供应链的设计与重建时，并不在于是否打碎那个瓷娃娃（M. C. 杰克逊透过新潮管理法看系统管理学），需要的是新的观念、新的思维和新的手段，这是我们实施供应链管理所要明确的。

（四）供应链设计与先进制造模式的关系

供应链设计既是从管理新思维的角度去改造企业，也是先进制造模式的客观要求和推动的结果。如果没有全球制造、虚拟制造这些先进的制造模式的出现，集成化供应链的管理思想是很难得以实现的。正是先进制造模式的资源配置沿着劳动密集—设备密集—信息密集—知识密集的方向发展才使得企业的组织模式和管理模式发生相应的变化，从制造技术的技术集成演变为组织和信息等相关资源的集成。供应链管理适应了这种趋势，因此，供应链的设计应把握这种内在的联系，使供应链管理成为适应先进制造模式发展的先进管理思想。

二、供应链体系的设计策略

设计和运行一个有效的供应链，对于每一个制造企业都是至关重要的，因为它可以获得提高用户服务水平、达到成本和服务之间的有效平衡、提高企业竞争力、提高柔性、渗透入新的市场、通过降低库存提高工作效率等好处。但是供应链也可能因为设计不当而导致浪费和失败。

费舍尔（Fisher）认为供应链的设计要以产品为中心。供应链的设计首先要明白用户对企业产品的需求是什么？产品寿命周期、需求预测、产品多样性、提前期和服务的市场标准等都是影响供应链设计的重要问题。必须设计出与产品特性一致的供应链，也就是所谓的基于产品的供应链设计策略。

（一）产品类型

不同的产品类型对供应链设计有不同的要求，高边际利润、不稳定需求的革新性产品（Innovative Products）的供应链设计就不同于低边际利润、有稳定需求的功能性产品（Functional Products）。两种不同类型产品的比较如表2-3所示。

表2-3　两种不同类型产品的比较

需求特征	功能性产品	革新性产品
产品寿命周期（年）	＞2	1～3
边际贡献（%）	5～20	20～60
产品多样性	低	高
预测的平均边际错误率（%）	10	40～100
平均缺货率（%）	1～2	10～40
季末降价率（%）	0	10～25
按订单生产的提前期	6个月～1年	1天～2周

（二）基于产品的供应链设计策略

当知道产品和供应链的特性后，就可以设计出与产品需求一致的供应链。设计策略如图2-3所示。

	功能性产品	革新性产品
效率性供应链	匹配	不匹配
响应性供应链	不匹配	匹配

图2-3　供应链设计与产品类型策略矩阵

策略矩阵的四个元素代表四种可能的产品和供应链的组合，从中可以看出产品和供应链的特性，管理者可以根据它判断企业的供应链流程设计是否与产品类型一致，就是基于产品的供应链设计策略：有效性供应链流程适于功能性产品，反应性供应链流程适于革新性产品，否则就会产生问题。

边学边议：

供应链管理和物流管理有哪些不同？

三、供应链设计的原则

在供应链的设计过程中，我们认为应遵循一些基本的原则，以保证供应链的设计和重建能满足供应链管理思想得以实施和贯彻的要求。

1. 自顶向下和自底向上相结合的设计原则

在系统建模设计方法中，存在两种设计方法，即自顶向下和自底向上的方法。自顶向下的方法是从全局走向局部的方法，自底向上的方法是从局部走向全局的方法；自上而下是系统分解的过程，而自下而上则是一种集成的过程。在设计一个供应链系统时，往往是先有主管高层做出战略规划与决策，规划与决策的依据来自市场需求和企业发展规划，然后由下层部门实施决策，因此供应链的设计是自顶向下和自底向上的综合。

2. 简洁性原则

简洁性是供应链的一个重要原则，为了能使供应链具有灵活快速响应市场的能力，供应链的每个节点都应是简洁的、具有活力的、能实现业务流程的快速组合。比如供应商的选择就应以少而精的原则，通过和少数的供应商建立战略伙伴关系，以减少采购成本，推动实施 JIT 采购法和准时生产。生产系统的设计更是应以精细思想（Lean Thinking）为指导，努力实现从精细的制造模式到精细的供应链这一目标。

3. 集优原则（互补性原则）

供应链的各个节点的选择应遵循强一强联合的原则，达到实现资源外用的目的，每个企业只集中精力致力于各自核心的业务过程，就像一个独立的制造单元（独立制造岛），这些所谓单元化企业具有自我组织、自我优化、面向目标、动态运行和充满活力的特点，能够实现供应链业务的快速重组。

4. 协调性原则

供应链业绩好坏取决于供应链合作伙伴关系是否和谐，因此，建立战略伙伴关系的合作企业关系模型是实现供应链最佳效能的保证。席酉民教授认为和谐是描述系统是否形成了充分发挥系统成员和子系统的能动性、创造性及系统与环境的总体协调性。只有和谐而协调的系统才能发挥最佳的效能。

5. 动态性（不确定性）原则

不确定性在供应链中随处可见，许多学者在研究供应链运作效率时都提到不确定性问题。由于不确定性的存在，导致需求信息的扭曲。因此，要预见各种不确定因素对供应链运作的影响，减少信息传递过程中的信息延迟和失真。降低安全库存总是和服务水平的提高相矛盾的。增加透明性，减少不必要的中间环节，提高预测的精度和时效性对降低不确定性的影响都是极为重要的。

6. 创新性原则

创新设计是系统设计的重要原则，没有创新性思维，就不可能有创新的管理模式，因此在供应链的设计过程中，创新性是很重要的一个原则。要产生一个创新的系统，就要敢于打破各种陈旧的思维框框，用新的角度、新的视野审视原有的管理模式和体系，进行大胆地创新设计。进行创新设计，要注意四点：一是创新必须在企业总体目标和战略的指导下进行，并与战略目标保持一致；二是从市场需求的角度出发，综合运用企业的能力和优势；三是发挥企业各类人员的创造性，集思广益，并与其他企业共同协作，发挥供应链整体优势；四是建立科学的供应链和项目评价体系及组织管理系统，进行技术经济分析和可行性论证。

7. 战略性原则

供应链的建模应有战略性观点，通过战略的观点考虑减少不确定影响。从供应链战略管理的角度考虑，我们认为供应链建模的战略性原则还体现在供应链发展的长远规划和预见性上，供应链的系统结构发展应和企业的战略规划保持一致，并在企业战略指导下进行。

四、基于产品的供应链设计的步骤

供应链设计的步骤模型如图2-4所示。

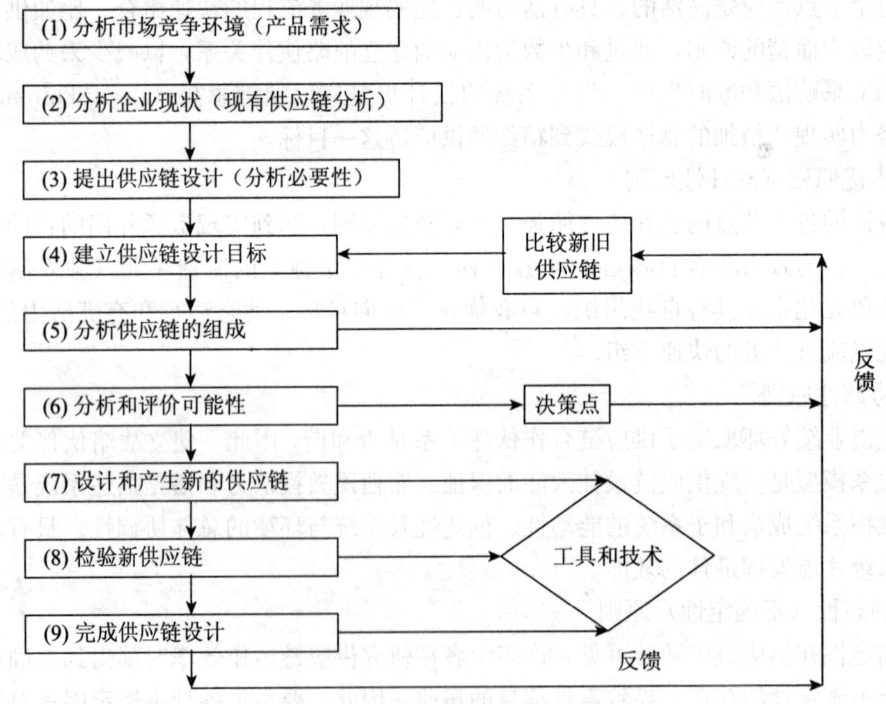

图2-4 供应链设计的步骤模型

一、活动准备

学生分小组，以小组为单位结合案例讨论供应链的概念及供应链管理的内容等。

二、活动实施

案例：天德勤以斯柯达（Skoda）和大众（Volkswagen）车型的全车可替换零部件为业务核心，立足全球供应链，将国内优秀的整车配套厂生产的高质量汽车零部件输往海外。作为汽车零部件的流通零售业，涉及的零部件种类超过万种，库存成本难以控制；国内厂商生产成本与人工费用增加，造成零部件采购成本增加，竞争优势下降；行业准入自由，市场竞争加剧。

天德勤是整车配套厂与国外客户之间的桥梁，所有产品均来自于上游供应商，对配套厂的依赖度高，客户订单的交期、成本均受上游影响，为保证有效服务客户，势必造成高库存量与高存货周转周期；为降低库存成本与资金占用，又势必增长客户交货周期，以客户满意度为代价。在不降低客户服务水平为的前提下，要求尽量降低采购成本、库存成本；上游厂商数量众多，加强对上游厂商的管理，降低对上游的依赖程度。同时作为只有百人规模的企业，却创造出5.8亿元的年营业收入，并以每年10%的速度持续增长。

三、技能训练

请讨论：1. 该公司是如何构建供应链的？

2. 供应管理为公司创造了怎样的效益？

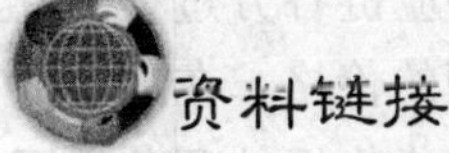

1. 中国物流与采购网．http：//www.chinawuliu.com.cn.

2. 申纲领主编、赵智锋主审，《物流管理案例引导教程》，人民邮电出版社，2009年版．

3. http：//www.ufida.com.cn/subject/20101208/article/cgal.7.asp？s=6.

任务三 电子商务供应链的管理方法

一、快速反应

快速反应（Quick Response，QR），是一个零售商和生产厂家建立（战略）伙伴关

系，利用EDI等信息技术，进行销售时点的信息交换以及订货补充等其他经营信息的交换，用多频度、小批量配送方式连续补充商品，以实现缩短交货周期，减少库存，提高顾客服务水平和企业竞争力为目的的供应链管理。

QR要求零售商和供应商一起工作，通过共享（Point of Sale，POS）信息来预测商品的未来补货需求，以及不断地预测未来发展趋势以探索新产品的机会，以便对消费者的需求能更快地作出反应。在运作方面，双方利用EDI来加快信息流，并通过共同组织活动来使前置时间和费用最小。QR的着重点是对消费者需求作出快速反应。QR的具体策略有商品即时出售（Floor Ready Merchandise，FRM）、自动物料搬运（Automatic Material Handing，AMH）等。

二、有效客户反应

1. 有效客户反应（ECR）的含义

有效客户反应是从食品杂货业发展起来的一种供应链管理策略。ECR是在商品的分销系统中分销商和供应商为消除系统中不必要的成本和费用而采用的策略，给客户带来更大效益而进行密切合作的一种供应链管理方法。它是价值链最短、效益最大化的管理策略。

ECR旨在消除供应链中不增值的环节，减少成本，提高整个供应链的运作效率，最有效地满足客户的需求。其最终目标是使企业建立一个以客户需求为基础的高效信息反应系统，使分销商、零售商、供应商、合作伙伴在供应链的不同节点发挥最佳的效益。

2. ECR的内容

ECR的优势在于供应链各方为了提高消费者满意度这个共同的目标进行合作，分享信息和诀窍。ECR是一种把以前处于分离状态的供应链联系在一起来满足消费者需要的工具。ECR概念的提出者认为ECR活动是过程，这个过程主要贯穿供应链各方过程，开发新产品以满足客户差异性需求，开展促销活动以吸引客户，以最合理的价格、在最合适的时间、以恰当的方式提供客户所需要的商品，有效地管理库存以消除货物短缺现象。因此，ECR的战略主要集中在以下五个领域，有效地店铺空间安排（Efficient Store Assortment）、有效的商品补充（Efficient Replenishment）、有效的促销活动（Efficient Promotions）、有效的新产品开发与市场投入（Efficient New Product Introductions）和有效的成本节约（Efficient Cost Savings）。

3. ECR的特征

ECR的特征表现在三个方面。

（1）管理意识创新。传统的产销双方交易关系是一种此消彼长的对立型关系。即交易各方以对自己有利的买卖条件进行交易。简单地说，是一种赢—输型（Win - Lose）关系。ECR要求产销双方的交易关系是一种合作伙伴关系。即交易各方通过相互协调合作，实现以低成本向消费者提供更高价值服务的目的，在此基础上追求双方的利益。简单地说，是一种双赢型（Win - Win）关系。

（2）供应链整体协调。传统流通活动缺乏效率的主要原因在于厂家、批发商和零售商

之间存在企业间联系的非效率性和企业内采购、生产、销售和物流等部门或职能之间存在部门间联系的非效率性。传统的组织是以部门或职能为中心进行经营活动，以各个部门或职能的效益最大化为目标。这样虽能提高各个部门或职能的效率，但容易引起部门或职能间的摩擦。同样，传统的业务流程中各个企业以各自企业的效益最大化为目标，这样虽能提高各个企业的效率，但容易引起企业间的利益摩擦。ECR 要求各职能部门以及各企业之间，进行跨部门、跨职能和跨企业的管理和协调，使商品流和信息流在企业内和供应链内顺畅的流动。

（3）涉及范围广。既然 ECR 要求对供应链整体进行管理和协调，ECR 所涉及的范围必然包括零售业、批发业和制造业等相关的多个行业。为了最大限度地发挥 ECR 所具有的优势，必须对关联的行业进行分析研究，对组成供应链的各类企业进行管理和协调。

4. 实施 ECR 的基本原则和运作过程

（1）实施 ECR 的基本原则

首先，以消费者为中心。一切从消费者利益出发，了解顾客的构成情况，了解他们的需求和对商店、商品的意见，改进服务，增加顾客价值，从而增加顾客对商品和品类的忠诚度，得到顾客的回报。

其次，以数据为基础。零售业经营成千上万种商品，面对着成千上万的消费者，需要各种复杂的经营活动，只有充分利用经营数据，才能分析不同消费者的不同需求、不同商品的经营情况，以做出正确经营活动的决策，提高供应链效率。

再次，与业务伙伴有效协作。从流通行业的链条来看。没有任何一个独立的企业能完全满足消费者需求。供应链的各方（零售商、制造商、分销商、第三方物流等）只有紧密合作，才能高效地满足消费者需求。业务伙伴的协作关系不仅体现在供应链上，还体现在一起了解和满足消费者的需求和品类管理上。

最后，整体系统推进。为消费者提供优质服务涉及企业的各个业务流程和各个部门，如门店、总部各职能部门、仓库、运输、供应商等。要综合考虑各个因素，如销量、利润、成本、库存、缺货、效率等。要真正实现高效响应消费者，必须在企业系统中整体地推进，才能取得实效。

总之，ECR 是供应链各个企业推进真诚合作，来实现消费者满意和基于各方利益的整体效益最大化的过程。

（2）ECR 重要业务指标

ECR 重要业务指标包括商店/品类的市场占有率、库存天数、缺货率、物流成本（占销售额百分比）、订单上品种和数量满足率、订单送货准时率、补货时间、数据一致性。

（3）实施 ECR 的运作过程

实施“有效客户反应”的运作过程，如图 2－5 所示。

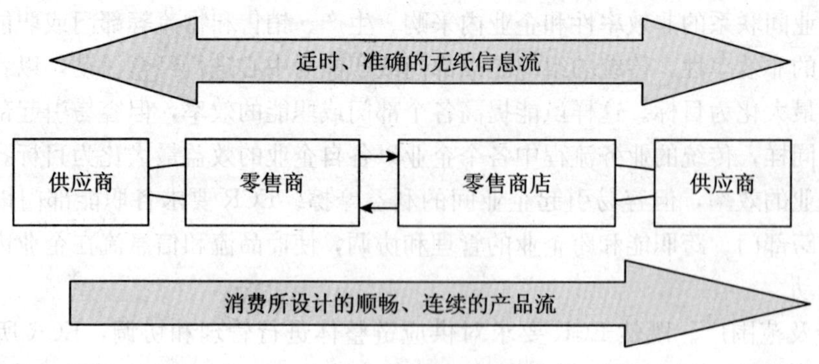

图2-5　ECR的运作过程

首先，在整个供应链的每个节点，供应商、分销商以及零售商都必须改善供应链中的业务流程，使其合理有效；

其次，以较低的成本，将这些业务流程自动化，以进一步降低供应链运作的成本和时间，实施ECR系统所需要的信息技术大体上有条码技术、扫描技术、POS系统和EDI系统，将它们在供应链上集成起来，产生出适合企业运作的应用系统。

综上所述，“有效客户反应”是一种企业供应链管理方法和策略，使供应商和零售商通过共同合作改善供应链上商流、物流、信息流以提高企业效率的过程。这种效率的提高是在供应链伙伴合作的基础上效率的提高，而不是以单个企业的市场行为来提高企业效率。如果供应链没有发展到同步阶段，就很难形成企业有效反应。只有当供应链发展到“同步”的阶段、供应链成员间有了密切的协作关系，才有可能实施“有效客户反应”策略。

(4) 实施ECR的效果

根据欧洲供应链管理系统的报告显示，接受调查的392家公司，其中，制造商使用ECR后：预期销售额增加5.3%，制造费用减少23%，销售费用减少1.1%，仓库费用减少1.3%及综盈利增加5.5%。而批发商和零售商也有相似的获益：销售额增加5.4%，毛利增加3.4%，仓储费用减少5.9%，存货量减少13.1%及每平方米仓库的销售额增加5.3%。由于在流通环节中缩减了不必要的成本，零售商和批发商之间的价格差异也随之降低，这些节约了的成本最终将使消费者受益，各贸易商也将在激烈的市场竞争中赢得一定的市场份额。

对客户、分销商和供应商来说，除这些有形的利益以外，ECR还有着重要的不可量化的无形利益：对客户，增加选择和购物便利，减少无库存货品，使货品更新鲜；对分销商，提高信誉，更加了解客户情况，改善与供应商的关系；对供应商，减少缺货现象，加强品牌的完整性，改善与分销商的关系。

零售商、批发商和供应商通过电子当时支持ECR的活动，其包括两个基本方面：一方面，电子数据交换（EDI）和商店销售时点管理系统（POS）。其中，POS系统数据的准确性是ECR的核心。另一方面，ECR概念引入的成功与否取决于贸易双方是否愿意改变先前的固有程序，是否愿意以开放的形式共同运作，实现信息共享。

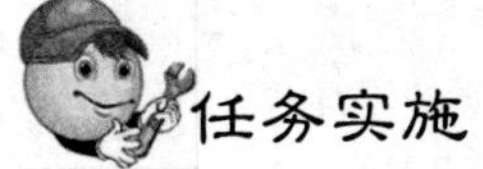

任务实施

一、活动准备

学生分小组，以小组为单位结合案例讨论供应链的概念、供应链管理的内容等。

二、活动实施

深圳市联创科技集团有限公司是一家以家电业为主，横跨商务礼品、移动通信、电子数码产品等领域的大型综合性现代化企业集团，旗下拥有12家产业公司、四大产业制造基地，是中国最早生产空调扇产品的企业和全球最大的空调扇产品研发生产基地，更是国内商务礼品行业的龙头企业。

联创科技集团拥有规模胖庞大的分销体系，全国规模较大的经销商有近500家，而这些经销商往往也是联创的特约服务网点。由于产品、配件种类繁多，产品的更新换代导致配件的多版本，在订货、发货的过程存在着严重的沟通障碍，分销环节，售后服务环节的业务协同效率比较低。为了从根本上改变这一现状，联创科技集团应用了供应链电子商务服务平台，建立了经销商门户、服务网点门户，分别处理整机订货业务和配件订货业务。

企业不同部门、不同角色、价值链上下游伙伴间都是客户，为了更好地为客户服务，使价值链上价值最大化，规范是第一步，利用供应链电子商务平台将信息结构化、数字化，改变传统开协调会、拍脑袋的决策方式，打通企业内外部供应链是联创集团的成功模式。

联创科技自运行友商网的电子商务平台服务3个月以来，投诉减少了50%，人员成本降低了50%，时间成本从原来的4天缩短到1天，1个月内实现了500家经销商全面使用，98%的国内订单通过友商网进行处理。在未来3年联创科技业绩目标，营业额从22亿元提升到100亿元，90%无投诉。

三、技能训练

请讨论：1. 什么是ECR？其有何特征？

2. 供应管理为公司创造了怎样的效益？

资料链接

1. 中国物流与采购网 . http：//www.chinawuliu.com.cn.

2. 申纲领主编、赵智锋主审，《物流管理案例引导教程》，人民邮电出版社，2009年版.

3. http：//www.youshang.com/content/2010/08/20/41549.html.

任务四　供应链管理的发展

一、供应链管理的发展趋势

供应链管理是迄今为止企业物流发展的最高级形式。虽然供应链管理非常复杂且动态多变，但众多企业已经在供应链管理的实践中获得了丰富的经验并取得了显著的成效。当前，供应链管理的发展正呈现出一些明显的趋势。

1. 时间与速度方面

越来越多的公司认识到时间与速度是影响市场竞争力的关键因素之一。例如，在IT行业，国内外大多数PC制造商都使用Intel的CPU。因此，如何确保在第一时间内安装Intel最新推出的CPU就成为各PC制造商获得竞争力的自然之选。总之，在供应链环境下，时间与速度已被看作是提高企业竞争优势的主要来源，一个环节的拖沓往往会影响整个供应链的运转。供应链中的各个企业通过各种手段实现它们之间物流、信息流的紧密连接，以达到对最终客户要求的快速响应、减少存货成本、提高供应链整体竞争水平的目的。

2. 质量与资产生产率方面

供应链管理涉及许多环节，需要环环紧扣，并确保每一个环节的质量。任何一个环节，如运输服务质量的好坏，直接影响到供应商备货的数量、分销商仓储的数量，进而最终影响到用户对产品质量、时效性以及价格等方面的评价。目前，越来越多的企业信奉物流质量创新正在演变为一种提高供应链绩效的强大力量。另外，制造商越来越关心它的资产生产率。改进资产生产率不仅仅是注重减少企业内部的存货，更重要的是减少供应链渠道中的存货。供应链管理发展的趋势要求企业开展合作与数据共享以减少在整个供应链渠道中的存货。

3. 组织精简方面

供应链成员的类型及数量是引发供应链管理复杂性的直接原因。在当前的供应链发展趋势下，越来越多的企业开始考虑减少物流供应商的数量，并且这种趋势非常明显与迅速。例如，跨国公司客户更愿意将它们的全球物流供应链外包给少数几家，理想情况下最好是一家物流供应商。因为这样不仅有利于管理，而且有利于在全球范围内提供统一的标准服务，更好地显示出全球供应链管理的整套优势。

4. 客户服务方面

越来越多的供应链成员开始真正地重视客户服务与客户满意度。传统的量度是以“订单交货周期”“完整订单的百分比”等来衡量的，而目前更注重客户对服务水平的感受，服务水平的量度也以它为标准。客户服务的重点转移的结果就是重视与物流公司的关系，并把物流公司看成是提供高水平服务的合作者。

二、第三方物流在供应链管理中的作用

第三方物流在企业的供应链管理过程中发挥着重要作用。一般来说，可以把第三方物

流在供应链中的运作分为三类。

一是第三方物流向供应链企业提供基本仓储运输服务，帮助供应链企业完成供应链中的物流作业，以资产密集和标准化服务为基本特征。

二是第三方物流向供应链企业提供其他增值服务。就仓储物流而言，可代替客户企业实施库存管理、分拣包装、配套装配等。就货物运输而言，可代替客户企业选择承运人、协议价格、安排货运计划、优选货运路线和进行货物追踪等。

三是第三方物流向供应链企业提供一体化物流和供应链管理服务，可为客户企业提供市场需求预测、自动订单处理、客户关系管理、存货控制和返回物流支持等，以高技术和高素质为基本特征。

（一）基本仓储与运输服务

物流系统的要素包括货物运输和配送、仓库保管、装卸、工业包装、库存管理、工厂及仓库选址、订货处理、市场预测、顾客服务等，一般可归纳为运输、仓储保管、配送、装卸搬运、流通加工等作业环节。通过对第三方物流企业提供的服务内容及客户使用第三方物流服务情况的调查可以发现，大多数第三方物流企业都致力于为客户提供全方位、一站式的服务，能够向客户提供运输、仓储、信息管理、物流策略与系统开发、电子数据交换等全方位物流服务，如表 2-4 所示。而客户最常使用的还是仓储管理（56%）和运输服务（49%）。这是因为，经过一系列的作业流程后，直接面向最终用户的是仓储配送环节，而一次配送活动从接受并处理订单开始，通过集货和送货过程，使相对处于静态的物品完成一次短暂的、有目的的流动过程，这当中包含了相关物流功能的参与。因此，从某种意义上，仓储配送功能是物流体系的一个缩影。基于这样的一个理论，第三方物流企业应该从仓储配送环节入手，对供应链物流的各个环节进行有机地整合，从而实现第三方物流信息系统面向客户对象的最佳管理，实现供应链物流一体化战略。

表 2-4　　第三方物流企业提供的服务情况

序号	服务项目	服务提供者的百分比（%）
1	开发物流策略/系统	97.3
2	EDI 能力	91.9
3	管理表现汇报	89.2
4	货物集运	86.5
5	选择承运人、货运代理、海关代理	86.5
6	信息管理	81.1
7	仓储	81.1
8	咨询	78.7
9	运费支付	75.4
10	运费谈判	75.7

（二）供应链物流系统计划与设计

物流的计划与设计是第三方物流服务或咨询中的一项重要内容。好的供应链管理是从供应链物流系统的计划与设计开始的。对于一个新的工商企业而言，其供应链物流系统计划与设计应该是企业创建阶段需要考虑的重要内容。而对于已经处于经营过程的企业而言，定期对现有的供应链物流系统的运行过程进行回顾、分析和研究是非常必要的。在这两种情况中，第三方物流都起着非常重要的作用。第三方物流可以为企业供应链物流系统设计和回顾提供咨询，也可接受工商企业委托为其直接设计供应链物流系统或对其供应链物流系统进行回顾和研究，为其提出改进的建议。

1. 供应链物流系统计划与设计需要考虑的因素

供应链物流系统非常复杂，在计划与设计供应链物流系统时，要考虑到供应链物流的所有环节，尤其要注意各环节连接处的有效性与合理性。基于此，供应链物流系统计划与设计有许多要考虑的因素，如配送中心的数量及位置、每个配送中心的最佳库存与服务水平、运输设备的类型与数量、运输路线、物流管理的技术等。这些问题所涉及的数据以及相互之间的关联都非常复杂，通常情况下，备选方案也很多。因此，必须结合实际情况来设计供应链物流系统。

2. 供应链物流系统计划与设计程序

一般来说，供应链物流系统的计划与设计应针对以下内容展开，如图2－6所示。

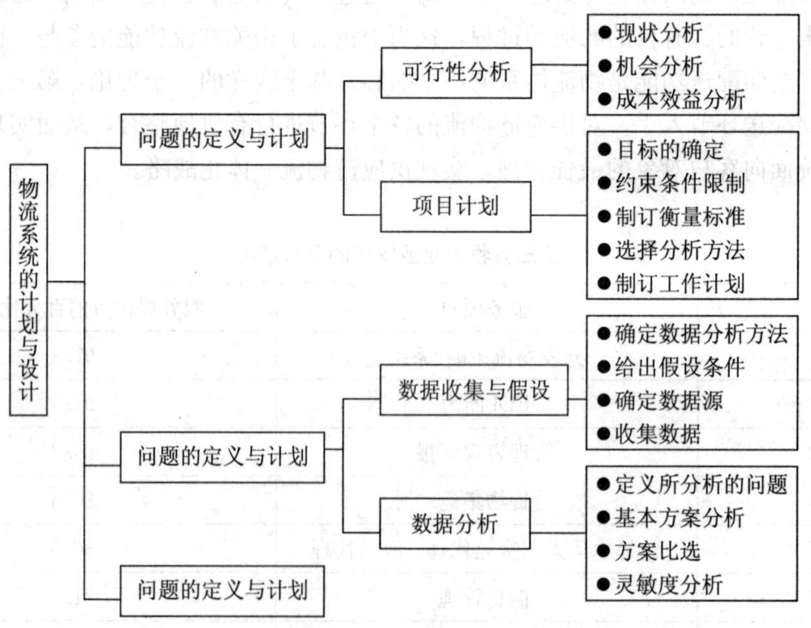

图2－6　物流系统计划与设计的程序

（1）现状分析

现状分析包括内部、外部、竞争和技术的评估与分析，分析的目的是寻找改进的机会。内部分析要检查供应链所有的物流环节，尤其要注意各环节连接处的合理性与有效性

及对现在的物流系统存在的缺陷做出评价。外部评价与分析是对供应商、客户和消费者的外在关系的分析，分析评价时应考虑市场的趋势、企业现在的能力与竞争对手的能力。技术评价与分析是对物流各个环节的关键技术与能力的评价，需要考虑现行的技术与最先进的技术间的差距、新技术应用的能力。

(2) 成本效益分析

效益包括服务的改进与成本的降低。服务的改进包括货物的可得性、服务质量与服务能力的提高。服务的提高有利于增加现有客户忠诚及吸引新客户等内容。

(3) 目标的确定

目标包括物流系统改进的成本与服务期望。目标必须以可度量的方式表示，如货物的可得性：A类产品99%、B类产品95%、C类产品90%、收到订单后98%的货物48小时内发运等。另外，目标也可以以总成本为约束条件，然后在物流总成本预算内达到顾客服务水平最高的系统。

(4) 建议与实施

第三方物流企业可以向工商企业提交其供应链物流系统计划与设计方案并提出相关建议。这包括：

①在可行性最大的几个方案中向管理层推荐2～3个最佳方案，简要介绍这些方案优于其他方案的地方，并对这几个方案做出一些比较，说明各自侧重点的不同及优劣在什么地方。

②对推荐的几个方案进行成本评估。这时，要考虑到企业的中长期发展。可能某方案要求的前期投资较大，但在对企业发展一定的估计前提下，该方案可以使企业的供应链物流系统在同行中保持较长时间的技术优势。对于一个正在成长中的企业来说，这一点是十分重要的。

③进行风险分析。判断市场可能产生哪些变动，这些变动对所推荐方案的影响有多大。

(二) 其他增值服务

第三方物流的最主要价值就在于提供各种增值服务。增值服务指物流企业与客户共同努力，通过独特或特别的服务活动，支持客户的产品营销战略，提高其经营效率和效益。物流企业提供专门化增值服务作业，能实现规模经济效益，并保持最基本的灵活性，使客户企业可以把精力集中在关键的业务需求上。

增值服务包括两大类：基本的增值服务和特定的增值服务。

1. 基本的增值服务

基本的增值服务是指除了承担仓储运输服务以外，物流企业还提供一系列附加的创新服务或独特服务，诸如物流方案设计、存货管理、订货处理、物流加工、报关、售后服务等整个供应链服务项目，以支持客户任何的或所有的物流需求。

2. 特定的增值服务

特定的增值服务是指物流企业为客户企业实现某种营销目的而提供的专项服务。具体可分为以下几类。

(1) 以顾客为核心的服务

以顾客为核心的增值服务是向买卖双方提供配送产品的各种可供选择的方式，如快餐食品的专门递送、订货登记配送和按仓库、会员顾客、便利店等要求分别配置的“精选—定价—重新包装”服务。这类服务活动的构成是：处理顾客向制造商的订货、直接送货到商店或顾客家里及按照零售店货架储备所需的商品明细规格持续提供递送服务。这种增值服务可以有效地用来支持新产品引入和基于当地市场的季节性配送。休闲食品的“工厂—仓库—门店”的配送就属于此类服务。家具装饰、乐器校音等，也是以满足顾客定制化装配要求为核心的增值服务。

（2）以促销为核心的服务

以促销为核心的服务涉及独特的销售点展销台的配置，以及旨在刺激销售的其他范围很广的各种服务。销售点展销可以包含来自不同供应商的多种产品，组合成一个多结点的展销单元，以便于适合特定的零售商店。在有选择的情况下，以促销为核心的增值服务还对储备产品的样品提供特别介绍，甚至进行直接邮寄促销。许多以促销为核心的增值服务包括销售点广告宣传和促销材料的物流支持等。

（3）以制造为核心的增值服务

以制造为核心的增值服务是通过独特的产品分类和递送来支持制造活动的，如一家仓储公司使用多达6种的不同纸箱重新包装一种普通消费者洗碗用的肥皂，以支持各种促销方案和各种等级的贸易要求。有的厂商将外科手术的成套器具按需要进行装配，以满足特定医师的独特要求。还有一些仓储公司切割和安装各种长度与尺寸的软管以适合特别顾客所使用的不同规格的水泵等。这种增值服务在物流渠道中都是由专业人员承担的。这些专业人员能够把产品的最后定型一直推迟到接收顾客定制化订单时为止。显然，雇用专业人员承担这种增值服务，与将这些活动结合进高速度的制造过程成为其中一个组成部分相比，意味着单位成本将提高。但是，由专业人员提供这种增值服务能够大大减少与生产不正确的产品有关的预期风险。因此，以制造为核心的增值服务与其说是在预测基础上生产独特的产品，更重要的是对基本产品进行了修正，以适应特定的顾客需求，其结果是改善了服务。

（4）以时间为核心的增值服务

以时间为核心的增值服务涉及使用专业人员在递送以前对存货进行分类、组合和排序，其一种流行形式就是准时化（JIT）供给仓库。在准时化概念下，供应商向位于装配工厂附近的仓库进行日常的配送。一旦某时某地产生了需要，供给仓库就会对多家卖主的零部件进行精确地分类、组合、排序，然后配送到企业装配线上去，其目的是要在总量上最大限度地减少在装配工厂附近的搬运次数和检验次数。以时间为核心的增值服务的一个主要特征，就是排除不必要的仓库设施和重复劳动，以期最大限度地提高服务速度，提高工作效率和生产柔性化，减少成本，提高竞争力。

任务实施

一、活动准备

学生分小组，以小组为单位结合案例讨论供应链的概念及供应链管理的内容等。

二、活动实施

在麦当劳的物流中，质量永远是权重最大、被考虑最多的因素。麦当劳重视品质的精神，在每一家餐厅开业之前便可见一斑。餐厅选址完成之后，首要工作是在当地建立生产、供应、运输等一系列的网路系统，以确保餐厅得到高品质的原料供应。无论何种产品，只要进入麦当劳的采购和物流链，必须经过一系列严格的质量检查。麦当劳对土豆、面包和鸡块都有特殊的严格的要求。比如，在面包生产过程中，麦当劳要求供应商在每个环节加强管理。比如装面粉的桶必须有盖子，而且要有颜色，不能是白色的，以免意外破损时碎屑混入面粉，而不易分辨；各工序间运输一律使用不锈钢筐，以防杂物碎片进入食品中。

谈到麦当劳的物流，不能不说到夏晖公司，这家几乎是麦当劳"御用 3pl"（该公司客户还有必胜客、星巴克等）的物流公司，他们与麦当劳的合作，至今在很多人眼中还是一个谜。麦当劳没有把物流业务分包给不同的供应商，夏晖也从未移情别恋，这种独特的合作关系，不仅建立在忠诚的基础上，麦当劳之所以选择夏晖，在于后者为其提供了优质的服务。

而麦当劳对物流服务的要求是比较严格的。在食品供应中，除了基本的食品运输之外，麦当劳要求物流服务商提供其他服务，比如信息处理、存货控制、贴标签、生产和质量控制等诸多方面，这些"额外"的服务虽然成本比较高，但它使麦当劳在竞争中获得了优势。"如果你提供的物流服务仅仅是运输，运价是一吨 4 角，而我的价格是一吨 5 角，但我提供的物流服务当中包括了信息处理、贴标签等工作，麦当劳也会选择我做物流供应商的。"为麦当劳服务的一位物流经理说。

另外，麦当劳要求夏晖提供一条龙式物流服务，包括生产和质量控制在内。这样，在夏晖设在台湾的面包厂中，就全部采用了统一的自动化生产线，制造区与熟食区加以区隔，厂区装设空调与天花板，以隔离落尘，易于清洁，应用严格的食品与作业安全标准。所有设备由美国 SASIB 专业设计，生产能力为每小时 24000 个面包。在专门设立的加工中心，物流服务商为麦当劳提供所需的切丝、切片生菜及混合蔬菜，拥有生产区域全程温度自动控制、连续式杀菌及水温自动控制功能的生产线，生产能力每小时 1500 千克。此外，夏晖还负责为麦当劳上游的蔬果供应商提供咨询服务。

麦当劳利用夏晖设立的物流中心，为其各个餐厅完成订货、储存、运输及分发等一系列工作，使整个麦当劳系统得以正常运作，通过它的协调与联结，使每一个供应商与每一家餐厅达到畅通与和谐，为麦当劳餐厅的食品供应提供最佳的保证。目前，夏晖在北京、上海、广州都设立了食品分发中心，同时在沈阳、武汉、成都、厦门建立了卫星分发中心和配送站，与设在中国香港和中国台湾的分发中心一起，斥巨资建立起全国性的服务网络。

三、技能训练

请讨论：麦当劳公司是如何利用第三方物流商建起了全国性的服务网络的？

资料链接

1. 中国物流与采购网 . http：//www. chinawuliu. com. cn.

2. 申纲领主编、赵智锋主审，《物流管理案例引导教程》，人民邮电出版社，2009年版.

3. http：//www. 56885. net/new _ view. asp？ id=207692.

模块总结

供应链是围绕核心企业，通过对信息流、物流、资金流的控制，从采购原材料开始，制成中间产品以及最终产品，最后由销售网络把产品送到消费者手中的将供应商、制造商、分销商、零售商、直到最终用户连成一个整体的功能网链结构模式。

供应链主要具有复杂性、动态性、交叉性、面向用户需求的特征，可以分为稳定的供应链和动态的供应链、平衡的供应链和倾斜的供应链、有效性供应链和反应性供应链等类型。

供应链管理是用系统的观点通过对供应链中的物流、信息流、资金流进行设计、规划、控制与优化，以寻求建立供、产、销企业以及客户间的战略合作伙伴关系，最大限度地减少内耗与浪费，实现供应链整体效率的最优化，并保证供应链中的成员取得相应的绩效和利益，来满足顾客需求的整个管理过程。

供应链管理的内容主要涉及供应、生产计划、物流、需求四个主要领域。在以上四个领域的基础上，供应链管理可以细分为职能领域和辅助领域。供应链管理的目标在于提高用户服务水平和降低总的交易成本，并且寻求两个目标之间的平衡。

供应链管理与物流管理之间存在着本质的区别，不可互换使用。一方面，供应链管理是在物流管理由内部一体化向外部一体化发展过程中产生的一种管理思想，与物流管理之间存在不可割裂的联系；另一方面，供应链管理虽然源于物流管理，但是却高于物流管理，与传统的企业内部的一体化的物流管理是有着根本区别的。

供应链管理的主要方法有快速反应和有效客户反应。

第三方物流在供应链中的运作分为三类：提供基本仓储运输服务、提供其他增值服务、提供一体化物流和供应链管理服务。基于供应链的第三方物流管理内容主要包括合同管理、能力管理和信息管理。

作业

一、选择题

1. 有效客户反应，是从（　　）发展起来的一种供应链管理策略。

A. 食品杂货业　　B. 工业　　C. 农业　　D. 渔业

2. 第三方物流的最主要价值就在于提供（　　）。

A. 服务　　B. 增值服务　　C. 增值管理　　D. 无偿服务

3. 快速反应是一个零售商和生产厂家建立战略（　　），以实现缩短交货周期，减少库存，提高顾客服务水平和企业竞争力为目的的供应链管理。

A. 竞争关系　　B. 经营关系　　C. 伙伴关系　　D. 对立关系

4. 供应链管理的内容主要涉及四个主要领域：供应、生产计划、物流、（　　）。

A. 生产　　B. 消费　　C. 销售　　D. 需求

二、问答题

1. 供应链的特征有哪些？

2. 供应链设计的原则有哪些？

3. 第三方物流在供应链中的运作可分为哪三类？

4. 有效客户反应（ECR）的战略主要集中在哪五个领域？

自测实训

1. 实训目的：通过对企业供应链管理的调研，使学生对企业供应链管理有个整体的感性认识。

2. 实训方式：本地物流企业调研。

3. 实训内容：

实地调研的内容包括：

（1）物流企业供应链管理的方式；

（2）物流企业供应链管理的内容。

4. 实训步骤：

（1）分组实地调研；

（2）小组讨论；

（3）分组完成调研报告。

模块三　物流系统

(1) 掌握物流系统的概念。
(2) 了解物流系统的运行机制。
(3) 掌握物流的系统化管理。

能力目标

(1) 掌握物流系统运行的管理。
(2) 了解物流系统管理的目标。
(3) 掌握物流系统运行的功能。

素质目标

(1) 培养学生的团队合作意识。
(2) 培养学生的良好沟通能力。

精益库存控制忌讳“可能”

现实生活中，我们经常听到有人讲“可能”“或许”等此类的话。听得多了，大家可能就习惯了。但是从库存控制的角度讲，这是不能容忍的。先给大家讲个故事，张先生在IBM北京工厂担任高级物料经理的时候，有一次在车间里面正好碰到一个设备工程师，他提醒我，由于设备故障，某一种电阻消耗很不正常，要我们注意这个电阻的库存情况，我立即打电话问我们的物料计划员，这个电阻的库存情况怎么样，他很有信心地说：“没问题，多的是。”张先生听后差点晕过去。张先生问他，“‘没问题，多的是’是怎么个意思?”他说：“这个电阻还有一大堆呢。”张先生更生气了，又问他：“一大堆是怎么个意思?”他说：“我估计没有问题。这个电阻大概可以满足生产到两天之后，估计后天就有新货到”。张先生实在不能容忍，就告诉他，我“估计”，我“大概”在两天之后可能炒掉你！这看起来是很有意思的一个对话，似乎也很正常，实则不然。我们经

常说，库存就是钱，而且是很有可能会随时报废、贬值的钱。我们对待手中的钱，无论多少，怎么可以用“大概”“可能”“估计”去控制呢？至少我们可以说，这是一种非常不严谨的工作态度。

体现在制造业库存控制上，我们应该用如下方式来表达：

这个电阻的物料代码是什么？

目前这个电阻的库存是多少？

按照已经发出的采购订单，该电阻最近的到货（到工厂）时间是哪一天？该电阻目前用于哪几个产品？

目前这个产品的生产计划是什么？根据目前的生产计划，以及 BOM 上的单件用量，理论上该电阻的库存可以满足生产到什么时间（具体到哪天、几点）？考虑到历史损耗情况以及目前的设备状态，到什么时间生产要停产？最近的到货是否可以衔接并满足连续生产的需要？……

看起来不起眼的一个小电阻，却反映了很大的问题。道理很简单，制造业的生产就如同张艺谋拍的那个电影“一个都不能少”。即使少了一个电阻，生产也无法进行，其他的物料库存就得积压，如同千军万马被堵在独木桥上一样。库存也是一样，多放在手中一分钟，就多一点贬值、报废的风险。所以，我们认为，从财务的角度可以去区分 A/B/C，控制不同的物料，但从物料计划与库存控制的角度，管它 ABC，必须一视同仁。反之，你能对电阻的控制，搞什么“或许”“大概”“可能”，你也可能时 IC/BGA 等所谓重要的物料来个大概控制，最终的结果就是，企业大概不会赚钱了！

请思考：在物流系统中，如何做到精益求精？

精益生产与 JIT 的理念要求我们把生产计划、存货控制到小时甚至分钟。为什么？这就是精益求精。生产与库存控制本身是分不开的，精益生产往外延伸，就到了对整个需求与供应链的控制以及对整个链条的各个环节的库存控制。我们是否可以说客户大概哪一天要我们的货呢？客户的订单大概是多少？我们或许某一天可以出货给可能的某某客户呢？如果大家都去大概如何，我们“大概”也就把生意做得“差不多”了。

有些时候，如果我们能够静下心来想一想，比一比，我们很容易就会发现我们的企业与那些国际著名企业在企业文化上的差别，我们比较容易做一些“大概”“或许”“可能”的事情，而他们在做事情的时候却往往是建立在精确计算的基础上。尤其体现在制造业上。如同大家熟知的笑话，老外炒菜，说加盐 5 克，就是 5 克，因为菜谱上就是这么说的。而我们的菜谱上则一般是“加盐少许”，真正炒的时候，谁也不知道“少许”真正是多少。只好凭经验，根据自己的口味，想加多少就多少。于是结果就是，可能 10 个老外做出来的东西会有 8 个是相同的，而我们做出来的则是一个人一个样。当然，这么炒菜“可能”是允许的，但这么做制造，就万万不可以了。

任务一　物流系统概述

相关知识

一、物流系统的概述

（一）物流系统的概念

物流系统就是按照计划为达到物流目的而设计的相互作用的要素的有机统一体。对于物流系统来说，首先要有明确的目的，即物流系统要实现的目标。物流系统的目的可以归纳为这样几个：

（1）将货物按规定的时间、规定的数量送达目的地。

（2）实现装卸、储存、包装等物流作业的省力化、效率化。

（3）合理配置仓储设施，维持适当的库存。

（4）维持合理的物流成本。

（5）实现从订货到出货全过程信息的顺畅流动等。

物流系统的另一关键点是“构成要素的有机结合体”。物流系统的构成要素分为两大类：一类是节点要素，另一类是线路要素。也就是说，仓库、配送中心、车站、码头、空港等物流据点以及连接这些据点的运输线路构成了物流系统的基本要素，这些要素为实现物流系统的目的有机结合在一起，相互联动，无论哪一个环节的哪一个要素的行动发生了偏差，物流系统的运行都会发生紊乱，也就无从达到物流系统的目的。

从物流系统结构看，企业物流系统大致分为作业系统和信息系统。作业系统就是为了实现物流各项作业功能的效率化，通过各项作业功能的有机结合，同时使物流效率化的统一体。信息系统是将采购、生产、销售等活动有机地联系在一起，通过信息的顺畅流动，推进库存管理、订货处理等作业活动效率化的支持系统。

（二）物流系统的特征

1. 物流系统具有一定的整体目的性

如前所述，物流系统一定要有明确的目的，而且这个目的只有一个，就是保证将市场所需要的商品，在恰当的时间，按照恰当的数量送达到需求者的手中。物流系统的设计或者说将现存的物流结构向物流系统转变，必须首先明确物流系统的目的。

2. 构成物流系统的子系统和要素之间存在着相互作用关系

为保证物流系统目的的实现，构成物流系统的各个功能要素或者说子系统必须围绕着物流系统的目标相互衔接，构成一个有机的整体。相对于系统的目的来说，各项功能活动只是实现系统目标的手段。对于物流系统来说还有一个很重要的方面，表现在作为一个有机整体的要素之间存在着效益背反的关系。掌握效益背反原理，对于正确理解和把握物流系统各部分之间的关系十分重要。

评价物流系统质量高低的一个重要标准体现在物流总成本上。在保证物流系统目的的实

现的前提下，使物流总成本最低是我们构筑物流系统的重要目的。为此，必须运用效益背反的原理对物流要素进行最佳组合。

3. 物流需要通过信息的反馈加以控制

物流系统各个环节的衔接配合离不开信息，信息是构成物流的核心要素之一。为促进物流按预定目标运行，必须对物流系统运行中出现的偏差加以纠正，设计出来的物流系统在运行中也需要不断完善，这些都需要建立在对信息充分掌握的基础上。

4. 物流系统作为其上位系统的子系统而发挥作用

企业物流系统的上位系统是企业的经营系统，物流系统是其经营大系统的一部分或者说是其子系统。物流系统目标的设定，如物流服务水准设定，要以企业总体的经营目标、战略目标为依据，服从企业总体发展的要求。企业物流的最终目的是要促进企业的生产和销售，提高企业的赢利水平。

二、物流系统的运行机制

物流系统构成包括节点部分和线路部分，但并不是说一个企业有了仓库和运输工具，货物在节点之间运动就可以看作是物流系统了。物流系统是构成要素活动的有机结合，物流系统体现的是一种有秩序的物流状态。

由于物流系统的目的是将市场所需的货物，在恰当的时候，按照恰当的数量供应给市场，因此，在物流中心配置必要的库存，利用这部分库存来满足顾客的订货。当顾客所订购的货物在这里没有库存时，由工厂的仓库直接运送或经物流中心运送到顾客手中。这些看起来简单，但重要的是，一切活动都已经在事前计划妥当，物流活动是按照一定的规则运行的。就是说，除事先确定了物流中心存货范围、存货水平和库存量之外，商品订货的满足方式也已经事前确定下来了。

物流系统所肩负的使命可以用总成本和物流服务来衡量。物流服务的衡量涉及存货的可得性、作业表现和服务的可靠性。存货的可得性是存货对需求的满足程度。作业表现体现在从处理订货、入库到交付的全过程中，涉及交付速度和交付的一致性。物流成本直接关系到所期望的物流服务水平，一般来说，对服务的期望越大，物流总成本也越高。有效的物流表现的关键是要在服务和总成本之间形成一种均衡。

随着顾客的订货，库存会逐渐减少，当到达一定基准时从工厂仓库补充进货。工厂根据其仓库库存的变化，安排生产计划，补充仓库的存货。这样，就形成了一个良好的商品供应系统。这个系统是以市场需求、向顾客配送货物为起点的，根据物流中心库存的变化补充进货为特征的物流系统，也是物流系统的典型运行机制。在该系统的支持下，可以避免多余库存的配置和超过需求的库存补充，从而维持一个较合理的库存水平。

从构成要素之间的联动方面看，物流据点发挥着向顾客送货的基地功能，在这里放置必要的库存，从工厂仓库到物流中心的线路完成向物流中心补充库存的任务。物流中心完全根据顾客的订货来决定库存的数量，超出的库存不会流入物流中心，即便工厂仓库爆满，也不会随意将库存转入物流中心，运输线路不会按照自己的考虑更改，如出于货车满载的需要，随便加大补充库存的数量。

由以上分析可以看出，物流系统从表面上是看不出来的，能否构成物流系统的关键不

在于是否有物流中心、仓库和运输手段，关键在于构成要素之间是否存在为了实现同一个目的的相互联动，按照一定的规则有秩序地运行。系统和非系统的差别主要体现在内部运行机制的差距上。

边学边议：

物流服务属于第三产业，这种说法对吗？

三、物流系统的组成要素及其基本结构

（一）物流系统的组成要素

1. 物流系统的一般要素

物流系统一般是由财、物、设备、信息和任务目标等要素组成的有机整体。物流系统的一般要素具体可以分成以下几部分。

（1）财。它是物流活动中不可缺少的资金。交换是以货币为媒介，实现交换的物流过程，同时，物流服务本身也需要以货币为媒介。物流系统建设是资本投入的一大领域，离开资本这一要素，物流不可能实现。

（2）物。它是物流作业中的原材料、产成品、半成品、能源、动力等物资条件。包括物流系统的劳动对象，即各种实物以及劳动工具、劳动手段，如各种物流设施、工具，各种消耗材料（燃料、保护材料）等。

（3）任务目标则是指物流活动预期安排和设计的物资储备计划、运输计划以及与其他单位签订的各项物流合同等。

2. 功能要素

物流系统的功能要素指的是物流系统所具有的基本能力，这些能力有效地组合、联系在一起，便成了物流的总功能，由此能合理、有效地实现物流系统的目标。它包括运输、储存、包装、装卸搬运、流通加工、配送和物流信息等。如果从物流的实际工作来考察，物流就是由上述若干项具体工作构成的，换句话说，物流能实现以上几项功能。

3. 物流系统的支撑要素

物流系统的建立需要许多条件，要确定物流系统的地位，要协调与其他系统的关系，有些要素必不可少。主要包括以下内容。

（1）体制、制度。物流系统的体制、制度决定物流系统的结构、组织、领导、管理方式，国家对其控制、指挥、管理的方式以及系统的地位、范畴是物流系统的重要保障。有了这个支撑条件，物流系统才能确定其在国民经济中的地位。

（2）法律、规章。物流系统的运行不可避免地会涉及企业或人的权益问题。法律、规章一方面限制和规范物流系统的活动，使之与更大的系统相协调；另一方面给予其保障。合同的执行、权益的划分、责任的确定都需要靠法律、规章维护。

（3）行政命令。物流系统和一般系统的不同之处在于物流系统关系到国家军事、经济命脉，所以行政命令等手段常常是支持物流系统正常运转的重要要素。

（4）标准化系统。保证物流环节协调运行，是物流系统与其他系统在技术上实现联结的重要支持。

4. 物流系统的物质基础要素

物流系统的建立和运行，需要有大量的与之相配套的设施，这些设施的有机联系对物流系统的运行有决定意义，对实现物流的功能也是必不可少的。物流基础要素主要有：

(1) 物流设施。它是组织物流系统运行的基础物资条件，包括车站、货场、仓库、运输线路、建筑、公路、铁路、港口等。

(2) 物流装备。它是保证物流系统开工的条件，包括仓库货架、进出库设备、流通加工设备、运输设备、装卸搬运设备等。

(3) 物流工具。它是物流系统运行的物质条件，包括包装工具、维护保养工具、办公设备等。

(4) 信息技术及网络。它是掌握和传递物流信息的手段。

(二) 物流系统的基本结构

物流系统的要素在时间和空间上的排列顺序构成了物流系统的结构。这些要素都有特殊的使命，要素之间均有冲突或协调的联系，要将它们组成一个整体达到物流系统的特定目的。物流系统的目标是通过要素完成的，但不是通过要素独立完成的，而是将要素组织起来，形成一个物流系统整体，通过各要素的协同运作共同完成的。

1. 物流系统的流动结构

物流系统有五个流动要素：流体、载体、流向、流量和流程。每个物流样本的五个流动要素都是相关的。流体的自然属性决定了载体的类型和规模，流体的社会属性决定了流向、流量和流程，流体、流量、流向和流程决定采用的载体的属性，载体对流向、流量和流程有制约作用，载体的自然状况对流体的自然属性和社会属性产生影响等。

在网络型的物流系统中，一定的流体从一个点向另一个点转移时经常会发生载体的变换、流向的变更、流量的分解与合并、流程的调整等情况。这种调整和变更在某些情况下是必要的，但也应尽力减少变换的时间、减少环节、降低变换的成本。

2. 物流系统的功能结构

从物流系统功能结构上分析，不同的物流系统需要进行的物流作业大同小异。一般而言，供应链各个阶段都具备的功能首先是运输，然后是储存。装卸搬运功能伴随运输方式或者运输工具的变换（比如，从公路运输换装到铁路运输）、物流作业功能之间的转换（比如，从运输作业转变成仓储作业，或者从仓储作业变换成运输作业等）而产生。物流中的包装功能、流通加工功能是在流通过程中才发生的，但不是每一个物流系统都需要进行的作业。

一个物流系统的功能结构取决于生产、流通模式。以中间商为基础进行生产和销售的传统模式，由于环节的增加，导致了中间物流作业的增加，物流效率受到影响。直销模式省略了大量的中间仓库和以仓库为基础进行的各项物流作业。直销的物流系统比较简单，但对时间的要求很高，因为没有中间库存可以缓冲，承诺的送达期限是必须遵守的，否则就会对用户的利益和公司的利益造成损害，因此，直销模式的运输功能最重要。直销并不意味着用直运减少运输成本，而是必须提高运输的集约程度。因此，路线规划、货物组配等物流管理作业必不可少。经过中间商的物流系统结构就复杂得多。

物流系统的功能结构还受到可用的物流载体的影响。在直销广告关于发运的条款中往

往要加上一句“有些地区的用户需要收400元的运费”之类的话，“有些地区”就是指交通不太方便或者订单很少的边远地区。如果用户的订货得到确认，在收到货款后，电脑公司必须将用户的订货与邻近城市的其他订货一起进行组配发运，到达这个城市后，再另外安排其他运输方式将订货送到用户手中，这样两种选择都会改变公司原有的作业系统结构。

从上面的分析可以得出结论：判断物流系统功能发挥得是否合理，不是看物流系统中进行了多少作业，而是看物流系统为生产和销售降低了多少成本。从生产和流通企业的角度看，物流作业越少的系统才是最好的物流系统。但正如上面分析的那样，不是物流本身需要进行什么样的作业，而是生产和销售系统决定了物流系统应该进行什么样的作业。所以，应该将物流系统与生产、销售系统进行集成，在保证生产和销售目标实现的前提下，尽量进行较少的物流作业，降低物流总作业成本。

3. 物流系统的网络结构

物流系统的网络由两个基本要素组成，即点和线。

（1）点。在物流系统中供流动的商品储存、停留，以进行相关后续作业的场所称为点，如工厂、商店、仓库、配置中心、车站、码头等，也称节点。点是物流基础设施比较集中的地方，依据点所具备的功能可以将点分为下面三类。

①单一功能点。这类点的主要特点是：只具有某一种功能，或者以某种功能为主，比如专门进行储存、运输、装卸、包装、加工等单一作业，或者以其中一项为主，以其他功能为辅；需要的基础设施比较单一和简单，但规模不一定小；在物流系统中处于起点或者终点。工厂的原材料仓库、不具备商品发运条件的储备型仓库，仅承担货物中转、拼箱、组配的铁路站台、仅供停泊船只的码头等就是这样的点。这类点的业务比较单一，比较适合进行专业化经营。但是从物流系统的角度看，必须将许多单一功能集成起来才能连接所有的物流业务，因此，如何将各个单一功能的不同的点集成起来，由谁来集成以及如何集成，这些都是非常重要的问题。

②复合功能点。这类点的特点是：具备两种以上主要物流功能；具备配套的基础设施；一般处于物流过程的中间。这类点多以周转型仓库、港口、车站、集装箱堆场等形式存在。规模可能较小，比如商店后面的一个小周转仓，在那里要储存商品、处理退货、黏贴商品条码、重新包装商品、从那里向购买大宗商品的顾客发货等；规模也可能较大，比如一年处理80万个大型集装箱的堆场，除了储存集装箱以外，还有集装箱掏箱、商品检验、装箱，同时，一般的集装箱堆场都与码头或者港口在一起，在那里有大规模的集装箱吊车、大型集装箱专用运输车辆等。再如，厂家在销售渠道的末端设立的配送中心或者中转仓库、一个城市集中设立的物流基地等。在一个点上具有储存、运输、装卸、搬运、包装、流通加工、信息处理等功能中的大部分或者全部，它们都是这种复合功能的点。

③枢纽点。这类点的特点是：物流功能齐全；具有庞大配套的基础设施以及附属设施；庞大的吞吐能力；对整个物流网络起着决定性和战略性的控制作用，一旦该点形成以后很难改变；一般处于物流过程的中间。比如，辐射亚太地区市场的大型物流中心、辐射全国市场的配送中心、一个城市的物流基地、全国或区域铁路枢纽、全国或区域公路枢纽、全国或区域航空枢纽等就是这样的枢纽点。这类点的设施一般具有公共设施性质，因

而必定采用第三方的方式进行专业化经营。它的主要优势是辐射范围大，通过这个点连接的物流网络非常庞大，但是这类点面临着非常复杂的协调和管理问题，信息的沟通、设施设备的运转效率也是这类点值得注意的主要问题。在一个物流资源分布高度分散、封闭，物流状况非常落后的国家，建设连接多种载体的枢纽点对于形成全国统一、开放和先进的物流网络具有战略意义。

以上三类点主要是从功能的角度划分的，从单一功能点、复合功能点到枢纽点，功能不断完善，在物流网络结构中的辐射范围也不断扩大，规划、设计和管理的难度也逐渐加大。

（2）线。连接物流网络中的节点的路线称为线，或者称为连线。物流网络中的线是通过一定的资源投入而形成的。

物流网络中的线具有如下特点：

①方向性。一般在同一条线路上有两个方向的物流同时存在。

②有限性。点是靠线连接起来的，一条线总有起点和终点。

③多样性。线是一种抽象的表述，公路、铁路、水路、航空路线、管道等都是线的具体存在形式。

④连通性。不同类型的线必须通过载体的转换才能连通，并且任何不同的线之间都是可以连通的，线间转换一般在点上进行。

⑤选择性。两点间具有多种线路可以选择，既可以在不同的载体之间进行选择，又可以在同一载体的不同具体路径之间进行选择，物流系统理论要求两点间的物流流程最短，因此需要进行路线和载体的规划。

⑥层次性。物流网络的线包括主线和支线。不同类型的线，比如铁路和公路，都有自己的主线和支线，各自的主线和支线又分为不同的等级，如铁路一级干线、公路二级干线等。根据载体类型可以将物流线划分为以下五类：铁路线、公路线、水路线、航空线、管道线。

物流网络不是靠孤立的点或者线组成的，点和线之间通过有机的联系形成了物流网络。点和线其实都是孤立的、静止的，但是采用系统的方法，将点和线有机地结合起来以后形成的物流网络则是充满联系的、动态的，点和线之间的联系也是物流网络的要素之一。

连接物流网络中的节点的路线称为线，或者称为连线。物流网络中的线是通过一定的资源投入而形成的。

任务实施

一、活动准备

背景材料：沃尔玛公司共有六种形式的配送中心：第一种是上面这样的配送中心，也称作“干货”配送中心。该公司目前这种形式的配送中心数量最多。第二种是食品配送中心。包括不易变质的饮料等食品，以及易变质的生鲜食品等，需要有专门的冷藏仓储和运

输设施，直接送货到店。第三种是山姆会员店配送中心。这种业态批零结合，有1/3的会员是小零售商，配送商品的内容和方式同其他业态不同，使用独立的配送中心。由于这种商店1983年才开始建立，数量不多，有些商店使用第三方配送中心的服务。考虑到第三方配送中心的服务费用较高，沃尔玛公司已决定在合作期满后，用自行建立的山姆会员店配送中心取代。第四种是服装配送中心，不直接送货到店，而是分送到其他配送中心。第五种是进口商品配送中心，为整个公司服务，主要作用是大量进口以降低进价，再根据要货情况送往其他配送中心。第六种是退货配送中心。它接收店铺因各种原因退回的商品，其中一部分退给供应商，一部分送往折扣商店，一部分就地处理，其收益主要来自出售包装箱的收入和供应商支付的手续费。

二、活动实施

学生分小组，以小组为单位结合案例讨论沃尔玛公司六种形式的配送中心系统的构成。

三、技能训练

请讨论：1. 物流系统有哪些特征？

2. 物流系统由哪些要素构成的？

中国物流与采购网．http：//www.chinawuliu.com.cn.

任务二　电子商务物流系统的运行机制

一、电子商务物流系统的运行机制的特征

在国际上，物流产业被认为是国民经济发展的动脉和基础产业，其发展程度成为衡量一个国家现代化程度和综合重要标志之一。以计算机、网络、通讯等信息技术为核心的现代物流的作用日益显现，越来越多的企业已从物流过程角度重新审视自身的经营活动。与此相适应，物流系统的运行机制显现出以下特征：

（1）服务系列化；

（2）作业规范化；

（3）目标系统化；

（4）手段现代化；

（5）组织网络化。

为了保证对产品促销提供快速、全方位的物流支持，新型物流配送要有完善、健全的物流配送网络体系，网络上点与点之间的物流配送活动保持系统性、一致性，这样可以保证整个物流配送网络有最优的总水平及库存分布，运输与配送快捷、机动，既能铺开，又能收拢。分散的物流配送单体只有形成网络才能满足现代生产与流通的需要。

边学边议：

服务好、费用省是物流系统追求的目标，这种说法对吗？

二、现代物流的发展趋势

（1）物流运作系统化；

（2）物流的信息化；

（3）物流的社会化；

（4）物流的标准化；

（5）商流、物流、信息流一体化。

按照一般的流通规律，商流、物流、信息流是三流分离的。在现代社会中，由于不同的材料、产品或商品的转移形成不同的流通方式与营销形态，为了适应这一变化，目前世界上有许多发达国家的物流中心、配送中心已基本实现了商流、物流和信息流的统一。此外，代理制的推行也使现代物流更趋科学合理，因为这种方式的流通体制更有助于实行“三流合一”。“三流合一”已成为现代物流的重要标志之一。

边学边议：

只有物流而没有商流；只有商流而没有物流，这两种情况能单独存在吗？举例说明。

三、物流系统运行的功能

（一）运输

运输是物流系统中最为重要的功能之一。它是使物品发生场所、空间转移的物流活动。由于物流是“物”的物理性运动，这种运动不但改变了物的时间状态，也改变了物的空间状态，而运输则承担了改变空间状态的任务。运输所实现的物质实体由供应地和需求地的移动，既是物质实体有用性得以实现的媒介，又是物品增值（因位移形成的附加价值）的创造过程。

运输可以创造“空间效用”。通过运输，将“物”运到空间效用最大的场所，就可以发挥“物”的潜力，实现资源的优化配置。因此，运输在物流活动中占有重要地位，是社会再生产的必要条件之一，是“第三利润”的主要源泉。

（二）储存

储存是以改变“物”的时间状态为目的的活动，以克服产需之间的时间差异获得更好的效用。储存也是物流的主要功能，与运输一样处于重要地位。储存作为社会再生产各环节之间的“物”的停滞，承担着消除生产和消费之间时间间隔的重任。

储存可以创造“时间效用”。通过储存，使“物”在效用最高的时间发挥作用，使其

实现时间上的优化配置。同时，储存还有调整价格的功能，防止产品过多而导致价格的暴跌。因此，储存具有以调整供需为目的的调整时间和价格的双重功能。

（三）包装

包装是包装物及包装操作的总称，是物品在运输、保管、交易、使用时，为保持物品的价值、形状而使用适当的材料容器进行保管的技术和被保护的状态。包装是生产的终点，又是物流的起点，具有保护性、单位集中性和便利性三大特性。同时，包装具有保护商品、方便物流、促进销售、方便消费四大功能。

（四）搬运

搬运是指在物流过程中，对货物进行装卸、堆垛、理货分类、取货以及与之相关的作业，又称装卸搬运。在物流过程中，搬运活动是不断出现和反复进行的，是应物流运输和保管的需要而进行的作业，其出现的频率高于其他各项物流活动，因而是决定物流速度的重要因素。

物流的各项活动的前后以及同一阶段的不同活动之间，都是以装卸搬运来衔接的。只有通过装卸搬运作业，才能把商品实体运动的各个阶段连接成为连续的“流”，使物流活动得以顺利进行。

（五）流通加工

流通加工是流通中的一种特殊形式，是指在物品从生产领域向消费领域流动的过程中，为促进销售、维护产品质量和提高物流效率，而对物品进行加工，使物品发生物理、化学或形状变化的活动。流通加工的主要作用表现在增强了物流系统的服务功能，能提高物流对象的附加价值，可以降低物流系统的成本。

（六）信息管理

信息管理功能是指通过收集与物流活动相关的信息，使物流活动能有效、顺利地进行。物流信息是物流活动中各个环节生成的信息，一般是随着从生产到消费的物流活动的产生而产生的信息流，与物流过程中的运输、储存、搬运、包装等各种职能有机结合在一起，成为物流活动的重要组成部分。随着电子计算机和信息通讯技术的发展，目前很多企业的订货、库存管理、配送等业务已实现了一体化，因此，信息管理成为物流管理的重要内容。

（七）配送

“珠三角”地区的崛起

进入21世纪，随着社会主义市场经济体制的不断完善，特别是经济全球化和电子商务的快速发展，物流产业已步入了高速发展期，物流业迅速崛起，物流的功能得到较好的发挥。例如，环“珠三角”地区、“长三角”地区、环渤海地区以及东北地区通过统筹规划，加强联合与协调，合力营造区域物流发展的“大环境”，有效地支撑了各地区经济的发展。特别是连锁零售汽车、钢铁、医药、粮食等专业物流的迅速发展，带动了相关产业

的发展，为这些地区成为我国最具发展潜力的经济中心创造了条件。

物流产业所具有的运输、储存、包装、搬运、流通加工、信息管理等功能，对拉动经济增长，促进地区的发展，提升其经济实力，以及带动了相关产业的发展，都能起到重要的作用。“珠三角”等地区的崛起，是与物流产业的支撑作用分不开的。

四、我国物流发展现状与展望

我国的现代物流业是适应中国经济快速发展和对外开放、市场竞争日益加剧的形势，在传统的物流计划分配和运输体制的基础上发展起来的新兴产业。随着经济全球化、信息化进程的加快，进入21世纪，我国的现代物流业有了较快的发展。

（一）我国物流业发展的现状

（1）专业化物流企业迅速发展。主要表现为第三方物流企业的大量涌现。近几年来，通过改造传统的国有运输、仓储企业，特别是经过现代化技术改造，引进先进的管理经验和管理系统，发展了一批国有控股与民营物流企业；积极引进外资，发展了一批中外合资、合作或外商独资的物流企业；以及实现生产、流通企业物流社会化等途径，促进了专业化物流企业的发展，逐步形成了不同所有制形式、不同经营规模的专业物流企业共同发展的格局。

（2）由企业物流向社会专业物流转变。工业企业逐渐转变传统观念，树立现代物流意识，企业积极创造条件，逐步将原材料采购、运输、仓储和产成品加工、整理、配送等物流服务业务有效分离出来，按照现代物流管理模式进行调整和重组。这样，既可自己承担部分或全部的物流业务，也可将其部分或全部业务委托给专业物流企业承担，以培育和发展物流市场。工业企业由过去对单纯仓储、运输的需求开始逐步发展到对仓储运输在内的综合物流的需求；由过去对“大而全”“小而全”自办物流的追求与认可，开始逐步发展到寻求合格的第三方物流商。

（3）物流基础设施建设取得长足进展。进入21世纪，我国的物流基础设施有了较大的改善，基本建成了由铁路、公路、水运、民航和管道运输组成的物流运输基础设施体系。2003年我国铁路营业里程7.3万千米，比1978年增加41%；公路里程达179.6万千米，比1978年增加102%，其中高速公路3万千米；内河航道里程12.2万千米。我国还建成一批铁路、公路站场和货运枢纽、海运和内河港口、机场。2003年，沿海港口万吨级及以上深水泊位达到近600个。运输线路和作业设施有了较大的改善。以发展现代物流为核心的物流园区、物流中心、配送中心等大批涌现。随着经济发展和技术进步，在共用通信网的规模、技术层次、服务水平方面都发生了质的飞跃。2003年，电话用户总数达5.32亿户，其中固定电话2.63亿户，移动电话2.69亿户。电话普及率达到42部/百人。到2005年7月为止，中国互联网上网人数达1.03亿人，上网计算机达到4560万台，网站总数达到67.75万个，互联网的应用逐步普及。

（4）现代物流技术逐步得到应用。一是物流与现代信息技术日益结合，物流企业积极利用EDI、互联网等技术，为现代物流业的发展提供了广阔的空间与良好的发展条件；二是技术创新所有了新的突破，一些大型工业企业开始重视现代物流技术的应用，以订单为中心改造现有业务流程，在生产组织、原材料采购及产品销售、配送和运输等方面实行一体化运作，降低库存，减少资金占用。商业企业则加快改制重组，发展连锁经营、统一配送和电子商务的步伐。

（5）全社会物流总成本占GDP的比重逐步降低。尽管与发达国家或地区相比，我国物流总成本仍然偏高，但是总成本呈下降态势。根据中国物流与采购联合会的测算，2003年我国全社会物流总成本占GDP的比重为21.4%，比1991年下降了2.6个百分点。一批采用现代物流技术的工商企业，物流成本降低的幅度更大，有关调查资料表明，规模以上企业物流社会化以后的物流成本降低幅度达25%左右。

我国现代物流业面临的主要问题

总体来看，我国现代物流业还处于起步阶段，与先进国家相比尚有很大差距，发展水平有待进一步提高。一是物流总成本仍然偏高。与一般经济发达国家相比，我国全社会物流总成本占GDP的比重要高10%以上；我国工业企业流动资金年周转速度不到2次，批发、零售业周转速度不到3次，大大低于发达国家的周转速度。二是专业化物流企业少、服务水平低。中国专业化物流服务的比重还比较低。物流服务企业规模偏小，多数仍停留在货物代理、仓储、库存管理、搬运和干线运输等方面，效率低，速度慢，损耗大。三是区域发展还很不平衡。目前在长江三角洲、珠江三角洲等沿海地区，现代物流业发展很快，但在中西部地区现代物流业发展仍然较慢。四是物流基础设施建设还不能适应物流发展的需要。铁路建设不能适应国民经济发展的需要，公路运输组织化程度低，专业化程度差，路网密度与发达国家和一些发展中国家相比还有很大的差距。物流基础设施的配套性、兼容性差，系统功能不强，综合性货运枢纽、物流中心建设发展缓慢等。

（二）我国物流业发展的前景展望

随着全球经济一体化发展趋势的加快，现代物流将成为我国经济跨世纪发展的重要产业和新的经济增长点。与此相适应，我国物流业将展现出新的发展前景。

1. 现代物流发展的宏观环境进一步改善

政府部门将在现代物流发展中从政策法规方面提供保障，推进物流发展的市场化进程，为各类企业参与市场公平竞争创造良好的外部条件，为物流企业的经营和发展提供宽松的宏观环境。

2. 积极发展第三方物流，推进企业物流向社会专业物流的转变

社会化、专业化的第三方物流企业的出现，是社会化分工和现代物流发展的方向。要充分发挥第三方物流企业的专业化、规模化优势，建立信息管理系统，将物流服务与工商企业的生产和营销紧密融合，强化服务意识，完善服务功能，真正具备为用户优化物流管理提供策划设计、组织运筹和实际操作等综合服务的能力。

3. 继续加强物流基础设施的规划与建设

我国的物流基础设施近年来虽有较大改善，但仍不能适应现代物流发展的需要。因此，必须继续加强物流基础设施的规划与建设，尽快形成配套的综合运输网络、完善的仓

储配送设施、先进的信息网络平台等，为现代物流发展提供重要的物质基础条件。为此，国家应重视对物流基础设施的规划，特别要加强对中心城市、交通枢纽、物资集散和口岸地区大型物流基础设施的统筹规划。规划工作要充分考虑物资集散通道、各种运输方式衔接及物流功能设施的综合配套。

4. 广泛采用信息技术，加快科技创新和标准化建设

信息网络技术是构成现代物流体系的重要组成部分，也是提高物流服务效率的重要技术保障。一是加快物流与电子商务的融合，一方面，物流要为电子商务服务，另一方面，物流也要积极运用电子商务，实现电子化物流。二是加快先进适应技术的推广应用，广泛采用标准化、系列化、规范化的运输、仓储、装卸、搬运、包装机具设施及条码等技术。三是借鉴国际上比较成熟的物流技术和服务标准，加快对我国物流服务相应技术标准的研究制定工作。

5. 加快物流领域对外开放的步伐

我国物流领域扩大开放，将与我国加入世界贸易组织（WTO）的对外承诺中有关运输服务和分销领域的开放同步进行。随着开放步伐的加快，国内外物流企业将实现携手合作，优势互补。一方面，积极利用国外的资金、设备、技术和人力资本，学习借鉴国际物流企业先进的经营理念和管理模式，加快建立符合国际规则的物流服务体系和企业运行机制；另一方面，物流领域的物流企业将会出现“请进来”与“走出去”相结合的态势，促进国内外物流市场服务一体化。

任务实施

一、活动准备

学生分小组，以小组为单位结合案例讨论物流系统的功能的内容等。

二、活动实施

每个小组分别查找一个关于物流系统某项功能的案例，进行小组讨论，列举案例中物流系统的构成，说明物流系统的主要功能。

三、技能训练

请讨论：1. 物流系统的功能有哪些？

2. 我国物流业发展现状如何？

资料链接

1. 中国物流与采购网 . http：//www. chinawuliu. com. cn.

2. 申纲领主编、赵智锋主审，《物流管理案例引导教程》，人民邮电出版社，2009 年版 .

任务三　物流系统化

一、物流系统化原理

（一）物流要素集成原理

物流集成就是将分散的、各自为政的要素集中起来，形成一个新的整体，以发挥单个要素不可能发挥的功能，集成已经成为物流发展的一种趋势。物流集成的资本或要素将物流系统需要的其他资本或者要素联合起来，形成一个要素紧密联系的物流系统，这些要素之间就像是在一个完整的系统内部一样互相协调和配合。在这种集成的过程中被集成进来的这些要素应该是专业化的要素，如果不是这样，起主导作用的物流要素就会放弃与它的集成，而是寻找专业化的资源进行集成。所以，物流集成是在专业化分工的基础上进行的，一个集成的物流系统都是由专业化的物流要素组成的，这个物流系统就是一个专业的物流系统。

理解物流要素集成原理的要点有：

（1）物流要素集成的目的是为了实现物流系统整体最优。

（2）物流要素都应该进行集成。物流系统的组成要素很多，为了实现物流系统整体最优，必须对所有的物流要素（功能要素、资源要素、信息要素、网络要素、流动要素等）进行集成。

（3）物流要素集成就是对要素进行统一规划、管理评价。

（4）物流要素集成要靠一定的制度安排作保证。

（5）集成需要成本，是有条件的、分层次的。

（二）物流组织网络化原理

物流组织网络化是指将物流经营管理机构、物流业务、物流资源和物流信息等要素的组织按照网络方式在一定区域内进行规划、设计和实施，以实现物流系统快速反应和最优总成本要求的过程。

理解该原理应抓住以下几个要点：

（1）物流组织是指对物流要素在空间和时间上排列顺序进行的规划和安排。它包括物流经营管理机构的组织、物流业务组织、物流资源组织和物流信息组织。

（2）物流要素的组织是在一定的市场区域范围内进行的，组织过程与具体的地理位置相关联。

（3）物流组织工作主要包括对经营管理机构、物流业务、物流资源及物流信息在市场区域范围内的分布进行规划、设计和具体实施。

（4）物流网络要有网点，网点之间必须通过共同的业务活动连接起来，只有这样才能使这些要素集成为一个整体。

(5) 物流组织网络化的目标是使物流系统反应快速化和物流系统成本最优化。

企业将物流要素组织成网络能够扩大市场覆盖面、提高网络效率、提高要素的收益率及抵御要素的风险。

(三) 物流接口无缝化原理

(1) 物流接口无缝就是物流系统或者物流要素之间通过相同的接口进行对接，形成更大的系统平台，扩展系统的边界，放大系统的功能，其过程受物流目标系统化和物流要素集成化两个原理的指导。

(2) 从不同的角度看两个具有各自边界的系统要素要连接的内容很多。

(3) 连接的过程包括系统内部各子系统之间的连接和系统内部与外部之间的连接。

(4) 物流接口无缝是一个相对的概念。即物流要素在没有集成时都是独立的系统，缝隙就是它们之间的距离，无缝化就是消除这种缝隙的过程，但它并不表示要从产权、组织、运作、管理等各方面都高度一体化。

(5) 物流接口无缝化的目的是消除系统内和系统外的差异，提高系统集成度，使物流系统要素成为一个完整的系统，以实现物流系统的整体目标。

物流接口的无缝连接是针对物流系统自身存在、实现供应链快速反应及降低物流和供应链成本等要求而开展的。

二、物流系统设计原则

为实现物流合理化目标，建立起高效率的物流系统，在物流系统设计或物流系统改造时应遵循以下几个原则。

(1) 大量化。通过一次性处理大量货物，提高设备设施的使用效率和劳动生产率，以达到降低物流成本的目的，如干线部分的大批量运输、配送中心集中进货、库存集中化等。大量化还有利于采用先进的作业技术，实现自动化和省力化。

(2) 计划化。通过有计划组织物流活动达到物流合理化的目的，如按事先计划的路线和时间从事配送活动、按计划实施采购和进货等。

(3) 短距离化。通过物品分离减少物流中间环节，以最短的线路完成商品的空间转移。

(4) 共同化。通过物流业务的合作，共同配送中心内的共同作业，共同集配送活动等来提高单个企业的物流效率。通过加强企业之间的协作实施共同物流，是中小企业实现物流合理化的重要途径。物流共同化可以货主企业为主体，也可以物流企业为主体。

(5) 标准化。标准化是实现物流各个环节相互衔接、相互配合的基础条件，如集装箱标准化、包装容器的标准化、托盘的标准化以及保管、装卸器具的标准化等。

(6) 信息化。通过信息的顺畅流动，将物流采购、生产、销售系统联系起来，以便有效控制物流作业活动。

边学边议：

标准是对重复性的事物和概念所做的统一规定，这种说法对吗？

三、企业物流系统

企业物流是将企业的管理和物流活动结合在一起的产物。企业为物流理论提供了一个良好的实践场所（物流理论可以在企业的经营管理活动中得到提炼、检验和修正）。特别是在近二十年里，物流观念、技术和理论的发展、创新都与企业有着不可分的关系。所以，我们有必要对企业物流及企业物流系统有一个基本的认识。

（一）企业物流的概念及现状

企业物流是指从工厂进行生产活动所需的原材料进厂（包括原材料、半成品、零部件及燃料等），经储存、加工、装配、包装直至产成品出厂送达消费地或消费者这一过程的物料、产成品在仓库与消费地之间、仓库与仓库之间、仓库与车间之间、车间与车间之间、工序与工序之间每个环节的流转、移动与储存（含停滞、等待）及与此有关的管理活动。它贯穿了整个生产、销售过程的始终，形成一个有机整体。

长期以来，我国企业物流环节相当薄弱，大部分企业物流管理不畅，时间、空间浪费大，物料管理混乱，重复搬运，产品移动路径不合理，产品的供货周期长，不能及时做出客户反应，废弃物回收不力，企业内卸货、搬运、暂存、拼货、准时等方面失控。这些薄弱环节在企业经营中必然会带来巨大的浪费，形成所谓的“企业物流冰山”，造成企业利润的流失。同时，企业物流运作的薄弱环节也为企业进行物流改进提供了活动空间，为企业提高经营利润提供了有效途径。值得庆幸的是，我国许多企业如海尔、美的、青啤等，已经意识到物流对企业生存和发展的重要价值并相应实施了物流的变革。

（二）企业物流的内容

（1）原材料、零部件和生产设备供给的供应物流。

（2）生产过程中产生的搬运、仓储等的生产物流。

（3）产成品运送到分销商或直接运送到消费者的销售物流。

销售物流是企业从产成品出厂到送达最终消费者、零售商或批发商的过程所产生的全部物流活动，是典型的企业外部物流。对生产工业品的两个企业而言，只不过针对的对象不同而已。如果物资的运输、仓储等物流活动由销售方负责，则对销售方而言，这些物流活动就属于企业的销售物流范畴；如果物资的运输、仓储等物流活动由购买方负责，则对购买方而言，这些物流活动就属于企业的供应物流范畴。企业销售渠道是企业销售物流运作的主要影响因素，它在很大程度上限制着企业销售物流的管理，销售渠道的多样化会增加销售物流的管理难度，销售渠道的单一化则可以简化销售物流的管理。

（三）企业物流系统构筑的要点

物流系统推进方法是要将物流从一种无序低效状态转变到有序的系统化状态所使用的方法，如何构筑物流系统或者说推进物流系统化要结合企业的经营现状寻找一个适当的方式，企业面临的环境不同，方法也不一样。对于一个新建企业来说，规划物流系统相对比较容易，而对于老企业来说，推进物流系统化的难度就比较大。物流系统作为关系到企业的竞争力、影响到企业的赢利水平的重大问题，应该得到企业上层领导的高度重视，从战略角度规划企业的物流系统，同时，协调好各部门之间的关系，使各个部门在构筑物流系统过程中相互配合。物流部门作为直接对企业物流系统规划和运营负责的部门，应成为企

业物流系统构筑的主导者。构筑物流系统不仅是物流部门自身的工作，还涉及生产、销售部门，物流部门的观点要得到生产、销售部门的认可并不是一件容易的事。企业对物流的重视程度、物流部门在企业中地位的高低直接关系到物流系统化工作的质量。

企业推进物流系统化首先应以物流作业效率的改善为切入点，以改变阻碍物流合理化和效率化的过剩库存和积压库存为前提，建立起能够对库存和库存的配置起到控制作用的物流系统。这是一种通过排除过剩库存和积压库存，提高经营效率，通过库存的适当配置保证顾客对商品的可得性的管理。对于系统来说，库存控制是其不可缺少的重要功能。但是新的物流系统不是在一张白纸上进行规划，而是在已有的物流系统的基础上向新的物流系统过渡。向新的物流系统转变的关键点是要排除过剩库存和积压库存的障碍，建立起没有多余库存和积压库存的物流系统。

（四）物流作业的目标

作业目标构成了物流表现的主要方面，其中包括快速响应、最小变异、最低库存、整合运输、质量以及生命周期支持等。现对每个目标做一简短讨论。

1. 快速响应

能否快速响应关系到一个厂商是否能及时满足顾客的服务需求的能力。信息技术提高了在最短的可能时间内完成物流作业和尽快地交付所需存货的能力。这样就可减少传统上按预期的顾客需求过度地储备存货的情况。快速响应的能力把作业的重点从根据预测和对存货储备的预期，转移到以从装运到装运的方式对顾客需求做出反应方面上来。不过，由于在还不知道货主需求和尚未承担任务之前，存货实际上并没有发生移动，因此，必须仔细安排作业，不能存在任何缺陷。

2. 最小变异

变异是指破坏系统表现的任何意想不到的事件，它可以产生于任何一个领域的物流作业，诸如顾客收到订货的期望时间被延迟、制造中发生意想不到的损坏、货物到达顾客所在地时发现受损，或者把货物交付到不正确的地点，所有这一切都将使物流作业时间遭到破坏，对此，必须予以解决。物流系统的所有作业领域都容易遭受潜在的变异，减少变异的可能性关系到内部作业和外部作业。传统的解决变异的办法是建立安全储备存货或使用高成本的溢价运输。当前，考虑到这类实践的费用和相关风险，它已被信息技术的利用所取代，以实现积极的物流控制。在某种程度上，变异已可减少至最低限度，作为经济上的作业结果是提高了物流生产率。因此，整个物流表现的基本目标是要使变异减少到最低限度。

3. 最低库存

最低库存的目标涉及资产负担和相关的周转速度。通过整个物流系统进行存货配置的金融价值是物流作业的总的负担。结合存货可得性的高周转率，意味着分布在存货上的资金得到了有效的利用。因此，保持最低库存的目标是要把存货配置减少到与顾客服务目标相一致的最低水平，以实现最低的物流总成本。随着经理们谋求减少存货配置的设想，类似“零库存”之类的概念已变得越来越流行。重新设计系统的现实是，作业上的缺陷一直要到存货被减少到其最低可能的水平时才会显露出来。虽然消除一切存货的目标很具吸引力，但必须记住，存货在一个物流系统中能够并且确实有助于实现某些重要的利益。当存货在制造和采购中产生规模经济时，它能提高投资报酬率。其目标是要将存货减少和控制在最低可能的水平上，而同时实现所期望的作业目标。要实现最低存货的目标，物流系统设计必须控制整个公司，而不仅仅是每一个业务点的资金负担和周转速度。

4. 整合运输

最重要的物流成本之一是运输。运输成本与产品的种类、装运的规模以及距离直接相关。许多具有溢价服务特征的物流系统所依赖的高速度、小批量装运的运输，是典型的高成本运输。要减少运输成本，就需要实现整合运输。一般来说，整个装运规模越大以及需要运输的距离越长，则每单位运输成本就越低。这就需要有创新的规划，把小批量的装运聚集成集中的、具有较大批量的整合运输。这种规划必须得到超越整个供应链的工作安排的帮助。

5. 质量

第五个物流目标是要寻求持续的质量改善。全面质量管理已成为全行业各方面承担的主要义务。对全面质量管理承担全面义务是对物流复兴做出贡献的主要动力之一。如果一个产品变得有缺陷，或如果服务承诺没有得到履行，那么，物流并没有增加什么价值。物流的各种费用一旦支出，也就无法收回。物流本身必须履行所需要的质量标准。管理上所面临的实现“零缺陷”的物流表现的挑战被这样的事实强化了，即物流作业必须在日夜 24 小时的任何时间、跨越广阔的地域来履行。而质量上的挑战被这样的事实强化了，即绝大多数的物流工作是在监督者的视线外完成的。由于不正确装运或运输中的损坏导致重做顾客订货所花的费用，远比第一次就正确地履行所花费的费用多，因此，物流是发展和维持全面质量管理不断改善的主要组成部分。

6. 生命周期支持

物流设计的最后一个目标是生命周期支持。很少有哪些商品在出售时不做些保证，说其产品在特定的时期内将表现得如广告所说的那样。在某些情况下，必须回收那些已流向顾客的超值存货。产品收回是由于不断地提高具有强制性的质量标准、产品有效期的到期和因危害而产生的责任等而引起的顾客对产品的不满意所造成的结果。反向物流需求也产生于某些法律规定。比如有些法律规定，对某些饮料容器和包装材料禁止任意处理，或鼓励回收，以致回收的数量不断增加，最终导致反向物流的增加。反向物流作业最重要的意义是，当存在潜在的健康责任时（例如，一种易污染产品）需要进行最大限度的控制。在这个意义上，产品收回规划就与不论代价大小，都必须最大限度地执行的顾客服务战略相类似了。如果不仔细地审视反向的物流需求，就无法制定良好的物流战略。

有些产品，例如复印设备，最初的利润产生于出售供给品和提供售后服务。服务支持物流的重要性直接随产品和买主的变化而变化。对于营销耐用消费品和工业设备的厂商来说，对生命周期支持所承担的义务构成了全方位、多要求的作业需求，这也是最大的物流作业成本之一。因此，厂商必须仔细地设计一个物流系统的生命周期支持的能力。如先前提到的那样，由于全世界对环境问题的注意，反向物流能力需要具有再循环各种配料和包装材料的能力。生命周期支持，用现代的话来说，其含义就是“从摇篮到摇篮”的物流支持。

四、企业物流的精益化

（一）精益思想

精益物流是起源于日本丰田汽车公司的一种物流管理思想，其核心是追求消灭包括库

存在内的一切浪费，并围绕此目标发展的一系列具体方法。它是从精益生产的理念中蜕变而来的，是精益思想在物流管理中的应用。

精益思想的核心就是以越来越少的投入——较少的人力、较少的设备、较短的时间和较小的场地，创造出尽可能多的价值；同时也越来越接近用户，提供他们确实需要的东西。精确地定义价值是精益思想关键性的第一步；确定每个产品（或在某些情况下确定每一产品系列）的全部价值流是精益思想的第二步；紧接着就是要使保留下来的、创造价值的各个步骤流动起来，使需要若干天才能办完的订货手续，在几小时内办完，使传统的物资生产完成时间由几个月或几周减少到几天或几分钟；随后就要及时跟上不断变化着的顾客需求，因为一旦具备了在用户真正需要的时候就能设计、安排生产和制造出用户真正需要的产品的能力，就意味着可以抛开销售，直接按用户告知的实际要求进行生产，这就是说，可以按用户需要拉动产品，而不是把用户不想要的产品硬推给用户。

精益思想的理论诞生后，物流管理学家则从物流管理的角度进行了对比，做了大量的借鉴工作，并与供应链管理的思想密切融合起来，提出了精益物流的新概念。

（二）精益物流的内涵

精益物流的基本原则：

（1）从顾客的角度而不是从企业或职能部门的角度来研究什么可以产生价值；

（2）按整个价值流确定供应、生产和配送产品中所有必需的步骤和活动；

（3）创造无中断、无绕道、无等待、无回流的增值活动流；

（4）及时创造仅由顾客拉动的价值；

（5）不断消除浪费，追求完善。

精益物流的目标可概括为：企业在提供满意的顾客服务水平的同时，把浪费降到最低程度。企业物流活动中的浪费现象很多，常见的有：不满意的顾客服务、无需求造成的积压和多余的库存、实际不需要的流通加工程序、不必要的物料移动、因供应链上游不能按时交货或提供服务而等候、提供顾客不需要的服务等，努力消除这些浪费现象是精益物流最重要的内容。

（三）实现精益物流的关键问题

（1）精益物流的前提：正确认识价值流。

（2）精益物流的保证：价值流的顺畅流动。

（3）精益物流的关键：顾客需求作为价值流动力。

（4）精益物流的生命：不断改进，追求完善。

精益物流是动态管理，对物流活动的改进和完善是不断循环的，每一次改进，消除一批浪费，形成新的价值流的流动，同时又存在新的浪费而需要不断改进，这种改进使物流总成本不断降低，浪费不断减少，实现这种不断改进需要全体人员的参与，上下一心，各司其职、各尽其责，达到全面物流管理的境界。

五、物流系统的合理化

即适合的质量（Right Quality）、适合的数量（Right Quantity）、适合的时间（Right Time）、适合的地点（Right Place）、适合的成本（Right Cost）、适合的顾客（Right Customer）和适合的产品或服务（Right Product or Service）。

不同类型的物流系统对各目标的重视程度往往是不一样的，典型情况有两种：一是以成本为核心，兼顾其他目标。对于价格、费用比较敏感的顾客，这样的目标体系是适合的。二是以服务、速度为核心，兼顾其他目标。对于价格、收费不敏感，而对服务水平、准时性的要求较高的顾客，可以此为目标。

随着科学技术的发展，现代物流技术向着机械化、大型化、专用化、标准化、自动化的方向发展。在运输工具方面，大吨位、高速度、专用性的车辆、船舶、飞机不断出现；在机械设备方面，新型装卸机械、自动化包装设备、自动化分拣设备、自动化仓库设备、电子化信息处理设备等层出不穷；在线路和节点的建设发展中，新铁路的建设和旧铁路的改造，高速公路的建设和城市道路发展等，使线路的空间分布的密度提高，范围延伸，运载能力也大大提高。线路的扩展必然带来物流节点的发展和变化。大型物流仓库、大型物流中心等开始向城市郊外发展，共同运输、共同配送、共同保管的共同设施开始出现。这一切都极大地提高了物流效率，使物流系统不断向现代化方向发展。

任务实施

一、活动准备

背景材料：奥地利 SPAR Osterreichische warenhandels AG 公司（原名 SPAR Tyrol/Pinzgan 贸易协会）创设于 1954 年，1970 年兼并了 10 家批发公司后改为现名，目前已发展成为奥地利最大的工商业企业，其经营范围涉及各种食品的批发和零售，同时生产肉制品、香肠、葡萄酒、烈酒、咖啡和茶。

SPAR 生产的肉制品及香肠制品均采用 TANN 品牌，在国内市场拥有很高的知名度。该品牌产品的主要生产基地建在 Foderlach，其生产设备和工艺符合欧洲最严格的标准。除了这个主要生产基地，SPAR 在奥地利的每家直销店都有一个与之配套的现代化的肉食品加工厂，其产品会充分考虑所在地区的消费需求。此外，这些工厂还负责屠宰和鲜肉的配送，配送范围覆盖 SPAR 集团旗下的 850 多个连锁网点，包括 SPAR 肉制品店、SPAR 食品店、EROSPAR、Inter SPAR 零售店。

SPAR 物流系统的需求：

随着斯洛文尼亚加入欧盟，市场需求逐渐增长，TANN 设在 Foderlach 的肉类加工厂的仓储能力已经达到极限，需要建设一个新的存储系统用于存放香肠及肉制品，以满足 TANN 产量日益增加带来的仓储及配送需求。为此，TANN 和系统集成商 KNAPP 公司展开了合作。

根据 TANN 工厂的业务发展要求，新物流系统的最佳配置包括一个自动化托盘高架库，以及一个带托盘传送带的半自动化货物到人的订单分拣系统。尽管由于库房的空间限制给建设高架库和订单分拣系统带来一定困难，但是新建成的库房系统必须要满足未来 220 托盘/小时的吞吐量要求。

二、活动实施

学生分小组，以小组为单位结合案例讨论物流系统化的内容等。然后每组委派一名代表进行典型发言。

三、技能训练

根据上述案例，分析物流系统规划的要点及实施策略。

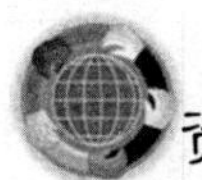
资料链接

1. 中国物流与采购网 . http：//www. chinawuliu. com. cn.

2. 申纲领主编、赵智锋主审，《物流管理案例引导教程》，人民邮电出版社，2009 年版 .

模块总结

物流系统就是按照计划为达到物流目的而设计的相互作用的要素的有机统一体。

从物流系统结构看，企业物流系统大致分为作业系统和信息系统。作业系统就是为了实现物流各项作业功能的效率化，通过各项作业功能的有机结合，同时使物流效率化的统一体。信息系统是将采购、生产、销售等活动有机地联系在一起，通过信息的顺畅流动，推进库存管理、订货处理等作业活动效率化的支持系统。

案例

“谭木匠”引进连锁物流管理系统

随着沃尔玛等连锁巨头大举入侵，作为重庆民营连锁巨擘的谭木匠公司也大举挺进全国乃至世界市场，在全国建立了 226 个特许专卖店，并将营销网络铺设到了北美。而超速膨胀的营销网络，对原有的松散管理模式形成了压力。如何应用现代管理的手段，整合企业资源应对快速变化的市场，成了谭木匠公司的当务之急。ERP 连锁物流管理系统的引进理顺了销售渠道，实现了企业在门店分销领域管理方面质的飞跃。连锁物流系统的实施，将公司从采购部的订货、财务部的结算、配送中心发货到各专卖店零售的工作流程进行了整合，使业务流程更加清楚、快捷，信息及时、准确，完全做到了数据共享。使企业原来不可见的资源如每天各地专卖店的销售情况、库存变化情况等变得清晰透明，决策有了科学的依据，提高了企业的管理水平。公司总部通过连锁物流管理系统及时查询到各专卖店的出货情况，通过对出货情况的分析，制订符合实际的生产计划，使公司的产品生产更有指导性与前瞻性，避免了因为“拍脑袋”造成的浪费。据统计，谭木匠每年因为缺货原因造成的商机损失达 400 万元，通过连锁物流系统实施，公司总部可以实时了解各专卖店的库存情况，给各专卖店主动配货，抓住了商机，避免了损失。连锁物流系统实时在线的特点还大大增加了工作的便利。以前专卖店最怕手工状态下手续烦琐的对账。而现在只需要每天做好账，只要可以上网就可以随时和总部迅速准确的对账。

（资料来源：http：//www.pengyi.cn/wuliu16/logistics786.htm 深圳物流网）

问题：谭木匠公司的管理经验是什么？

分析提示：连锁企业物流系统的信息化可以有效整合企业资源以应对快速变化的市场。谭木匠公司结合企业实际，引进ERP连锁物流管理系统，重组了工作流程，实现了数据和信息在连锁系统内的共享，大大提升了企业的管理水平，也提高了企业的经济效益。

作业

一、选择题

1. 物流系统的构成要素分为两大类：一类是节点要素，另一类是（　　）。

A. 线路要素　　B. 经济要素　　C. 运输要素　　D. 信息要素

2. 从物流系统结构看，企业物流系统大致分为作业系统和（　　）。

A. 物流系统　　B. 信息系统　　C. 储存系统　　D. 工作系统

3. 物流系统有五个流动要素：流体、载体、流向、流量和（　　）。

A. 流动　　B. 流通　　C. 流程　　D. 物流

4. 将物流经营管理机构、物流业务、物流资源和物流信息等要素的组织按照网络方式在一定区域内进行规划、设计和实施，以实现物流系统快速反应和最优总成本要求的过程叫（　　）。

A. 运输组织网络化 B. 储存组织网络化 C. 包装组织网络化 D. 物流组织网络化

二、问答题

1. 物流系统的特征有哪些？

2. 物流系统的运行机制的特征有哪些？

3. 现代物流的发展趋势有哪些？

4. 我国现代物流业面临的主要问题有哪些？

自测实训

1. 实训目的：使学生对物流系统有个整体的感性认识。

2. 实训方式：实地调研一个物流企业。

3. 实训内容：

实地调研的内容包括：

（1）企业主要的物流业务；

（2）企业主要的物流环节及相互联系；

（3）物流企业内外的主要联系和主要服务内容。

4. 实训要求：

（1）要求每个学生写出调研报告；

（2）要求每个学生提出企业在物流系统管理中的经验和存在的问题。

模块四　采购与供应商管理

知识目标

(1) 通过本模块教学让学生认识采购的含义。

(2) 了解采购的作用和特点。

(3) 正确区分采购的分类。

(4) 认识采购的各种方式。

能力目标

(1) 掌握企业采购的程序。

(2) 了解采购对于物流管理的重要性。

(3) 掌握选择和管理供应商的方法。

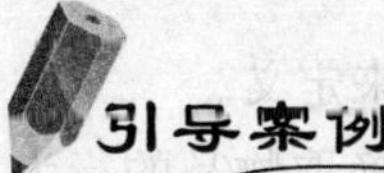

素质目标

(1) 培养学生的团队合作意识。

(2) 培养学生的良好沟通能力。

引导案例

海尔采取的采购策略是利用全球化网络集中购买。以规模优势降低采购成本，同时精简供应商队伍。据统计，海尔的全球供应商数量由原先的2336家降至840家，其中国际化供应商的比例达到了71%，目前世界前500强中有44家是海尔的供应商。

对于供应商关系的管理方面，海尔采用的是：共同发展供应业务。海尔有很多产品的设计方案直接交给厂商来做，很多零部件是由供应商提供今后两个月市场的产品预测，并将待开发产品形成图纸，这样一来，供应商就真正成为了海尔的设计部和工厂，加快了开发速度。许多供应商的厂房和海尔的仓库之间甚至不需要汽车运输，工厂的叉车直接开到海尔的仓库，大大节约运输成本。海尔本身则侧重于核心的买卖和结算业务。这与传统的企业与供应商关系的不同在于，它从供需双方简单的买卖关系，成功转型为战略合作伙伴关系，是一种共同发展的双赢策略。

请思考：1. 什么是采购？

2. 海尔是如何与供应商实现双赢的？

任务一　采购的基本概念

一、采购的概念

在商品经济条件下，采购是一个十分普遍的概念，大到政府采购，小到个人购买一种商品或服务，所谓采购，是指从通过商品交换和物流手段从资源市场取得资源的过程。

采购一般可以分为社会采购和企业采购。

社会采购是指站在国民经济和社会经济活动的角度，各类社会主体为了日常消费或其他目的购买各种商品的活动，其中包括政府采购、教育采购、军事采购、医疗采购、消费采购等。企业采购是指工商企业以营利为目的，为提供社会最终产品或业务而购买生产资料的活动。我们这里主要研究的是企业采购。

企业采购与社会采购相比具有不同的特点：

（1）企业采购是以营利为目的，它以采购为代价，目标是通过生产经营活动使采购的物料增值，从而获得经济效益；而社会采购往往以消费为目的。

（2）企业采购服务于生产经营的需要，具有较强的计划性、针对性，它面对较大的采购风险，采购决策比较慎重；相反，社会采购具有一定的随机性、不稳定性，通常不太考虑采购风险。

（3）企业采购通常由企业的采购部门承担，采购职能由明确的机构和人员负责；而一部分社会采购的职能是不能独立的。

按人们取得商品的方式途径不同，采购又可以从狭义和广义两个方面来定义。

狭义的采购是指限于以购买的方式，由买方支付对等的代价，向卖方换取物品的行为过程。这种以货币换取物品的方式，就是最普通的采购途径。个人也好，企业机构也好，为满足其消费或生产的需求，大多数是以“购买”的方式来进行。

广义的采购是指除了以购买的方式获取物品之外，还可以通过下列途径取得物品的使用权，以达到满足需求的目的。

（1）租赁

租赁是指一方以支付租金的方式取得他人物品的使用权。

（2）借贷

借贷是指一方以无须支付任何代价的方式取得他人的物品的使用权，使用完毕，仅返还原物品。这种无偿借用他人物品的方式，一般是建立在借贷双方的情谊与密切关系的基础上，特别是借方的信用。

（3）交换

交换是指通过以物易物的方式获取物品的所有权及使用权，但并没有直接支付物品的

全部价款。

这种方式不仅使自己取得想要的东西，还可以盘活自己闲置或多余的东西，以充分发挥社会资源的作用。

从企业生产过程的角度考察，企业采购是处于最前端的一项生产活动，这一特点说明，采购是企业其他活动的前提和条件，如果采购职能不到位，生产、销售等职能就难以开展，当然在市场决定生产和战略采购思想的影响下，科学和合理的采购决策与活动又服务于生产和销售。

二、采购的含义

采购一般包含以下一些基本的含义。

（1）所有采购，都是从资源市场取得资源的过程。无论是生活还是生产，采购的意义都在于能解决所需要的、但自己又缺乏的资源问题。资源可以分为：①生活资料和生产资料；②物资资料（原材料、设备、工具等）和非物资资料（信息、软件、技术、文化用品等）能够提供这些资源的供应商，形成了一个资源市场，而为了从资源市场获取这些资源，都是通过采购的方式，也就是说，采购的基本功能就是帮助人们从资源市场获取他们所需要的各种资源。

（2）采购，既是一个商流过程，也是一个物流过程。采购的基本作用，就是将资源从资源市场的供应者手中转移到用户手中的过程。这个过程包含两个转移，一是实现资源的所有权转移；二是实现资源的物资实体转移。前者是一个商流过程，主要通过商品交易、等价交换来实现商品所有权的转移；后者是一个物流过程，主要通过运输、储存、包装、装卸、流通加工等手段来实现商品空间位置和时间位置的转移，使物品实实在在地到达用户手中。采购过程实际上是这两个方面的完整结合，缺一不可。只有这两个方面都完全实现了，采购过程才算完成了，因此，采购过程实际上是商流过程和物流过程的统一。

（3）采购，是一种经济活动。它是企业经济活动的主要组成部分。所谓经济活动，就是要遵循经济规律，追求经济效益。在整个采购活动中，一方面，通过采购，获取了资源，保证了企业的正常生产的顺利进行，这是采购的效益；另一方面，在采购过程中，发生各种费用，这就是采购成本。我们追求采购经济效益最大化，就是要不断降低采购成本，以最少的成本去获取最大的效益。而做到这一点，关键就是要努力追求科学采购，科学采购是实现企业经济利益最大化的基本利润源泉。

三、采购的分类

（一）按采购商品的用途分类

（1）工业采购：企业为了经营或生产所需要的产品和服务按一定代价同外部进行的交易活动。通常是机关、企业等机构的集体行为。

（2）消费采购：个人为了经营或生产所需要的产品或服务按一定代价同外部进行的交易活动。其随机性比较大，主要为了满足个人消费的需要。

(二）按采购主体分类

(1）个人采购：个人生活用品的采购。

(2）集团采购：一般是两个以上的人共用的商品采购。主要指企业采购、政府采购、事业单位采购、军队采购等。

(三）按采购组织分类

1. 集中采购

把采购工作集中到一个部门管理，最极端的情况是总公司各部门、分公司以及各个工厂均没有采购权责。

2. 分散采购

分散采购是集中采购的完善和补充，有利于采购环节与存货、供料等环节的协调配合，有利于增强基层工作责任心，使基层工作富有弹性和成效。

(四）按采购技术分类

1. 传统采购技术采购

企业传统采购模式一般是每个月末企业各个单位报下个月的采购申请计划到采购部门，采购部门汇总成统一的采购计划，按该计划分别派人到各供应商处订货，组织运货，验收入库，满足各个单位的物资供应。

2. 现代采购技术采购

(1）订货点采购

订货点采购是由采购人员根据各个品种需求量和订货提前期的大小，确定每个品种的订货点、订货批量或订货周期、最高库存水准等。然后建立起一种库存检查机制，当发现库存量到达订货点时，就检查库存、发出订货，订货批量的大小由规定的标准确定。

①定量订货法：预先确定一个订货点和一个订货批量，然后随时检查库存，当库存下降到订货点时，就发出订货，订货批量的大小每次都相同。

②定期订货法：预先确定一个订货周期和一个最高库存水准，然后以规定的订货周期为周期，周期性地检查库存，发出订货，订货批量的大小每次都不一定相同，订货量的大小都等于当时的实际库存量与规定的最高库存水准的差额。

(2）MRP采购

物料需求计划（Material Require Planning，MRP）采购，主要用于生产企业。它是由企业采购人员采用MRP应用软件制订采购计划进行采购的。

MRP思想的提出解决了物料转化过程中的几个关键问题：何时需要，需要什么，需要多少。它不仅在数量上解决了缺料问题，更关键的是从时间上来解决缺料问题。

(3）JIT采购

JIT采购（Just In Time，JIT）是JIT思想在采购领域的应用，而JIT思想追本溯源是由准时化生产管理而演变的。

(4）供应链采购

供应链采购是一种供应链机制下的采购模式。在供应链机制下，采购不再由采购者操作，而是由供应商操作，即供应商掌握用户库存（Vendor Managed Inventory，VMI）。

（5）电子商务采购

电子商务采购也就是网上采购，是在电子商务环境下的采购模式，其基本原理是，有采购人员通过上网，在网上寻找供应商，寻找所需要品种，网上洽谈贸易，网上订货，网上支付货款。

2002年夏天，在举世瞩目的“西气东输”工程建设中，原定6亿元人民币的采购项目，经过上网与来自世界各国的供货商近7小时的交易磋商后，最终以4.8亿元人民币成交，共节约1.2亿元人民币。

四、采购的原则（5R）

适价（Right Price）、适质（Right Quality）、适时（Right Time）、适量（Right Quantity）、适地（Right Location）。

“5R”很难面面俱到，过分强调其中一个方面时，就要牺牲其他方面作为补偿，如强调质量，则价格难以降低等。这就需要采购人员必须纵观全局，准确把握企业对所购物料各方面的要求，在长期的实际操作中积累经验，综合全面地考虑才能实现最佳采购。

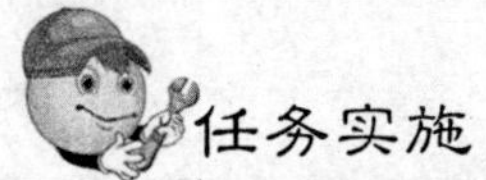

任务实施

一、活动准备

学生分小组，以小组为单位结合案例讨论采购的概念、原则、特点等。

二、活动实施

案例分析：与从计划模式艰难蜕变出来的大型国有企业相比，通用的采购体系可以说是含着银匙出世，它没有必要经历体制、机构改革后的阵痛，全球集团采购策略和市场竞标体系自公司诞生之日起，就自然而然地融入了世界上最大的汽车集团——通用汽车的全球采购联盟系统中。相对于尚在理论层次彷徨的众多国有企业和民营企业而言，通用的采购已经完全上升到企业经营策略的高度，并与企业的供应链管理密切结合在一起。

通用汽车提出全球化采购的思想，并逐步将各分部的采购权集中到总部统一管理。目前，通用下设四个地区的采购部门：北美采购委员会、亚太采购委员会、非洲采购委员会、欧洲采购委员会，四个区域的采购部门定时召开电视会议，把采购信息放到全球化的平台上来共享，在采购行为中充分利用联合采购组织的优势，协同杀价，并及时通报各地供应商的情况，把某些供应商的不良行为在全球采购系统中备案。

在资源得到合理配置的基础上，通用开发了一整套供应商关系管理程序，对供应商进行评估。

同时，通过对全球物流路线的整合，通用将各个公司原来繁杂的海运线路集成为简单的洲际物流线路。采购和海运路线经过整合后，不仅是总体采购成本大大降低，而且使各个公司与供应商的谈判能力也得到了质的提升。

三、技能训练

请讨论：1. 什么是采购？

2. 通用采取了什么采购方式？

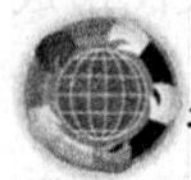

资料链接

1. 中国物流与采购网．http：//www.chinawuliu.com.cn.

2. 刘华主编，《物流采购管理》，清华大学出版社，2008年版．

3. 王为人主编，《采购案例精选》，电子工业出版社，2007年版．

任务二　采购流程

相关知识

采购流程的关键步骤可以概括为以下9步：

（1）提出需求。

（2）描述需求，即对所需的物料或服务的特点和数量进行确认。

（3）选样、评估供应商。

（4）确定价格和采购条件。

（5）发出采购订单。

（6）进行跟单和催货。

（7）货物的验收。

（8）支付货款。

（9）准确记录。

一、提出需求

任何采购都产生于企业中某个部门的确切需求。负责具体业务活动的人应该清楚地知道本部门独特的需求：需要什么、需要多少、何时需要。这样，采购部门就会收到这个部门发出的物料需求单。当然，这类需求也可以由其他部门的富余物料来加以满足。但是，公司早晚会进行新的物料采购。采购申请可以来自于生产部门或使用部门，可以来自于销售或广告部门，也可以来自实验室，对于各种各样办公设备的采购要求则由办公室的负责人或公司主管提出。

采购部门还应协助使用部门预测物料需求。采购部经理不仅应要求需求部门在填写请购单时尽量能采用标准化格式，以及尽可能少发特殊订单，而且应督促尽早地预测需求，以免出现太多的紧急订单。由于未了解价格变化和整个市场状况，为了避免供应终端的价

格上涨，采购部门必须要发出一些期货订单。采购部门和供应商早期参与合作会带来更多信息，从而可以避免或削减成本，加速产品推向市场的进度，并能带来更大的竞争优势。通常，申请采购的部门须填写“请购单”，如表 4－1 所示。

表 4－1　　　　请购单

编号：				日期：		
料号	品名	规格	单位	单价	金额	备注

二、描述需求

如果采购部门不了解使用部门到底需要些什么，采购部门不可能进行采购。出于这个目的，就必然要对需要采购的商品或服务有一个准确的描述。准确地描述所需的商品或服务是采购部门和使用者或是跨职能采购团体的共同责任。采购部门和提出具体需求的部门在确定需求的早期阶段进行交流有重要的意义。

采购的成功始于采购需求的确定，应制订适当的办法来保证明确对供应品的要求，更重要的是让供应商完全地理解。这些办法通常包括：

（1）制定规范、图纸和采购订单的书面程序。

（2）发出采购订单前公司与供应商的协议。

（3）其他与所采购物品相适应的方法。

（4）在采购文件中包含清晰地描述所订产品或服务的数据，如产品的精确辨认和等级、检查规程、应用的质量标准等。

（5）所有检查或检验方法和技术要求应指明相应的国家和国际标准。

三、选择、评估供应商

供应商选择是采购职能中重要的一环。它涉及了高质量物料或服务的确定和评价。这一步将在任务四中进行详尽的阐述。

四、确定价格和采购条件

这是采购的关键，表 4－2 展示的是企业产品询价单的样本。

表4－2　　产品询价单

产品
单位　　先生： 1. 本公司因业务需要拟向贵公司洽购下列物品（见附件），请速予报价以作进一步联系。 2. 来函或来电请洽本公司采购部电话，并请惠示贵公司联络人员及电话。 3. 附件：（含物品名称、数量及品检说明） ××公司采购部 年　月　日

五、发出采购订单

对报价进行分析并选样好供应商后，就要发出订单，具体格式见表4－3所示。

表4－3　　订购单

编号：				日期：		
料号	品名	规格	单位	单价	金额	备注
交货日期						
交货地点						
注意事项						

六、跟单和催货

采购订单发给供应商之后，采购部门应对订单进行跟踪和催货。企业在采购订单发出时，同时会确定相应的跟踪接触日期。在一些企业中，甚至会设有一些专职的跟踪和催货人员。

跟踪是对订单所做的例行跟踪，以便确保供应商能够履行其货物发运的承诺。如果产生了问题，例如，质量或发运方面的问题，采购方就需要对此尽早了解，以便及时采取相应的行动。跟踪需要经常询问供应商的进度，有时甚至有必要到供应商那里去走访。不过这一措施一般仅用于关键的、大额的和提前期较早的采购事项。通常，为了及时获得信息并知道结果，跟踪是通过电话进行的；现在，一些公司也使用由计算机生成的简单表格，以查询有关发运日期和在某一时点采购计划完成的百分比。

催货是对供应商施加压力，以便按期履行最初所做出的发运承诺、提前发运货物或是

加快已经延误的订单涉及的货物发运。如果供应商不能履行发运的承诺，采购部门会威胁取消订单或是以后可能进行罚款。催货应该只是用于采购订单中一小部分，因为如果采购部门对供应商能力已经做过全面分析的话，那被选中的供应商就应该是那些能遵守采购合约的可靠的供应商。而且，如果公司对其物料需求已经做了充分的计划工作，若不是特殊情况，就不必要求供应商提前发运货物。

七、货物的验收

采购合同上应明确产品验证体系。该验证体系应在采购合同签订之前由供应商和采购方达成协议。下面方法的任何一种均可用于产品验证：

（1）采购方信赖供应商的质量保证体系。

（2）供应商提交检查检验数据和统计的流程控制记录。

（3）当收到产品时由采购方进行抽样检查或检验。

（4）在发送前或在规定的流程中由采购方进行检查。

（5）由独立的认证机构进行认证。

采购方必须在采购合同上明确指出最终用户（若有最终用户参与）是否在供应商的场地进行验证活动。供应商应提供所有设施和记录来协助检验。

八、支付货款

一般主张发票由采购部门来核查，主要原因是采购部门是交易最初发生的地点。如果有什么差错，采购部门可以立即采取行动。

九、准确记录

经过以上所有步骤以后，对于一次完整的采购而言，剩下就是更新采购部门的记录。这一步就是把采购部门与订单有关的文件副本进行汇集和归档，并把企业想保存的信息转化为相关的记录。

任务实施

一、活动准备

学生分小组，以小组为单位进行某商品的模拟采购。

二、活动实施

以小组为单位进行某商品的模拟采购，准备好各部门的采购单据。

三、技能训练

模拟实践采购的流程，找出采购流程的关键步骤，形成报告。

资料链接

1. 锦程物流网 . http：//club. jctrans. com/.
2. 刘华主编，《物流采购管理》，清华大学出版社，2008年版.

任务三　采购物流的服务方式

一、招标采购

（一）概念

标，即标书，关于一项项目任务目标的书。包括招标书、投标书。招标，就是招收完成给定任务计划的人或企业。所谓招标采购，即通过招投标方式寻找最好的供应商进行采购的采购方法。

我国招标起源于20世纪80年代，首先是从建设工程项目招标开始的，后来发展到机电设备进口，以及国内各个领域。先后建立起一些行业法规，直到1999年，国家《招标投标法》出台，招标投标才在包括采购领域在内的广大领域中广泛开展起来。

（二）招标采购的特点

招标采购是在众多供应商中选择最佳供应商的有效方法，它有很多优越性。

1. 体现公开、公正和公平

招标采购的操作过程全部公开，接受公众监督，防止暗箱操作。这样做可以使所有投标者不必走歪门邪道、费心费力地探听信息，只需要搞好投标工作，从而提高投标质量。同时，信息公开，也可以防止徇私舞弊、行贿受贿和腐败违法行为，维护公平和公正，保证整个活动的正常进行。

2. 体现竞争

招标活动是若干投标人的一个公开竞争的过程，是一场实力大比拼。利用竞争机制，才能调动众人的积极性和智慧，才能造成一种力争上游的局面，才能使投标活动生机勃勃，提高投标的水平和质量。

3. 体现优化

由于投标竞争比较激烈，众多的投标者通过竞争最后只能有一个中标者，方案优越者才能取胜。所以，每个投标者必然会竭尽全力制定和提供最优的方案。所以可以说每个投标者提供的方案都是各自的最优方案。而评标小组又在这些方案的基础上，进一步分析比较选出更优的方案，因此，这就保证了最后的中标者是在集中了众多投资者集体智慧的基础上所形成的最优方案。

（三）招标采购的适用情况

招标采购一般是一项比较庞大的活动，牵涉面广、费时间、费精力、成本高。因此并

不是什么情况都要用招标投标的方法。即使采用，也不是那么频繁使用，一般只适宜于比较重大的项目中，或者影响比较深远的项目中。例如以下情况。

(1) 寻找比较长时间的持续物资供应商，例如，新企业开业，寻找未来的长期物资供应伙伴时采用招标方式。

(2) 寻找一次比较大批量的物资供应商。

(3) 寻找一项比较大的建设工程的工程建设和物资采购供应商等。

而对于小批量物资采购或者比较小的建设工程，一般少用招标方式，因为这样做成本太高、不合算。

(四) 招标投标的方式

1. 公开招标

公开招标，又叫竞争性招标，是一种由招标人按照法定程序，在公开出版物上发布招标公告，所有符合条件的供应商或承包商都可以平等参加投标竞争，从中择优选择中标者的招标方式。

2. 邀请招标

邀请招标也称有限竞争性招标或选择性招标，即由招标单位选邀请招标流程择一定数目的企业，向其发出投标邀请书，邀请他们参加招标竞争。一般都选择3～10个参加者较为适宜，当然要视具体的招标项目的规模大小而定。

(五) 招标采购的基本过程

1. 策划阶段

招标策划主要应当作以下的工作：

(1) 明确招标的内容和目标，对招标采购的必要性和可行性进行充分的研究和探讨。

(2) 对招标书的标底进行仔细研究确定。

(3) 对招标的方案、操作步骤、时间进度等进行研究决定，例如，是采用公开招标还是邀请招标，是自己亲自主持招标还是请人代理招标，分成哪些步骤，每一步怎么进行等。

(4) 对评标方法和评标小组进行讨论研究。

(5) 把以上讨论形成的方案计划形成文件，交由企业领导层讨论决定，取得企业领导决策层的同意和支持，有些甚至可能还要经过公司董事会的同意和支持。

2. 招标阶段

招标阶段的工作主要有：

(1) 形成招标书。招标书是招标活动的核心文件，要认真起草招标书。

(2) 对招标书的标底进行仔细研究确定。

(3) 招标书发送。要采用适当的方式，将招标书传送到所希望的投标人手中。

3. 投标阶段

投标人在收到招标书以后，如果愿意投标，就要进入投标程序。其中投标书、投标报价需要经过特别认真的研究和详细的论证，这些内容是要和许多供应商竞争评比的，既要先进，又要合理，还要有利可图。

投标文件要在规定的时间准备好，一份正本、若干副本，并且分别封装签章，信封上分别注明“正本”“副本”字样，寄到招标单位。

4. 评标阶段

招标方收到投标书后，直到招标会开会那天，不得事先开封。只有当招标会开始，投标人到达会场，才将投标书邮件交投标人检查签封完好后，当面开封。

开封后，投标人可以拿着自己的投标书当着全体评标小组陈述自己的投标书，并且接受全体评委的质询，或者甚至参加投标辩论。陈述辩论完毕，投标者退出会场，全体评标人员进行分析评比，最后投票或打分选出中标人。

5. 定标阶段

在全体评标人员投票或打分选出中标人员以后，交给投标方，通知中标方。同时，对于未中标者也要明确通知他们，并表示感谢。

二、准时化采购

（一）准时化采购的产生

准时化采购又被称为 JIT 采购，它是由著名的准时化生产的管理思想演变而来的。它能最大限度地消除浪费、降低库存、实现零库存，是一种很理想的采购模式。准时化生产最先出现在日本丰田汽车公司，它的核心是在恰当的时间、恰当的地点、以恰当的数量、恰当的质量提供恰当的物品。

随着时代的不断发展，随着市场、产品、生产、服务、信息、战略等各个因素的不断变化，采购战略也必须随之进行相应的调整。其采购因素发展比较如表 4－4 所示。

表 4－4　　采购因素发展比较

项目	过去	现在和将来
市场	卖方市场，低竞争，限制出口	买方市场，竞争激烈，全球导向
产品	种类少，生命周期长，科技含量低	种类齐全，生命周期短，科技含量高
生产	批量大，提前期长，重制造，轻购买	批量小，提前期短，重购买，轻制造
服务	高库存，物流慢	低库存，物流快
信息	手工数据处理，文书管理	电子数据处理，无纸化办公
战略	生产导向	市场导向

这一切都促使准时化采购应运而生。

（二）准时化采购的概念

准时化采购就是把 JIT 生产的管理思想运用到采购中而形成的一种先进的采购模式。它的基本思想是把合适的数量、合适的质量的物品，在合适的时间供应到合适的地点，以最好地满足用户的需求

（三）准时化采购的原理

（1）与传统采购面向库存不同，准时化采购是一种直接面向需求的采购模式，其采购送货是直接送到需求点上。

(2) 用户需要什么，就送什么，品种规格符合客户需要。

(3) 用户需要什么质量，就送什么质量，拒绝次品、废品。

(4) 用户需要多少，就送多少。

(5) 用户什么时候需要，就什么时候送货。

(6) 用户在什么地点需要，就送到什么地点。

(四) 准时化采购的作用

(1) 大幅度减少原材料库存。根据一些实施准时化采购策略企业的测算，准时化采购可以使原材料的库存降低40%～60%。原材料库存降低，有利于减少流动资金的占用，加速流动资金的周转，同时，也有利于节省原材料库存占用的空间，从而降低库存成本。

(2) 提高采购物资的质量。

(3) 降低原材料的采购价格。由于供应商和制造商的紧密合作以及内部规模效益与长期订货，再加上消除了采购过程中的一些浪费，如订货手续、装卸环节、检验手续等，就使购买的原材料价格得以降低。

(五) 准时化采购模式的主要特点

1. 采用较少的供应商

单源供应指的是对某一种原材料或外购件只从一个供应商那里采购；或者说，对某一种原材料或外购件的需求，仅由一个供应商供货。准时化采购认为，最理想的供应商数目是对每一种原材料或外购件，只有一个供应商。因此，单源供应是准时化采购的基本特征之一。传统的采购模式一般是多头采购，供应商的数目相对较多。

2. 采取小批量采购的策略

小批量采购是准时化采购的一个基本特征。准时化采购和传统的采购模式的一个重要不同之处在于准时生产需要减小批量，甚至实现“一个流生产”。因此，采购物资也应采用小批量办法。从另一个角度看，由于企业生产对原材料和外购件的需求是不确定的，而准时化采购又旨在消除原材料和外购件库存，为了保证准时、按质按量供应所需的原材料和外购件，采购必然是小批量的。但是，小批量采购必然增加运输次数和运输成本，对供应商来说，这点是很为难的事情，特别是当某些供应商在远距离的情形下，实施JIT采购的难度就很大。通常情况下，解决这一问题的方法主要有四种：一是供应商在地理位置上靠近制造商，如日本汽车制造商扩展到哪里，其供应商就跟到哪里；二是供应商在制造商附近建立临时仓库，实质上，这只是将负担转嫁给了供应商，而未从根本上解决问题；三是由一个专门的承包运输商或第三方物流企业负责送货，按照事先达成的协议，收集分布在不同地方的供应商的小批量物料，准时按量送到制造商的生产线上；四是让一个供应商负责供应多种原材料和外购件。

3. 对供应商选择的标准发生变化

由于准时化采购采取单源供应，因而对供应商的合理选择就显得尤为重要。可以说，能否选择到合格的供应商是准时化采购能否成功实施的关键。合格的供应商应具有较好的技术、设备条件和较高的管理水平，可以保障采购的原材料和外购件的质量，保证准时按量供货。

4. 对交货的准时性要求更加严格

准时化采购的一个重要特点是要求交货准时，这是实施准时化生产的前提条件。交货准时取决于供应商的生产与运输条件。作为供应商来说，要使交货准时，可以从以下几个方面着手：一是不断改善企业的生产条件，提高生产的连续性和稳定性，减少由于生产过程的不稳定导致延迟交货或误点现象，作为准时化供应链管理的一部分，供应商同样应采用准时化的生产管理模式，以提高生产过程的准时性；二是为了提高交货准时性，运输问题不可忽视。在物流管理中，运输问题是一个很重要的问题，它决定准时交货的可能性，因此，就要求用户企业和供应企业都应着重考虑好这一方面问题，并进行有效的计划和管理，使运输过程准确无误。

5. 从根源上保障采购质量

实施准时化采购后，企业的原材料和外购件的库存很少以至为零。因此，为了保障企业生产经营的顺利进行，采购物资的质量必须从根源上抓起，也就是说，质量问题应由供应商负责，而不是企业的物资采购部门。准时化采购就是要把质量责任返回给供应商，从根源上保证采购质量。为此，供应商必须参与制造商的产品设计过程，制造商也应帮助供应商提高技术能力和管理水平。

6. 对信息交流的需求加强

准时化采购要求供应与需求双方信息高度共享，保证供应与需求信息的准确性和实时性。由于双方的战略合作关系，企业在生产计划、库存、质量等各方面的信息都可以及时进行交流，以便出现问题时能够及时处理。只有供需双方进行可靠而快速的双向信息交流，才能保证所需的原材料和外购件的准时按量供应。全球知名的沃尔玛公司和宝洁公司合作后，双方成立了一个协作团队，共同控制商品的质量。双方以结盟的方式，通过计算机实现数据共享。宝洁公司借助数据库，除迅速知道沃尔玛物流中心自己所需的商品情况外，还能及时了解自己产品在沃尔玛各店铺的销售量、库存量和价格等，这不仅能使宝洁公司及时制订出符合市场需求的生产和研发计划，同时也能对沃尔玛的库存做到连续补货，沃尔玛只需要决定商品的进货数量就可以了。反过来，沃尔玛向宝洁公司反馈市场和消费信息，直接指导宝洁调整产品结构，改进产品质量，双方形成一种双赢的合作联盟。

7. 可靠的送货和特定的包装要求

由于准时化采购消除了原材料和外购件的缓冲库存，供应商交货的失误和送货的延迟必将导致企业生线的停工待料。因此，可靠送货是实施准时化采购的前提条件。而送货的可靠性，常取决于供应商的生产能力和运输条件，一些不可预料的因素，如恶劣的气候条件、交通堵塞、运输工具故障等，都可能引起送货延迟。此外，准时化采购对原材料和外购件的包装也提出了特定的要求。最理想的情况是，对每一种原材料和外购件，采用标准规格且可重复使用的容器包装，既可提高运输效率，又能保证交货的准确性。

三、电子商务采购

（一）电子商务采购的概述

电子商务采购随着科学技术的突飞猛进和网络技术的迅速普及，电子商务采购作为一种新型的采购方式，在国际国内采购活动中成为了一道亮丽的风景线。目前，许多企业和

公共事业单位已在一定范围内和一定程度上运用了电子商务采购技术。

电子商务采购是指利用电子商务形式进行的采购活动。因为电子商务主要是在计算机网络上进行的，所以电子商务采购亦称为网上采购。

（二）电子商务采购的特点

（1）公开性。因为电子商务采购是在网上进行的，因特网具有公开性的特点，全世界都可以看到采购方的招标公告，谁都可以前来投标，所以采购具有公开性。

（2）广泛性。网络没有边界，所有的供应商都可以向采购方投标，采购方也可以调查所有的供应商。

（3）交互性。电子商务采购过程中，采购方与供应商可以通过电子邮件或聊天方式进行信息交流，既方便，又迅速，而且成本较低。

（4）低成本。网上操作可以大量节省人工业务环节，省人、省时间、省工作量，总成本最小。

（5）高速度。网上信息传输速度快。

（6）高效率。

（三）电子商务采购的形式

电子商务的方式多种多样，因此，电子商务采购也可以有多种形式。目前，国际流行的网上采购数据传送途径主要包括以下几种形式：电子商务网站招标；人工向供应商打电话或发送书面文件、传真订购；向供应商发送电子邮件订单；向供应商的站点提交订单；与供应商的 ERP 系统进行集成；电子交易平台等。对它们可以进行以下三种分类。

（1）按利用计算机网络的程度分类。完全网上采购，即完全通过网上电子商务采购完成采购的全部活动（除运输配送）。网上和网下相结合采购，即在网上完成部分采购活动，例如，发布采购消息、招标公告等，而其他活动如采购谈判、供应商调查、交易支付等则在网下进行。

（2）按采购主体分类。自己网上采购，即企业自己建立网站，进行电子商务采购活动。代理网上采购，即不是自己建立网站，而是利用别人的网站进行电子商务采购。

（3）按网上采购的方式分类。网上查询采购，即由采购商自己登录网站，在网上寻找供应商和所需要的产品而进行的网上采购。网上招标采购，即采购商只在网上发布招标公告，由供应商主动来投标而进行的采购活动。

（四）电子商务采购的实施步骤

第一步，要进行采购分析与策划，对现有采购流程进行优化，制定出适宜网上交易的标准采购流程。

第二步，建立网站。这是进行电子商务采购的基础平台，要按照采购标准流程来组织页面。可以通过虚拟主机、主机托管、自建主机等方式来建立网站，特别是加入一些有实力的采购网站，通过它们的专业服务，可以享受到非常丰富的供求信息，起到事半功倍的作用。

第三步，采购单位通过互联网发布招标采购信息（即发布招标书或招标公告），详细说明对物料的要求，包括质量、数量、时间、地点等，对供应商的资质要求等。也可以通

过搜索引擎寻找供应商，主动向他们发送电子邮件，对所购物料进行询价，广泛收集报价信息。

第四步，供应商登录采购单位网站，进行网上资料填写和报价。

第五步，对供应商进行初步筛选，收集投标书或进行贸易洽谈。

第六步，网上评标，由程序按设定的标准进行自动选择或由评标小组进行分析评比选择。

第七步，在网上公布中标单位和价格，如有必要对供应商进行实地考察后签订采购合同。

第八步，采购实施。中标单位按采购订单通过运输交付货物，采购单位支付货款，处理有关善后事宜。按照供应链管理思想，供需双方需要进行战略合作，实现信息的共享。采购单位可以通过网络了解供应单位的物料质量及供应情况，供应单位可以随时掌握所供物料在采购单位中的库存情况及采购单位的生产变化需求，以便及时补货，实现准时化生产和采购。

电子商务采购是一种非常有前途的采购模式，它主要依赖于电子商务技术的发展和物流技术的提高，依赖于人们思想观念和管理理念的改变。我国目前已经有不少企业以及政府采用了网上采购的方式，对降低采购成本，提高采购效率，杜绝采购腐败起到了十分积极的作用，因此，应该大力提倡这一新的采购方式。

任务实施

一、活动准备

某学校通过招标采购的方式向社会公开招标购买一批办公用台式计算机。

二、活动方案

由学生分小组扮演角色

1. 招标方——学校；
2. 投标方（如戴尔、方正、清华同方、HP等）；
3. 评标小组。

三、技能训练

1. 熟悉理论知识。
2. 小组分工，查找资料，形成文件。

（1）招标方：招标书；

（2）投标方：投标书；

（3）评标组：评标标准。

3. 课堂模拟，现场开标、评标、宣布中标结果。

资料链接

1. 方罗光主编，《商品采购实务》，东北财经大学出版社，2005 年版．
2. 朱新民主编，《物流采购实务》，机械工业出版社，2007 年版．

任务四　供应商的选择与管理

相关知识

一、供应商管理的含义

采购最怕找错供应商，不管价格如何便宜，如果供应商选择不当，日后难免品质欠佳、交期不准等问题层出不穷。选择适当的供应商是采购工作成功的关键因素。

供应商是指那些向买方提供产品或服务并收取报酬的、为企业生产提供原材料、设备等资源的企业。供应商管理就是对供应商的了解、选择、开发、使用和控制等综合性管理工作的总称。其中，了解是基础，选择、开发、控制是手段，使用是目的。

二、进行供应商管理的目的

供应商必然存在的特点如下。

（1）供应商是客观、自然存在的，他必然间接或直接地对企业造成影响，不管是否与企业有直接关系，他都是资源市场的组成部分。

（2）供应商是一个与购买者独立的利益主体，而且是一个以追求利益最大化为目的的利益主体。因此，为了创造出一种好的供应商关系局面，克服传统的供应商关系观念，我们必须非常注重供应商的管理工作，通过多个方面去持续努力，去了解、选择、开发供应商，合理使用和控制供应商，建立起一直可靠的供应商队伍，为企业生产提供稳定可靠的物资供应保障。

三、供应商管理的几个基本环节

（1）供应商调查。有哪些可能的供应商？各个供应商的基本情况等。

（2）资源市场调查。买方市场还是卖方市场？竞争市场还是垄断市场？成长市场还是没落市场？资源生产能力、技术水平、管理水平及价格水平等。

（3）供应商开发。将一个现有的原型供应商转化成一个基本符合企业需要的供应商过程，就是供应商开发过程，具体包括供应商深入调查、供应商辅导、供应商改进、供应商考核等活动。

（4）供应商考核。开发阶段考核、选择阶段考核、使用阶段考核等。

（5）供应商选择。

（6）供应商使用。

（7）供应商激励与控制。

四、供应商选择

（一）供应商选择概述

供应商选择是供应商管理的目的，也是非常重要的一项工作，选择合适的供应商，不仅对企业的正常生产起着决定性的作用，而且对企业的发展也非常重要。实际上，供应商的选择融入在供应商开发的全过程中，在众多的供应商中，每个品种要选择5～10个供应商，进入初步调查，初步调查之后，选择1～3个供应商进行深入调查，深入调查后初步确定1～2个供应商，然后对这1～2个供应商进行试运行的考核和选择，确定最后的供应商结果。

一个好的供应商应具备以下几个方面的条件：

（1）企业生产能力强。主要表现在企业产量高、规模大、生产历史长、经验丰富、生产设备完好。

（2）企业技术水平高。主要表现在企业生产技术水平先进、设计能力和开发能力较强、生产设备先进、产品的技术含量高。

（3）企业管理水平高。主要表现在企业拥有一个强有力的领导班子，一个高水平的生产管理系统，一个能具体落实的质量管理保障体系，一种严肃认真、一丝不苟的工作作风。

（4）企业服务水平高。主要表现在企业能对顾客高度负责、主动热诚认真服务，并且售后服务制度完备。

（二）供应商关系管理

传统的企业与供应商的关系是一种短期的、松散的、两者之间作为竞争对手的关系。在这样一种基本关系之下，采购方和供应商的交易如同“0～1”对策，一方所赢则是另一方所失，与长期互惠相比，短期内的优势更受重视。采购方总是试图将价格压到最低，而供应商总是以特殊的质量要求、特殊服务和订货量的变化等为理由尽量提高价格，哪一方能取胜主要取决于哪一方在交易中占上风。例如，采购方的购买量占供应商销售额总量的百分比很大；采购方可容易地从其他供应商那里得到所需物品；改换供应商不需要花费多少成本等，在这种情况下，采购方均会占上风。反之，则有可能是供应商占上风。20世纪50年代，这种与供应商的竞争为主的关系模式曾经是企业采用的主要模式。

相反，另一种与供应商的关系模式，即合作模式在当今受到了越来越多企业的重视，尤其是这种模式在日本企业中取得了很大成功并广为流传之后。在这种模式之下，采购方和供应商互相视对方为“伙伴”（partner），双方保持一种长期互惠的关系。供应商关系的发展如表4-5所示。

表 4－5　　供应商关系的发展

供应商关系			
	20 世纪 60—70 年代	20 世纪 80 年代	20 世纪 90 年代
特征	竞争对手	合作伙伴	探索全球平衡
市场特点	许多货源，大量存货，买卖双方是竞争对手	合作的货源，少量存货，买卖双方互为伙伴，实现“双赢”	市场国际化，不断调整双方伙伴合作关系，在全球经济中寻求平衡与发展
采购运作	以最低价买到所需产品	采购总成本降低； 供应商关系管理； 采购专业化； 整体供应链管理； 供应商参与产品开发	供应商策略管理； “上游”控制管理； 共同开发与发展； 供应商优化； 信息、网络化管理 全球“共同采购”

任务实施

一、活动准备

假设我院拟开设一个日用品、食品超市，作为采购部成员首先需要对供应商进行调查，并制作供应商管理卡片。

二、活动方案

1. 对供应商的基本情况、产品、价格进行实地考察。
2. 根据调查结果，制作供应商卡片。

三、技能训练

由同学讨论供应商考评结果，分出等级。

资料链接

中国物流与采购网．http：//www. chinawuliu. com. cn.

模块总结

本模块通过对采购的含义、作用及特点的介绍，分述了采购的类型以及采购物流的分类，使学生对于选择和管理供应商有深刻的理解并能根据实践进行分析和总结。

作业

1. 阐述采购管理的内容与过程。
2. 试述实施准时化采购需要什么条件。

自测实训

实际调查某企业的采购部，列举其所需要采购的物品，并对其进行分类。

模块五 运输

知识目标

(1) 认识运输的重要性。
(2) 了解运输的概念、特征和基本原则。
(3) 掌握不同运输方式的特点及选择因素。
(4) 重点掌握不合理运输的表现形式及运输合理化的措施。

能力目标

(1) 能够认识到运输在现代物流系统的重要作用。
(2) 能够根据具体情况选择正确的运输方式。
(3) 能够实现运输的合理化。

素质目标

(1) 培养服务意识。
(2) 培养安全意识。
(3) 培养吃苦耐劳的精神.

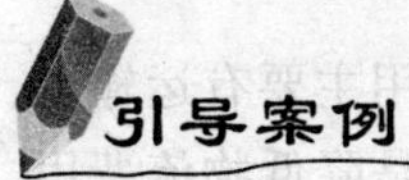

引导案例

百胜物流降低连锁餐饮企业运输成本之道

作为肯德基、必胜客等业内巨头的指定物流提供商，百胜物流公司通过合理的运输安排，降低配送频率，实施歇业时间送货等优化管理方法，有效地实现了物流成本的“缩水”，给业内管理者指出了一条细致而周密的降低物流成本之路。

1. 合理安排运输排程

运输排程的意义在于尽量使车辆满载，只要货量许可，就应该做相应的调整，以减少总行驶里程。

2. 减少不必要的配送

对于产品保鲜要求很高的连锁餐饮业来说，尽量和餐厅沟通，减少不必要的配送频率，可以有效地降低物流配送成本。在运输方面，餐厅所在路线的总货量不会发生变化，但配送频率上升，结果会导致运输里程上升，相应地油耗、过路桥费、维护保养费和司机人工时都要上升。

3. 提高车辆的利用率

提高卡车的利用率可以从增大卡车尺寸、改变作业班次、二次出车和增加每周运行天数四个方面着手。

由于大型卡车可以每次装载更多的货物，一次出车可以配送更多的餐厅，由此延长了卡车的在途时间，从而增加了其有效作业的时间。这样做还能减少干路运输里程和总运输里程。

4. 尝试歇业时间送货

歇业时间送货避开了城市交通高峰时间，既没有顾客的打扰，也没有餐厅运营的打扰。由于餐厅一般处在繁华路段，夜间停车也不用像白天那样有许多顾忌，可以有充裕的时间进行配送。由于送货窗口拓宽到了下半夜，使卡车可以二次出车，提高了车辆利用率。

请思考：百胜物流公司是如何降低其运输成本的？

任务一　商品运输综述

相关知识

运输是物流系统功能的核心，是物流过程的主要职能之一，它影响着物流的其他构成因素。例如，运输方式的选择决定着装运货物的包装要求；不同类型的运输工具决定着其配套使用的装卸搬运设备以及接收和发运站台的设计；运输状况也直接影响着企业库存储备量的大小，发达的运输系统能比较适量、快速和可靠地补充库存，以降低必要的储备水平。

同时，在运输过程中直接耗费的活劳动和物化劳动所支付的直接费用主要有运输费、保管费、包装费、装卸费及损耗等。其中，运输费用所占的比重最大，是降低物流费用、发挥物流系统整体功能的中心环节，特别是在当今我国交通运输业发展方式还很粗放的情况下更是如此。因此，在物流过程中，如何搞好运输工作，开展合理物流，不仅关系到物流效率、服务质量，还极大地影响着其效益成本。

一、商品运输的概念及其重要性

运输是指用专用运输设备将物品从一个地点向另一地点运送。其中包括集货、分配、搬运、中转、装入、卸下、分散等一系列操作（中华人民共和国标准物流术语 GB/T 18354—2006）。

想一想

运输和搬运是同一种活动吗？

两者的区别是什么？

运输是改变商品空间状态的主要手段，可以创造“场所效用”，也就是说同种商品由于场所不同，其使用价值的实现程度不同，其效益的实现也不同。其本质是通过改变场所来发挥使用价值，最大限度提高投入产出比。

由于运输的时间长、距离远、消耗大，运输的总量也大，相应的运输费用在物流总成本中占近50%的比例，有些商品的运输费甚至高于其生产成本，因而节约的潜力非常大。从这个意义上说，商品运输是创造“第三利润源”的主要源泉。

另外，商品运输还有暂时的储存作用，即在商品运输过程中将运输车辆作为储存设施来利用。

想一想

随着 Internet 的发展，今天人们利用互联网可以实时传输电子数据产品，可以是纯文本形式，也可以是影视并茂，如歌曲、影像、数据、电子文本等。

这是一种新型的运输方式吗？它与传统的运输方式有哪些区别？

二、商品运输的特征

商品运输在方法和形态上是多种多样的，针对不同的目标、需求等情况，具体方法和措施千变万化。但在这些多样、复杂的商品运输中也有一定的共性，主要表现在以下方面。

1. 可采用自用型或营业型两种形态

自用型运输是指企业自己拥有运输工具，并且自己承担运输责任，从事商品的运输活动。由于受限于航空、铁路的巨额投资，商品自用型运输一般采用公路运输，少量用水路运输。

营业型运输与自用型运输相对应，即以输送服务作为经营对象为他人提供运输服务，对于一般商品运输来讲，企业可以在这两者中进行选择，但目前的趋势是企业商品运输正逐渐从自用型向营业型运输方向转化。

2. 可通过多种运输方式来实现

各种运输方式对应于不同的技术特征，有不同的运输单位、运输时间和运输成本，因而形成了各种运输方式不同的服务质量。也就是说，商品运输服务的利用者，可以根据货物的性质、大小、所需要的运输服务质量（时间或成本等）等条件来选择相对应的运输方式，或者合理利用各种运输方式，实现联合运输。

三、商品运输的社会地位

在整个国民经济中，专门从事货物和旅客运营的运输业是一个独立的经济部门。商品运输在整个国民经济中的地位表现在以下几个方面。

1. 商品运输是加快和促进社会再生产连续不断的进行的条件

交通运输作为一个独立的经济部门，在社会再生产过程中处于“先行”的战略地位。社会再生产过程的循环，是通过这条纽带把各个环节连成一个统一的整体，才使整个社会经济活动得以正常地运转和顺利地进行。而商品运输是交通运输的一个主要方面，对加快和促进社会再生产连续不断地进行必不可少。

2. 商品运输是联结产销、沟通城乡的纽带

国民经济是由农业、工业、建筑业、交通运输业、商业等部门组成的，各部门之间既是相互独立，又是相互联系、相互促进和相互制约的。而商品运输在整个国民经济中极为重要，是国民经济的大动脉，是社会发展的一个重要条件，起着联结生产、分配、交换、消费各环节和沟通城乡、各地区和各部门的纽带和桥梁作用。

3. 商品运输扩大了流通领域

商品运输是其生产过程在流通领域内的继续，是社会再生产得以顺利进行的必要条件。它表现为一种生产性劳动，是生产过程在流通领域内的继续，能够保证市场供应，满足生产建设，实现社会再生产。

四、商品运输的基本原则

运输是物流管理中最重要的领域之一，因为它影响着客户服务水平和企业的成本结构。通常，指导商品运输管理和营运的两条基本原理是规模经济和距离经济。

1. 规模经济（Economy of Scale）

运输的规模经济是指对同一运输而言，运输量越大，单位重量的运输成本就越低。这里运输量既指运输的物资数量也指运输的距离数量。运输量越大，运输里程越长，就越经济、越有效益。其原因如下。

（1）同一单运输的固定成本（车、路及其管理费用）是一定的，规模越大，单位物资和单位里程分摊的固定成本越少。例如，铁路或水路运输的单位物资成本低于汽车和飞机。

（2）规模越大，车辆的利用率越高，装卸搬运设备的利用率也越高，效率自然提高，因而更加经济。例如，整车运输比零担运输的单位成本低。

（3）规模运输可获得运价折扣，使单位货物的运输成本下降。

2. 距离经济（Economy of Distance）

运输的距离经济是指对一个给定起点和终点的运输任务而言，所经过的运输路径越短越经济，也就是最短路径原理。原因是其可变费用消耗量最小。

小精灵

直送式配送运输，是指由一个供应点对一个客户的专门送货。从物流优化的角度看，直送式客户的基本条件是其需求量接近于或大于可用车辆的额定载重量，需专门派一辆或多辆车一次或多次送货。如右图，从 A 处到 K 处可经由 B、C、D、E、F、G、H、I、J，你怎样选择路线以使运输省时省力呢？提示：1. 两点间的数据表示其路程；2. 你想到了最短路径法吗？其他方法呢？

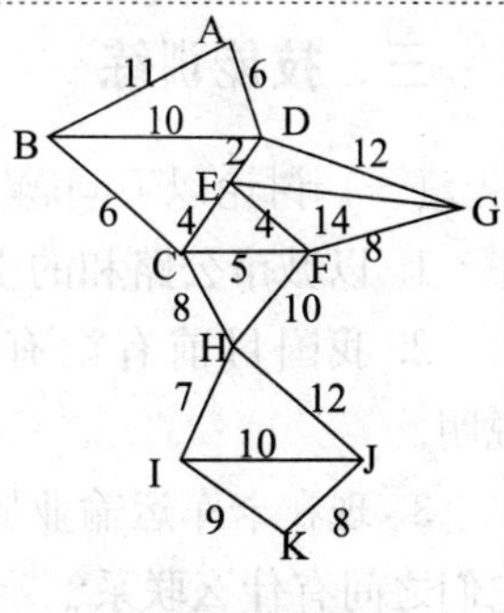

物流网络示意图

五、商品运输基本要求

在商品运输的具体运作中，其要求如下。

(1) 及时。尽量缩短物品待运和在途时间，加速商品流通，确保商品的市场供给，尽量做到门对门服务。

(2) 准确。在运输过程中做到无错、不乱，手续交接清楚，责任明确，准确无误地完成物品运输。

(3) 安全。物品在运输过程中不发生霉烂、残损、丢失、污染、渗漏、爆炸、燃烧等事故，保证人身、物品、设备安全。

(4) 经济。以物流系统或供应链的总成本最低、综合效益最好作为原则来选择运输方式、运输路线及运输工具，节约人力、财力、物力，降低物流费用，提高总体效益。

任务实施

一、活动准备

一般货物汽车运输分为“指定线路”和“区域”这两种，指定线路运输是指只能行驶于得到批准的线路上的营业性卡车运输，做拼箱作业；而区域运输，是指在获得批准的地区为某一特定的货主进行双向或单向的运输，前者与城市公汽类似，而后者则与的士相似。

不过，做拼箱运输并非易事，如集中不了多家货主的货，拼箱运输是不划算的，揽货能力，即营运能力将起决定性作用。

另外，汽车运输的发展必须依托公路运输的发达——包括运输工具，以及健全的法律体系。这些，如果经济不发达是做不到的。

二、活动方案

学生按 5～6 人一组分成若干小组，对本市物流企业的运输业务进行调查，根据调查资料，小组成员讨论问题，并以此撰写调查报告。

三、技能训练

（一）讨论以下问题

1. 以城市公路和的士为例分别阐述“指定路线”和“区域”运输的含义。

2. 我国目前有没有真正的汽车拼箱运输？其合理性在哪里？请联系实际，举例说明。

3. 现在卡车运输业服务项目的开发及共同运输的普及将会促进拼箱运输的发展吗？它们之间有什么联系？

（二）撰写调查报告

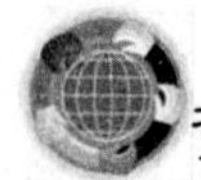
资料链接

1. 联合运输

联合运输简称联运，是指使用两种或两种以上的运输方式，完成一项进出口货物运输任务的综合运输方式。联运的最低限度要求是两种不同运输方式进行两程的衔接运输。联合运输按地域划分有国际联运和国内联运两种，国内联运较为简单，国际联运是联合运输最高水平的体现。联合运输养护具有三个特点：一是组织运输的全程性；二是运程凭证的通用性；三是托运手续的简易性。

2. 聚焦中国物流顽症（http：//www.chinawuliu.com.cn/zt/index.html）

任务二　商品运输方式的选择

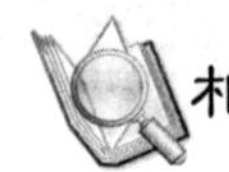
相关知识

一、现代运输方式的分类

商品的运输能实现其在空间上的转移或时间上的转移，创造场所性或时间性价值。其运输方式有多种分类标准，其中使用较多的是按运输设备及运输工具将其分类。即按照其所使用的主要工具来看，可分为公路运输、铁路运输、水路运输、航空运输和管道运输。

1. 公路运输

公路运输是指使用公路设施、设备运输货物的一种运输方式。公路运输主要使用汽车，运输的经济半径一般在200千米以内，即在中短途运输中具有十分显著的优势。它最主要的特点是受自然条件影响较小，对收货、到站等设施要求不高，即通用性较好。也可作为其他运输方式的衔接手段，在空间上和时间上有相对较高的灵活性。

2. 铁路运输

铁路运输是指使用铁路设施、设备运输货物的一种运输方式。铁路运输主要承担长距

离、大批量的货运，运输经济里程一般在200千米以上，特别是在没有水运条件的地区，几乎所有大批量货物都得依靠铁路，是干线运输中的主力运输形式之一，其优点不受自然条件限制，速度快，运载量大，成本较低。但受铁路线路的限制，灵活性稍差，需要其他运输的配合和衔接。

3. 水路运输

水路运输是指利用水路设施、设备等工具运输货物的一种运输方式。水路运输基础设施为港口和航道，运输工具为船舶和装卸机械，适宜大批量、远距离运输，在沿海和主要内河航道运输方向上，其更是主力，是干线运输中起主力运输作用的运输形式。水路运输的主要优点是成本低、能耗少、占地少，但受港口、水位、季节和气候影响较大，运输速度慢。通常有沿海运输、近海运输、远洋运输、内河运输四种形式。

4. 航空运输

航空运输是使用飞机或其他飞行器运送货物的一种运输方式。由于其运载量小、运费高，所以，主要适合运载两类货物：一是时间性很强，急需的物品；二是价值高、运费承担能力很强的货物。其主要优点是速度快，不受地形影响。

5. 管道运输

管道运输是由大型管道、泵站和加压设备等组成的运输系统完成物料输送工作的一种运输方式。由于采用某种密封管道，故在运输过程中散失、丢失等损失少，安全且污染少，运输量大且能连续不断运送物资。但主要适用于液体和气体输送，若输送粉粒状固体和少量容器包装的物资则成本较高。一般不适宜固体物资的输送，所输送的货物主要有油品（原油和成品油）、天然气（包括油田伴生气）、煤浆及其他矿浆。

二、五种运输方式的特点比较

五种运输方式的特点，比较如表5－1所示。

表5 1　五种运输方式的特点比较

类别	载体	运输距离	优缺点	
			优点	缺点
公路运输	汽车：普通货车、厢式货车、专用货车、自卸车、牵引车和挂车	200千米以内	1. 灵活性强： ①受自然条件影响小，通用性较好 ②不受线路车站港口制约，易装车 ③可“门”到“门”服务，转运或反复装卸搬运少 2. 近距离运输成本较低	1. 大批量、长距离运输费用相对昂贵 2. 消耗能量多，易污染环境和发生货损事故

续 表

类别	载体	运输距离	优缺点	
			优点	缺点
铁路运输	铁路车辆：平车、敞车、棚车、罐车、漏斗车、保温及冷藏车、特种车	200千米以上	1. 不受天气影响 2. 具有定时性，可按计划运行 3. 可以大批量高速运输 4. 网络遍布全国，可以运往各地	1. 费工、费时、成本高 2. 无法“门”到“门”，须转运 3. 车站固定，不能随处停车 4. 不适宜紧急个性化运输
水路运输	船、驳、舟、筏：集装箱邮船、散装船、油船、液化气船、滚装船、载驳船、冷藏船、运木船	远距离	1. 成本低 2. 原材料可以散装在船上 3. 适用于重物和大批量运输	1. 运输速度慢 2. 港口设施费用高 3. 运输时间难以保证（易受天气影响）
管道运输	管道：油品管道、气体管道、固体料浆管道	较长距离	1. 快速、简便、经济、计量正确 2. 没有包装费用、不受天气影响 3. 安全、环保	1. 受货种限制 2. 易沉淀、积垢，清管成本高
航空运输	货机及客货机	较远距离	1. 运输速度快 2. 包装简单 3. 安全、破损少	1. 运费偏高 2. 受重量限制 3. 地区不能离机场太远

想一想

铁路运输能够实现“门到门”运输，这种说法对吗？

三、各种运输方式成本结构的比较

五种运输方式产生的运输成本不同，具体成本结构和运营特征分析如表5-2、表5-3所示。

表 5-2　　五种运输方式成本结构的比较

运输方式	固定成本	变动成本
公路	高（车辆及修路）	适中（燃料、维修）
铁路	高（车辆及轨道）	低（燃料、维修）
水路	低（船舶、设备）	低（燃料、维修）
航空	适中（飞机、机场）	高（燃料、维修）
管道	最高（铺设管道）	最低（动力、维修）

表 5-3　　五种运输模式运营特征比较

	公路	铁路	水运	空运	管道
经济					
成本	中	低	低	高	低
市场范围	点到点	装卸区到装卸区	装卸区到装卸区	装卸区到装卸区	装卸区到装卸区
竞争程度（竞争者数量）	多	少	少	中	少
主要运输特征	所有类型	中低价值、中高密度	低价值、高密度	高价值、中低密度	低价值、高密度
服务					
速度（运输时间）	中速、快速	中速	慢速	快速	慢速
可获得性	高	中	低	中	低
一贯性（运输时间的变动性）	高	中	低、中	高	低
损失率	低	中	低、中	低	低
灵活性（应托运人的要求进行调整）	高	中	低、中	中	低

想一想

中铁、宅急送、中远、中石化、中邮航各自主要采用了哪种运输方式？分别有什么特色？安吉、上港货运、FedEx、UPS、TNT 呢？

运输方式除了按使用的工具分成五种基本运输方式以外，还可根据运输的范围、协作程度、中途是否换载等标准对其进行分类。如表5－4所示。

集货、配送运输如图5－1所示。干线、支线、二次运输如图5－2所示。

表5－4　　不同运输分类标准概况

分类标准	类型	相关链接
范围	干线运输、支线运输、二次运输、厂内运输	干线指铁路、公路的干线及大型船舶的固定航行，干线运输适宜长距离、大数量，一般比同种工具运输速度快，成本低
作用	集货运输、配送运输	这两种运输方式都是干线运输的一种补充和完善形式，一般是短距离、小批量运输。但通常集货运输和配送运输前后进行
运输协作程度	一般运输、联合运输、多式联运	铁路运输和卡车运输的组合，俗称驼背运输（Piggy Back）；卡车运输与水上运输的组合，俗称鱼背运输，得到了越来越多的采用
中途是否换载	直达运输、中转运输	直达运输可避免中途换载造成的费时、费力及货损增加等不足，从而实现快速高效的运输，降低成本，但中转运输可将干线、支线运输有效的衔接，可化整为零和集零为整，实现规模经济

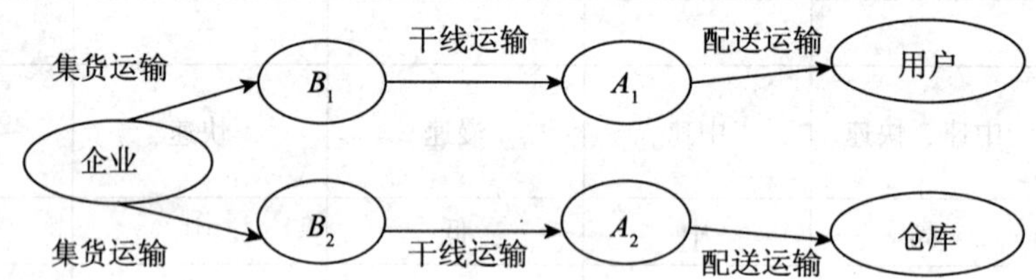

图5－1　集货、配送运输示意

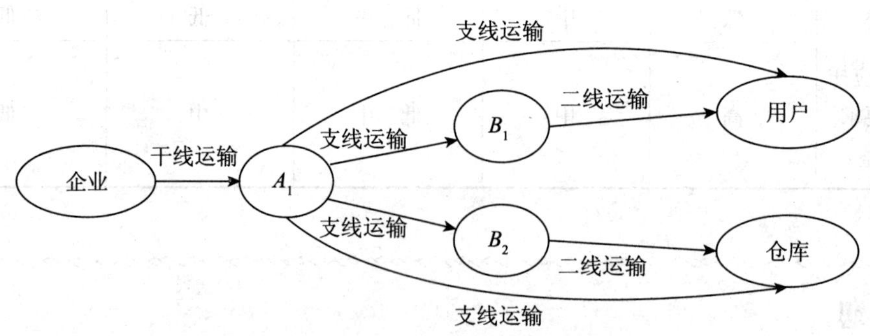

图5－2　干线、支线、二次运输示意

其中：(1) A_1，A_2，…，A_i：干线与支线的收发货交接点。

(2) B_1，B_2，…，B_i：支线运输终点站。

四、商品运输方式的选择

运输方式的选择是物流合理化的重要前提，这种选择不仅限于单一的运输方式，而是通过几种运输方式的合理整合来实现。选择运输方式的判断标准主要包括：货物的性质、运输时间、交货时间的适应性、运输成本、批量的适应性、运输的机动性和便利性、运输的安全性和准确性等。对于货主来说，运输的安全性和准确性、运输费用的经济性以及缩短运输总时间等因素是关注的重点。即在选择运输方式时，首先要考虑运输商品的种类（物品的形状、单件重量容积、危险性、变质性），其次要考虑运输量（一次运输的批量）、运输距离、运输时间（交货期）、运输费用（物品价格的高低）。另外，货物运输距离的长短直接影响到运输方式的选择，一般来说中短距离运输比较适于汽车运输，原材料等大批量的货物运输适合于铁路运输或水运。

值得一提的是，虽然货物运输费用的高低是选择运输方式时要重点考虑的内容，但在考虑运输费用时，不能仅从运输费用本身出发，必须从物流总成本的角度联系物流的其他费用综合考虑。作为物流总成本，除了运输费用外，还有包装费用、保管费用、库存费用、装卸费用以及保险费用等。运输费用与物流其他费用之间存在着相互作用的效益悖反关系。依此为原则来选择最为适宜的运输方式的时候，在成本方面应该保证物流总成本最低。当然，在具体选择运输方式时，往往要受到当时运输环境的制约，而且也没有一个固定的标准。必须根据运输商品的各种条件，通过综合判断来加以确定。如图 5－3 是仅考虑运输费用和保管费用时情况。

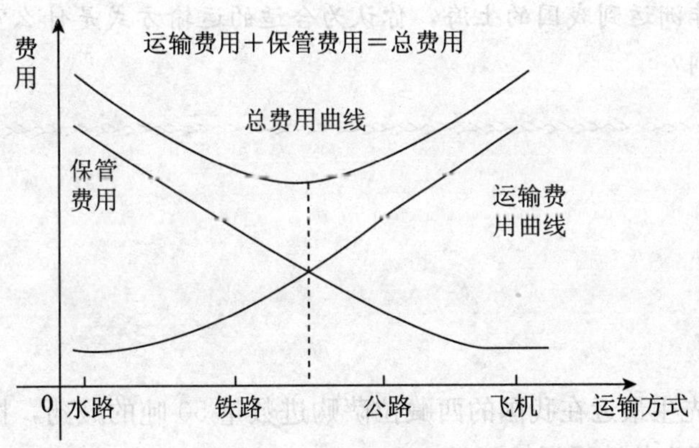

图 5－3　运输方式选择示意

另外，在选择合适的运输方式时，还应该考虑到用定量分析方法来加以衡量。例如，表 5－5 是用加权方案来评估承运人，此处是一个 3 分制的评定标准，承运人绩效的评定范围为 1——绩效好，2——绩效一般，3——绩效差。各评估指标的权重值范围为 1——高度重要，2——一般重要，3——低度重要。根据等级＝权重×业绩可以计算出该表中的承运人的总等级为 26。按此方法，承运人的总等级分最低的应是最佳承运人。

表5-5　用加权方案选择承运人

评估因素	相对重要性	承运人绩效	承运人等级
成本	1	1	1
中转时间	3	3	9
中转时间可靠性	1	2	2
能力	2	2	4
可达性	2	2	4
安全性	2	3	6
承运人等级分	26		

有关加权方案请思考：

1. 可以在每个因素方面对承运人业绩进行衡量吗？

2. 这种成本比较是使用运费收入/所运货物的总吨数得到的比值，它能确切地反映各种运输方式的综合效益吗？

3. 你还知道其他的定量分析方法吗？

想一想

中非合作论坛受到世界各国的瞩目，近几年来中非贸易往来不断加强。现有15万吨石油需要从非洲运到我国的上海，你认为合适的运输方式是什么？运输方式与运输工具有什么区别？

任务实施

一、活动准备

1. 连云港的林先生最近在我国的西藏拉萨购进数量50吨的藏药，按照经济、快捷的原则运到连云港，请为他选择运输工具。

2. 随着上海生猪瘦肉精事件的发生（导致上海市民几百人中毒），上海的生猪经销商开始思考是否应从其他地方收购生猪，而此时赣榆的草猪肉在一个偶然的机会进入上海生猪经销商的视野，他们纷纷到赣榆来了解草猪饲养情况，经过调查发现赣榆的生猪饲料主要是田间的秸秆加工而成，绿色环保无污染。因此，他们决定在赣榆大量收购草猪。

现有一位上海经销商在我县的沙河镇收购了100头生猪，你认为这位经销商可能采用哪种交通工具把这批生猪运到上海？说说理由。

3. 连云港市是我国重要的海盐产地，每年有大量的海盐销售到许多地区。上海某公司现需要从连云港运进10万吨海盐，从经济的角度，最适合的交通工具是什么？说说

理由。

二、活动方案

请学生按 5～6 人一组分成若干小组，讨论案例中的问题，并派代表发表小组意见。

三、技能训练

讨论以上案例，并按照经济、快捷的原则将藏药运到连云港，请为林先生选择运输工具。

资料链接

1. 运输方式的选择（http：//www. docin. com/p－219670902. html）
2. 治理公路乱收费（http：//www. chinawuliu. com. cn/cflp/lhhkx/zhuanti＿list1. asp? name）

任务三　商品运输的管理及合理化

相关知识

由于运输是物流中最重要的功能要素之一，物流合理化在很大程度上依赖于运输合理化。

一、运输合理化的概念

运输合理化是指在满足既定客户服务的要求下，充分权衡运输的距离、环节、工具、时间、费用等，以尽可能少的投入来最大限度地提高运输工具的实载率，减少浪费。它是物流系统合理化的关键，直接影响着物流结构的合理化和总体功能的优化，是实现物流“第三利润源”的重要挖掘之处。

二、不合理运输

不合理运输主要是指在运输中浪费运力和加大运输费用，其表现形式主要如下。

（1）空驶。即空车无货载行驶，是不合理运输的最严重形式，有单程空驶和双程空驶之分。例如，没利用社会化的运输体系，只依靠自备车送货提货，出现单程重车，单程空驶；车辆过分专用，无法搭运回程货，只能单程实车，单程回空周转；工作失误或计划不周，造成货源不实，车辆空去空回，形成双程空驶。

（2）对流运输。也称“相向运输”或“交错运输”，指同一种货物在同一线路上或平行线路上做相对方向的运送，与对方运程的全部或一部分发生重叠交错的运输。如图 5－4 所示。

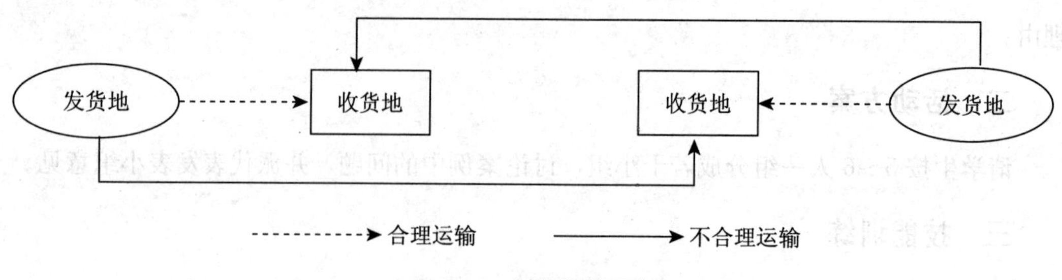

图5-4　对流运输示意

（3）倒流运输。指货物从销地或中转地向产地或起运地回流的一种运输现象。其不合理程度要甚于对流运输，其原因在于双程的运输都是不必要的，形成了双程的浪费。

（4）迂回运输。它是舍近取远的一种运输，即可以选取短距离进行运输时，却选择路程较长的路线进行运输。如图5-5所示。

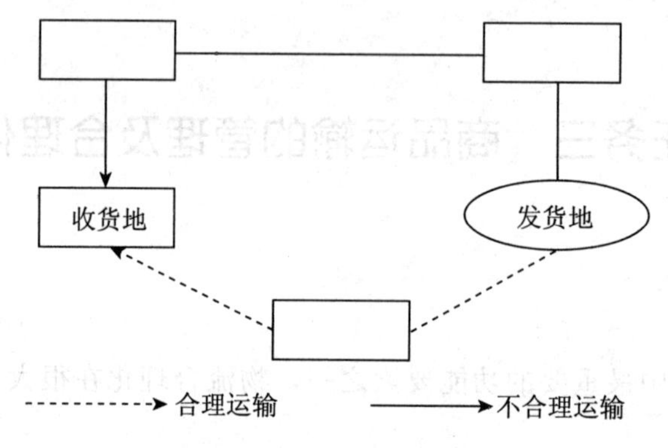

图5-5　迂回运输示意

（5）重复运输。本来可直接将货物运到目的地，但是未达目的地就将货卸下，再重复装运送达目的地，这是重复运输的一种形式；另一种形式是，同品种货物在同一地点一面运进，同时又运出。重复运输的最大毛病是增加非必要的中间环节，这就延缓了流通速度，增加费用，增大货损。如图5-6所示。

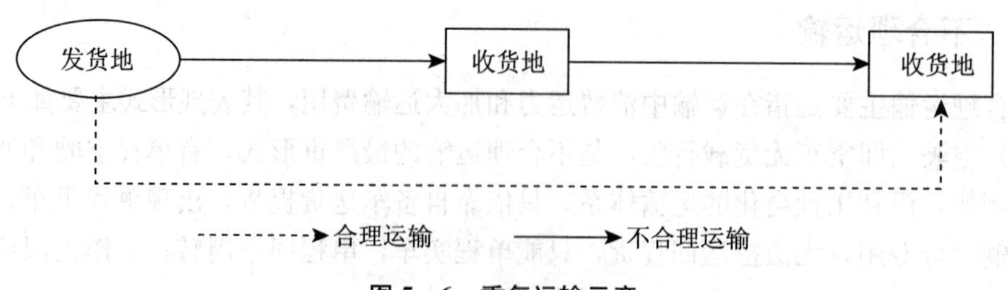

图5-6　重复运输示意

（6）过远运输。这是指调运物资舍近求远，没考虑到就近原则。如图5-7所示。

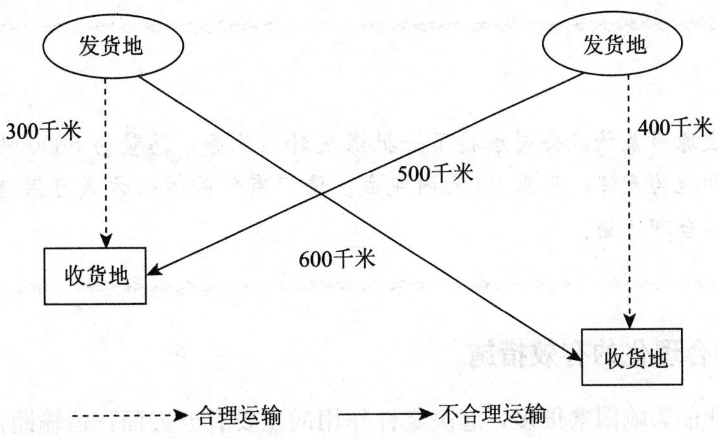

图5-7 过远运输示意

(7) 运力选择不当。指未考虑各种运输工具优势，而没恰当地利用运输工具造成的不合理运输现象，常见形式如下。

①弃水走陆，即在同时可以利用水运及陆运时，不利用成本较低的水运或水陆联运，而选择成本较高的铁路运输或汽车运输，使水运优势不能发挥。

②铁路、大型船舶的过近运输。主要指不在铁路及大型船舶的经济运行里程内，却利用这些运力进行运输的不合理做法。其不合理之处在于火车及大型船舶起运及到达目的地的准备、装卸时间长，机动灵活性不足，在过近距离中发挥不了运速快的优势。相反，由于装卸时间长，还会延长运输时间。另外，和小型运输设备比较，火车及大型船舶装卸难度大、费用也较高。

③运输工具承载能力选择不当。即不依据承运货物数量及重量，而盲目决定运输工具，造成过分超载、损坏车辆或货物不满而浪费运力的现象。例如"大马拉小车"，装货量小，单位货物运输成本必然增加。

(8) 托运方式选择不当。指对货主而言，可以选择最好的托运方式而未选择，造成运力浪费及费用支出加大。例如，应选择整车时却采取零担托运；应当直达时选择了中转运输，应当中转运输时而选择了直达运输等。

(9) 超限运输。主要指超过规定的长度、宽度、高度和重量的运输。其易引起货损、车辆损坏和公路路面及公路设施的损坏，还会造成严重的安全事故，是当前表现突出的不合理运输。

想一想

出现超载运输的原因是什么？

(10) 无效运输。即在运输中装运的物资商品中无使用价值的杂质含量过高或含量超过规定标准。例如，矿石中的泥土和砂石、煤炭中的矸石、原油中的水分等。

小贴士

山西省太原市某物流公司承接了一批煤炭外运业务，总量为5000吨，货源在太原市郊，目的地为天津，限期20天内完成。请问有哪些运输方式可供选择？在运输中怎样避免不合理运输？

三、运输合理化的有效措施

运输合理化的影响因素很多，起决定性作用的主要有五方面：运输距离、运输环节、运输工具、运输时间及运输费用。其分析如表5-6所示。

表5-6　**影响运输合理化的主要因素分析**

因素	对物流合理化的影响
运输距离	与运输的时间、货损、运费、车辆或船舶周转等呈一定的比例关系，是运输是否合理的一个最基本因素
运输环节	运输环节增加，不仅增加启运的运费和总运费，还增加运输的辅助活动，如装卸，包装等
运输工具	对运输工具进行优化选择，按其特点进行装卸物流作业，发挥其最大作用，是运输合理化的重要一环
运输时间	其缩短对整个流通时间的缩短有决定性的作用，另外，运输时间短，有利于工具的加速周转，充分发挥其运力；也有利于货主资金的周转；还有利于运输线路通过能力的提高
运输费用	它是运输合理化的一个重要目标，尽量使其降低

运输合理化的影响因素很多。综合来说，第一，企业应尽可能就近运输，避免舍近求远；第二，物流部门应尽量减少装卸、搬运、转运等中间环节，尽可能组织直达、直接运输，使货物不进入中转仓库，而由产地直达运销地或客户，减少运输环节；第三，要根据不同货物的特点，分别利用铁路、水运或汽车运输，选择最佳的运输路线，并积极改进车船的装载方法、提高技术装载量、使用最少的运力来运输更多的货物，提高运输生产效率；第四，尽量减少客户等待时间使物流工作满足客户需要，成为赢得客户满意的一个重要因素。所以要想方设法加快货物运输，尽量压缩待运期，使大批货物不要长期徘徊、停留在运输过程中；第五，积极节约运输成本，提高运输效益。

在日常工作决策中，运输的成本、速度和一致性是最有可能影响运输合理化的三个因素。因为最低的运输费用并不意味着最低的运输成本，最低的运输总成本也并不意味着合理化的运输。运输的合理化关系着其他物流环节设计的合理化。因此，应首先站在整个物流系统一体化的高度，纵观全局，再对运输的各个具体环节进行优化，最终达到合理化。

运输合理化就是尽可能提高运输效率、降低运输费用。根据以上影响因素，可以从以

下方面着手来做。

1. 提高运输工具实载率

具体措施有：

(1) 充分利用运输工具的额定能力，减少车船空驶和不满载行驶的时间，减少浪费。

(2) 开展“配送”形式。如将多家需要的货或者一家需要的多种货实行配装，以达到容积和载重的充分合理运用。

(3) 在铁路运输中，采用整车运输、合装整车、整车分卸及整车零卸等。

2. 减少动力投入，增加运输能力

其宗旨是少投入、多产出，走高效益之路。核心是在设施建设已定型和完成的情况下，尽量减少能源投入。具体方法有：

(1) 在机车能力允许情况下，加挂车皮。

(2) 水运拖排和拖带法。竹、木等物资的运输，利用竹、木本身浮力，不用运输工具载运，采取拖带法运输，可省去运输工具本身的动力消耗；将无动力驳船编成一定队形(一般是“纵列”)，用拖轮拖带行驶，可以有比船舶载乘运输运量大的优点。

(3) 顶推法。主要是在内河货运中，将内河驳船编成一定队形，由机动船顶推前进航行。其优点是航行阻力小，顶推量大，速度较快，运输成本很低。

(4) 汽车列车。原理和船舶拖带、火车加挂基本相同，都是在充分利用动力能力的基础上，增加运输能力。其与单车相比，可以采用甩挂的办法，提高效率、降低油耗。而通常半挂汽车列车又比全挂汽车列车更为优越。

(5) 选择大吨位汽车。在运量比较大的路线上，采用大吨位汽车进行运输，比小吨位汽车进行运输能够有相当大的节约。

小贴士

根据测定，汽车运输的实载率每下降 1 %，百吨货物千米的油耗约上升1%～2%。

美国货运汽车平均吨位为12.5吨，每百吨公里油耗3.01升，我国平均载重吨位为4.6吨，每百吨公里油耗为8升。

3. 发展社会化的运输体系

关键是发挥运输的大生产优势，实行专业分工，统一安排运输工具，避免对流、倒流、空驶、运力不当等多种不合理形式。

4. 尽量发展直达运输

其要点是通过减少中转过载换载，从而提高运输速度，省去装卸费用，降低中转货损。直达的优势，尤其是在一次运输批量和用户一次需求量达到一整车时表现最为突出。例如，越过商业物资仓库环节或铁路、水路等交通中转环节，将物品从产地或起运地直接运到目的地或销地。

5. 采用配载运输

即充分利用运输工具载重量和容积，合理安放装载的货物及选择合适载运方法，达到轻重混合运载。如海运矿石、黄沙等重质货物，在仓面捎运木材、毛竹等；铁路运矿石、钢材等重物上面搭运轻泡农副产品等，在基本不增加运力投入、不减少重质货物运输情况下，解决了轻泡货的搭运。

6. 发展特殊运输技术和运输工具

其核心是依靠科技进步来提高运输合理化，通常做法如下。

（1）采用散装运输、集装箱运输、冷藏运输等方式，保证运输质量，减少货物损耗；例如，专用散装及卸车，解决了粉状、液状物运输损耗大，安全性差等问题；袋鼠式车皮，大型半挂车解决了大型设备整体运输问题；“滚装船”解决了车载货的运输问题；集装箱船比船舶能容纳更多的箱体，起高速直达车船加快了运输速度等。

（2）通过流通加工，使运输合理化。即通过简单的加工使产品本身形态或特性变成适合运输的形式。例如，将造纸材在产地预先加工成干纸浆，然后压缩体积运输，就能解决造纸材运输质轻不满载的问题。轻泡产品预先捆紧包装成规定尺寸，装车就容易提高装载量；水产品及肉类预先冷冻，可提高车辆装载率并降低运输损耗。

小贴士

集装箱的特征：

◇能长期反复使用，具有足够的强度；

◇途中转运不用移动箱内货物，可以直接换装；

◇可以进行快速装卸，并可从一种运输工具直接方便地换装到另一种运输工具；

◇便于货物的装满和卸空；

◇具有1立方米（35.32立方英尺）以上的容积。

7. 进行车辆运行组织的优化，提高车辆的时间利用

包括采用先进的货运形式、选择行使路线及合理组织装卸工作；公路运输系统智能化及全球定位系统。

8. 促进区域经济一体化

区域经济一体化及其发展有助于跨国物流经营壁垒的消除，形成规模经济。例如，自由贸易协定可以促进经济区域内各成员国之间的贸易，增加国际物流服务的需要，也可以引起物流企业在区域外寻找更有利的市场或物流服务需求方；关税同盟使任何一个成员国都无法独自通过调低或调高，对非成员国某种或某些商品的关税，是以牺牲另一成员国的经济利益为代价，获取关税优势。

区域经济一体化及其发展，有利于区域内物流技术和管理手段的统一和标准化，极大地促进成员国之间的跨境投资和贸易，增加物流基础设施的资金来源和布局的合理性，减少海关和其他行政管理手续，缩短运输距离、形成新的货载线路，为物流企业提供合作发展的机会和可能，提高货物运送速度、资源配置和客户服务水平，推动物流在更大地理区

域内的一体化、合理化、系统化和社会化运作能力，最终减少物流成本。

任务实施

一、活动准备

厦门晋联物流五定班列经营运作方案

厦门晋联物流有限公司成立于 2001 年，是一家股份合作制企业。其下辖福建省 9 个分公司和省外 20 多个办事处以及分公司，专注于为客户提供铁路快运、铁路集装箱、公路整车、零担、仓储、包装、物流方案设计等在内的国内物流一体化解决方案。公司依托自身特点，发挥特长优势，积极开拓物流服务领域，在福建物流行业占有一席之地。

特别是其承包经营的 81520 次厦门至乌鲁木齐的铁路五定班列独具特色。它全程运行 5000 多千米，平均每天 30 多个车皮，由厦门始发，沿途在江苏省、上海市、浙江省停靠加挂车皮发往乌鲁木齐。其整个运作涉及面广、运送量大、运作复杂程度高、相互链接多。具体情况如下。

(一)“五定”班列的内容和特点

1. 内容

(1) 定点：装车站和卸车站固定；

(2) 定线：运行线固定；

(3) 定车次：班列车次固定；

(4) 定价：全程运输价格固定。

2. 特点

(1) 运行快速——日行 800 千米（单线 600 千米）；

(2) 手续简便——一个窗口一次办理承运手续；

(3) 一次收费——明码标价，价格合理；

(4) 安全优质——保证运到时间，安全系数高。

(二) 经营运作管理

1. 网络资源系统

公司在华东、华南、华北、西北等地区设立分公司、办事处，建立了自己的网络系统，以达到资源共享，实现承诺客户的限时运输、限时服务，为客户提供“点对点、门对门”的个性化服务，保证协调一致，货畅其流。

2. 信息管理系统

设计了一套符合公司业务特点的物流管理系统，以实现客户关系管理、订单处理、在线查询、数据分析、货物跟踪、信息反馈、配送配货、客户理赔，实现跨地域的信息整合，将商流、物流、信息流和采购、运输、仓储、代理、配送等环节紧密联系起来，形成一条完整的供应链。

3. 调度指挥系统

建设车辆GPS监控调度指挥系统，实现公司车辆的控制管理，合理科学调度车辆，实时跟踪车辆运行状况，防止事故发生，避免财产损失。

二、活动方案

请学生按5～6人一组分成若干小组，讨论案例中的问题，并派代表发表小组意见。

三、技能训练

请讨论：1. “五定”班列与其他普通运输相比，其优缺点分别表现在哪些方面？
2. “五定”班列应用于此公司取得了什么样的效果？
3. 晋联公司为保证“五定”采取了哪些有力的措施？试从运输班列合理化的角度来阐述？
4. 试举一个实例加以说明“五定”班列的优势是否能在其他运输企业得到应用？
5. 从晋联的经营运作管理模式中，你能得到什么启示？

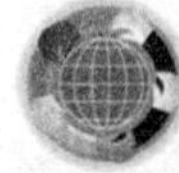

资料链接

1. 现代物流中不合理运输分析及相关措施（http：//www.docin.com/p-82264020.html）
2. 物流运输合理化研究（http：//www.56885.net/lw_view.asp？id=65404）
3. 大件货物运输视频（http：//v.youku.com/v_show/id_XOTQ0ODU5NDA=.html）

模块总结

在本模块中，主要探讨了商品运输在物流中的作用及其内涵；较详细地描述了五种基本运输方式的特点；简略介绍了商品运输方式的选择；详细阐述了不合理运输的表现形式，探讨了运输合理化的途径。这些都是学习中需要重点掌握的内容。另外，在明确商品运输重要性的同时，不要疏忽了运输合理化是以整体物流合理化为目的，这是选择合理运输方式时必须特别注意的。

作业

1. 请说说商品运输的作用及原则。
2. 五种基本运输方式各自的特点是什么？
3. 请举出你周围的一些联合运输的例子。
4. 你知道的不合理运输的方式有哪些？请举实例说明。
5. 请谈谈你对运输合理化的理解及保证措施，并举实例说明。

自测实训

1. 实训目的：通过对物流运输企业的调研，使学生对五种基本运输方式有个整体的感性认识。

2. 实训方式：本地物流运输企业调研。

3. 实训内容：

实地调研的内容包括：

(1) 物流运输企业运输方式及特点；

(2) 运输不合理的现象。

4. 实训步骤：

(1) 分组实地调研；

(2) 小组讨论；

(3) 分组完成调研报告。

模块六 仓储

知识目标

（1）认识仓储的重要性。
（2）了解仓储的概念、功能和类型。
（3）了解仓库概念、功能和类型。
（4）掌握仓库管理作业的基本流程。
（5）掌握库存控制的基本方法。

能力目标

（1）能够认识到仓储在现代物流系统的重要作用。
（2）能够完成商品的仓库管理作业流程。
（3）能够进行库存量的控制。

素质目标

（1）培养团队意识。
（2）培养安全意识。
（3）培养吃苦耐劳的精神。

引导案例

月山啤酒集团的仓储管理

月山啤酒集团在几年前就借鉴国内外物流公司的先进经验，结合自身的优势，制定了自己的仓储物流改革方案。首先，成立了仓储调度中心，对全国市场区域的仓储活动进行重新规划，对产品的仓储、转库实行统一管理和控制。由提供单一的仓储服务，到对产成品的市场区域分布、流通时间等进行全面的调整、平衡和控制。仓储调度成为销售过程中降低成本、增加效益的重要一环。其次，以原运输公司为基础，月山啤酒集团注册成立具有独立法人资格的物流有限公司，引进现代物流理念和技术，并完全按照市场机制运作。作为提供运输服务的“卖方”，物流公司能够确保按规定要求，以最短的时间、最少的投

入和最经济的运作方式，将产品送至目的地。最后，筹建了月山啤酒集团技术中心，月山啤酒集团运用建立在Internet信息传输基础上的ERP系统，筹建了月山啤酒集团技术中心，将物流、信息流、资金流全面统一在计算机网络的智能化管理之下，建立起各分公司与总公司之间的快速信息通道，及时掌握各地最新的市场库存、货物和资金流动情况，为制定市场策略提供准确的依据，并且简化了业务运作程序，提高了销售系统的工作效率，增强了企业的应变能力。通过这一系列的改革，月山啤酒集团获得了很大的直接和间接经济效益。首先，集团的仓库面积由7万多平方米下降到不足3万平方米，产成品平均库存量由12000吨降到6000吨。其次，这个产品物流体系实现了环环相扣，销售部门根据各地销售网络要货计划和市场预测，制订销售计划，仓储部门根据销售计划和库存及时向生产企业传递要货信息；生产厂有针对性地组织生产，物流公司则及时地调度运力，确保交货质量和交货期。最后，销售代理商在有了稳定的货源供应后，可以从人、财、物等方面进一步降低销售成本，增加效益，经过一年多的运转，月山啤酒物流网取得了阶段性成果。实践证明，现代物流管理体系的建立，使月山集团的整体营销水平和市场竞争力大大提高。

请思考：分析月山啤酒集团是如何开展仓储管理的？它取得了哪些成就？

任务一 商品储存的概念

相关知识

物流中的仓储是包括储备、库存在内的广义的仓储概念，是与运输并列的两大主要功能要素之一，在物流管理流程中有相当重要的地位。

如果说运输是创造产品的“空间价值”，那么商品储存则是创造产品的“时间价值”。仓储处在生产和消费两大活动之间，在物流中起“蓄水池”的作用。现代仓储的发展趋势是仓库由储藏型向流通型转变，而仓储中心则慢慢演化为物流中心和配送中心。

一、商品储存的基本概念

商品储存是以改变“物品”的时间状态为目的的活动，通过克服产需之间的时间差异来获得更好的效用。商品在从生产地向消费地的转移过程中，往往会表现出在一定空间、一定时间上的“停滞”，商品在流通领域中的这种暂时的“停滞”过程，就是商品储存。储存是物流的一种运动状态，是商品流转中的一种作业方式，或者说是一个环节。在这个环节中对商品进行检验、保管、加工、集散、转换运输方式等多种作业。

二、商品储存的原因及功能

需要进行商品储存的基本原因是，生产过程和销售过程的分离，或者因业务操作更深入地分工并更加专业化，结果必然是在生产至销售过程中的一个阶段和下一个阶段之间产生库存。在生产至销售的一系列反复循环的过程中，库存可以调节生产和销售部门的不同需求，使生产和销售过程之间的联系畅通无阻。

商品储存主要有以下四个基本的功能。

（1）地域上的专业化使企业的生产和销售部门可以坐落在不同的地理区域，通过在不同地点和价值创造的不同阶段分别维持相匹配的库存，实现在地理意义上的专门化。

（2）库存的“分离”作用使企业可以使用同一设施实现整体的规模效益，使运作的每个环节都可以获得最大的效益而不致于造成整个过程的速度受制于某个最慢的环节。

（3）平衡供需可以平衡在库存的生产环节（制造、生长或提取）和实际消费环节之间存在的时差。

（4）降低来自于不确定性因素的影响，降低由于超额预测或者在订单接收过程中或订单处理过程中出现的意外延误等不确定因素的影响。

三、商品储存的作用

商品储存的作用体现在两个方面：积极作用和消极作用。

（一）商品储存的积极作用

仓储通过给客户增加货物的可供应时间来提高货物的效用价值，简言之，就是通过使用仓库对货物进行存储，企业可以随时随地地满足用户的需要。尤其是当企业把提高客户服务作为替客户增值的竞争性工具，仓储的功能就越加不言自明了。仓储在物流系统中的作用表现如下。

（1）整合运输功能整合运输是仓库接受来自不同制造工厂指定运送往某一特定顾客的材料或产品，然后把它们整合成一票装运，以获得最低的运输费率。

（2）产品整合功能由于公司常常会在不同的制造场所生产不同的产品，为满足不同客户订单要求，物流公司须从不同的制造场所调运产品。于是就产生了不同的到达时间和产品整合的可能性，通过这些方法将会提高公司完成客户订单的效率。

（3）客户服务功能。

该项功能又可以细分为以下四种。

①现场储备。厂商将一定数量的产品堆放在仓库里进行现场储备，以满足客户在高峰销售期内的订货。

②配送分类、组合。制造商、零售商按照对顾客订货的预期，对产品进行分类、组合储备、配送可以使客户减少其必须打交道的供应商数目，从而改善了仓储服务。此外，通过配送运输组合转运，可以获得特别优惠的运输费率。

③制造支持。制造支持仓库通过安全储备可以向制造工厂（制造部门）提供稳定的零部件和材料供给。

④市场形象。地方仓库和远距离仓库相比，对客户的需求反应更加敏感，提供的递送服务也更便利快捷，更容易给客户以信心和提高服务满意度，从而可以建立起良好的企业市场形象。

（4）预防不确定性功能。

预防不确定性因素是指对意外产生的运输延迟、罢工等偶发事件的预防。原材料供应延迟以及偶发事件都会影响制成品的生产、物流配送功能。

（5）平稳供需功能。

物流的两大基本职能之一是创造物资的时间效用。而物流的这一职能是物流系统中的仓库完成的。由于制造和客户需求的不均衡和不连续性，要使这两者协调起来，就需要仓库来起“蓄水池”的调节作用。

（6）流通配送加工功能。

现代仓库的职能已由传统的保管型向流通加工型转变，为客户提供增值服务已成为现代仓储经营者们努力追求的目标之一。仓库不仅具备了储存、保管货物的设备，而且还增加了装袋、捆包、拴扉子、贴标签、印条码、配货、混装、刷标记、组装、信息处理等流通加工服务。

（二）商品储存的消极作用

仓储虽是一种必要的活动，但由其特点决定，它也是一把双刃剑，仓储经常也存在冲减物流系统效益，恶化物流系统运行的趋势。主要在于仓储会带来相当高的成本代价。概括说来，仓储的成本代价体现在以下一些方面。

（1）固定费用支出。库存会引起仓库建设、仓库管理、仓库员工福利等费用开支增加。

（2）机会损失。仓储货物占用资金必须支付的利息，以及这部分资金如果用于其他项目可能会有的更高的收益，所以，利息损失和机会损失可能都非常大。

（3）陈旧损坏与跌价损失。货物在库存期间可能发生各种物理、化学等损失，或者错过有利的销售期，引起贬值或跌价。

（4）保险费支出。仓储物资所缴纳的保险费用也是一笔不小的开支。

（5）进货、验收、保管、发货、搬运等可变工作费。

（6）仓储增加企业经营风险。库存产品不能够及时进入流通领域转化为流通资金，一方面占用流动资金，另一方面可能无形损耗，比如，电脑的更新换代所带来的贬值。

任务实施

一、活动准备

将学生按5～6人一组分成若干小组，要求各小组对本地区的仓储企业进行调查访问，分析本地区仓储业的现状和发展趋势，并提供调查报告。

二、活动方案

1. 将本地区的仓储企业划分为若干个区域，每个小组对一个区域进行调查。
2. 小组协商制定调查方案并设计调查表。
3. 对仓储企业进行实地调查。
4. 对调查表进行分析。
5. 每个小组根据调查结果撰写调查报告。

三、技能训练

1. 制定调查方案并设计调查表。

2. 对仓储企业进行实地调查。

资料链接

几个容易混淆的概念

在物流科学体系中，经常会涉及四个容易混淆的概念：仓储、储备、库存、储存。这四个概念是相互关联的，但相互之间仍有区别。

(1) 仓储：仓储是通过仓库对一些暂时不能被消耗掉的物品进行储存、保管。有静态仓储和动态仓储之分：当有不能被消耗掉的物品需要进行储存时，就产生了静态仓储；对这些储存在仓库的物品进行控制、保管以及交付使用，就产生了动态仓储。

(2) 储备：对物资进行储备是一种有目的的储存物资的行动。其主要目的是保证社会再生产连续不断地、有效地进行。所以，物资储备是一种能动的储存形式。储备和库存的本质区别在于：第一，储备所处的地理位置比较广泛，储备的位置可能在生产及流通中的任何结点上，可能是仓库中的储备，也可能是其他形式的储备，而库存的地理位置只能是仓库；第二，储备是有目的的、能动的、主动的行动，而库存有可能不是有目的的，有可能完全是盲目的。

(3) 库存：库存指的是仓库中处于暂时停滞状态的物资。这些物资所停滞的位置是比较明确的，不是在生产线上，不是在车间里，也不是在非仓库中的任何位置，如汽车站、火车站等类型的流通结点上，而是在仓库中。

(4) 储存：储存是包含库存和储备在内的一种广泛的经济现象。在任何社会形态中，不论什么原因形成停滞的物资，也不论是什么种类的物资在没有进入生产加工、消费、运输等活动之前或在这些活动结束之后，都要存放起来，这就是储存。这种储存不一定在仓库中，也不一定具有储备的要素，而是在任何位置，也有可能永远进入不了再生产和消费领域。

任务二　商品储存的分类

相关知识

商品储存，通常也可以表现为库存、储备的形式，对商品储存进行合适的分类，非常有助于包装、运输、保管、加工等其他重要物流环节的工作。按照不同的分类标准，商品储存可以大致分为以下几类。

一、按商品储存形态分类

按照库存物资存在的状态不同，商品储存的形态主要包括以下几种。

(1) 原材料库存。指企业购入的尚未开始加工的原材料。原材料作为生产加工的起点，对这类型库存的储存应本着靠近生产加工车间、便于生产加工作业的原则。并且原材料作为生产的必需品，其购进、储存应严格遵循科学的库存方法。

（2）成品库存。指企业已经生产完毕但尚未卖出的产成品。成品作为生产加工流程的终点，意味着这类产品将要进入运输作业流程，应独立储存，要同半成品或未经检验品隔离，并且要便于装载运出。

（3）部件库存。指企业已经加工完毕但尚未组装的部件。部件种类繁多，如果是标准化的能够无序组装的产品，可以仅按部件名称和类属区分存放即可；如果不是标准化不能够无序组装的产品，还应该本着方便组装工序流程的原则分门别类存放。

（4）备件库存。指企业在设备修理中需经常更换的易损零件。这类部件大多属于低值易耗品，一般可以根据年度消耗使用情况，集中采购，集中存放。

二、按储备在社会再生产中的作用分类

按储备在社会再生产中的作用，可以分为生产储备、消费储备、流通储备和国家储备。

（1）生产储备。用于生产或再生产的商品或物资储备，称为生产储备。对于制造、生产型企业来说，生产储备是最重要的储备，其储备要根据生产制造计划，有严格的计划、组织及统筹安排，以保证生产进程平稳、有序、持续的进行，不因生产储备的某些或全部种类缺乏而受影响。

（2）消费储备。储备物资主要用于消费目的，不再参与生产流通。消费物资切实关系到社会大众的生活水平和生活质量，所以，稳定的、持续的消费储备的供给是直接影响国计民生的要素。

（3）流通储备。用于流通环节的物资储备。这类储备的物资往往可以重复使用，其功能是使物资进行空间或时间上的转移或者转化。

（4）国家储备。国家出于国防、安全等方面的统筹谋划，对一些重要性的战略物资予以储备，这类储备就称为国家储备。

三、按库存集中程度分类

按库存的集中程度，可以分为集中储存、分散储存和零库存。

（1）集中储存。储存以一定的数量集中于一个场所之中称为集中储存。集中储存是一种大规模储存方式，容易达到“规模效益”的效果，便于采用先进科学技术，实行机械化、自动化操作。集中储存从储存的调节作用来看，有比较强的调节能力及对某一需求的更大的保证能力，集中储存的单位储存费用较低，经济效益相对较好。

（2）分散储存。储存在地域上分布较广，而每个储存点的储存数量相对较低。分散储存规模较小，往往只是面向某一特定的细分市场集中需求的储存，其储存量取决于该目标市场的生产要求及经营规模。

（3）零库存。是现代物流学中的重要概念，指某一领域不再保有库存，以无库存（或很低库存）作为生产或供应保障的一种系统方式。

四、按储存的位置分类

按储存的位置不同，可以分为仓库储存、车间储存和站、场、港储存。

（1）仓库储存：储存的位置处于各种类型的仓库、库棚、料场之中。仓库储存是储存的一种正式形态，为进行这种储存，需要有一套基础设施，还需要有入库、出库等正式手续。

（2）车间储存：它是生产过程中暂存形式，相对正式的仓库库存形态而言，车间储存则是一种非正式储存形式，由于是暂存，所以很少有存、取等正式手续，也不进行核算。

（3）站、场、港储存：这是在物流过程中衔接点的储存。这种储存目的在于为发运和提货准备。性质是一种暂存，是一种服务性的、附属性的储存。因此，这种储存方式也没有很强的计划性。

任务实施

一、活动准备

将学生按 5～6 人一组分成若干小组进行讨论。

二、活动方案

1. 各个小组讨论议题：集中仓储和分散仓储的区别是什么？
2. 各个小组派一个代表回答该问题。

三、技能训练

通过讨论集中仓储和分散仓储的区别，培养学生的思考能力和问题分析能力。

资料链接

1. 仓库

仓库一般指以库房、货场及其他设施、装置为劳动手段的，对商品、货物、物资进行收进、整理、保管和分发等工作的场所，在工业中则是指储存各种生产需用的原材料、零部件、设备、机具和半成品、产品的场所。

从物流角度看，仓库在物流系统中是主要分担物流的保管功能的场所，是物流体系中以储存为主要功能的节点。从现代物流观点看，大型的、功能较多的仓库仅仅是物流中心的一种，是物流中心以储存、调节为主的储调中心。在局部范围中起作用的仓库，是位于支线上的节点，起物流网点的作用。

对仓库功能的一般看法是，仓库是完成企业营销过程所必须的基本存储和保管设施，保证企业生产和制造过程的不间断进行，并从实物形态上保证企业生产制造所需的原材料、半成品、在制品，零部件等的连续供应。在保管之外的其他功能则是调节供需，以适应不同运输工具在运输量上的差别要求。仓库的另一重要的传统功能是物资储备功能，这种功能一般由政府控制的国家仓库完成，以应付突发的事件造成物资供应上紧急需要，比如洪水、地震、海啸、战争，以及其他的自然灾害，或人类无法事先精确预测和预防的大自然的狂暴行为。这种仅将仓库作为存储和保管功能的观念现在已经制约了我国仓储业的

发展，威胁着企业的市场竞争力。

仓库的分类主要有以下几种：

(1) 按照物资仓库在社会再生产过程中所处的领域不同分类可分为：生产仓库或称企业仓库、成品库、中转仓库或称储运仓库、国家储备库。

(2) 按使用用途范围分类大致可以分为以下几种类型：自用仓库、专业经营仓库、公用仓库、保税仓库。

(3) 根据储存物资各种理化性能所需不同的保管条件，仓库可分为普通仓库、保温仓库、恒温恒湿仓库、冷藏库以及特种仓库等。

(4) 按库房建筑构造特点可分为以下六种：普通封闭式库房和保温库房、混合结构的机械化库房、高级精密仪表库房、危险品库房、贮罐、货棚和简易库房。

物资仓库的分类，除按上述四种分类方法以外，根据仓库管理的不同需要，在实际工作中还可以有其他的分类方法，如按库房的建筑材料不同分类、按仓库的机械化程度不同分类等。

2. 让仓库增值（http://www.chinawuliu.com.cn/cflp/newss/content1/200401/804_10937.html）

3. 冷库发展现状与趋势（http://www.chinawuliu.com.cn/cflp/newss/content1/201102/804_34596.html）

任务三 商品的库存管理

相关知识

一、库存合理化的概念

合理库存就是要保证货畅其流，要以满足市场供应不间断为依据，以此确定恰当的储存定额和商品品种结构实现储存的合理化。否则，储存过多，就会造成商品的积压，增加资金占用，使储存保管费用增加，或会造成商品在库损失，造成巨大的浪费。如果储存过少，又会造成市场脱销，影响社会消费，最终也会影响国民经济的发展。因此，储存的合理化，具有很重要的意义。

库存的合理化，一般表现出以下四个特征。

1. 选址点合理

商品储存，离不开仓库，仓库建设要求布局合理。仓库设置的位置，对于商品流通速度的快慢和流通费用的大小有着直接的影响。仓库的布局要与工农业生产的布局相适应，应尽可能地与供货单位相靠近，这就是所谓“近厂近储”的原则，否则，就会造成工厂远距离送货的矛盾；商品供应外地的，仓库选址要考虑邻近的交通运输条件，力求接近车站码头以利商品发运，这就是所谓“近运近储”的原则；储存的商品如果主要是供应本地区，则宜建于中心地，与各销售单位呈辐射状。总之，在布局时应掌握物流距离最短的原则，合理运筹和布局，尽可能避免商品运输的迂回倒流；选择建设大型仓库的地理位置时，最好能具备铺设铁路专用线或兴建水运码头的条件，考虑到集装箱运输的发展，还应具有大型集装箱运输车进出的条件，附近的道路和桥梁要有相应的通过能力。

2. 储存量合理

储存量合理是指商品储存有合理的数量，在新的产品运到之前有一个正常的能保证供应的库存量。影响合理量的因素很多，首先是决定于社会需求量，社会需求量越大，库存储备量就越多；其次是运输条件，运输条件好，运输时间短，则储存数量可以相应减少；最后是物流管理水平和技术装备条件，如进货渠道、中间环节、仓库技术作业等，都将直接或间接地影响商品库存量的水平。

3. 储存结构合理

储存结构合理就是指对不同品种、规格、型号的商品，根据消费的要求，在库存数量上，确定彼此之间有合理的比例关系，它反映了库存商品的齐备性、配套性、全面性和供应的保证性。储存结构主要是根据消费的需要和市场的需求变化等因素确定。

4. 储存时间合理

储存时间合理就是每类商品要有恰当的储备保管天数。

要求储备天数不能太长也不能太短，储备天数过长就会延长资金占用。储备天数过短，就不能保证供应。

储存时间主要应根据流通销售速度来确定，其他如运输时间，验收时间等也是应考虑的影响因素。此外，某些商品的储存时间，还受到该商品的性质和特点所决定。如储存时间过长，产品就会发生物理、化学、生理生物变化，造成其变质或损伤。

二、库存管理的方法

1. 确定库存据点的数量、场所

这是为了适应需求而提供服务的问题，如在一个地区设置一个储存据点好呢？还是应该多设几个？当设有多个储存点时，应当在何处设置？规模多大为宜等问题。这些问题的解决，不仅要考虑它们本身的经济性，而且还必须考虑到解决实际业务中物流的效率如何。

关于库存数量，要根据服务水平决定。如果重视服务水平，库存据点相应增多就是必要的，随之而来库存量也相应增多。

关于库存点的建立地点问题，应根据配送中心数量、配送服务水平以及物流费用三者之间的关系做出决定为好。比如，现在有若干个建立库存点的方案，在这些方案中，最好选择能满足配送服务率，且物流费用最小的方案。

2. 库存分配

解决了建立库存地点的问题后，接着就是确定在哪一个库存点库存哪一种商品的问题，这就是通常所说的库存分配。

通过ABC分类法对商品分类后，为了保持高水平的服务质量，对于那些获利较高需要重点管理的A类商品，要分散到各个据点分别保管。对于那些种类很多，而获得较少的C类商品，仅仅在主要据点没有库存就可以了，以便降低整个库存量。同时，对于据点的服务水平，要确定相应的物流管理对策，力求使库存管理高效率。

3. ABC 分类法简介

对于一个企业来讲，其库存物料、成品种类繁多，不同品种价格各异，库存数量和价值也不尽相同。有的物资品种不多但价值很大，而有的物资品种很多但价值不高，由于企业的资源有限，对所有的库存品种都给予相同程度的重视和管理是不太现实的。为了使有限的时间、资金、人力、物力等企业资源能得到更为有效的利用，应该对库存物资进行分类，将管理的重点放在重要的物资上，进行分类管理和控制。

储存管理中的 ABC 分类法，就是将库存物品按照设定的分类标准和要求分为特别重要的库存类（A）、一般重要的库存类（B）和不重要的库存类（C）三个等级，然后针对不同等级分别进行控制的管理方法（GB/T 18354—2006）。在一般情况下，将那些商品数量很少，而价值很大的商品分为 A 类，实行重点管理；把那些品种数量很多，而价值很少的商品，分为 C 类，实行一般管理。其余的商品介于两者之间，称为 B 类，根据情况，可实行重点管理，也可实行一般管理。如表 6-1 所示。

表 6-1　储存管理中的 ABC 分类法

类别	物品特点	品种比重	占总价值比重	管理类别
A	价值高，销量大，品种少	10%	70%	重点管理
B	价值中，销量中，品种中	20%	20%	介于 A、C 之间
C	价值低，销量小，品种多	70%	10%	一般管理

三、库存控制方法

1. 经济订货批量法

所谓经济订货批量法（Economic Order Quantity，EOQ），就是从经济的观点出发，在各种库存情况下，考虑如何选择订货批量，使库存总成本最经济，把这个使库存总成本最小的订货批量叫经济订货批量。

经济订货批量方法的应用需要严格的假设前提条件：

（1）需求量已经明确，整个周期内的需求是大致均衡的；

（2）供货周期固定并已经确定；

（3）集中到货，而不是陆续入库；

（4）不允许缺货，能满足所有需求；

（5）购买价格或运输费率等是固定的，与订货的数量、时间无关；

（6）没有在途库存；

（7）只有一项库存，或者虽有多种库存，但互不影响；

（8）资金可用性无限制。

EOQ 模型：

$$\text{采购费用}=\text{全年购进总量}\times\text{商品单价}=D\times P$$

$$\text{订购费用}=\frac{\text{全年购进总量}}{\text{每次购进量}}\times\text{每次购进费用}=\frac{D}{Q}\times C$$

$$保管费用=平均库存量\times单位商品年保管费用=\frac{1}{2}Q\times K$$

$$年总费用=D\times P+\frac{DC}{Q}+\frac{1}{2}QK$$

根据高等数学求极值的方法，对 Q 求导，得出经济订购批量 Q 的值：

$$Q=\sqrt{2\times D\times C/K}$$

$$=\sqrt{2\times年购进总量\times\frac{每次订购费用}{单位商品年保管费}}$$

例题：某物流企业计划在一年内需要甲商品共计 80000 吨，该商品单价为 100 元。如果每次等量购进入库，若每次订购费用为 500 元，每吨库存费用为 5 元，试求该企业甲商品的经济订购批量以及年最低储存总费用。

解：根据公式，得：

经济订购批量 $Q=\sqrt{2\times80000\times500/5}=4000$（吨）

采购费用 $=DP=80000\times100=800000$（元）

订购费用 $=DC/Q=80000\times500/4000=10000$（元）

保管费用 $=K\times Q/2=5\times4000/2=10000$（元）

年总费用＝采购费用＋订购费用＋保管费用＝800000＋10000＋10000＝820000（元）

即 4000 吨是该企业甲商品的经济订货批量，其购储总费用最低为 820000 元。

简单的 EOQ 模型在一定范围内是有效的库存管理方法。由于经济订货批量法受很多条件的限制，因此，实际生产工作中，在 EOQ 基础上，发展出两种常用的订货方法：定量订货控制法和定期订货控制法，这里分别进行介绍。

2. 定量订货法

定量订货法是指当库存下降到预先设定的订货点时，按预定的批量进行订货补充的一种库存管理方式。这种方法以库存费用与采购费用总和最低为原则；事先确定一个相对固定的经济订货批量和订货点，每当库存量降至订货点时，即按预定的经济订货批量组织订货。就是说库存量达到订货点时即为采购时机，采购批量为经济订货批量。这种方法是通过“经济订货量”和“订货点”两个量来控制的。订货点确定公式如下：

订货点＝日平均需求量×订货期（订货期为发出订单到商品入库的时间）

定量订货法事先确定了经济订货批量和订货点，适用于常年销售、销售量比较稳定的商品。对于销售不稳定的商品，由于很难预测一年内的需求量，而每天的需求差异又比较大，所以经济订货批量和订货点都很难确定，不适合用定量订货法，这个时候就可以考虑使用定期订货法。

3. 定期订货法

定期订货法是指按照预先确定的订货间隔时间进行订货补充库存的一种库存管理模式。这种方法同样以订货费用和采购费用总量最低为原则，与定量订货法不同的是，事先确定一个相对固定的订货周期（相邻两次订货之间的时间间隔）和订货水准（订货后应达到的库存数量），届时再根据当时的实际库存量来确定每次具体订货数量。就是说，采购为定期采购，采购批量为订货水准与盘存量之差。这种方法是通过“订货周期”“订货水准”和“每次订

货量”来控制库存的。定期订货法适用于零星销售、销售量不稳定的商品。

这种商品无法准确预测长期需求量。采用定期控制法，只预测订货周期这个较短时期内的需求量，再根据盘存量来确定订货数量，可以保持经营的灵活性，降低采购风险。

4. 定量订货法和定期订货法的对比如表6-2所示。

表6-2　各国物流概念比较

特征	定量订货模型	定期订货模型
订购量	每次订购量相同	每次订购量不同
订购时点	在库存量降低到再订购点时订购	盘点期到来时订购
库存记录	每次出库都作记录	只在盘点期记录
库存大小	较大	较小
维持所需时间	由于记录持续，所以较长	由于记录不持续，所以较短
物资类别	一般物资	昂贵、关键或重要物资

四、零库存

1. 零库存的概念

“零库存”指的是一种特殊的库存概念，其含义是一仓库储存形式的某种或某些种物品的储存数量很低的一个概念，甚至可以为“零”，即不保持库存。《中华人民共和国物流标准术语》(GB/T 18354—2006)将零库存技术定义为：在生产与流通领域按照准时制组织物品供应，使整个过程库存最小化的技术总称。

不以库存形式存在就可以免去仓库存货的一系列问题，如仓库建设、管理费用、存货维护、保管、装卸等费用，存货占用资金及库存物资损失等问题。

2. 零库存实现方式

依靠新的生产力，以技术手段实现零库存。采用新的技术装备和生产工艺，例如，把“岛式”生产方式改为连续生产方式，采用轮动式的生产线，可以在整个生产流程的过程中，实现环节之间、车间之间的零库存。

依靠调整生产关系，以管理手段实现零库存。采用诸如物流联盟、供应链等企业协作的方式，采用配送的方式，采用看板管理方式等，依托于信息技术，依靠准确的计划衔接，可以实现制造企业内部的、企业内部与外部的、社会流通系统某些环节的零库存。

3. 一种重要的“零库存”模式：JIT (Just In Time Model)

在零库存管理模式中，JIT无疑是其中最有代表性的一种。本书对它进行专门的介绍。

JIT通常被称为丰田制造体系，是日本丰田汽车公司在其生产方式的基础上逐渐发展起来的一种管理方式，即通过降低原材料、半成品和制成品的库存量，控制产品质量等措施，减少对生产车间的空间占用，降低生产装备时间，提高劳动生产率及产品质量，促进其成本降低，缩短交货期，从而满足客户对产品日益个性化和多样化的要求。JIT管理模式根据“市场导向”原则，解决企业生产经营过程中出现的各种问题，最终增强企业在市场竞争中的适应能力。JIT零库存原理主要有以下四个特征：

（1）按照客户的需要进行生产

JIT的管理目标是使企业实现“仅仅在需要的时候，按照需要的数量，生产真正需要的合格产品”。据此管理目标企业就必须在广义的资源概念上对其人力、物力、设备、能源、资源以及空间和时间进行综合的开发、管理和利用，使企业的各部门和各个环节建立起统一协调的目标管理体系，以提高企业的劳动生产率以及对市场需求不断变化的适应能力。此外，为确保企业的产品质量和降低企业产品成本，企业在选择同自己合作的供货厂商时，不仅需要审查供方的产品质量、价格、合同履约率和销售服务条件，还要了解供方的技术水平、质量保证体系、生产能力、计划管理和经营方针等方面的情况。这种企业传统的采购管理理念的根本性转变及在广义上的延伸，既能够避免供货商在竞争中的短期行为，减低风险程度，也可以使供货商更有效地明确其长期发展目标，以最有效和最经济的方式参与市场竞争，使企业能够迅速适应市场瞬息万变的需求，随时调整生产和产品，更有效地实现其管理目标。

（2）消除一切无效作业和浪费

JIT主张企业所有的工作均要以“消除一切无效作业和浪费”为准则。在对企业物流和增值流系统的管理中，凡是对产品不起增值作用或不增加产品附加值但又增加产品成本的作业，都属于浪费的无效作业。因为增加产品的附加值需要消耗必要的资源，而超出其基本消耗量的一切操作都是浪费。例如，多余的库存、多余的搬运和操作、造成返修品、次品和废品的操作、停工待料，没有销路的超产等。在这种理念的指导下，企业必须对内外业务工作流程进行深入分析，重新设计组建，把以自身为出发点的管理模式彻底改变为以客户为出发点的管理模式。进行必要的流程重组，以“增值”为出发点，减少直至杜绝一切不必要的浪费，用最低的管理成本和最高工作效率，创造最好的工作质量，为客户提供最满意的服务，也为企业获利提供了有利的条件。

（3）始终以“零库存”思想作为目标

JIT认为企业传统的库存管理方法，掩盖了企业管理中存在的许多问题。JIT把库存量过大看作是管理中的“众弊之源”，所以追求“零库存”的理想境界应该作为企业库存管理达到的目标。要从不断地降低企业内部原料、半成品和制成品的库存量出发，使存在的顽疾暴露出来，促使企业不断地发现库存管理中存在的问题，最终降低库存成本。

（4）不懈追求尽善尽美的质量标准

JIT在对待产品质量的问题上，追求尽善尽美，不懈进取，把全面质量管理看成是企业长期发展的重要战略，认为单靠检验只能发现缺陷而不能防止和消除缺陷，即使补救也已造成浪费。

适时交货的零库存战略是一种将库存作为是一种负债而不是一种资产的新概念。将库存作为负债能促使库存下降到适当水平。JIT系统是被设定用来按所需要的和最低限度的库存进行生产，或交付货物或提供货物，因此，要求传统的作业实践有较大程度的变化。配送中心完全按用户要求的时间和数量进行配送，在充分了解企业某一天的物资需要量、需要地点，以及计划任务目标的前提下，及时安排最优的配送路线及相应的配送车辆，实

行配送。实行高水平的配送，生产企业可以依靠配送中心的准时配送而不需保持自己的库存或只需保持少量保险储备，实现生产企业的零库存或低库存，生产企业可以解放出大量储备资金，改善财务状况，降低生产成本。

任务实施

一、活动准备——背景资料

神州摩托车、自行车专营商店，是一家批发和零售各种型号摩托车、自行车及其零配件的商店，每年销售各种类型摩托车约 7000 辆，自行车 30000 辆，年销售额近 5000 万元。过去几年产品畅销，商店效益好，但是管理比较粗放，主要靠经验管理。由于商店所在地离生产厂家距离较远，前几年铁路运输比较紧张，为避免缺货，该商店经常保持较高的库存量。近两年来，经营同类业务的商店增加，市场竞争十分激烈。面对这个情况，新任主管徐先生认为摩托车经营部应当按照库存控制理论，在保证市场供应的前提下，尽量降低库存，这是提高经济效益的主要途径。于是徐先生选择 XH 公司生产的摩托车为例，计算其经济订购批量。

首先徐先生收集了如下数据：

(1) 每年对 XH 公司生产的摩托车需用量为 3000 辆，平均每辆价格为 4000 元。

(2) 订购费用主要包括采购人员处理一笔采购业务的旅费、住勤费、通信等费用。以往采购人员到 XH 公司出差，乘飞机住宾馆、坐出租车，一次采购平均用 16～24 天，采购员各项支出每人平均为 6700 元，每次订货去 2 名采购员。

(3) 每辆摩托车的年库存维持费用。

①所占用资金的机会成本。每辆摩托车平均价格为 4000 元，银行贷款利率年息为 6%。

②房屋成本（仓库房租及折旧、库房维修、库房房屋保险费用等平均每辆摩托车分担的成本）。商店租用一仓库，年租金 52000 元。仓库最高库存量为 700 辆，最低时不足 100 辆，平均约为 400 辆。

③仓库设施折旧费和操作费。吊车、卡车折旧和操作费平均 10 元/辆·年。

④存货的损坏、丢失、保险费用平均 20 元/辆·年。

求摩托车的经济订货批量。

二、活动方案

由教师指导，学生分组，以个人为单位，通过计算掌握订货方法

三、技能训练

1. 老师指导学生掌握定量订货法的确定方法。
2. 学生独立核算，计算出案例中摩托车的经济订货批量。

资料链接

1. 库存管理重要性的要点说明（http：//www.chinawuliu.com.cn/cflp/newss/content1/201012/804_34278.html）

2. 现代企业库存管理方法（http：//www.chinawuliu.com.cn/cflp/newss/content1/201012/804_34260.html）

3. 零库存，硬币的两面（http：//www.chinawuliu.com.cn/cflp/newss/content1/200408/804_11058.html）

任务四　仓储作业流程

相关知识

仓库作业组织，按仓库作业阶段可分为三个内容，即商品入库验收、商品保管养护、商品出库配送。图6-1清楚地说明了仓库作业组织的基本流程和步骤。

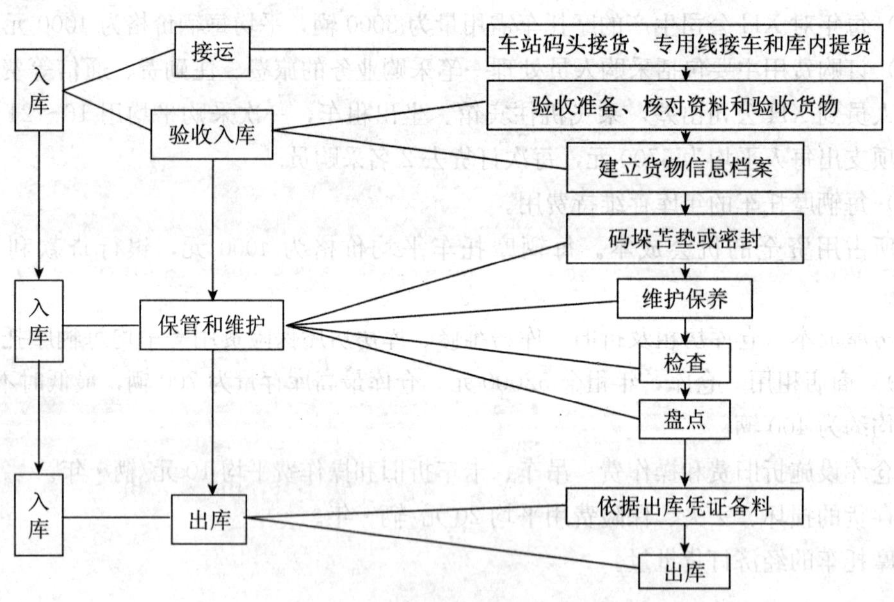

图6-1　仓库作业组织的基本流程和步骤

一、商品入库作业组织

1. 商品接运

商品接运是指仓库对于通过铁路、水运、公路、航空等方式运达的商品，进行接收和

提取的工作，是商品入库作业流程的第一道作业环节。接运的主要任务是准确、齐备、安全地提取和接受商品，为入库验收和检查做准备。

在接到商品接运通知后，要做好接运准备。熟知所接货物的品名、规格、数量、重量、包装状态、单件体积、装卸搬运注意事项、到货确切时间和地点、货物理化特性、保管特殊要求等；了解在接运的过程中需要填写的各种单证，掌握其填写方法；对接运检查时发现的各种问题能够进行合适的处理；准备接货所需装卸搬运设备、商品到货的存放场地等。

商品接运的方式主要有：车站、码头接货、铁路专用线接车、仓库自行提货和库内接货。

2. 商品入库验收

商品入库验收是根据合同或标准的规定要求，对需入库商品的品质、数量、包装等进行检验查收的总称。凡是商品进入仓库储存，必须经过检查验收，只有验收合格后的商品，方能入库保管。搞好商品入库验收，可为商品的储存保管工作打下良好的基础，并且能够对生产企业起到监督和促进作用，同时，验收记录是索赔、退货、换货的主要依据。入库作业流程如图 6-2 所示。

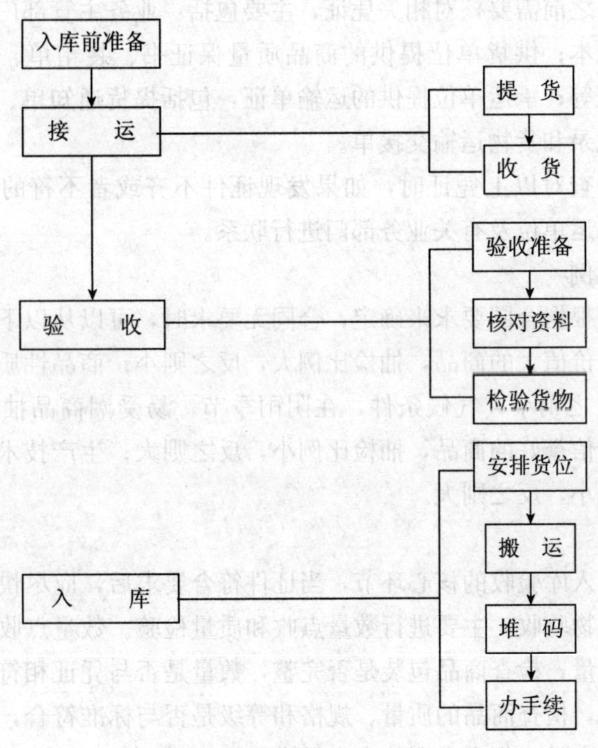

图 6-2　入库作业流程

商品入库验收主要包括以下六个环节。

（1）做好验收准备

验收准备是商品入库验收的第一道程序。包括人员准备、资料准备、货位准备、器具准备和设备准备。

武汉××物流有限公司：

根据贵我双方签订的仓储保管合同，我公司现有一批货物委托××物流公司运送至贵公司进行储存，请安排接收。具体情况如表 6-3 所示：

表 6-3　　入库通知单

品名	规格	单位	数量	包装
立白去污克星	500g	瓶	200 瓶	20 桶/箱
立白洗洁剂	2kg	瓶	100 瓶	10 桶/箱
立白地板清洁剂	2kg	瓶	150 瓶	10 桶/箱

请在 2011 年 10 月 12 日之前完成入库。联系人：王维，电话：027-88154525

武汉××有限公司
2011 年 9 月 25 日

（2）核对验收凭证

在进行实物验收之前需要核对相关凭证，主要包括：业务主管部门或货主提供的入库通知单和订货合同副本；供货单位提供的商品质量保证书、装箱单、磅码单、商品说明书、保修卡及合格证等；承运单位提供的运输单证，包括提货通知单、记载货物残损情况的货运记录、普通记录和货物运输交接单。

在整理、核实、查对以上凭证时，如果发现证件不齐或者不符的情况，要及时与货主、供货单位或者承运单位及有关业务部门进行联系。

（3）确定验收比例

验收比例首先应根据合同要求来确定，合同无要求时，可以从以下要素考虑验收比例的大小：商品价值，价值大的商品，抽检比例大，反之则小；商品性质，性质不稳定的商品，抽检比例大，反之则小；气候条件，在阴雨季节，易受潮商品抽检比例大，反之则小；厂商信誉，厂商信誉好的商品，抽检比例小，反之则大；生产技术，生产技术比较过硬的商品，抽检比例小，反之则大。

（4）实物验收

实物验收是商品入库验收的核心环节，当证件符合要求后，应尽快按照确定的验收比例进行实物验收。实物验收，主要进行数量点收和质量检验。数量点收，主要是根据商品入库凭证清点商品数量，检查商品包装是否完整，数量是否与凭证相符。质量检验，主要是按照质量规定标准，检查商品的质量、规格和等级是否与标准符合，对于技术性强，需要用仪器测定分析的商品，须由专职技术人员进行。

（5）填写验收记录

保管员根据商品入库单所列内容对实物进行验收后，对商品的型号、规格是否相符，数量是否准确，配套是否齐全，证件及资料是否齐备，质量是否合格等，都要做好详细记录，认真填写仓库商品验收记录并作出书面总结报告，及时向主管部门及存货单位反映，以便查询处理。

(6) 验收中发现问题的处理

在货物验收过程中，可能会发现各种各样的问题，经常碰到的是数量上的短缺，质量上的缺陷，包装上的残损，以及业务资料、凭证的不符等，针对每种情况应采用相应的处理方式。入库验收单如表 6－4 所示。

表 6－4　　入库验收单

编号：

<table>
<tr><td>货物名称</td><td colspan="3"></td><td>型号/规格</td><td colspan="2"></td></tr>
<tr><td>供方</td><td colspan="3"></td><td>进货日期</td><td colspan="2"></td></tr>
<tr><td>进货数量</td><td colspan="3"></td><td>验证数量</td><td colspan="2"></td></tr>
<tr><td colspan="7">验证方式</td></tr>
<tr><td>验证项目</td><td colspan="2">标准要求</td><td colspan="2">验证结果</td><td colspan="2">是否合格</td></tr>
<tr><td></td><td colspan="2"></td><td colspan="2"></td><td colspan="2"></td></tr>
<tr><td></td><td colspan="2"></td><td colspan="2"></td><td colspan="2"></td></tr>
<tr><td>检验结论</td><td colspan="6">□合格　　□不合格</td></tr>
<tr><td>复验记录</td><td colspan="2">1.</td><td colspan="4">2.</td></tr>
<tr><td>检验主管</td><td></td><td>检验员</td><td colspan="2"></td><td>日期</td><td></td></tr>
<tr><td rowspan="2">不合规格处置方式</td><td colspan="6">□拒收　　□让步接收　　□全检</td></tr>
<tr><td>批准</td><td colspan="3"></td><td>日期</td><td></td></tr>
<tr><td>备注</td><td colspan="6">对于顾客的货品，其不合格品处置由顾客批准</td></tr>
</table>

3. 办理入库手续

验收合格的商品需要办理入库手续，进行登账、立卡和建档，这是商品验收入库的最后一个环节。

(1) 登账

登账是为入库商品建立详细说明库存商品进、出和结存的保管明细账，需遵循以下原则：

①登账必须以正式合法的凭证为依据；

②一律用蓝、黑墨水笔登账，用红墨水笔销账，凡是登账错误的地方，不准更改字迹，应在错处画一红线，表示注销，再在其上方填上正确文字或数字，并在更改处加盖更改者的印章；

③登账要连续、完整，不得隔行、跳页；

④每天登账，经常查对，保证账账相符、账卡相符、账物相符。

(2) 立卡

商品入库码垛时，应按入库单所列内容填写料卡，并将料卡放到货垛的相应位置，发货时应按照出库凭证随发随销货卡上的数字。

（3）建档

入库商品档案应一物一档，统一编号，妥善保管，存档资料应包括以下内容：

商品的技术资料、合格证、装箱单、质量标准、送货单、发货清单等；商品运输单据、普通记录、货运记录、残损记录、装载图等；入库通知单、验收记录、磅码单、技术检验报告；保管期间的检查、保养作业、通风除湿、翻仓、事故等直接操作记录；存货期间的温度、湿度、特殊天气的记录等；其他有关该商品保管的特别文件和报告记录。入库单如表6-5所示。

表6-5　　　　　　　　入库单

送货单位：

入库时间：　　年　月　日

储存位置：

入库单编号：

货物编号	品名	规格	单位	送货数量	实际数量	备注

会计：　　　　　　仓库收货人：　　　　　　制单：

本单一式三联，第一联：送货人联；第二联：财务联；第三联：仓库存查联。

二、商品保管作业组织

（一）商品保管

1. 分区分类保管

储存商品时，一般根据商品的自然属性，考虑仓库的设备条件，按照商品的类别，把仓库和货场划分为若干货区，每个货区再分成若干货位，编成顺序号。在分区分类的基础上，按号储存商品，实行商品分类存放、对号入座、分区管理。

分区分类储存商品能保证商品储存的安全，减少商品耗损，有利于商品的合理堆码，便于熟悉商品的性能特点，做好商品的养护工作，便于查找，有利于商品入库、检查和出库。商品分区分类储存方法应根据不同的仓库类别来确定：一般仓库按商品的自然属性和类别进行分区分类储存；公用仓库可按业务类别区分确定；中转仓库和备货待运仓库可按商品发往地区进行分区分类储存。

仓储的保管原则如下。

（1）面向通道进行保管。为使物品出入库方便，容易在仓库内移动，基本条件是将物品面向通道保管。

（2）尽可能地向高处码放，提高保管效率。有效利用库内容积，应尽量向高处码放，为防止破损，保证安全，应当尽可能使用棚架等保管设备。

(3) 根据出库频率选定位置。出货和进货频率高的物品，应放在靠近出入口，易于作业的地方；流动性差的物品放在距离出入口稍远的地方；季节性物品则依其季节特性来选定放置的场所。

(4) 同一品种在同一地方保管。为提高作业效率和保管效率，同一物品或类似物品应放在同一地方保管，员工对库内物品放置位置的熟悉程度直接影响着出入库的时间，将类似的物品放在邻近的地方也是提高效率的重要方法。

(5) 根据物品重量安排保管的位置。安排放置场所时，重的物品放在下边，把轻的物品放在货架的上方。需要人工搬运的大型物品则以腰部的高度为基准。这对提高效率、保证安全是一项重要的原则。

(6) 依据形状安排保管方法。依据物品形状来保管也是很重要的，如标推化的商品应放在托盘或货架上来保管。

(7) 依据先进先出的原则。保管的重要一条是对于易变质、易破损、易腐败的物品；对于机能易退化、老化的物品，应尽可能按先入先出的原则，加快周转。由于商品的多样化、个性化，使用寿命短这一原则是十分重要的。

2. 商品堆码

商品堆码是指根据物品的包装、外形、性质、特点、种类和数量，结合季节和气候情况，以及储存时间的长短，将物品按一定的规律码成各种形状的货垛。

它对维护商品质量，充分利用库房容积和提高装卸作业效率，以及对采用机械作业和保证商品安全等具有重大影响。商品堆码要遵守合理、牢固、定量、整齐、节约、方便等要求。

商品堆码方法有散堆法、货架堆码法和垛堆法。选择何种堆码方法应根据商品的特点来决定。一般露天存放没有包装的大宗货物，如煤炭、矿石、黄沙等；库内存放的谷物、碎料等散装货物可以采用散堆法；小件、品种规格复杂且数量较少，包装简易或脆弱、易损害、不便堆垛的物品，特别是价值较高而需要经常查数的物品可以采用货架堆码法；有包装（如箱、桶、袋、箩筐、捆扎等包装）的货物，包括裸装的计件货物，可以采取堆垛的方式储存。

堆垛方法储存能充分利用仓容，做到仓库内整齐，方便作业和保管。主要方法有重叠式、纵横交错式、仰俯相间式、压缝式、通风式、栽柱式、衬垫式。

要根据商品的品种、性质、包装、体积、重量等情况，同时还要依照仓库的具体储存要求和有利于商品库内管理的要求来确定商品的堆垛形式，做到科学合理。

商品堆码要做到货堆之间，货垛与墙、柱之间保持一定距离，留有适宜的通道，以便商品的搬运、检查和养护。要把商品保管好，“五距”很重要。五距是指顶距、灯距、墙距、柱距和堆距。

顶距是指货堆的顶部与仓库屋顶平面之间的距离。留顶距主要是为了通风，顶距应在50厘米以上为宜。

灯距是指在仓库里的照明灯与商品之间的腔离。留灯距主要是防止火灾，商品与灯的距离一般不应少于50厘米。

墙距是指货垛与墙的距离。留墙距主要是防止渗水，便于通风散潮。

柱距是指货垛与屋柱之间的距离。留柱距是为防止商品受潮和保护住脚，一般留10～20厘米。

堆距是指货垛与货垛之间的距离。留堆距是为便于通风和检查商品，一般留10厘米即可。

（二）商品盘点

商品盘点是指定期或不定期对库存商品的实际数量进行清查、清点的作业，即为了掌握货物的流动情况（入库、在库、出库的流动状况），对仓库现有物品的实际数量与保管账上记录的数量相核对，以便准确地掌握库存数量。通过盘点可以确定现存量，发现并修正料账不符产生的误差，同时还可以计算企业的损益，并发现商品储存中的问题。盘点的方法包括账面盘点以及现货盘点。如表6-6所示。

表6-6　　盘点表

盘点范围：　　　　盘点时间：　年　月　日

责任人签字	盘点项目品种	数量							
		入库	出库	账面数量	实际盘点数	差量	批次	票号	出库率
备注说明									

主盘人：　　　　盘点人：　　　　复盘人：

第一联：仓管联　　　　第二联：财务联

（三）商品养护

养护，即保养和维护之意，即指储存过程中对商品所进行的保养和维护工作。在农副产品中，有时也称储藏保管。在储存期间，对商品进行养护，有利于维护好商品的质量，降低商品的损耗，有效地维护商品的使用价值，满足市场的需求。对仓储商品进行养护，就是根据各种商品不同的自然属性，分析其质量变化的不同形式，研究各种环境因素对商品质量变化的影响及其程度，掌握仓储商品质量变化的规律，以便创造和利用各种有利的条件，控制不利因素的影响，以保证商品在储存期间的数量没有缺损，质量完好。

1. 影响商品质量变化的因素

影响库存商品质量的因素很多，主要有两个方面：一是商品内在的因素，二是商品外在的因素。外在因素通过内在因素而起作用。

商品质量变化的内在因素有商品的组织结构、化学成分及理化性质等。这些内在因素都是在制造中已经决定了的，在储存过程中，要充分考虑这些性质和特点，创造适宜的储存条件，减少或避免其内部因素发生作用而造成商品质量的变化。

商品质量变化的外在因素可分为自然环境因素和社会环境因素两方面。自然环境因素

包括：大气温、湿度的影响，臭氧和氧的作用，日光的照射，有害气体的影响，微生物及虫鼠害的侵害，机构损伤，卫生条件的影响等。所有这些都是直接作用因素，都会造成商品变质和损坏。因此，必须采取有效措施，防止有害因素的影响，保证商品的储存安全。社会环境因素包括：国家的方针政策，生产经济形势，技术政策和企业管理、人员素质以及规章制度等。这些因素影响商品的储存规模、储存水平及储存时间，对储存质量具有间接影响。

2. 防止商品质量变化的措施

防止商品质量变化的措施，除了严格验收入库商品、合理安排储存场所、科学进行堆码苫垫、定期进行在库检查、搞好仓库清洁卫生以外，目前主要的措施是对仓库的温、湿度进行调节和控制。

（1）对于仓库温度的调节和控制：当仓库温度过高时，通常采取自然通风和机械通风方法降温；当冬季储存防冻商品时，在北方常采用暖气设备来提高温度，在南方一般采用自然通风的办法来提高温度。

（2）对于仓库湿度的调节控制：当需要降低相对湿度时，通常采用吸潮剂吸潮、生石灰吸潮、硅胶吸潮和吸潮机吸潮等方法；当需要加湿时，一般采用加湿器加湿等方法。

除仓库温湿度的控制外，还可采取密封储藏、涂敷防护层、防霉、防锈、防腐蚀、防虫害等措施。

3. 商品的救治

在储存过程中，商品一旦发生了损坏和变化，应立即采用措施救治，如破损商品的修复、霉变商品的晾晒等。

三、商品出库作业组织

商品的出库作业与入库作业要求基本上是一致的，即要求对出库商品的数量、品种、规格进行一次核对，经复核与发货凭证所列项目无误后，当场与收货单位办妥交接手续，以明责任。为保证商品及时、准确、迅速出库，商品出库必须坚持按一定的程序进行。一般来说，出库程序大致可由以下几个方面组成。

1. 核单备料

商品发放需有正式的出库凭证，仓库保管员必须认真核对出库凭证，首先要审核凭证的真实性，然后核对商品的品名、型号、规格、单价数量、收货单位等，再次审核出库凭证的有效期等。

审核凭证之后，按照单证所列项目开始备货工作。备货时应本着“先进先出、易霉易坏先出、接近有效期先出”原则，备货完毕后要及时变动料卡余额数量，填写实发数量和日期。

2. 复核

为防止差错，备货后应立即进行复核。出库的复核形式主要有专职复核、交叉复核和环环复核三种。此外，在发货作业的各个环节上，都贯穿着复核工作。

3. 包装

出库的商品如果包装不能满足运输部门或用户的要求，应进行包装。

4. 点交

商品经复核后，需要办理交接手续，当面将商品交接清楚。交清后，提货人员应在出库凭证上签章。

5. 登账

点交后，仓管人员应在出库单上填写实发数、发货日期等内容，并签章。

6. 现场和档案的清理

现场清理包括清理库存商品、库房、场地、设备等。档案清理是指对收发、保养、盈亏数量等情况进行整理。

在整个出库业务程序过程中，复核和点交是两个最为关键的环节。复核是防止差错的重要和必不可少的措施，而点交则是划清仓库和提货方两者责任的必要手段。

任务实施

一、活动准备

场所：仓储与配送实训室

工具：周转箱5个，其中，两个标注为立白洗衣粉，一个标注为立白清洁剂，一个标注为立白地板清洁剂，一个标注为立白去污克星。

二、活动方案

1. 将学生按6人为一组分成若干组，并设定角色，其中，2人为送货人员，3认为仓库收货人员，1人为提货人员。
2. 小组成员制作入库通知单、送货单、验收单、出库通知单等凭证。
3. 开始入库。
4. 开始出库。
5. 填写实训报告。

三、技能训练

1. 制作凭证。
2. 办理业务。
3. 填写报告。

资料链接

仓储设备：

仓储设备是指能够满足储藏和保管物品需要的技术装置和机具。其并非仅指以房屋、有锁之门等外在表征的设备，具体可分为装卸搬运设备和保管设备、计量设备、养护检验设备、通风照明设备、消防安全设备、劳动防护设备以及其他用途设备和工具等。仓储设

备是构成仓储系统的重要组成因素，担负着仓储作业的各项任务，影响着仓储活动的每一个环节，在仓储活动中处于十分重要的地位，离开仓储设备，仓储系统就无法运行或服务水平及运行效率就可能极其低下。仓储设备是仓储与物流技术水平高低的主要标志，现代仓储设备体现了现代仓储与物流技术的发展。比较典型的仓储设备有以下几种。

(1) 货架。货架是用支架、隔板或托架组成的立体储存货物的设施。主要包括层格式货架、托盘货架、阁楼式货架、移动式货架、重力式货架、旋转货架、悬臂式货架、驶入驶出式货架等。如图 6-3 所示。

(2) 托盘。指用于集装、堆放、搬运和运输的放置作为单元负荷的货物和制品的水平平台装置。叉车与托盘的共同使用，形成的有效装卸系统，大大地促进了装卸活动的发展，使装卸机械化水平大幅度提高，使长期以来在运输过程中的装卸瓶颈得以改善。主要类型有平板托盘、柱式托盘、箱式托盘、轮式托盘等。如图 6-4 所示。

(3) 叉车。叉车是一种用来装卸、搬运和堆码单元货物的车辆，是仓库装卸搬运机械中应用最广泛的一种设备。具有选用性强，机动灵活，效率高的优点。主要有平衡重式叉车、前移式叉车、插腿式叉车和侧面式叉车。如图 6-5 所示。

(4) 自动化分拣设备。自动分拣设备是指受自动控制的一套机械分拣装置，它由接受分拣指令的控制装置、把到达分拣位置的货物取出的搬送装置、在分拣位置把货物分送的分支装置和在分拣位置存放货物的暂存装置等组成。包括滑块式分拣机、翻盘式分拣机、横向分拣机、升降推出式分拣机、直落式分拣机、辊子浮出式分拣机等。如图 6-6 所示。

图 6-3　货架

图 6-4　托盘

图6-5 叉车

图6-6 自动化分拣设备

模块总结

本模块主要介绍了商品储存的概念、产生的原因、功能、作用和分类。商品在仓库进行储存时要进行库存管理，模块中介绍了定量订货法、定期订货法、ABC分类法和零库存等库存控制技术。最后，模块还介绍了商品仓库作业的完整过程。

案例

戴尔的零库存管理

戴尔的库存时间比联想少18天，效率比联想高90%，当客户把订单传至戴尔信息中心后，由控制中心将订单分解为子任务，并通过Internet和企业间信息网分派给上游配件制造商。各制造商按电子配件生产组装，并按控制中心的时间表供货。戴尔的零库存是建立在对供应商库存的使用或者借用的基础上，并形成3%的物料成本优势。戴尔的低库存是因为它的每一个产品都是有订单的，通过成熟网络，每20秒就整合一次订单。

1. 解读零库存

“零库存”并不意味着没有库存。像戴尔这样的组装企业，没有库存意味着无法生存。只不过戴尔的库存很低，周转很快，并且善于利用供应商库存，所以其低库存被归纳为“零库存”，这只是管理学上导向性的概念，不是企业实际操作中的概念。经过充分的传播，戴尔的名声已经与“零库存”相联系，所以很多人一提起戴尔，马上就想起了零库存。

2. 精髓是低库存

戴尔不懈追求的目标是降低库存量。21世纪初期，戴尔公司的库存量相当于5天的出货量，康柏的库存天数为26天，一般PC厂商的库存时间为2个月，而中国IT巨头联想集团是30天。戴尔公司分管物流配送业务的副总裁迪克·亨特说，高库存一方面意味着占有更多的资金，另一方面意味着使用了高价物料。戴尔公司的库存量只相当于一个星期出货量，而别的公司库存量相当于四个星期出货量，这意味着戴尔拥有3%的物料成本优势，反映到产品低价就是2%或3%的优势。

戴尔的管理人员都借助于信息和资源管理软件来规范物料流程。在一般的情况下，包括手头正在进行的作业在内，任何一家工厂内的库存量都只相当于规定的出货量。

问题：戴尔计算机的竞争力在哪里？

作业

1. 怎样理解仓储的作用？
2. 货物在仓储期间应如何进行保管养护？
3. 如何对库存进行 ABC 分类管理？
4. 定期订货法和定量订货法分别适用于哪些情况？
5. 零库存是如何实现的？
6. 仓库的作业流程是怎样的？

模块七　装卸搬运

(1) 掌握装卸搬运的概念和特点。
(2) 了解装卸搬运在物流作业中的地位和作用。
(3) 装卸搬运机械设备的种类。
(4) 不合理装卸搬运的表现形式，装卸搬运合理化的途径。

能力目标

(1) 能掌握装卸搬运作业内容。
(2) 能根据具体物流作业选择合适的装卸搬运机械设备。
(3) 能分析不合理装卸搬运的现象，能根据具体实践实现装卸搬运合理化。

素质目标

(1) 培养团队意识。
(2) 培养安全意识。
(3) 培养吃苦耐劳的精神。

云南双鹤医药有限公司是北京双鹤这艘医药航母部署在西南区的一艘战舰，是一个以市场为核心，现代医药科技为先导，金融支持为框架的新型公司，是西南地区经营药品品种较多的医药专业公司。

虽然云南双鹤已形成规模化的产品生产和网络化的市场销售，但其流通过程中物流管理严重滞后，造成物流成本居高不下，不能形成价格优势，这严重阻碍了物流服务的开拓与发展，成为公司业务发展的“瓶颈”。装卸搬运活动是衔接物流各环节活动正常进行的关键，而云南双鹤恰好忽视了这一点，由于搬运设备的现代化程度低，只有几个小型货架和手推车，大多数作业仍处于以人工作业方式为主的原始状态，工作效率低，而且易损坏物品。另外，仓库设计的不合理，造成长距离的搬运。并且库内作业流程混乱，形成重复搬运，大约有70%的无效搬运，这种过多的搬运次数，既损坏了商品，也浪费了时间。

请思考：分析装卸搬运环节对企业发展的作用？

任务一　现代装卸搬运的概念和特点

相关知识

装卸搬运是随着运输、仓储等物流活动的出现而产生的一种必不可少的物流功能要素，已经渗透到了物流领域的各个方面，伴随着物流活动的全过程，是联系物流其他功能要素的最关键要素。要正确认识和了解装卸搬运的含义、特点及其作用，应首先学习以下相关知识。

一、装卸搬运的概念

按照我国的物流术语国家标准，装卸（Loading and unloading）是指："物品在指定地点以人力或机械装入运输设备或卸下。"搬运（Handing/Carrying）是指："在同一场所内，对物品进行水平移动为主的物流作业。"即装卸搬运是指在同一地域范围内进行的，以改变物料的存放状态和空间位置为主要目的和内容的活动。一般来说，在强调物料的存放状态的改变时使用"装卸"一词；在强调物料空间位置的改变时使用"搬运"一词。在实际操作中，装卸与搬运是密不可分的，因此在物流科学中，并不特别强调两者之间的差别，而是作为同一种活动来对待。

装卸搬运是物流的基本功能之一，是整个物流环节不可或缺的一环。其效率的高低、质量的好坏、成本的大小都与整个物流活动关系非常密切，是降低物流费用、影响物流效率、决定物流技术经济效果的重要环节，对提高物流总体效益具有重要作用。

二、现代装卸搬运的特点

物流装卸搬运系统是在物流过程中使用装卸和搬运机械的系统，物流装卸搬运遵循一定的操作工艺，以货物装卸、搬运、储存为主要内容。因此，为了组织好物流装卸搬运活动，必须充分认识物流装卸搬运的特点。概括起来，其特点主要表现在以下几个方面。

(1) 产品的特殊性。物流装卸搬运并不提供实物形态的产品，而是提供完成货物空间位置的转移服务，它使货物从一种运输工具转移到另一种运输工具或者在运输工具与库场之间转移，或者在库场之间转移，这种特殊"产品"在其装卸搬运过程中即被消费。

(2) 装卸搬运的不平衡性。物流装卸搬运活动受自然的、社会的、经济的以及技术等各种因素的影响，在不同时期它都有可能发生变化，导致不平衡。例如，由于受气温变化的影响，纯净水公司送水工人每个时期为客户送水的搬运量是不确定的。此外，物流一般总是和若干个装卸点联系的，即使对某个装卸点来说，某种货物发运是平衡的，而几个装卸点合在一起会引起对方物流装卸搬运任务不平衡，即对于一个装卸点而言，各种运输工具到达密度和类型、到装卸点的货物数量、品种和流向等是具有随机性的。这种随机性产生于物流活动的各环节之间存在的相互独立性，而且各种活动本身的规律性受多种因素影

响。因此，导致了物流装卸搬运任务的不平衡性，这种不平衡性是经常的、绝对的。

（3）装卸搬运活动的多样性和复杂性。物流装卸搬运是一种多工种、多环节联合作业的装卸搬运活动。经过换装、堆存的货物的种类、品种、包装、性质等多种多样，运输工具的种类、构造、尺度等各方面也不尽一致。这就给物流的装卸搬运工艺与装卸搬运组织造成了很大的困难。又由于物流具有多工种、多环节联合作业，联系面广的特点，因此要完成物流的装卸搬运任务，不仅要把作业组织内部各个环节的装卸搬运活动有效地组织起来，而且要把装卸搬运活动外部，甚至物流组织外部的与运输工具和货物作业有关的活动很好地衔接起来。显然，环节越多、联系面越广，严密地组织活动也越困难。

（4）装卸搬运的连续性。为了保证物流的连续性，物流装卸搬运通常采用昼夜 24 小时连续作业方式。一方面，要对运输货物及时装卸，减少运输工具的停留，提高运输工具的运力利用率，以增加物流量；另一方面，通过物流，尽快地转运，进行货物的装卸搬运、加工或投入市场。因此，从社会的宏观效益出发，应随时对到达的运输工具及时装卸且连续作业。

（5）货物运输信息的集聚性。从事物流装卸搬运的作业点往往是物流的枢纽、货物位移的集散地，伴随着物流传递的信息流将聚集于此，并从此扩散。通过信息引导，使货物有序地转移。因此，从事物流装卸搬运的组织对物流过程中所产生的信息流的管理提出了很高的要求，只有物流装卸搬运组织的信息流保持通畅，才能保证物流装卸搬运的顺利进行，保证对到达的运输工具做到及时装卸，减少运输工具在作业点的停留时间。例如，中国香港港、上海港、宁波港等一般大型的港口都对其信息采集系统、信息处理系统等进行了大量的运用和改进，以此来保持其装卸搬运的能力和准确性的提高。

任务实施

一、活动准备

几名同学上台完成一个游戏：叉车搬运游戏。

FLASH 小游戏“大脚装卸车”（Truck Loader）。作为一部神勇的装卸车，强磁力把手是你顺利完成搬运任务的利器。游戏中，你需利用磁力把箱子运到卡车的相应位置，其中有些箱子是有摆放方向要求与特殊性质的，需要小心注意。另外，某些车间会设有机关，大大增加了游戏难度。

二、活动方案

了解利用叉车对货物的搬运与装卸活动，在装卸搬运中有哪些注意事项。

三、技能训练

观察超市货物的装卸搬运活动，工地上建筑材料的装卸与搬运活动，以及常见的装卸搬运工具。

资料链接

http：//www.waakee.com/story.

任务二　装卸搬运的目的和在物流作业中的作用

相关知识

一、装卸搬运的目的

装卸搬运活动的目的主要体现在以下六个方面。

（1）提高生产力。顺畅的装卸搬运系统，能够消除瓶颈以维持和确保生产水平，使人力有效利用，减少设备闲置。

（2）降低装卸搬运成本。它主要是指减少每位劳工以及每单位货品的搬运成本，并减少延迟、损坏和浪费。

（3）提高库存周转率，以降低存货成本。有效的装卸搬运，可以加速货品移动及缩短搬运距离，进而减少总作业时间，使存货存置成本及其他相关成本都得以降低。

（4）改善工作环境，增加人员、货品搬运的安全性。良好的装卸搬运系统，能使工作环境大大改善，它不但能保证物品搬运的安全，减少保险费率，而且能使员工保持良好的工作情绪。

（5）提高产品品质。良好的装卸搬运可以减少产品的毁损，使产品品质提升，减少客户的抱怨、投诉。

（6）促进配销成效。良好的装卸搬运，可增进系统作业效率，在缩短产品总销配时间，提高客户服务水平的同时，还能提高空间利用率，公司营运水平也得到相应的提高。

二、装卸搬运的作用

装卸搬运的基本功能是改变物品的存放状态和空间位置。无论是在生产领域还是在流通领域，装卸搬运都是影响物流速度和物流费用的重要因素，影响着物流过程的正常进行，决定着物流系统的整体功能和效益。

装卸搬运在物流过程中的作用表现在以下几方面。

（1）附属作用。装卸搬运是伴随着生产过程和流通过程各环节所发生的一种活动，是整个物流过程不可缺少的组成部分，也是其关键之所在。例如，流通过程中的“汽车运输”，就实际包含了附属的装卸搬运；仓储中的保管活动，也包含了装卸搬运活动。所以，如果没有附属性的装卸搬运活动，运输、保管等物流活动都无法完成。

（2）支持作用。装卸搬运也是保障生产过程和流通过程各环节得以顺利进行的条件。装卸搬运质量的好坏、效率的高低都会对生产和流通其他各环节产生很大的影响，会造成

生产过程不能正常进行，或者流通过程不畅。例如，车、船的装卸不当，会导致运输途中货损增加，甚至造成翻车、翻船等重大事故；卸货不当，会造成下一步物流活动的困难，或者使劳动强度、作业工作量大幅度增加。许多物流活动都需要在有效的装卸搬运支持下才能实现高水平。

（3）衔接作用。装卸搬运是衔接生产过程和物流过程各环节之间的桥梁，制约着各个生产环节和物流各个环节之间的活动；是物流活动各功能之间能否形成有机联系和紧密衔接的关键，是整个物流的“瓶颈”。一旦忽视了装卸搬运，无论在生产领域还是在流通领域，轻则造成生产、流通秩序的混乱，重则造成生产、流通活动的停顿。例如，我国一些港口由于装卸设备、设施不足以及装卸搬运组织管理等原因，曾多次出现过压船、压港、港口堵塞的现象，严重影响了生产和流通。

由此可见，改善装卸搬运作业，不断提高装卸搬运合理化程度，对提高物流系统整体功能有着极其重要的作用。

三、装卸搬运的组成

装卸搬运作业有对输送设备（如车辆、辊道等）的装入、装上和取出、卸下作业，又有对固定设备（如保管货架等）的入库、出库作业。它的基本作业可以分为以下六个方面：

（1）装卸，将货物装上或卸下运输工具；

（2）搬运，将货物在短距离内移动；

（3）堆码，将物品或包装货物进行码放、堆垛等；

（4）取出，将物品从保管场所取出；

（5）分类，将物品按品种、摆放方向、顾客要求等进行分类；

（6）集货，将物品备齐，以便随时装货。

任务实施

一、活动准备

先进实用的装卸搬运系统使联华便利物流运作能力和效率大大提高。联华便利物流中心的装卸搬运作业有对输送设备（如车辆、辊道等）的装入、装上和取出、卸下作业，又有对固定设备（如保管货架等）的入库、出库作业。它的基本作业可以分为装卸、搬运、堆码、取出、分类、集货六个方面。以此分析装卸搬运的重要性在哪里？

二、活动方案

装卸搬运的重要性：提高生产力；提高库存周转率，以降低存货成本，提高作业效率。

三、技能训练

参观当地仓储企业或港口，领会装卸搬运的特点和作用，以及装卸搬运作业的内容。

了解装卸搬运的特点和作用，熟悉装卸搬运流程。

1. 熟悉装卸搬运设备。

2. 向现场师傅学习各种装卸搬运设备的使用和维修方法。

资料链接

视频资料：物流要素之装卸搬运——物流管理 www.56.com.

任务三 装卸搬运机械设备

相关知识

装卸搬运是物流的基本功能之一，是整个物流环节不可或缺的一环。装卸搬运机械设备一节内容通过大量的机械设备图片直观地说明了其特征，以便我们更好地了解装卸搬运机械的应用，在进行装卸搬运作业时选择合适的机械设备，提高装卸搬运效率。

装卸搬运机械是指用来搬移、升降、装卸和短距离输送物料和货物的各种机械。它是实现装卸搬运作业机械化的主要组成部分和物质技术基础，也是实现装卸搬运合理化、效率化、省力化的重要手段。

一、装卸搬运机械的作用

装卸搬运机械是指用来搬移、升降、装卸和短距离输送物料和货物的各种机械。它是实现装卸搬运作业机械化的主要组成部分和物质技术基础，也是实现装卸搬运合理化、效率化、省力化的重要手段。

装卸搬运机械是装卸搬运作业的重要技术设备。大力推广和应用装卸搬运机械，不断更新装卸搬运设备和实现现代化管理，对于加快现代化物流发展，促进国民经济发展，均有着十分重要的作用。

(1) 提高装卸效率，节约劳动力，减轻装卸工人的劳动强度，改善劳动条件。

(2) 缩短作业时间，加速车辆周转、加快货物的送达和发出。

(3) 提高装卸质量，保证货物的完整和运输安全。特别是长、大、笨重货物的装卸，依靠人力，一方面难以完成，另一方面保证不了装卸质量，容易发生货物损坏或偏载，危及行车安全。采用机械作业，则可避免这种情况发生。

(4) 降低装卸搬运作业成本。装卸搬运机械的应用，势必会提高装卸搬运作业效率，而效率提高使每吨货物摊到的作业费用相应减少，从而使作业成本降低。

(5) 充分利用货位，加速货位周转，减少货物堆码的场地面积。采用机械作业，堆码高度大，装卸搬运速度快，可以及时腾空货位。因此，可以减少场地面积。

二、装卸搬运机械的分类

装卸搬运机械种类很多，为了运用和管理方便，常用以下方法进行分类。

1. 搬运机械的用途或结构特征进行分类

（1）装卸搬运机械按用途可分为单件作业机械、集装作业机械和散装作业机械三大类，其具体分类如表 7 - 1 所示。平衡重式叉车如图 7 - 1 所示，起重机如图 7 - 2 所示。

表 7 - 1　　装卸搬运机械按用途分类

机械类型	机械名称	特点
单件作业机械	桥式类型起重机 门式类型起重机 臂式类型起重机 梁式类型起重机 悬挂输送机、辊子输送机 带式输送机、板式提升机 电梯、升降台、升降机 大型叉车、侧叉、跨车 拣货装（卸）船（车）机 各种类型分拣设备 盘式输送机、链式输送机	单件作业使用的各种装卸搬运机械也可用于各种集装单元的装卸搬运作业
集装作业机械	集装箱龙门起重机 岸臂集装箱起重机 集装箱叉车、集装箱跨车 侧面类型集装箱装卸车 水平类型集装箱装卸车 滚装类型集装箱装卸车 挂车和底盘车 牵引车、叉车、堆垛机 托盘搬运车、移动器 码盘机、卸盘机、给盘机 汽车尾板装卸装置	专门用于搬运集装箱货物
散装作业机械	斗式类型装卸机 斗轮类型装卸机 侧翻类型装卸机 抓斗类型装卸机 连续输送机 气力输送装置	专门用来装载搬运散装货物

图 7－1 平衡重式叉车

图 7－2 起重机

（2）装械搬运机械按结构特点可分为起重机械、连续输送机械、工业车辆和专用装卸机械四大类，其具体分类如表 7－2 所示。

表 7－2 装卸搬运机械按结构特点分类

<table>
<tr><th>机械类型</th><th colspan="2">机械名称</th><th>特点</th></tr>
<tr><td>起重机械</td><td colspan="2">轻小起重机
葫芦、绞车
电梯、升降机、起重机
桥式类型起重机
门式类型起重机
臂式类型起重机
梁式类型起重机</td><td>间歇作业，重复循环，短时载荷，升降活动，使货物在一定范围内上下、左右、前后移动</td></tr>
<tr><td rowspan="3">连续输送机械</td><td>有牵引构件的输送机</td><td>带式输送机
板式输送机
链式输送机
悬挂式输送机
斗式提升机
板式提升机
自动扶梯</td><td rowspan="3">连续动作，循环运动，持续载荷，路线一定</td></tr>
<tr><td>无牵引构件的输送机</td><td>螺旋输送机
振动输送机
辊子输送机</td></tr>
<tr><td>气力输送装置</td><td>悬浮式气力输送装置
推送式气力输送装置</td></tr>
</table>

续 表

机械类型	机械名称	特点
工业车辆	叉车、跨车、侧叉 前移式叉车、插腿式叉车 平衡重式叉车 人力搬运车 台车、手推车 手动液压托盘搬运车 升降式搬运车 动力搬运车 轨道无人搬运车 牵引车、挂车、底盘车 单斗装载机	轮式无轨底盘上装有起重、输送、牵引、承载装置，可以在设施内进行流动作业
专用装卸	翻车机 堆取料机 堆垛机、拆垛机 集装箱专用装卸机械 托盘专用装卸机械 船航专用装卸机械 车辆专用装卸机械	带专用取物装置的起重、输送机械与工业车辆的综合，一般进行专门作业
	分拣专用机械 押出式、浮出式、斜行式 倾斜落下式	在计算机的控制下连续动作，将不同的货物搬运到各自被指定的位置

2. 搬运机械的作业性质进行分类

装卸搬运机械按作业性质可分为装卸机械、搬运机械和装卸搬运机械三大类，其具体分类如表 7－3 所示。具体机械如图 7－5 至图 7－5 所示。

表 7－3　　装卸搬运机械按作业性质分类

机械类型	机械名称	特点
搬运机械	手动葫芦 固定式起重机	结构简单，专业作业效率高，成本低，但功能单一，会降低系统效率
装卸机械	各种搬运车、手推车 带式输送机	同上
装卸搬运机械	叉车、跨运车 龙门起重机 气力装卸输送机	两种作业操作合而为一，系统效果较好

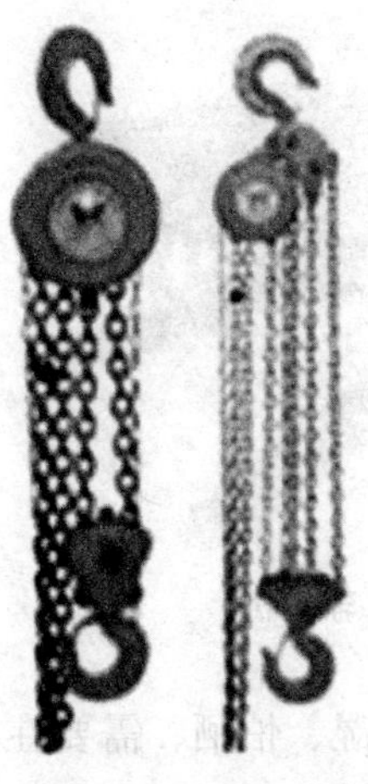
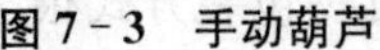

图 7-3　手动葫芦

图 7-4　叉车

图 7-5　带式输送机

3. 按装卸搬运机械作业对象进行分类

(1) 长大笨重货物的装卸搬运机械。长、大、笨重货物通常指大型机电设备、各种钢材、大型钢梁、原木、混凝土构件等，具有长、大、重、结构和形状复杂的特点。这类货物的装卸搬运作业通常采用轨行式起重机和自行式起重机两种，轨行式起重机有龙门式起重机（见图 7-6）、桥式起重机、轨道起重机；自行式起重机有汽车起重机（见图 7-7）、轮胎起重机和履带起重机等。在长、大、笨重货物运量较大并且货流稳定的货场、仓库，一般配备轨行式起重机；在运量不大或作业地点经常变化时，一般配备自行式起重机。

图 7-6　龙门式起重机

图 7-7　汽车起重机

(2) 散装货物的装卸搬运机械。散装货物通常是指成堆搬运不计件的货物，如煤、焦炭、沙子、白灰、矿石等。散装货物一般采用抓斗起重机（见图 7-8）、装卸机、链斗装车机和输送机等进行机械装车；机械卸车主要采用链斗式卸车机、螺旋式卸车机和抓斗起重机等。散装货物搬运主要用输送机（见图 7-9）。

图7-8　电动单轨抓斗机

图7-9　输送机

（3）成件包装货物的装卸搬运机械。成件包装货物一般是指怕湿、怕晒、需要在仓库内存放并且多用棚车装运的货物，如日用百货、五金器材等。这种货物包装方式很多，主要有箱装、筐装、桶装、袋装、捆装等。该类货物一般采用叉车，并配以托盘进行装卸搬运作业，还可以使用牵引车和挂车、带式输送机等解决成件包装货物的搬运问题。如图7-10、图7-11所示。

图7-10　电动牵引车

图7-11　挂车

（4）集装箱货物装卸搬运机械。1吨集装箱一般选用1吨内燃叉车或电瓶叉车作业。5吨及以上集装箱采用龙门起重机或旋转起重机进行装卸作业，还可采用叉车、集装箱跨运车、集装箱牵引车、集装箱搬运车等，如图7-12、图7-13所示。

图7-12　集装箱叉车

图7-13　集装箱平衡重式叉车

任务实施

一、活动准备

武汉某啤酒公司的啤酒包装和搬运过程如下：先将 6 瓶啤酒一起装入纸箱中，然后每层 20 箱堆码在托盘上，采用叉车作业。但是因为啤酒太重，叉车作业时，顶部的啤酒箱子容易滑倒。公司的搬运工程师想出了以下方法来解决问题：

(1) 顶部箱子用框架固定；

(2) 用绳子捆扎箱子；

(3) 用塑料胶带缠绕箱子；

(4) 采用箱式托盘。

试讨论分析上述四种方法的优缺点，你还可想出其他的方法解决这个问题吗？

二、活动方案

随着物流现代化的不断发展，装卸搬运机械将会得到更为广泛的应用。从装卸搬运机械发展趋势来看，发展多类型的装卸搬运机械、发展专用装卸搬运机械来适应货物的装卸搬运作业要求是今后装卸搬运机械的发展方向。

为了科学使用好、管理好装卸搬运机械，实现装卸搬运机械作业，可采取如下措施：

(1) 全面规划，合理布局，按需配置装卸搬运机械设备；

(2) 建立一套行之有效的装卸搬运机械运用、维修和管理制度，并通过采用新技术、新材料、新设备，逐步实现装卸搬运机械的系列化、标准化、通用化；

(3) 建立装卸搬运技术人员队伍，配备维修力量；

(4) 积极发展集装化，增大装卸搬运机械作业范围，提高机械化作业比重；

(5) 做好各种装卸搬运机械的配套工作，实现一机多能。

三、技能训练

参观当地集装箱码头，领会集装箱装卸搬运机械设备的特点。

资料链接

罗毅/王清娟主编，《物流装卸搬运设备与技术》(物流管理专业面向 21 世纪高等学校精品规划教材)，北京理工大学出版社，2008.

任务四　装卸搬运作业类型

相关知识

装卸搬运是附属于货物的运输和保管的物流作业活动，在货物运输过程中，要伴随着向货车等运输设备的装货、卸货等作业活动，在货物保管过程中要伴随着向仓库和货场等储存设施的入库、出库等作业活动。一般来说，从不同角度，装卸搬运可以按不同标志进行分类。我们需学习以下相关知识。

一、按装卸搬运的物流设施、设备对象分类

1. 仓库装卸

仓库装卸指在仓库、堆场、物流中心等处所进行的装卸搬运，配合货物的入库、出库、维护保养等活动进行，并且以堆垛、拆垛、上架、拣货、挪动、移送等操作为主。

2. 汽车装卸

汽车装卸指对汽车进行的装卸搬运作业。其特点一般是一次的装卸批量不大，由于汽车的灵活性，可以减少或根本减去搬运活动，而直接、单纯利用装卸作业达到车与物流设施之间货物过渡的目的。

3. 铁路装卸

铁路装卸指在铁路车站对火车车皮中货物的装进及卸出，其特点是一次作业就实现一个车皮的装进或卸出，很少有像仓库装卸时出现的整装零卸或零装整卸的情况。铁路装卸包括汽车在铁路货物和站旁的装卸作业，铁路仓库和理货场的堆码、拆散、分拣、配货、中转作业，铁路车辆在货场及站台的装卸作业等。

4. 港口装卸

港口装卸指在港口进行的各种装卸搬运作业，包括码头前沿的装卸船作业，也包括各方的支持性装卸搬运，如前方与后方间的搬运作业，港口仓库的码头拆垛作业，港口理货场的堆取用转作业，后方的铁路车辆和汽车的装卸作业等。有的港口装卸还采用小船在码头与大船之间“过驳”的办法，其装卸的流程较为复杂，往往经过几次的装卸及搬运作业才能最后实现船与陆地之间货物过渡的目的。

5. 车间装卸

车间装卸指在企业车间内部各工序之间进行的各种装卸搬运活动。一般包括原材料、在制品、零部件、产成品等的取放、分拣、包装、堆码、输送等作业。

二、按装卸搬运机械的作业方式分类

1. “吊上吊下”方式

采用各种起重机械从货物上部起吊，依靠起吊装置的垂直移动实现装卸，并在吊车运行的范围内或回转的范围内实现搬运和依靠搬运车辆实现小搬运。由于吊起及放下是垂直

运动，因此，这种装卸属于垂直装卸。

2.“叉上叉下”方式

采用叉车从货物底部托起货物，并依靠叉车的运动进行货物位移，搬运完全靠叉车本身，货物可不经中途落地直接放置到目的处。这种方式垂直运动不大而主要是水平运动，因此，这种装卸属于水平装卸。

3.“滚上滚下”方式

主要指港口装卸的一种水平装卸方式。利用叉车或半挂车、汽车承载货物，连同车辆一起开上船，到达目的地后再从船上开下，称“滚上滚下”方式。利用叉车的滚上滚下方式，在船上卸货后，叉车必须离船；利用半挂车、平车或汽车，那么，拖车先将半挂车、平车拖拉至船上后，拖车开下离船而载货车辆连同货物一起送到目的地，然后原车开下或拖车上船拖拉半挂车、平车开下。

滚上滚下方式需要有专门的船舶，对码头也有不同要求，这种专门的船舶称滚装船。

4.“移上移下”方式

这是指在两车之间（例如火车和汽车）进行靠接，然后利用各种方式，不使货物垂直运动，而靠水平移动从一个车辆上推移到另一车辆上，称为“移上移下”方式。移上移下方式需要使两种车辆水平靠接，因此，站台或车辆货台需要进行改变，并配合移动工具实现这种装卸。

5.“散装散卸”方式

这是指对散装物进行装卸。一般从装点将货物直接输送到卸点，中间不再落地，这是集装卸与搬运于一体的装卸方式。这种装卸常采用一些特殊的装卸搬运设备，如皮带输送机、气力输送装置、螺旋输送机和斗式提升机等，利用机械、气力等原理对煤炭、粮食、化肥、水泥等散装货物进行作业。

除此之外，装卸搬运还可按装卸机械分为传送带装卸、吊车装卸、叉车装卸、各种装载机装卸等。

三、按被装物的运动形式分类

按被装物的运动形式分类，可分为垂直装卸、水平装卸。它们两者的区别如表 7－4 所示。

表 7－4　　垂直装卸和水平装卸的比较

类型	采用的方式	特点	使用设备、设施举例
垂直装卸	提升或降落	所采用的装卸设备通用性较强，应用领域较广，消耗的能量较大	起重机、叉车、提升机等
水平装卸	平移	不改变被装货物的势能，比较省力，但需要有专门的设施	能和汽车水平接靠的适高站台、汽车和货车之间的平移工具

四、按装卸搬运对象分类

1. 散装货物装卸

散装货物装卸指对煤炭、粮食、矿石、化肥、水泥等块状、粒状、粉状货物进行的装卸搬运。其特点是一般从装点直到卸点，中间不再落地，物品直接向运输设备、商品装运设备或储存设备装卸与出入库，是集装卸与搬运于一体的装卸搬运作业。这种作业常采用重力法、倾翻法、机械法、气力法等方法。

2. 单件货物装卸

单件货物装卸指对以箱、袋等包装形态名称的货物进行单件、逐件的装卸搬运。目前，对长、大、笨、重的货物，或者集装会增加危险的货物等，仍采用这种传统的装卸搬运作业。

3. 集装货物装卸

集装货物装卸指先将货物集零为整，形成集合包装或托盘、集装箱等集装货物，再进行的装卸搬运。其特点是有利于机械操作，可以提高装卸搬运效率，减少装卸搬运损失，节省包装费用，提高顾客服务水平，便于达到储存、装卸搬运、运输、包装一体化，实现物流作业机械化、标准化。

任务实施

一、活动准备

某港口的一种水平装卸方式是利用叉车或半挂车、汽车承载货物，连同车辆一起开上船，到达目的地后再从船上开下，这属于何种类型的装卸搬运？

二、活动方案

该港口利用汽车承载货物，连同车辆一起开上船，到达目的地后再从船上开下，称“滚上滚下”方式。利用叉车的滚上滚下方式，在船上卸货后，叉车必须离船；利用半挂车、平车或汽车，那么，拖车先将半挂车、平车拖拉至船上后，拖车开下离船而载货车辆连同货物一起送到目的地，然后原车开下或拖车上船拖拉半挂车、平车开下。

滚上滚下方式需要有专门的船舶，对码头也有不同要求，这种专门的船舶称滚装船。

三、技能训练

参观当地集装箱专用码头，领会装卸搬运的分类标准和特点，了解装卸搬运分类及其应用。

1. 熟悉装卸港口装卸的特点。

2. 向现场师傅学习港口装卸搬运的情况。

资料链接

http：//www. ycr. lszjy. com（教学课件）装卸搬运管理第二节．

任务五　装卸搬运作业的合理化

相关知识

对装卸搬运的管理，主要是对装卸搬运方式的选择运用，对装卸搬运机械设备的选择、合理配置与使用，以及装卸搬运合理化，做到尽可能减少装卸搬运次数，以节约物流费用，获得较好的经济效益。由此可见，装卸搬运活动是影响物流效率，决定物流技术经济效果的重要因素。

一、装卸搬运合理化的目标

为了实现装卸搬运的合理化，在满足装卸搬运作业要求的前提下，装卸搬运要尽量实现装卸搬运的距离短、时间少、质量高、费用省的目标。

1. 装卸搬运距离最短

搬运距离的长短与搬运作业量的大小和搬运作业的效率是密切相关的。在装卸搬运作业中，搬运距离应该越短越好。距离移动越长，费用越大；反之，距离移动越短，则费用越小。所以，装卸搬运距离的缩短，可以节省劳动消耗，缩短搬运时间，减少搬运中的消耗。

2. 装卸搬运时间要少

主要是指货物从开始装卸搬运到完成装卸搬运的时间要少。如果在装卸搬运作业中，通过机械化、自动化作业，尽量缩短装卸搬运时间，不但能节约费用，提高效率；而且能提高物流速度，激活整体物流过程，及时满足客户的需求。所以，装卸搬运时间尽量少是装卸搬运的又一重要目标。

3. 装卸搬运质量要高

主要是指能够按客户要求的数量、品种，安全、及时地将货物装卸搬运到指定的位置，这是为客户提供优质服务的主要内容之一，也是保证生产顺利进行的重要前提。所以，装卸搬运质量要高是装卸搬运的核心目标。

4. 装卸搬运费用要省

在装卸搬运的目标中，既要求装卸搬运距离短、时间少、质量高，又要求费用省，这似乎不易理解。而实际上，如果真正实现装卸搬运作业机械化、自动化和物流现代化，既能大幅度削减作业人员，降低人工费用，又能提高装卸搬运效率，降低装卸搬运成本，装卸搬运费用肯定也能随之较大幅度节省。

二、不合理的装卸搬运表现形式

在装卸搬运作业时，必须避免由于不合理的装卸搬运而造成的损失。不合理的装卸搬运，具体表现在以下几个方面。

1. 过多的装卸搬运次数

在整个物流过程中，装卸搬运是反复进行、发生频率最多的活动，又是发生货损的主要环节，因此，过多的不必要的装卸搬运必然导致损失的增加。从发生的费用来看，一次装卸的费用相当于几十千米的运输费用，所以，每增加一次装卸搬运，费用也就会有较大比例的增加。此外，过多的装卸搬运次数，还会大大减缓整个物流的速度，影响物流效率。

2. 过大包装的装卸搬运

包装过大、过重，在装卸搬运作业中，就会反复在包装上消耗过多不必要的劳动，因而形成无效装卸，造成损失。

3. 无效物质的装卸搬运

进入物流过程的货物，有时混杂着没有使用价值或对用户来讲使用价值不明确的各种掺杂物，如煤炭中的矸石、矿石中的水分杂质、石灰中的未烧熟石灰及过烧石灰等。在反复装卸搬运时，实际上也是在对这些无效物质在反复消耗过多不必要的劳动，因而形成无效装卸，造成损失。

可见，不合理的无效装卸搬运，增加了装卸搬运成本，增加了货物损耗，降低了物流速度，如能防止和减少无效装卸搬运，则可节省装卸劳动，提高装卸效率，使装卸搬运合理化。

三、装卸搬运合理化的途径

装卸搬运作业内容复杂，人力耗费和成本耗费较大，因此，装卸搬运活动的合理化对于物流整体的合理化至关重要。它可以从以下几方面着手。

1. 防止无效装卸搬运

无效装卸搬运即不合理的装卸搬运，应尽量避免，可以采取多种措施。

（1）尽量减少装卸次数，尽可能缩短搬运距离，以减少人力、物力的浪费和货物损坏的可能性；

（2）增强包装的轻型化、简单化、实用化，避免过度包装，减少无效负荷；

（3）努力提高被装卸货物的纯度，只装卸搬运必要的货物，对有些货物先去除杂质再装卸搬运；

（4）充分发挥装卸搬运机械设备的能力和装载空间，中空的物件可以填装其他的物品再进行搬运，以提高装载效率；

（5）采用集装方式，进行多式联运，避免对于单件货物的反复装卸搬运处理等。

2. 提高装卸搬运活性

装卸搬运活性是指把货物从静止状态转变为装卸搬运运动状态的难易程度。提高装卸搬运活性是装卸搬运合理化的一项重要内容。货物所处的状态不同，装卸搬运的难易程度

也不一样，则活性也就不同。

为了区别活性的不同程度，可用“活性指数”来表示。“活性指数”从 0～4 共分五个等级（见图 7－14），分别表示活性程度从低到高。

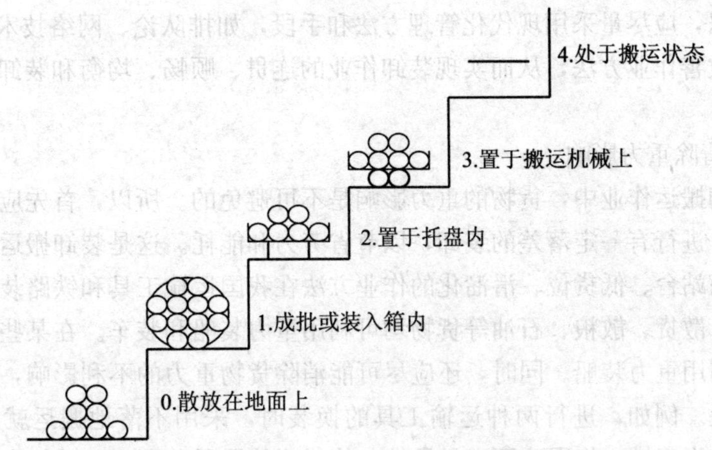

图 7－14　搬运活性指数

3. 集装单元化

集装单元化是指将货物集中扩大成一个作业单元进行装卸搬运。集装单元化是实现装卸搬运合理化、降低物流费用的重要手段。

为了提高装卸、搬运和堆存效率，提高机械化、自动化程度和管理水平，应根据装卸搬运设备能力，尽可能扩大货物的物流单元（例如采用托盘、集装箱等），这对装卸搬运作业的改善是至关重要的。通过集装单元化，不仅有利于实现装卸搬运机械化、标准化，提高装卸搬运效率，而且可以提高货物质量，防止货物在物流过程中的损坏和丢失，数量的确认也变得更加容易。

目前在装卸搬运作业中广泛使用托盘，通过叉车与托盘的结合，可以大大提高装卸搬运的效率；而发展较快的集装箱单元更是一种标准化的大单元装载货物的容器，集装箱装卸、运输是实现散杂货物装卸、运输合理化、效率化的重要手段，已成为国际上普遍采用的一种重要的革命性的装卸、运输方式。

4. 合理选择装卸机械、方式和方法

（1）装卸搬运机械化是提高装卸搬运效率的重要环节。首先，装卸搬运机械的选择必须根据装卸搬运货物的性质来决定，对以箱、袋或集装包装的货物可以采用叉车、吊车、货车装卸；对散装粉粒体货物可以利用传送带装卸；对散装液体货物可以直接向装运设备或储存设备装取。其次，要通过各种集装方式，形成机械设备最合理的装卸搬运量，使所选择的装卸机械能充分发挥自己的效能，达到最优效率，实现规模装卸搬运。

（2）在装卸搬运过程中，必须根据货物的种类、性质、形状、重量来确定装卸搬运方式。在装卸时，对货物的处理大体有“分块处理”“散装处理”和“单元组合处理”三种方式。例如，在货物的装卸搬运过程中，可按普通包装对货物进行逐个装卸，即“分块处理”；对粉粒状货物不加小包装而进行原样装卸，即“散装处理”；对包装的货物以托盘、集装箱、集装袋等为单位组合后再进行装卸，即“单元组合处理”。实现单元组合，可以充分利用机械进行操作，提高装卸作业的有效程度。

（3）合理分解装卸搬运活动，对于改进装卸搬运各项作业，提高装卸搬运效率有着重要的意义。所以，应尽量采用现代化管理方法和手段，如排队论、网络技术、人—机系统的应用等，以改善作业方法，从而实现装卸作业的连贯、顺畅、均衡和装卸搬运的合理化以及高效化。

5. 利用或清除重力影响

因为在装卸搬运作业中，货物的重力影响是不可避免的。所以，首先应尽可能利用货物本身的重量，进行有一定落差的装卸，以节省劳力和能耗。这是装卸搬运合理化的重要方式。例如，高站台、低货位、滑溜化的作业方法在我国运输工具和铁路装卸搬运作业中已被广泛应用。散货、散粮、石油等货物均可利用重力装船和装车。在某些情况下，货物也可借助滑板利用重力装船。同时，还应尽可能消除货物重力的不利影响，同样也能减少装卸劳动的消耗。例如，进行两种运输工具的换装时，采用不落地搬运就比落地搬运要好，如能通过适当安排，将甲乙两工具靠接，使货物从甲平移到乙，就能有效消除重力影响，实现装卸搬运的合理化。

6. 保持物流均衡畅通

装卸搬运是整个物流过程中必不可少的重要环节。最为理想的情况是保持装卸搬运作业连续不断地进行，使货物顺畅地流动，将运输、保管、包装和流通加工等物流活动有序地连接起来，保持整个物流过程的均衡顺畅。然而，装卸搬运在某种意义上，又是运输、保管活动的辅助活动，要受运输等其他环节的制约，其节奏不能完全自主决定，必须综合各方面因素妥善安排，才能使物流量尽量均衡。所以，近年来，工业发达的国家为了对运输线路的终端进行装卸搬运合理化的改造，创建了所谓的“复合终端”，即对不同运输方式的终端装卸场所，集中建设不同的装卸设施。

一、活动准备

装卸搬运是物流系统中基本功能环节之一，在物流系统的运作过程中它出现的次数最多，甚至有人将装卸搬运称作是连接物流系统其他功能环节的桥梁。

在第五届国际物流会议上，美国产业界人士明确指出，当前美国全部生产过程中只有5%的时间用于加工制造，95%的时间则用于装卸搬运、储存等物流过程。据运输部门考察，在运输的全过程中，装卸搬运所占时间为全部运输时间的50%。

据调查，我国机械工厂生产1吨产品，需要进行252吨次的装卸搬运。中国年产煤碳十几亿吨，年产钢材上亿吨，需要多少次装卸搬运的作业量根本无法算清。所有这些数字说明，装卸搬运对物流成本、物流效率有很大的影响。

有一散货卸车装船码头，设置了甲、乙两组坑道堆场，每组堆场各有一条皮带机送到

岸壁墩柱式装船机。堆场上的物料可以通过各自的皮带机和装船机装船。如果不注意灵活性，则两组堆场皮带机和装船机成了互不联系的两个部分。当其中一台装船机发生故障或需要检修时，与其相关的堆场上的物料就无法装船，对整个港站的作业影响很大。该码头如何实现装卸搬运的合理化？

二、活动方案

上述案例中，如果按照灵活性原则，用皮带机将两台装船机连接起来，则在一台装船机发生故障或需要检修时，这部分堆场上的物料可以通过另一台装船机装船。又如，在装卸搬运船环节，有时从生产效率看，用一台设备就能满足要求，但是实际配置时还是安装两台设备，原因就是一旦设备故障，不至于使泊位的作业停滞。

三、技能训练

参观当地港口，合理的装卸搬运工艺应该符合哪些基本原则。

了解港口现行装卸搬运工艺，探讨合理装卸搬运工艺的原则。

1. 熟悉港口现行装卸搬运工艺。
2. 向现场师傅学习各种装卸搬运工艺的操作。

资料链接

彭欣主编，《现代物流实用教程》，人民邮电出版社.

模块总结

按照我国的物流术语国家标准，装卸（Loading and unloading）是指：“物品在指定地点以人力或机械装入运输设备或卸下。”搬运（Handing/Carrying）是指：“在同一场所内，对物品进行水平移动为主的物流作业。”即装卸搬运是指在同一地域范围内进行的，以改变物料的存放状态和空间位置为主要目的和内容的活动。

装卸搬运的基本功能是改变物品的存放状态和空间位置。无论是在生产领域还是在流通领域，装卸搬运都是影响物流速度和物流费用的重要因素，影响着物流过程的正常进行，决定着物流系统的整体功能和效益。

对装卸搬运的管理，主要是对装卸搬运方式的选择运用，对装卸搬运机械设备的选择、合理配置与使用，以及装卸搬运合理化，做到尽可能减少装卸搬运次数，以节约物流费用，获得较好的经济效益。

作业

1. 装卸搬运作业有何意义？
2. 按装卸搬运对象分，装卸搬运可以分为哪几类？
3. 在物料搬运中，为什么要强调单元化和标准化？

4. 试分析不合理的装卸搬运表现在哪些方面？如何实现装卸搬运的合理化？

5. 某煤炭出口码头，在港站前沿设置了高架缓冲仓，待装船的煤炭被预先拾送到这里，以避免由于运输工具和车辆同时在港作业对堆场进出货物作业带来的困难。存仓采用高架方式正是由于煤炭从堆场输送出来时已处于一定的高度，使煤炭从上方进入存仓，而在装船时则可利用其自流的方式将煤炭精送到装船机。

模块八 商品包装

(1) 掌握包装的概念，包装的作用，包装的分类。

(2) 了解常见的几种包装技术，常见的防震缓冲材料。

(3) 掌握包装合理化的主要内容，包装标准化的主要内容。

(4) 了解包装的发展趋势。

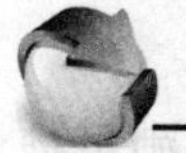

能力目标

(1) 可以按照不同的标准对包装进行分类。

(2) 可以根据包装商品的特点选用适当的包装材料。

(3) 掌握包装合理化和标准的方法。

(4) 商品包装集装化的几种形式。

素质目标

(1) 培养综合分析能力。

(2) 培养低成本意识。

(3) 培养绿色环保意识。

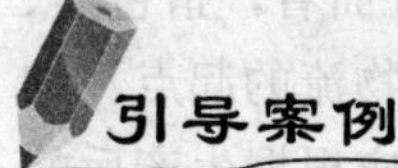

山东某气动元器件公司是集科研开发、生产加工、经营销售、技术服务、进出口贸易于一体的大型高新技术企业，是国内规模较大的气动元器件生产企业，已经同日本、德国等国家的许多公司建立了长期的合作，气动产品闻名国际市场，远销西欧、北美及东南亚。

但公司一直对产品的木箱包装所带来的问题感到不满。因为采用木箱包装，企业每天必须向协作厂订购品种繁多的木箱存放在包装车间内。由于木箱占地空间大，通常还有不少木箱露天堆放在外面，原有木箱包装难以起到理想的缓冲防震作用。再加上目前国内运输存在的问题，产品破损时有发生。

目前，木箱包装的成本并不低廉，而且产品出口欧洲时经常被要求在木箱上提供IP-

PC标识验证（即国际植物保护公约IPPC注册的用于按规定实施除害处理合格技术的木质包装上的标识符号），这对于企业来说无疑是额外的成本支出，不利于企业国际市场竞争力的快速提升。

请思考：该公司可以采取何种包装技术可以改善上述问题？

任务一　包装的概念

相关知识

包装作为生产的终点和物流的起点，在日常生活中扮演着重要角色。包装还可以为企业的经济效益甚至环境保护做出重要的贡献。要正确理解包装的重要性，需要学习以下相关知识。

包装与物流的关系密切，在整个物流活动中具有特殊的地位，包装的材料、形式、容器设备、技术都对其他物流环节产生重要的影响。

包装与运输、保管、搬运、流通加工有十分密切的关系。首先，包装应尽量地满足物品运输、装卸的要求，选用合适的包装容器；其次，包装应尽可能满足搬运作业的具体要求，以方便搬运工具对包装的操作为标准；最后，包装应符合物品入库保管存放的要求，选用的包装应以方便入库的堆垛与取用为标准。

一、包装的概念

我国国家标准《物流术语》（GB/T—18354—2006）中将包装明确定义为“为在流通过程中保护产品、方便储运，促进销售，按一定技术方法而采用的容器、材料及辅助物等的总体名称。也指为了达到上述目的而采用容器、材料和辅助物的过程中施加一定技术方法等的操作活动”。

具体来讲，包装包含了两层含义：一是从静态方面看，指能合理容纳商品，抵抗外力，保护宣传商品，促进商品销售的物体，如包装容器等；二是从动态方面看，指包裹、捆扎商品的工艺操作过程。从物流角度来看，包装是生产的终点，但却是物流的起点。物流系统的所有构成因素均与包装有关，同时物流也受包装的制约。因此，应根据生产后的物流系统情况来考虑包装，对包装进行合理化的管理。

二、包装的作用

现代经济生活中，绝大多数产品都需要经过包装，成为商品，才能进入流通领域。商品是为消费者生产的，故在着手产品设计时，必须同时考虑包装设计。从广义上说，没有包装的商品是不存在的。因此，包装是商品生产的必要条件，没有包装即没有完成商品生产任务。

包装的好坏，影响到商品能否完整无损地到达消费者手中；包装的装潢和造型水平影响到商品的竞销力。包装对商品起到如下的作用。

1. 保护功能

保护功能是包装最重要和最基本的功能。主要体现在以下几个方面。

(1) 防止物质破损变形。包装能承受在装卸、运输、保管等过程中的各种冲击、振动、颠簸、压缩、摩擦等外力的作用；可以减少在搬运装卸中由于操作不慎使包装跌落造成的冲击；包装可以减少仓库储存堆码时最底层货物承受的强大压力，以及减少由于运输和其他物流环节的冲击振动。

(2) 防止物资发生化学变化，即防止商品吸潮、发霉、变质、生锈等化学变化。包装能在一定程度上起到阻隔水分、溶液、潮气、光线以及空气中各种有害气体的作用，避免外界不良因素的影响。

(3) 防止腐朽霉变、鼠咬虫食。包装有阻隔霉菌、鼠、虫侵入的防护作用。

(4) 防止异物混入，污物污染，防止丢失、散失、盗失等作用。

2. 方便存储运输

(1) 方便物资的储存，便于识别。物资的包装不仅为物资在出入库时提供了搬运、装卸的方便，而且为保管工作提供了方便条件；包装物的各种标志，使仓库的管理者易于识别、存取、盘点，有特殊要求的物资易于引起注意；包装的集合方法为节约验收时间、加快验收速度也会起到十分重要的作用。

(2) 方便运输。包装的规格、形状、重量等与货物运输关系密切。包装尺寸与运输车辆、船、飞机等运输工具货箱仓容积的吻合性，方便了运输，提高了运输效率。

3. 促进销售

好的包装具有广告效力，能唤起购买欲望。与商流有关的包装功能是促进销售。对于这个功能，可形象地描述为："包装是不会讲话的推销员""精美的包装胜过一千个推销员"。

(1) 恰当的包装能够唤起人们购买的欲望，通过包装给消费者带来对商品的好感和满足。

(2) 包装的外部形态，装潢设计是商品很好的宣传品，对顾客的购买起着刺激、说服的作用。

(3) 恰当的包装对商品有促销作用。过大、过重的包装会降低商品促销能力；包装不足也会降低商品促销能力。

三、包装的分类

包装的种类繁多，可以从包装的功能、形态、方法、材料、使用频次、包装商品种类等多个标志进行分类。包装可采用如表 8－1 所示的分类方法。

表 8－1　包装的分类

标志值	名称	内容特点
按包装在物流中发挥的作用分类	运输包装（工业包装）	运输包装以保护商品安全运输、提高运输效率为目的。对运输包装的基本要求如下： (1) 确保商品的安全。 (2) 要有明确的包装标志。 (3) 尽量采用先进的包装技术和包装材料，以实现包装标准化

续 表

标志值	名称	内容特点
	销售包装（商业包装）	销售包装又叫商业包装或内包装，它以促进商品销售为主要目的。对销售包装的基本要求如下： (1) 包装要美观大方，引人注目，新颖感染。 (2) 突出商标。 (3) 要有简单、必要的文字说明。 根据商品的特点尽量做到经济实用
按包装的形态分类	个包装	个包装是指物品按个进行的包装，它是直接盛装和保护商品的最基本包装形式。个包装直接与商品接触，一般随同商品销售给顾客。个包装起着直接保护、美化、宣传商品和促进商品销售的作用。如塑料瓶、罐头听、塑料袋等
	内包装（中包装）	内包装由若干个单体商品或包装组成一个小的整体包装。它是介于个包装与外包装之间的中间包装。在商品流通过程中起到保护产品，简化计量和方便销售的作用。例如，卷烟以 10 盒为 1 条
	外包装（运输包装）	外包装是商品的最外层包装。外包装起着保护商品、方便运输、储存、装卸等方面的作用。常见的外包装又纸箱、托盘、集装箱等
按包装的方法分类	防震包装 防水包装 防潮包装 防锈包装 防霉包装	为使内装物免受冲击和振动损坏而采取防护措施的包装。 为防止水分浸入影响内装物质量而采取的防护措施包装。 为防止外界潮气侵入而采取防护措施的包装。 为防止金属内装物锈蚀而采取一定防护措施的包装。 为防止内装物霉变而采取相应措施的包装
按包装材料分类	纸箱包装、木箱包装、塑料包装、金属包装、纤维包装、陶瓷及玻璃包装、合成树脂包装、复合材料包装等	—
按包装使用的频次	一次使用包装 多次使用包装 周转使用包装	只能使用一次，不再回收复用的包装，如火柴盒。 回收后经加工整理，仍可复用的包装，如瓦楞纸箱。 工厂和商店用于固定周转多次复用的包装，如啤酒瓶等
按包装商品种类分类	食品包装、药品包装、蔬菜包装、液体包装、机械包装、危险品包装	

任务实施

一、活动准备

现代包装业已成为世界许多国家国民经济中一个独立的工业体系，如美国的包装工业在整个国民经济中占第五位，仅次于钢铁、汽车、石油、建筑工业，改革开放以后，我国的包装业发展很快，包装工业产值平均递增近10%，我国包装业已形成比较完整的工业体系。那么包装有哪些重要的作用呢?

二、活动方案

包装的作用可以概括为：保护商品，方便物流，宣传商品，促进销售。

三、技能训练

1. 到商场、超市等地实地考察，了解包装的重要性。
2. 找不同类型的产品包装，熟悉包装的分类。

资料链接

http：//www.pack.cn（中国包装网）.

任务二　包装材料和包装技术

相关知识

一、包装材料

包装材料是形成包装的物质基础，它的选用直接关系到包装质量和包装费用，影响到运输、装卸、搬运和仓储等作业环节的进行。包装材料具有以下性能：保护性能、外观装饰性能、加工操作性能、方便使用性能等。因此，包装材料的选择十分重要。包装材料种类繁多，归纳起来主要有以下几类。

（一）纸制包装材料

纸和纸板是一类常见的包装材料，约占当今世界包装材料的40%，是世界上用量最多、品种最杂的包装材料。主要有牛皮纸、玻璃纸、植物羊皮纸、沥青纸、板纸、瓦楞纸板等。通常，既可以直接用纸张进行物品包装，也可以利用纸和纸板制作成多种包装容器，如纸袋、纸盒、纸箱等。

(1) 纸制包装材料具有以下优点：

①原料来源广泛，价格低廉；

②重量轻、有弹性、强度高；

③印刷性能好、字迹和图案清晰、牢固；

④容易制作成各式各样的包装容器，透湿性较好；

⑤容易与其他材料一起制作成具有不同特性的复合纸张；

⑥纸和纸板卫生、无毒、无味、无污染，可以回收利用。

制作纸箱的材料通常是具有弹性的瓦楞纸板，根据结构不同，可分为单面瓦楞纸板（见图8-1）、双面瓦楞纸板（见图8-2）（三层单瓦楞纸板）、双芯双面瓦楞纸板（见图8-3）（五层瓦楞纸板）。其主要技术指标有波高、波数和层数。波高一般在2.5~5mm，波数每30cm约36~50波。不同参数组合的瓦楞纸板强度不同。

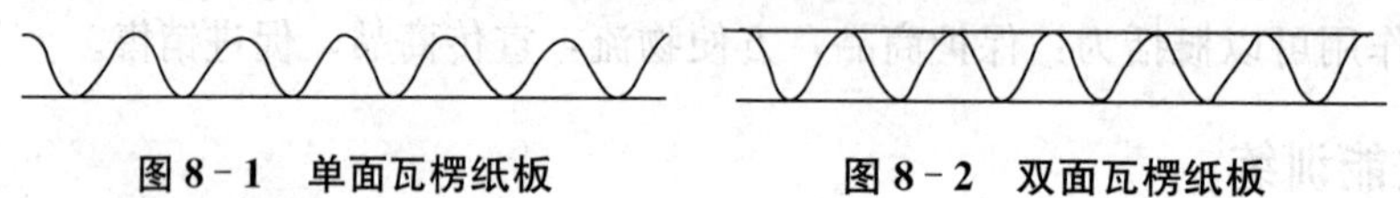

图8-1　单面瓦楞纸板　　图8-2　双面瓦楞纸板

由双芯双面瓦楞纸板（五层瓦楞纸板）制成的瓦楞纸箱，多用于易损物品，沉重物品以及长期保存的物品（如新鲜蔬菜水果之类含水分较多的物品）的包装。

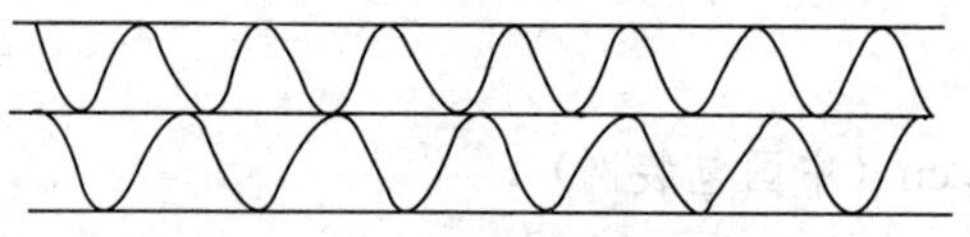

图8-3　双芯双面瓦楞纸板

（2）瓦楞纸箱的主要特点就集中在瓦楞纸板具有的缓冲性上。瓦楞纸箱具有下列优点：

①重量轻、结构性能好。其内的瓦楞结构类似拱形结构，能起到防冲减震作用；

②具有良好的保护功能。例如，防潮、散热、易于搬运等；

③运输费用低，易于实现包装与运输的机械化和自动化；

④规格与尺寸的变更易于实现，能快速适应各类物品的包装；

⑤封箱、捆扎方便，易于自动化作业；

⑥能适应各种类型的纸箱的装潢印刷；

⑦废箱易于回收再利用。

（二）木材包装材料

木材作为包装材料历史悠久。木材具有良好的包装特性，特别是用于外包装材料中，更显示出其抗压、抗震等优点。木材在包装材料中仍占有十分重要的地位。但由于木材资源有限，许多包装领域已被纸或塑料替代。

木材包装主要是指木板、胶合板、纤维板为原材料制成的包装。常用的木材包装有各种箱、桶等。

木材用于包装的主要优点有：

(1) 木材资源广泛，可以就地取材；

(2) 木材强度高，有一定的弹性，能承受冲击和振动作用；

(3) 木材加工方便，且具有很高的耐久性。

(三) 塑料包装材料

塑料是一种良好的包装材料，它在包装中的应用已成为现代商品包装的重要标志之一。目前，世界上约1/4的塑料用于包装。从整个世界包装业的发展看，尽管塑料包装材料一直受到环境问题的严重挑战，但塑料包装在包装工业中仍成为需求增长最快的材料之一。塑料包装材料广泛用于个包装、内包装和外包装。

塑料作为包装材料具有以下优点：

(1) 透明度好，内装物可以看清；

(2) 具有一定的物理强度；

(3) 防潮、防水性能好；

(4) 耐药品、耐油脂性能好；

(5) 耐热、耐寒性能良好；

(6) 耐污染，包装物卫生；

(7) 适宜于各种气候。

我国根据塑料包装制品的形态将其分为六大类：塑薄膜、中空容器（瓶、罐）类、塑料箱、编制袋、塑料带、泡沫塑料。

(四) 金属包装材料

金属是传统包装材料之一，广泛用于制作集装箱、托盘、周转箱及各种罐、桶等包装器材，还可以用作其他包装材料的保护层。在商业包装中经常用于制作食品罐头、饮料容器等。

金属作为包装材料，具有优良的综合性能：

(1) 机械性能优良，强度高；

(2) 加工性能优良，加工工艺成熟；

(3) 综合防护性能优良，透湿性低，不透光，能有效避免紫外线的有害影响；

(4) 具有特殊的光泽，易于印刷装饰；

(5) 金属材料资源丰富，能耗和成本较低。

但是，金属的化学稳定性较差，容易腐蚀和锈蚀，作为食品、饮料包装材料时可能引进重金属离子，危害人体健康。

金属包装材料主要有以下几种：

(1) 马口铁材料容器。主要包括金属桶、金属箱、金属听和罐等，但应采取防锈措施。

(2) 铝罐。铝罐质轻，使用及运输方便，材料无氧化作用，内涂料附着力强，保护性能好，可回收再加工。

(3) 喷雾罐。喷雾罐使用方便，只要按下按钮，即可喷出所需物品。它多用于杀虫剂、发胶及部分药粉、药剂的包装。

（4）金属箔是指把金属压延成很薄的薄片，金属箔多用于食品包装，如糖果、肉类、奶油、乳制品等。

（五）玻璃、陶瓷包装材料

玻璃和陶瓷很早就作为包装材料使用了，在科学技术日新月异的今天，虽然新的包装材料不断出现，但玻璃作为包装材料仍可与其他包装材料争奇夺丽。这是因为玻璃和陶瓷具备其他材料所没有的优点。玻璃具有耐风化、不变形、耐热、耐酸、耐磨等优点，尤其适合各种液体物资的包装。用玻璃或陶瓷材料制成瓶、罐、坛子，用来盛装食品、饮料、酒类、药品十分适宜。陶瓷、玻璃制作的包装容器，容易洗刷、消毒灭菌，能保持良好的清洁状态，同时，它们可回收复用，有利于降低包装成本。

玻璃、陶瓷最大弱点在于当它受到超过一定冲击力的作用时容易破碎。

（六）合成树脂包装材料

合成树脂包装材料是指用合成树脂制作的各种塑料包装材料。如塑料瓶、塑料袋和塑料箱等。

合成树脂包装材料概括起来有如下特性：

（1）透明，容器内包装的物质不必开封就能直接看到内容物；

（2）有适当的强度，可以保护商品的安全；

（3）有较好的防水、防潮、防雷等性能；

（4）密封性能好，有较好的防污染能力。

合成树脂的品种超过千种，用于包装的主要有聚乙烯、聚丙烯、聚氯乙烯、聚苯乙烯、酚醛树脂、氨基塑料等十多种。

（七）纤维包装材料

纤维包装材料是指用各种纤维制作的袋装容器。自然界天然生的纤维材料有黄麻、红麻、大麻、青麻、罗布麻、棉花等。经工业加工提供的纤维材料有合成树脂、玻璃纤维等。

（八）复合包装材料

随着科学技术的不断发展，人们对包装材料不断进行创新，出现了复合包装材料。复合包装材料是用两种或两种以上材料黏合制成的包装材料。

常见的复合包装材料有几十种，其中使用最广泛的有塑料与纸复合材料、塑料与塑料复合材料、塑料与金属箔复合材料、塑料与玻璃复合材料等。

复合包装材料比任何单一传统包装材料的性能要优越得多，所以，复合包装材料的制作与使用正成为包装行业值得重视的课题。

例如，我们常见的利乐无菌包装就是利用纸、铝箔和聚乙烯塑料复合而成的材料进行的包装。该包装共由 6 层组成，可有效阻挡所有影响牛奶和饮料变质的因素“入侵”，包括病菌、毒素、氧气、微生物、紫外线、水分等，从而达到保质、保鲜、保营养、保美味的效果。

二、包装技术

包装技术是包装工程的一个重要组成部分。包装技术就是研究产品包装的三个阶段，

即前期的工作阶段（包括包装材料和容器的制造、清洗、干燥、供给等）；主要工作阶段（包括处理、成型、充填、封装、裹包、计量、捆扎、贴标、选别等）；后期工作阶段（包括堆垛、储存、运输等），所用到的技术的机理、原理、工艺过程和操作方法。常见的包装技术有以下几种。

（一）防震包装技术

防震包装又称缓冲包装，指为减缓内装物受到冲击和振动，保护其免受损坏所采取的一定防护措施的包装。

产品从生产出来到消费者开始使用的整个流通过程中要经过运输、保管、堆码和装卸操作，可能会有多种力作用在产品之上，使产品发生机械性损坏。为了防止产品遭受损坏，就要设法通过防震包装减小外力的影响。所以，防震包装在各种包装方法中占有重要的地位（见表8-2）。

防震包装主要有以下三种方法：

（1）全面防震包装。对于容易受到损害的产品来说，在内装物和外包装之间全部用防震材料填满进行防震，这种包装方法叫作全面防震包装。

（2）部分防震包装方法。对于整体性好的产品和有内装容器的产品，仅在产品或内包装的拐角或局部地方使用防震材料进行衬垫即可。

全面防震包装和部分防震包装所用包装材料主要有泡沫塑料防震垫、充气型塑料薄膜防震垫和橡胶、弹簧等。

（3）悬浮式防震包装方法。对于某些贵重易损的物品，为了有效地保证在流通过程中不被损坏，外包装容器易坚固，然后用绳、带、弹簧等将被装物悬吊在包装容器内。在物流中，无论如何操作，内装物都被稳定悬吊而不与包装容器发生碰撞，从而减少损坏。

表8-2　常见的防震缓冲材料

序号	名称	特性	主要用途
1	泡沫橡胶	乳液泡沫橡胶，质地柔软，复原力强	电器、精密测量仪器等
2	楞状纸垫	用废纸作原料，做成实心状的楞状纸垫。其特点是缓冲性能优良，可用来裹包物品	小盘典型、纸容器材料、隔热材料等
3	气泡塑料薄膜	缓冲性能好，具有良好的透明性、耐热性	制成片或袋，适于小型机电产品
4	纸浆模	按物品形状成型	蛋、水果、陶瓷器计量仪器
5	瓦楞纸板	做成内装箱，或几层铁盒使之具有弹性，或折叠成隔离板，缓冲性能好	电器机具、小型机械，还广泛用于食品医药包装方面
6	毛毡	原毛、牛毛、麻毛等	物品表面的保护、贴压杠上
7	绳索弹簧	在双重箱中，将内箱吊在外箱里用悬吊包装	怕震的易损品真空管、无线电器等

想一想

电视机如何防震

电视机在流通过程中往往会受到机械力作用，其中以冲击所产生的危害最大。为了减少电视机在流通过程中的损坏，请问对电视机采用何种防震包装技术？电视机的外包装应采用哪种包装材料？

（二）防水包装技术

防水包装是为了防止水分浸入包装物影响内装物质量而采取一定防护措施的包装。

包装在运输、装卸、存储过程中，为防止外界雨、淡水、海水等渗入，影响内装物资质量，采用某些防水材料作阻隔层，并用防水黏结剂或衬垫、密封等措施，以阻止水浸入包装内部。

防水包装材料主要有：包装外壁框架材料，如木材、金属、瓦楞纸板三大类；内衬材料，各种防水包装用纸、涂布、复合塑料薄膜、铝箔及铝塑复合膜等；防水涂料，用作纸箱、胶合板箱等表面防水处理的防水涂料，如石蜡、清漆等；密封材料及外层覆盖材料等。

（三）防潮包装技术

物品在流通过程中，因空气中的潮气侵蚀会变质、潮解、锈蚀、霉变。为防止上述现象发生必须要采取防潮包装技术。防潮包装技术就是采用防潮材料对产品进行包装，以隔绝外部空气相对温度的变化对产品的影响，使包装内的相对湿度符合产品的要求，从而保护产品的质量。

防潮包装主要有两种方法：

1. 用透湿度低的材料包装

通过使用低透湿度或透湿度为零的材料，将被包装物与外界潮湿大气相隔绝。凡是能阻止或延缓外界潮湿空气透入的材料均可用来作防潮阻隔层材料，如金属、塑料、陶瓷以及经防潮处理的棉、麻、木材等。现代防潮包装中，应用最广泛的材料为：聚乙烯、聚丙烯、聚氯乙烯、聚苯乙烯、聚酯、聚偏二氯乙烯等。

2. 控制包装容器内的湿气

控制包装内湿气的方法，有化学干燥和物理干燥两类。用于包装的主要是物理干燥，最常用的是硅胶。

（四）防锈包装技术

防锈包装的目的是防止内装物锈蚀。

1. 防锈油防锈蚀包装技术

大气锈蚀是空气中的氧、水蒸气及其他有害气体等作用于金属表面引起电化学作用的结果。如果使金属表面与引起大气锈蚀的各种因素隔绝（即将金属表面保护起来），就可以达到防止金属大气锈蚀的目的。防锈油包装技术就是根据这一原理将金属涂封防止锈蚀的。

用防锈油封装金属制品，要求油层要有一定厚度，油层的连续性好，涂层完整。不同类型的防锈油要采用不同的方法进行复涂。

2. 气相防锈包装技术

气相防锈包装技术就是用气相缓蚀剂，在密封包装容器中对金属制品进行防锈处理的技术。气相缓蚀剂是一种能减慢或完全停止金属在侵蚀性介质中的破坏过程的物质，它在常温下即具有挥发性，它在密封包装容器中，在很短的时间内挥发或升华出的缓蚀气体就能充满整个包装容器内的每个角落和缝隙，同时吸附在金属制品的表面上，从而起到抑制大气对金属锈蚀的作用。

(五) 防霉腐包装技术

在运输包装内装运食品和其他有机碳水化合物货物时，货物表面可能生长霉菌，在流通过程中如遇潮湿，霉菌生长繁殖极快，甚至伸延至货物内部，使其腐烂、发霉、变质，因此要采取特别防护措施。包装防霉烂变质的措施，通常是采用冷冻包装、高温灭菌、真空包装三种方法。

1. 冷冻包装

它的原理是减慢细菌活动和化学变化的过程，以延长储存期，但不能完全消除食品的变质。

2. 高温灭菌法

高温可以消灭引起食品腐烂的微生物，可在包装过程中用高温处理防霉。有些经干燥处理的食品包装，应防止水汽浸入以防霉腐，可选择防水汽和气密性好的包装材料，采取真空和充气包装。

3. 真空包装法

真空包装法又叫减压包装法或排气包装法。这种包装可阻挡外界的水汽浸入包装容器内，也可防止在密闭着的防潮包装内部存有潮湿空气，在气温下降时结露。采用真空包装法，要注意避免过高的真空度，以防损伤包装材料。

防止运输包装内货物发霉，还可使用防霉剂，防霉剂的种类甚多，用于食品的必须选用无毒防霉剂。机电产品的大型封闭箱，可酌情开设通风孔或通风窗等相应的防霉措施。

任务实施

一、活动准备

茶叶包装是茶叶在流通过程中保证其产品的实用价值和价值的顺利实现而采用的一个具有特定功能的系统。作为饮品的商店茶叶是以终端产品进入消费者手中。一个好的茶叶包装可以让茶叶的身价提高数倍，茶叶包装已经是中国茶叶产业的重要环节。

茶叶是一种干品，极易吸湿受潮而产生质变，它对水分、异味的吸附很强，而香气又极易挥发。当茶叶保管不当时，在水分、温湿度、光、氧等因子的作用下，会引起不良的生化反应和微生物的活动，从而导致茶叶质量的变化。

请问，厂商进行在茶叶包装时，如何选用合适的包装材料和包装容器？

二、活动方案

茶叶包装的最基本要求是密封、避光、避气、避湿，并且需要保证茶叶的原质品味、携带使用方便。要选用恰当的包装材料和包装容器，需要学习以下相关知识。

厂商选择适当的茶叶包装时，应该注意到以下几点：

1. 基本要求

选用那些密封性能好，防湿、避光的包装材料。

2. 包装目的

包装是物流包装还是商流包装。产品进入物流环节的包装成为物流包装，商流包装是指直接接触商品，并随商品进入零售网点与消费者或客户直接见面的包装。如果是用于物流包装，应选取那些保护性能良好，可以避免茶叶受损的包装。如果是用于商流包装，应选用那些有一定的保护功能和方便消费者选购的包装材料。

三、技能训练

（1）参观当地企业，观察企业如何根据不同商品的特点选取包装材料，掌握各种包装材料的优缺点。

（2）找一些包装如计算机等的包装，查看防震包装材料。

（3）查看不同的食品分别采用了哪些不同包装方法防霉腐。

资料链接

孙宏岭编著，《物流包装实物》.

任务三　包装的合理化和标准化

相关知识

一、包装的合理化

所谓包装合理化是指在包装过程中使用适当的材料和适当的技术，制成与物品相适应的容器，节约包装费用，降低包装成本，既满足包装保护商品、方便储运、有利销售的要求，又要提高包装的经济效益的包装综合管理活动。

经济发达国家的物流包装合理化主要表现在以下几个方面。

1. 物流包装合理化从产品的设计阶段开始

物流包装合理化应该从源头抓起，在经济发达国家，产品设计便是物流包装合理化的源头。在产品的设计阶段就充分考虑物流包装的合理化、物流包装物回收以及资源再利用等问题。

2. 物流包装合理化与外围因素相协调

由于物流包装只是现代物流系统中的一个子系统，需要综合、全面地考虑物流包装的合理性，只有各种相关因素的协调一致，才能发挥整个现代物流系统应有的效果。例如，有的产品采用无包装或简易包装，比有包装或复杂包装更为便利。粮食四散（散装、散卸、散储、散运）流通、散装水泥及粉状物料的管道运输等都是无包装化物流的例子。无包装化物流既能节约包装费用，降低整体物流成本，又能省去包装容器的回收和处理作业。

3. 科学包装，减少浪费

随着经济的快速发展和商品竞争的激烈化，物流包装所消耗的材料资源越来越多，过度包装等浪费现象十分严重。推广科学包装，减少浪费早已引起经济发达国家政府和企业的高度重视。目前，最为行之有效的措施是采用集装单元包装，集装箱、集装袋、集装架的使用越来越普遍。

二、包装合理化的主要表现

1. 包装的轻薄化

由于包装只是起保护作用，对产品使用价值没有任何意义，因此在强度、寿命、成本相同的条件下，更轻、更薄、更短、更小的包装，可以提高装卸搬运的效率。

2. 包装的单纯化

为了提高包装作业的效率，包装材料及规格应力求单纯化，包装规格还应标准化，包装形状和种类也应单纯化。

3. 符合集装单元化和标准化的要求

包装的规格与托盘、集装箱关系密切，也应考虑到与运输车辆，搬运机械的匹配，从系统的观点制定包装的尺寸标准。

4. 包装的机械化与自动化

为了提高作业效率和包装现代化水平，各种包装机械的开发和应用是很重要的。

5. 注意与其他环节的配合

包装是物流系统组成的一部分，需要和装卸搬运、运输、仓储等环节一起综合考虑、全面协调。

6. 有利于环保

包装是产生大量废弃物的环节，处理不好可能造成环境污染。包装材料最好可反复多次使用并能回收再生利用；在包装材料的选择上，还要考虑不对人体健康产生影响，对环境不造成污染，即所谓的“绿色包装”。

三、包装合理化的设计要求

（1）掌握流通实况，发挥最经济的保护功能。

（2）实行包装标准化。

（3）协调与生产的关系。

（4）注意装卸及开启的方便性。

包装合理化既包括包装总体的合理化，也包括包装材料、包装技术、包装方式的合理组合及运用。要做好包装合理化工作，可以从以下五方面入手。

第一，包装尺寸标准化

包装尺寸的确定过去大多是以保护内容物品、便于人工装卸搬运作业、节约包装材料等为考虑因素，与物流其他作业环节，其他运载工具的关联性考虑的不多。没有站在物流综合系统的角度，以物流总体的合理化为目标。

实现包装的标准化对于实现物流全过程的物流整体合理化具有特别重要的意义。如纸箱尺寸的设计与托盘、集装箱、车辆、货架等各种各样的物流子系统发生连动，包装、运输、装卸、保管等不同物流环节的机械器具的尺寸设计需要建立在共同的标准之上。

第二，包装作业机械化

实现包装作业的机械化是提高包装作业效率、减轻人工包装作业强度、实现省力的基础。包装机械化首先从逐个包装开始，然后向装箱、封口等外包装关联作用推进。目前出现了液体、颗粒、粉剂自动包装机、真空包装机、吸塑包装机、贴体包装机、自动贴标机等。图 8－4 为广泛应用于各种粉末、颗粒、块状及液体物料的包装的自制袋立式全自动包装机。

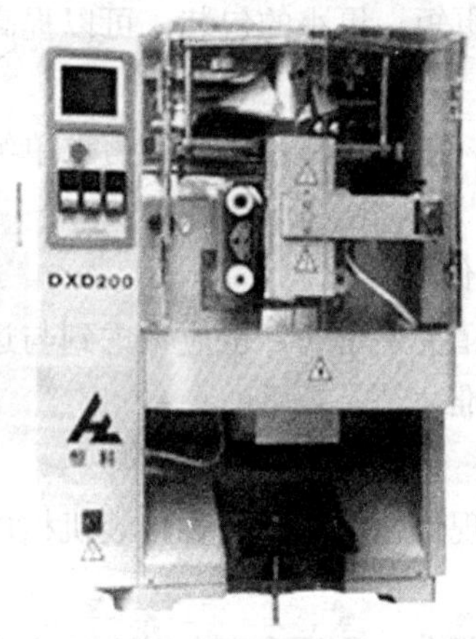

图 8－4　自制袋立式全自动包装机

第三，包装单位轻薄化

由于包装只是起保护作用，对产品的使用价值没有任何意义。因此，在强度、寿命、成本相同条件下，更轻、更薄、更短、更小的包装可以节约材料、提高装卸搬运和运输的效率，减少废弃包装材料的数量，使包装的综合成本降低。

第四，包装成本低廉化

包装成本中占比例最大的是包装材料费，在包装中，容器和附属材料的总费用不少都超过总成本的 50%。因此，降低包装成本首先应该从降低包装材料费用开始。为此，需要对包装材料的价格和市场行情作充分调查，合理组织包装材料采购。对于材料的种类、材质的选择应该在保证功能的前提下，尽量降低材料的档次，节约材料费用支出。

影响包装成本的第二个因素是劳务费，特别是在经济发达的地区和国家劳务费用占包装成本的比重相当高。节约劳务费用的办法是提高包装作业的机械化程度，降低包装作业对人工的依赖程度。当然，在许多场合，通过机械与人工的合理组合，在半机械化的条件下从事包装作业，既可以提高效率，又可以节约人工，使包装成本得到有效控制。

最后，在包装设计上要防止过剩包装，应根据内容商品的价值和商品特点设计包装。对于有些低价值的商品，为保证不发生包装破损而采用高档次包装的做法在经济上未必合理。允许一定程度的破损率，会大大节约包装费用，对于节约包装成本是有益的。

第五，绿色包装

随着人们环境保护意识的增强，消费者对产品包装不仅要求其外观新颖、美观，还要求包装材料无污染、易回收、易降解。所谓“绿色包装”是指对生态环境不造成污染，对人体健康不造成危害，能循环使用和再生利用，可促进持续发展的包装。从发展的角度出发，绿色包装将会成为21世纪包装产业发展的一个主要趋势，其重点是开发绿色包装材料，改进包装工艺，加大包装材料的回收和综合利用。

我国绿色包装意识不强，随着包装工业规模日益扩大，大量包装废弃物对环境危害也随之加大，包装产品的回收率还达不到包装产品总产量的20%。包装废弃物处理已成为严重的问题，如果不对此进行治理，我们生活的空间将被垃圾所包围。尤其是近年来广泛使用的一次性轻型难以降解塑料包装材料，回收利用很难，带来了严重的环境影响。因此，我国必须进行一次绿色包装革命。

发展绿色包装应从以下方面做工作：

1. 使用绿色包装材料

绿色包装材料可分为以下几种。

（1）再生的包装材料。再生利用即回收之后重新使用。再生的方法有两种：一种是物理方法，是指直接彻底地净化粉碎，无任何污染物残留，处理后的包装材料用于再生包装容器；另一种是化学方法，是指将回收的塑料经粉碎洗涤之后，使用解聚剂在碱性催化剂的作用下，使其解聚成单体或者部分解聚成低聚物，纯化后再将单体或者低聚物重新聚合成再生包装材料。

（2）可食性包装材料。人工合成可食性包装膜在水中容易溶解，无色、无味、无毒，具有韧性、高抗油性，能食用。

（3）可降解材料。可降解材料是指特定环境下，在特定时间内造成性能损失，其化学结构发生变化的一种塑料。它既具有传统塑料的功能和特性，又可以在完成使用寿命以后，通过阳光中紫外线的作用或者土壤和水中的微生物作用，在自然界中分裂降解和还原，最终以无毒的形式重新进入生态环境中，回归自然。

（4）以农业原料或副产品为包装材料。从农业原料或副产品中生产生物包装材料具有十分广阔的市场前景。人们利用农林原料作为包装材料的历史很悠久。利用香蕉树叶、棕榈叶、椰子树叶等作为包装食品的材料在非洲以及太平洋和拉丁美洲一些地区极为普遍。利用植物乳汁或粮食提炼成的蛋白质糖衣或油脂薄膜作为食品包装材料在亚洲一些国家也很盛行。

2. 可重复包装材料

包装物品可以反复使用。

（1）采用通用包装按标准模数尺寸制造瓦楞纸、纸板及木制、塑料制通用外包装箱，这种包装箱不专门安排回收使用，由于其通用性强，无论在何地都可转用于其他包装。

（2）周转包装有一定数量规模并有较固定供应流转渠道的产品，如牛奶、啤酒、饮料等，可采用周转包装瓶、盒、箱，多次反复周转使用。

（3）梯级利用一次使用后的包装物，用完转做他用或用毕后进行简单处理便可转做他用。有的包装物在设计时，就设计成多用途，在一次使用完毕以后，可再使用其他功能。

3. 减少包装的使用

以集装方式进行多式联运形成的“门到门”的物流系统，可以减少包装的使用。因为集装方式本身具有很好的保护功能，采用多式联运的方法，又取消了途中的多次装卸、搬运活动，因此，商品的防护性包装就会逐渐弱化。尽量减少防护性包装，还可以减轻商品的重量、缩减商品的体积，从而可以充分利用集装容器的空间，大大提高效率。

4. 采用无包装的物流形态

对需要大量输送的商品（如水泥、煤炭、粮食等）来说，包装所消耗的人力、物力、资金、材料是非常大的，若采用专门的散装设备，则可获得较高的技术经济效果。散装并不是不要包装，它是一种变革了的包装，即由单件小包装向集合大包装的转变。

边学边干：

根据美国包装机构提供的有关资料预测，今后 10 年包装的发展趋势主要有：

（1）轻量、无菌、绿色包装将成为现代化包装的主流和标志；

（2）玻璃、金属等大型容器包装将逐步退出部分市场；

（3）超薄塑料包装（白色污染）必被禁用；

（4）努力降低包装的制造和运输成本，走多样化包装之路；

（5）受到消费者欢迎的小额定量的软包装将会继续发展；

（6）防盗、防伪的安全包装将进一步受到重视；

（7）复合包装材料的优点更加突出，将有取代传统包装材料之势等。

四、包装标准化

1. 包装标准化内涵

包装的标准化是指对包装类型、规格、容量、使用材料、包装容器的结构造型、印刷标志、产品的盛放、衬垫、封装方法、名词术语、检验要求等制定统一的政策和技术规定。

2. 内容

目前，我国的产品包装标准主要包括建材、机械、电工、轻工、医疗机械、仪器仪表、中西药、食品、农畜水产、邮电、军工等 14 大类 500 多项。包装标准是以包装为对象制定的标准。

包装标准包括以下几类。

(1) 包装基础标准。主要包括包装术语、包装尺寸、包装标志、包装基本试验、包装管理标准。

(2) 包装材料标准。包括各类包装材料的标准和包装材料试验方法。

(3) 包装容器标准。包括各类容器的标准和容器试验方法。

(4) 包装技术标准。包括包装专用技术、包装专用机械、防毒包装技术方法、防锈包装等标准。

(5) 产品包装标准。包括包装说明、包装标志等标准。

(6) 相关标准。主要指与包装关系密切的标准，诸如集装箱技术条件、尺寸，托盘技术条件、尺寸，叉车规格等。

3. 包装标准化的意义

(1) 包装标准化是包装质量的保证；

(2) 包装标准化有利于加速货物流通，提高物流效率；

(3) 包装标准化有利于促进国际贸易的发展。

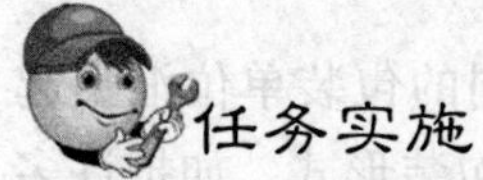

任务实施

一、活动准备

人靠衣装，物靠包装。商品的包装要与其价值和质量表里一致，货价相当。我国东北出口的优质人参，开始采用木箱和纸盒包装，每箱 20～25 千克，低劣的包装使外商怀疑其是否是真正的人参。后来改用小包装，不同等级采用不同的包装。一般的采用透明塑料盒包装；上品内用木盒，外套印花铁盒，每盒 1～5 支，精制美观。由于采用等级包装，东北人参身价倍增。

物品生产出来之后，进入流通之前都要进行包装，包装是物品进入销售的重要工作。因此，包装是连接生产与流通的纽带，既可以说是生产物流的最后一个环节，又可以说是销售物流的第一个环节。

(1) 从我国东北人参由大包装改为分档次包装后，商品身价倍增，对此你有何启发？

(2) 请你从周围的商品中，举一例商品，并说明其包装是否合理？如不合理该如何改进？

二、活动方案

东北人参由大包装改为分档次包装后，商品身价倍增，说明包装有促进销售的功能。

三、技能训练

(1) 寻找企业改进包装技术获得经济效益、社会效益和生态效益的例子，了解物流包装合理化的重要意义。

(2) 观察企业如何回收利用废旧包装材料，发展绿色物流包装。

http：//www. pack. cn（中国包装网）.

任务四 包装的发展趋势——集装化

一、集装化

集装化也称为组合化和单元化，它是指将一定数量的散装或零星成件物资组合在一起，这样在装卸、保管、运输等物流环节中可作为一个整件进行技术上和业务上处理的包装方式。

集装化物资的载体是集合包装。集合包装就是将若干相同或不同的包装单位汇集起来，最后包装成一个更大的包装单位或装入一个更大的包装容器内的包装形式。如把许多货物包装成一个包，若干包再又打成一个件，若干件最后装入一个集装箱，这便是集合包装的简单组合过程。

二、商品包装集装化的作用

（1）有利于实现商品运输，减少装卸的劳动强度，减少重复操作，提高运输，装卸效率。

（2）缩短装卸时间，加速车船周转，提高物流效率。

（3）保证商品的储运安全。

（4）节省包装费用，降低运输成本。

（5）促进商品包装标准化、规格化、系列化的实现。

三、集装化主要容器

在包装的集合化发展趋势里最典型的容器就是集装箱和托盘。

1. 集装箱集装

集装箱是具有一定规定规格和足够强度，能装入若干件整装货物或散装货物的，专门供周转使用并便于机械操作和运输的大型货物容器。一般是由钢材或铝材制成的大型容器型物流装运设备，内容积在一立方米以上。

从包装角度看，集装箱属于一种大型，可反复使用的周转型包装箱，属于运输包装的类别。使用集装箱可以节省包装材料，提高物流效率。如图8-5所示。

图 8-5　集装箱

按集装箱的用途，可分为通用集装箱和专用集装箱两种。

2. 托盘集装

托盘又称集装托盘或装盘，是指为了便于装卸、运输、保管商品由承载单位数量物品的负荷面和叉车插口构成的装卸用垫板。

它是一种用于机械化装卸、搬运、堆存的集装单元工具，是一种特殊的包装形式。托盘是集合包装的基础条件之一。

托盘按材质分，一般有木托盘、钢托盘、铝托盘、胶合托盘、塑料托盘和复合材料托盘。

托盘按结构分，有平板式托盘、箱式托盘、立柱式托盘。

3. 其他形式的集装化

（1）集装袋

盛装重量在1吨以上的大容积的包装袋叫集装袋，它是运输包装常用的容器。

集装袋的顶部一般装有金属吊架或吊环等，便于铲车或起重机的吊装、搬运。卸货时可打开袋底的卸货孔即行卸货，非常方便。集装袋适用于装运颗粒状、粉状的货物。如食品、矿砂、化工原料产品。

集装袋多用聚丙烯、聚乙烯等聚酯纤维纺织而成。由于集装袋装卸货物、搬运都很方便，装卸效率明显提高，近年来发展很快。如图 8-6 所示。

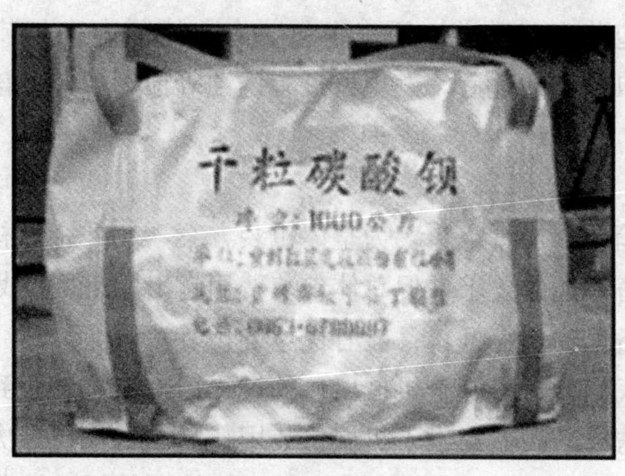

图 8-6　集装袋

（2）货捆

货捆是集装化的一种形式。它是采用各种材料的绳索，将货物进行多种形式的捆扎，使若干件单件货物汇集成一个单元。

（3）框架

框架是集装化的一种重要手段。这是一种根据物质的外形特征选择或特制各种形式的框架，以适用于物资的集装方法。

框架箱是由一定截面的条木作箱体的骨架构成，根据需要也可在骨架外面加木板覆盖。无木板覆盖的称为敞开式框架箱，有木板覆盖的称为覆盖式框架箱。如图8-7所示。

图8-7 框架箱

框架箱由于有坚固的骨架结构，因此具有较好的抗震和抗扭力，有较大的耐压能力，装载量较大。

任务实施

一、活动准备

某外企一批机械包装出口欧美，原来木包装企业按国内木包装规范做了普通木箱包装。货物装集装箱出口到目的地后，发现机械有锈蚀等损坏现象，该怎么解决这个问题。

二、活动方案

我们先按出口木箱要求加真空包装为整体包装方案，交外企审核。外企提出该包装方案达到了保护机械设备海运的要求，但总体包装费用超出原来的计划，希望有其他包装方案，既能保证机械设备运输的完好，又能有优惠的包装费用。

针对这一情况，我们分析了外企机械出口的过程，货物从外企到用户手中全程是集装箱运输，考虑到这一情况，我们提出了机械包装用托盘加真空包装方案，托盘包装可方便机械进出集装箱，真空包装避免了机械在海上盐湿环境下的锈蚀，集装箱可避免外力对机械的碰撞，这样一来达到了机械在海上运输的要求，整个包装不用木箱因而省略了不少包

装材料，使总体包装费用大幅下降，也达到了外企的包装费用预算要求。

这种集合包装方案，经多批机械的包装出口，未曾出现机械损坏现象，进一步证实了这一方案的合理。

三、技能训练

1. 在实训室参观打包设备，托盘结构，托盘的使用。
2. 在相关港口参观集装箱的集装化运输方式。

资料链接

1. http：//www. doc88. com.
2. http：//www. wendu. baidu. com（商品的集装化）.
3. http：//news. youboy. com.

模块总结

本模块主要介绍了包装的概念、作用、分类，包装技术、包装合理化和标准化的主要内容、包装发展趋势等内容。

案例

TECHPLASTUS 联合公司包装管理的合理化

TECHPLASTUS 联合公司是《财富》杂志上排名 500 强的塑料容器生产商。其产品主要是装食物的塑料容器，容器必须由两个组件组成：盒与盖。公司原先的作业方式是将配套好的盖和盒，以一对的形式包装储存。传统的操作过程要求首先分别生产盒与盖，然后在生产线上完成盒与盖的配套包装过程，再将其送到仓库中，随着业务的发展，产品的品种从 80 种增加至 500 种，而这些产品的盒与盖又有许多是可以相互匹配的。这样，传统的操作过程使产品库存迅速增加，同时，缺货的现象却又经常发生。仓库操作人员经常需要从现有库存中打开包装，拿出产品，并进行重新的装配，以使产品满足已有订单的需求。这样一方面使工作的效率降低，同时也常常不能满足客户的需求，产品库存的精确性也受到了影响。

TECHPLASTUS 联合公司的解决方法是在生产线末端重新设计包装过程，将盒与盖进行独立的包装，并独立地进入到仓库中的一个配套装配工作区，而不先进行盒与盖的配套。每天收到客户订单时，再根据需要将所需的盒与盖放入包装线，两者被压缩包装在一起，并按顾客的要求打上标签，然后成品被放上拖车运走。需求量大的盒与盖，平时可以多装配一些，然后包装入库储存，再进行大量库存的打标签和装运。TECHPLASTUS 联合公司用于包装线的投资不到 2 万美元。把配套包装作业放到仓储过程中完成，使流动资金的周转效率大大提高。顾客的满意度得到提高，同时，库存的精确度也达到一个更能接受的水平。

问题：1. 结合案例，说明包装的功能。

2. 分析 TECHPLASTUS 联合公司传统的包装过程中存在的问题。

3. TECHPLASTUS 联合公司包装管理合理化的意义是什么？

作业

1. 各种包装材料可能有哪些缺点？
2. 如何根据产品的特点选用适当的包装材料？
3. 物流包装合理化有何重要意义？
4. 物流包装合理化具体包括哪些内容？
5. 简述绿色物流包装的内涵。
6. 如何发展绿色物流包装？

模块九　流通加工

知识目标

(1) 能够明确流通加工在物流活动中的地位和作用。

(2) 认识流通加工技术在日常物流管理中的重要意义和作用。

(3) 熟悉流通加工的类型和方式。

能力目标

(1) 能识别合理与不合理的流通加工方式并能说出简单理由。

(2) 会运用流通加工的流程与管理知识进行基本的流通加工方式设计。

素质目标

(1) 培养学生的团队合作意识。

(2) 培养学生的良好沟通能力。

引导案例

燕京啤酒进军日本的“临门一脚”

现在，燕京啤酒已经畅销世界各地。然而就是一家如此优秀的公司，在打入日本时也遭遇了一段不寻常的经历。

为了满足消费者对口感新鲜、酒花多、香气浓郁等特点的要求，燕啤在国内装瓶(400毫升)贴标签，下线后，采用空运以保证两天内送达日本消费者手中。由于采用玻璃小瓶包装，在空运中造成了很多破损，而且每次装载量有限。这使空运成本很高，进而售价也比国内高出很多。比如说400毫升瓶装的啤酒，国内卖3元，而到达日本后就是9元。因此，燕啤当时在日本市场可谓一筹莫展。

经过众多专家的研究，该公司发现引起成本升高的最主要因素是物流费用过高。瓶子的数量使占用空间增加，从而减少了酒的重量，其次瓶子的易碎性造成了损失。据此，专家一致提出意见，改用大桶先装并空运到日本，运达后，在当地改用小瓶分装并贴标签。这样，日本消费者只需花5元钱就能喝到口感清香、纯正爽口的啤酒了，产品销路一时大开。

请思考：是什么原因促使燕京啤酒成本大幅下降，从而满足了日本普通消费者的需求呢？

任务一 流通加工的概念

流通加工是在流通领域从事的简单生产活动，具有生产制造活动的性质。它虽然不改变加工对象的基本形态和功能，但能完善商品的使用功能，提高商品的附加价值，正越来越成为流通领域的一项重要功能活动。通过流通加工可以促进物流的效率化和满足消费者日益多样化的需求，同时也给流通业者带来可观的经济收益。那么，如何完善商品的使用功能？如何提高流通加工的附加价值并且为企业降低物流成本？这就需要掌握流通加工的概念及流通加工与生产加工的区别。

一、流通加工的目的

流通加工的目的可以归结为以下几个方面：

（1）强化流通阶段的保管功能，使商品在克服了时间距离后，仍然可以保持新鲜状态。例如，食品的保鲜包装、罐装食品加工等属于此类。

（2）减少流通阶段的商业风险，同时也促进了物流效率的提高。例如，钢板的剪裁、玻璃的剪裁一般是在接到用户订货后再进行。

（3）提高商品的附加价值。蔬菜等食品原料经过深加工，如加工成半成品，可以满足消费者对商品更高层次的需求，提高商品的附加价值。

（4）满足消费者多样化的需求。例如，不同顾客对于商品的包装量的要求不同，通过改变商品的包装，满足不同顾客的需求。

（5）提高运输保管效率。例如，组装型商品运输和保管过程中处于散件状态，出库配送前或者到达用户后再进行组装，以此提高运输工具的装载率和仓库保管效率。

二、流通加工的作用及效果

1. 流通加工的作用

流通加工的形态受到技术革新的影响，其形态在逐渐增加，这对流通系统也产生着重大影响。也就是说，在生产工厂并不完成加工对象的完全制品化，而是在靠近消费者的地方完成其随后阶段的制品化工作。随着经济的全球化和国际分工的进一步细化，以及采购的全球化趋势，原材料和零部件往往由一个国家流向另一个国家，其所经历的物流环节和距离会变得更长。为此，流通加工也会变得越来越重要。流通加工在提高物流效率，降低物流成本方面的作用在不断加大。具体作用如下。

（1）改变产品功能，促进销售，提高收益

如图9-1所示，这是流通加工的一个主要作用，通过流通加工环节可以使物品更好

地满足顾客的需要和个性化的需求。例如，国内的许多制成品，如玩具洋娃娃、时装、轻工纺织产品、工艺美术品等，在深圳进行简单的装潢加工，改变了产品外观功能，仅此一项就可使产品售价提高 20%以上。

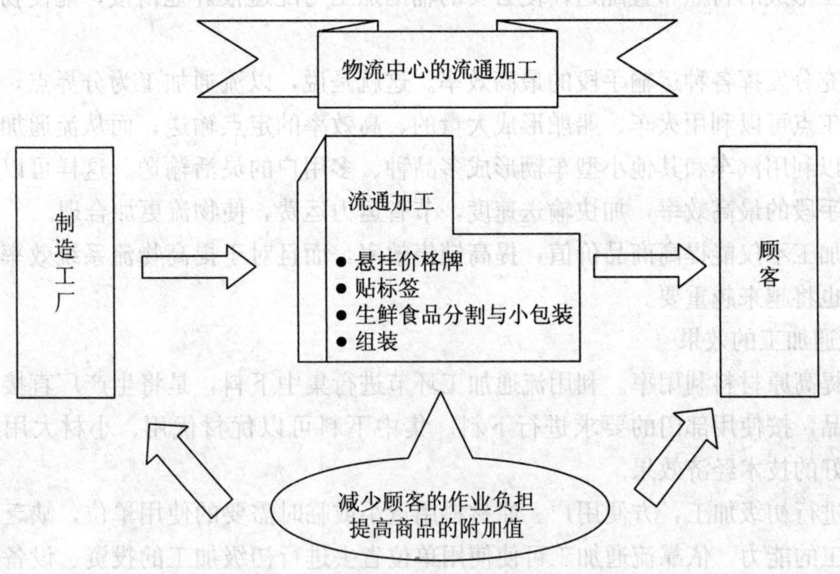

图 9－1　流通活动内容

（2）提高加工设备的利用率

利用集中进行的流通加工代替分散在各使用部门的分别加工，可以按使用部门的要求，采用效率高、技术先进、加工量大的专门设备，大大提高加工设备的利用率，提高加工质量和加工效率，降低加工费用。

（3）提高物流效率，降低物流成本

这主要体现在以下方面：

①方便运输。如铝制门窗框架、自行车、缝纫机等，若在制造厂装配成完整的产品，在运输过程中，将耗费很高的运输费用。一般都是把它们的零部件，分别集中捆扎或装箱，到达销售地点以后，再分别装成成品，这样能使运输方便而且经济，有效降低物流成本。

②减少附加重量。即在运输前先通过流通加工完成必要的切割，去除本来就应废弃的部分，就可以减少附加重量，提高运输与装卸搬运的效率，有效降低物流成本。比如，整块的钢板，先切割后再运输，可以减少运输的重量；整根的原木，先割成板材与方木，可以大大缩小体积，合理利用车、船等运输工具的内容积。

③协调运输包装与商业包装。因为运输包装与商业包装有时存在一定的冲突，比如，运输包装要求轻薄，商业包装有时需要夸张；运输包装需要单位重量大一点，商业包装有时需要以很小的重量上商店的货架。所以，商品可以先以运输包装进入物流过程，在运达目的地后，再通过流通加工，形成商业包装，进入商店的货架。这样，也能有效降低物流成本。

（4）促进物流合理化

这主要体现在以下方面：

①能方便配送。因为物流企业自行安排流通加工与配送，流通加工是配送的前提，根据流通加工形成的特点布置配送，使必要的辅助加工与配送很好地衔接，能使物流全过程顺利完成。

②能充分发挥各种运输手段的最高效率。这就是说，以流通加工为分界点，从生产地到流通加工点可以利用火车、船舶形成大量的、高效率的定点输送；而从流通加工点到消费者则可以利用汽车和其他小型车辆形成多品种、多用户的灵活输送。这样可以充分发挥各种输送手段的最高效率，加快输送速度，节省运力运费，使物流更加合理。

流通加工不仅能提高商品价值，提高销售效率，而且对于提高物流系统效率，促进物流合理化也将越来越重要。

2. 流通加工的效果

（1）提高原材料利用率。利用流通加工环节进行集中下料，是将生产厂直接运来的简单规格产品，按使用部门的要求进行下料。集中下料可以优材优用、小材大用、合理套裁，有很好的技术经济效果。

（2）进行初级加工，方便用户。原材料用量小或临时需要的使用单位，缺乏进行高效率初级加工的能力，依靠流通加工可使使用单位省去进行初级加工的投资、设备及人力从而搞活供应，方便用户。

（3）提高加工效率及设备利用率。由于建立集中加工点，可以采用效率高、技术先进、加工量大的专门机具和设备。这样一是提高了加工质量，二是提高了设备利用率，三是提高了加工效率。其结果是降低了加工费用及原材料成本。

（4）充分发挥各种输送手段的最高效率。由于流通加工环节一般设置在消费地，因而，它将实物的流通分成两个阶段。从生产厂到流通加工这第一阶段输送距离长，而从流通加工到消费环节这第二阶段距离短。第一阶段是在数量有限的生产厂与流通加工点之间进行定点、直达、大批量的远距离输送，因此，可以采用船舶、火车等大量输送的手段；第二阶段则是利用汽车和其他小型车辆来输送经过流通加工后的多规格、小批量、多用户的产品。这样可以充分发挥各种输送手段的最高效率，加快输送速度，节省运力运费。

（5）改变功能，提高收益。在流通过程中进行一些改变产品某些功能的简单加工，其目的除上述几点外还在于提高产品销售的经济效益。所以，在物流领域中，流通加工可以成为高附加值的活动。这种高附加值的形成，主要着眼于满足用户的需要，提高服务功能而取得的，是贯彻物流战略思想的表现，是一种低投入、高产出的加工形式。

三、流通加工与生产加工的区别

流通加工是在流通领域从事的简单生产活动，具有生产制造活动的性质。流通加工作业一般在配送中心、流通仓库、卡车终端等物流场所进行，它和一般的生产型加工在加工方法、加工组织、生产管理方面并无显著区别，但在加工对象、加工程度方面差别较大，其主要差别表现在六个方面，如表9－1所示。

表 9-1　流通加工和生产加工的区别

比较项目	生产加工	流通加工
加工对象	原材料、零配件、半成品	进入流通过程的商品
所处环节	生产过程	流通过程
加工程度	复杂的、完成大部分加工	简单的、辅助性、补充加工
价值贡献	创造价值和使用价值	完善其使用价值并提高价值
加工单位	生产企业	流通企业
加工目的	交换、消费	服务消费、流通

按照我国的物流术语国家标准，流通加工（Distribution Processing）是指："物品在从生产地到使用地的过程中，根据需要施加包装、分割、计量、分拣、刷标志、贴标签、组装等简单作业的总称。"它是物流的基本功能之一。

流通与加工的概念属于不同的范畴，如图 9-2 所示。

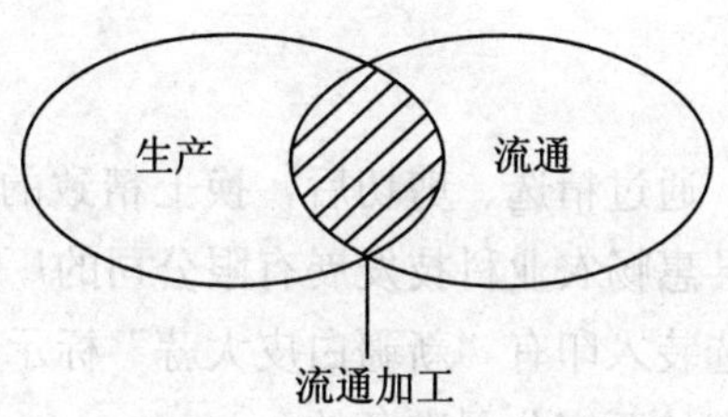

图 9-2　流通加工示意

生产改变物品的形态或性质来创造价值，流通则是改变物品的空间状态与时间状态，并不改变物品的形态或性质。而流通加工处于生产和流通的中间领域，不改变商品的基本形态和功能，只是完善商品的使用功能，提高商品的附加价值，同时，提高物流系统的效率。可以说，流通加工是生产加工在流通领域中的延伸，也可以看成流通领域为了提供更好的服务，在职能方面的扩大（图 9-3）。

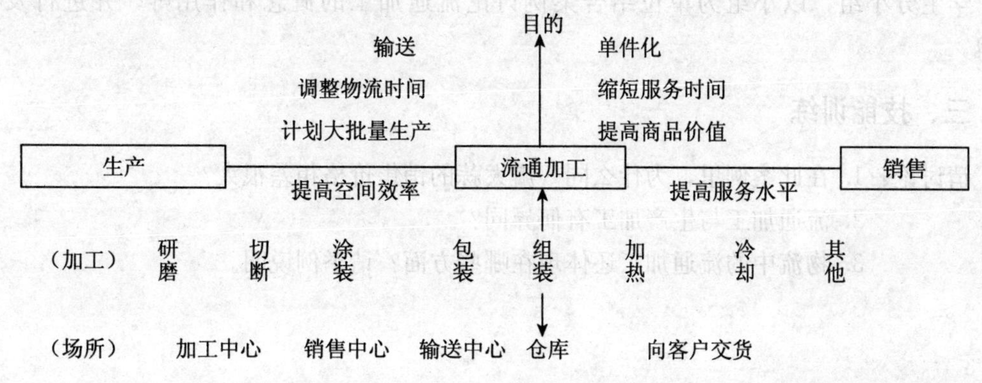

图 9-3　流通加工示意

简言之，在流通过程中辅助性的加工活动都称为流通加工。它是流通中的一种特殊形式，不仅仅是流通，还涉及加工，涉及再处理，这样使商品的价值得到提升。随着经济的全球化和国际分工的细化，为了适应激烈的市场竞争和消费者日益多样化的需求，流通加工的意义日益增加，在提高物流效率、降低物流成本方面的作用不断加大，对流通加工的管理已成为物流管理的一项重要内容。

想一想

日常生活中，遵照客户订单要求，将肉、鱼进行分割，或把量分得小一些；家用电器在接近用户的配送中心组装；礼品的拼装等是不是都是流通加工？它给我们的生活带来了什么？

任务实施

一、活动准备

案例：同样的一辫大蒜，通过精选、剪切后，换上精致的包装盒竟卖出比原来高出3倍的价钱。在新疆吉木萨尔县惠畅农业科技发展有限公司的厂院里，公司员工正忙碌着把一辫辫大蒜剪切后，通过筛选装入印有“新疆白皮大蒜”标示的包装盒内。这批盒装无公害大蒜是为乌鲁木齐和昌吉市的两家公司准备的。

原来，乌鲁木齐和昌吉市的两家公司以每盒38元的价格签订了1000盒的购货合同。这批盒装大蒜可使惠畅农业科技发展有限公司获利1万多元，而这批大蒜仅仅是农民4亩地的产量。今年，该公司共收购大蒜50吨，装盒销售后可获利10多万元。

一盒包装大蒜去杂后重4千克，同一辫大蒜相同。在当地，一辫大蒜销售价仅仅10元钱左右。

二、活动实施

学生分小组，以小组为单位结合案例讨论流通加工的概念和作用等，并进行发言交流。

三、技能训练

请讨论：1. 在此案例里，为什么同一瓣大蒜的销售价格相差很大？

2. 流通加工与生产加工有何异同？

3. 物流中的流通加工还体现在哪些方面？请举例说明。

流通加工成本：一定时期内，企业为完成货物流通加工业务而发生的全部费用，包括流通加工业务人员费用，流通加工材料消耗，加工设施折旧费、维修保养费，燃料与动力消耗费等。

1. 流通加工成本的主要构成

①流通加工设备费用：流通加工设备购置费用。

②流通加工材料费用：流通加工过程中需要消耗一些材料的费用。

③流通加工劳务费用：流通加工过程中从事加工活动的管理人员、工人及有关人员工资、奖金等费用的总和。

④流通加工其他费用：流通加工中耗用的电力、燃料、油料等费用。

2. 流通加工成本分析的常用方法

①比较分析法：通过指标对比，从数量上确定差异的一种分析方法。

②比率分析法：通过计算和对比经济指标的比率进行数量分析的一种方法。

③连环替代法：用来计算几个相互联系的因素对综合经济指标变动影响程度的一种分析方法。

④差额计算法：是连环替代法的一种简化形式。

资料来源：http://wiki.e—works.net.cn/wikipage/200905/entry6027.htm.

任务二 流通加工的类型与方式

大家都知道流通加工具有弥补生产加工的不足、优化产品保护、方便配送、提高劳动生产率和物料利用率、提高商品附加价值的功能。但是，要想发挥流通加工的这些功能就必须通过一定的方式去实现。这就要求我们首先要了解和掌握流通加工的类型与方式。

几种典型的流通加工方式如下：

从生产力或技术的角度来考察流通加工，我们可以看到：各种类型和各种产品的流通加工都是行为主体运用劳动手段作用于劳动对象的劳动过程。由于不同种类的产品，其性质、形状差异很大，所以不同种类产品的加工作业，在操作工艺和操作方法上又不尽相同，由此形成了几种不同的加工作业。下面，仅以几种主要产品的加工作业为例来介绍几种典型的流通加工方式。

1. 钢材的流通加工

钢材是使用范围广泛、消耗量大的原材料，按其形状进行划分，钢材包括型材、板材、管材和钢丝四大类。在批量生产的条件下，某些钢材的加工深度有限，因此，在使用这些钢材之前，一般都要根据具体情况采用先进的技术或使用专门的加工设备来进行延伸

性加工。归纳起来，钢材的流通加工大体上有以下几项内容。

（1）小型钢和部分管材的切割。如圆钢、角钢、扁钢、方钢等。

（2）线材的冷拉加工。

（3）薄钢板的剪切加工和带钢的平展、裁切加工。

（4）专用钢管的涂油和油漆加工。

在一般情况下，钢材的流通加工是由设置在消费地区的加工中心在综合各用户需求和要求的基础上，采用集中下料的方式进行作业的。也有些分散性的加工是由专业流通组织在知道需求规律的基础上分头去组织的。通常，他们是利用专门的设备将大规模的钢材切割或剪切成小尺寸的坯料，为的是便于零星用户购买钢材和有利于材料的充分利用。

除了保护性的涂油加工外，钢材的流通加工都是在专门设计安装的设备上进行作业的。例如，钢材的剪切加工是在剪床上进行的；小型钢材加工是借助于专用的切割设备和冷拉设备完成的。

2. 水泥熟料的流通加工

在需要长途运入水泥的地区，变运入成品水泥为运进熟料这种非成品，在该地区的流通加工点磨细，并根据当地资源和需要的情况掺入混合材料及漆加剂，制成不同品种及标号的水泥供应给当地用户，这是水泥流通加工的重要形式之一。

这种情况下，以熟料形式代替传统的粉状成品水泥有以下优点。

（1）可以大大降低运费，节省运力。普通水泥和矿渣水泥平均约有 30%的运力消耗在矿渣及各种加入物上。在我国水泥需要量较大的地区，工业基础大都较好，当地又有大量废渣，如果在使用地区对熟料进行粉碎，可以根据当地的资源条件选择混合材料的种类，这样就节约了消耗在混合材料上的运力和运费。同时，水泥输送的吨位也大大减少，有利于缓和铁路运输的紧张压力。

（2）可满足用户多样化的需要。即可按当地的实际需要大量掺加混合材料，生产廉价的低标号水泥，发展不同品种的低标号水泥，在现有生产能力的基础上更大限度地满足需要。尤其是目前我国使用水泥的部门大量需要较低标号的水泥，而大部分施工部门没有在现场加入混合次料来降低水泥标号的技术力量和设备，因此，不得已使用标号较高的水泥，这是很大的浪费。如果以熟料为长距离输送的形态，在使用地区加工粉碎，就可以按实际需要生产各种标号的水泥，尤其可以大量生产低标号水泥，满足用户多样化的需要。

（3）容易以较低的成本实现大批量、高效率的输送。从国家的整体利益来看，在铁路运输中运力利用较低的输送方式显然不是发展方向。如果采用输送熟料的方式，然后再根据用户需要进行流通加工，可以充分利用站、场、仓库现有的装卸设备，又可以利用普通车皮装运，比散装水泥方式具有更好的技术经济效果，更适合于我国的国情。

（4）可以大大降低水泥的输送损失。水泥的水硬性是在充分磨细之后才表现出来的，而未磨细的熟料抗潮湿的稳定性很强。所以，输送熟料也可以防止由于受潮而造成的损失。此外，颗粒状的熟料也不像粉状水泥那样易于散失。

（5）能更好地衔接产需，方便顾客。从商品管理的角度来看，如果长距离输送是定点直达的，这对于加强计划性、简化手续、保证供应等方面都有利。采用长途输送熟料等方式，水泥厂就可以和有限的熟料粉碎工厂之间形成固定的直达渠道，能实现经济效果较优

的物流。水泥的用户也可以不出本地区而直接向当地的熟料粉碎厂订货，因而更容易衔接产需关系，方便顾客。

3. 木材的流通加工

（1）磨制木屑，压缩运送。从林区外送的原木中有相当一部分是造纸材，如果在林木生产地将原木磨成木屑，然后压缩使之成为容重较大、容易装运的形状，再运至靠近消费地的造纸厂。这种方法比直接运送原木节约一半的运费，是一种提高运输效率的流通加工。

（2）集中开木下料。过去用户直接使用原木不但加工复杂、加工场地大、加工设备多，更严重的是资源浪费大，木材利用率平均不到50%，平均出材率不到40%。在流通加工点将原木锯截成各种规格锯材，甚至还可以打眼、凿孔等初级加工，同时将边角余料加工成各种规格板，实行集中下料，按用户要求供应规格料，可以使原木利用率提高到95%，出材率提高到72%左右，有相当大的经济效果。

4. 机电产品的流通加工

有些机电产品（如摩托车、汽车等）采用整装、整运的办法流转和储备有一定的困难，即使能做到，也很不经济。主要原因是：包装成本大、运输效果低（满装不能满载）、流通中损失严重。为了解决这方面的问题，在实践中人们采用了生产散件（零配件）和包装、运输散件，在消费地点组装零件、配件的办法来组织部分机电产品流通。

上述组装散件的加工作业是机电产品流通加工的主要形式。其主要适用于：装配和技术要求不高，装配作业比较简单，零件装配成产品或半成品以后，不需要进行复杂的测试或检验即可进入消费领域。

机电产品的组装加工不但能够促进该类产品的流通，而且也有利于进行批量生产。

5. 煤炭及燃气的流通加工

（1）除矸加工。除矸加工是以提高煤炭纯度为目的的加工形式。为了多运“纯物质”，少运矸石，充分利用运力、降低成本，在这种情况下，可以采用除矸的流通加工排除矸石。

（2）为管道输送煤浆进行的煤浆加工。煤炭的运输主要采用运输工具载运，运输过程中损失浪费较大，又容易发生火灾。采用管道运输是随着科技发展兴起的一种先进技术。即在流通的起始环节将煤炭磨成细粉，再用水调和成浆状使其具有流动性，从而可以像其他液体一样进行管道输送。这种方式不用与现有运输系统争夺运力，输送连续、稳定而且快速，是一种经济安全的运输方法。

（3）配煤加工。即在使用地区设置加工点，将某种煤及其他一些发热物资，按不同配方进行掺配加工，生产出各种不同发热量的燃料，称作配煤加工。这种加工方式可以按需要发热量生产和供应燃料，防止热能浪费、“大材小用”的情况；也防止发热量过小，不能满足使用要求的情况出现。工业用煤经过配煤加工还可以起到便于计量控制、稳定生产过程的作用，在经济及技术上都有重要价值。

6. 平板玻璃的流通加工

按用户提供的图纸对平板玻璃套裁开片，向用户供应产品，用户可以直接将其安装在采光面上。这种方式的好处是：

（1）平板玻璃的利用率可由不实行套裁时的62%～65%提高到95%以上。

（2）可以促进平板玻璃包装方式的改革。从工厂向套裁中心运输平板玻璃，如果形成

固定渠道便可以搞大规模集装，这不但节约了大量包装用的木材，而且可以防止流通中的大量破损。

（3）套裁中心按用户需要裁制，有利于玻璃生产厂简化规格，搞单品种大批量生产。这不但能提高工厂生产效率，而且可以简化工厂切裁、包装等工序，使工厂能集中力量解决生产问题。

（4）现场剪裁玻璃劳动强度大，搞集中套裁可以广泛采用专用设备进行套裁，边角余料相对数量少，并且易于集中处理。能够增强服务功能，尤其对于没有剪裁能力的零散客户，这是重要的服务方式。

7. 食品的流通加工

在经济生活中，食品的流通加工主要包括以下几项内容。

（1）冷冻食品。为了保鲜和便于装卸、运输，将鲜鱼、鲜肉等食品放置在低温环境中（如冷冻库），使之迅速冻结的加工作业。

（2）分选农副产品。农副产品（如谷物、瓜果和一些经济作物等）的规格、品质差异很大，为了获得一定规格的产品，进一步说，为了分出产品的等级达到优质优价的目的，常常需要在产品流通的过程中挑选和划分产品，即分选农副产品。这种分拣有时可采取手工作业方式，有时必须借助于机械进行（如分拣谷物、果品等）。

（3）分装食品。有些生鲜食品和副食品，其出厂时包装的规格、尺寸很大，但其零售起点却很低。为了便于销售，流通企业（或零售商）常常按照需求重新包装食品。具体形式有：将大包装改成小包装，将散装品改成小包装物品。这种改换食品包装规格和形状的流通加工实质是分装食品。

（4）精制食品。所谓精制食品就是在食品和副食品的产地或销区设置加工点，按照方便消费的要求去除其无用部分（如鱼的内脏、蔬菜的老叶和根须等），并将其洗净和分装的加工作业。这类加工活动不但大大方便了消费者，而且提高了加工对象的价值和价格，从而给经营者带来一定的利润。

一、活动准备

学生分小组，以小组为单位结合案例讨论流通加工的类型和方式等。

二、活动实施

每个小组分别参观一个类型的流通加工作业现场或视频，进行分组讨论和典型发言。

三、技能训练

请讨论：1. 流通加工的类型有哪些？

2. 常见的流通加工的作业方式有哪些？

资料链接

1. 中国物流与采购网. http：//www. chinawuliu. com. cn.

2. 申纲领主编、赵智锋主审，《物流管理案例引导教程》，人民邮电出版社，2009 年版

3. 阅读材料

【阅读材料 1】

食品的流通加工类型繁多。既有为了保鲜而进行的流通加工，如保鲜包装；也有为了提高物流效率而对蔬菜和水果进行的加工，如去除多余的根叶等，鸡蛋去壳后加工成液体装入容器，鱼类和肉类食品去皮、去骨等。此外，半成品加工也成为流通加工的组成部分。只要我们留意超市里的货柜就可以看出，那里摆放的各类洗净的蔬菜、水果、肉末、鸡翅、香肠、咸菜等都是流通加工的结果。这些商品的分类、清洗、贴商标和条码、包装等是在摆进货柜之前进行了加工作业，这些加工都已脱离了生产领域，进入了流通领域。

【阅读材料 2】

消费物品的流通加工有纤维制品的缝制和整烫、贴标签、家具组装等。这种流通加工一方面提高了顾客服务水平，另一方面提高了物流效率。

(1) 自行车、助力车的流通加工。自行车和助力车整车运输、保管和包装，费用多、装载率低，但这类产品装配简单，不必进行精密的调试和检测。所以，可以将同类部件装箱、批量运输和存放，在商店出售前再组装。这样做可大大提高运载率，有效地衔接批量生产和分散消费的矛盾。这是一种只改变商品状态，不改变商品功能和性质的流通加工形式。

(2) 服装、书籍的流通加工。服装流通加工，不是指材料的套裁和批量缝制，而是在批发商的仓库或配送中心进行缝商标、拴标签、改换包装等简单的加工作业。近年来，因消费者需求的个性化，退货量增加，从商场退回来的衣服一般在仓库或配送中心重新分类、整理、改换价签和包装。国外书籍的流通加工作业主要有：简单的装帧、套书壳、拴书签以及退书的重新整理、复原等。

任务三　流通加工的合理化

相关知识

流通加工是生产加工在流通领域里的继续，也是生产加工的一种重要补充形式。但是，如果一味地追求流通加工的优点而忽略了其在产需之间所增加的中间环节，就会导致物流系统整体效益的下降。所以，应对流通加工进行认真的分析研究和管理，使流通加工真正发挥其应有的作用。然而，要对流通加工进行分析研究和管理，首先要了解流通加工的流程与管理等相关知识，继而才能识别和分析哪些是不合理的流通加工，哪些是合理的流通加工。

一、流通加工的流程

由于不同类型的流通加工有不同的加工目的和加工方式（包括加工对象、加工工艺、加工技术、加工程度等），所以也就有不同的加工流程。图 9-4 是服装的流通加工业务流程图，以此说明流通加工的流程。

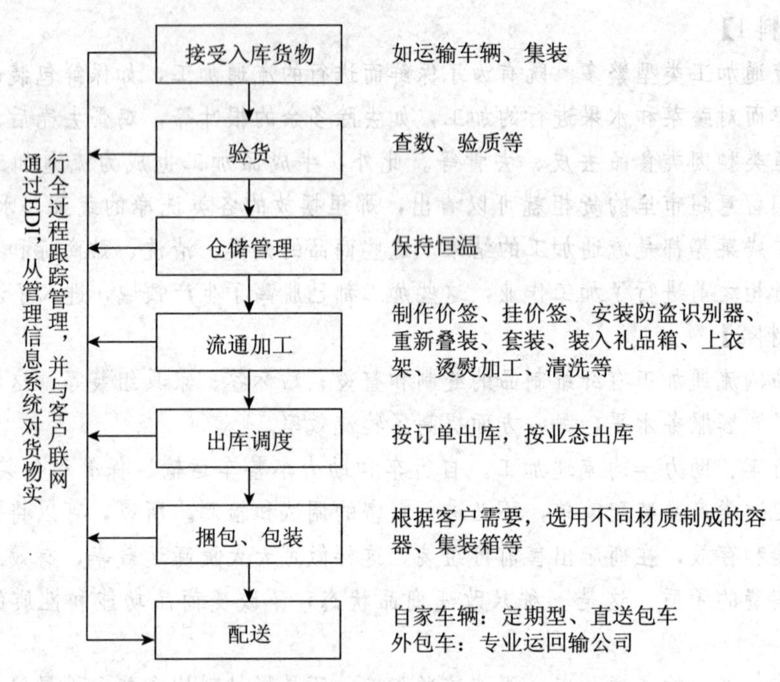

图 9-4　服装的流通加工流程

二、流通加工的管理

1. 流通加工的投资管理

流通加工虽然有许多优越性，但毕竟是在产需之间增加了一个中间环节，从而延长了商品的流通时间，增加了商品的生产成本，也存在着许多降低经营效益的因素。因此，投资决策，设置流通加工点，从事流通加工业务，必须进行认真的可行性分析。需要考虑的内容有以下几点。

（1）设置流通加工环节的必要性。流通加工是对生产加工的补充和完善。是否需要这种补充，主要取决于生产厂家的产品是否能直接满足用户需要，二是用户对某种产品有无能力在流通领域作进一步加工。只有当生产厂家的产品不能直接进入消费，而用户又没有进一步加工能力时，流通加工才是必需的。当然，有时从社会效益和经济效益考虑，为了节约原材料、节约能源、组织合理运输，设置流通加工环节也是必要的。

（2）设置流通加工环节的经济性。因为流通加工一般都是比较简单的加工，在技术上不会有太大的问题，规模、投资也都必然低于生产性企业，投资决策时要重点考虑的是经

济性。其投资特点是投资额较低，投资时间短，建设周期短，但没有依据。因此，可采用静态分析法进行投资可行性分析，主要是加工量预测及加工项目的发展前景分析。进行加工量预测是流通加工点投资决策的主要依据。

(3) 投资决策和经济效果评价。流通加工项目的投资决策和经济效果评价主要使用净现值法、投资回收期和投资收益率。

2. 流通加工的生产管理

流通加工的生产管理是指对流通加工生产全过程的计划、组织、指挥、协调与控制，包括生产计划的制订，生产任务的下达，人力、物力的组织与协调，生产进度的控制等。在生产管理中特别要加强生产的计划管理，提高生产的均衡性和连续性，充分发挥生产能力，提高生产效率。同时，还要制定科学的生产工艺流程和加工操作规程，实现加工过程的程序化和规范化。

此外，生产管理目标，除了劳动生产率、成本利润率等考核指标，还有反映流通加工特殊性的技术经济指标。例如：

(1) 增值指标：

$$增值率=\frac{产品加工后价值-产品加工前价值}{产品加工前价值}\times 100\%$$

反映流通加工后单位产品的增值程度。

(2) 品种规格增加额及增加率：

$$品种规格增加率=\frac{品种规格增加额}{加工前品种规格}\times 100\%$$

(3) 资源增加量指标：

$$新增加利用率=加工后利用率-原利用率$$

$$新增出材率=加工后出材率-原出材率$$

3. 流通加工的质量管理

流通加工的质量管理是指对加工产品质量和服务质量的管理。由于加工成品一般是国家质量上没有规定的品种和规格，因此，其质量的掌握，主要是满足用户的要求。由于各用户的要求不一，质量宽严程度也就不同，所以要求流通加工必须能进行灵活的柔性生产，以满足不同用户对质量的不同要求。

流通加工除应满足用户对加工质量的要求以外，还应满足用户对品种、规格、数量、包装、交货期、运输等方面的服务要求。流通加工的服务质量，只能根据用户的满意程度进行评价。

三、不合理流通加工的表现形式

流通加工业务是现代物流企业提供的增值服务，主要目的是提高流通商品的附加价值，从而实现物流企业的经济效益，也给供需双方带来方便与效率。然而有些不合理的流通加工也会产生抵消效益的负作用，主要有如下几个方面。

1. 流通加工地点设计的不合理

流通加工地点设置即布局状况，是使整个流通加工能否有效的重要因素。一般而言，为衔接单品种大批量生产与多样化需求的流通加工，加工地点设置在需求地区，才能实现大批量的干线运输与多品种末端配送的物流优势。

如果将流通加工地设置在生产地区，其不合理之处在于：多样化需求的产品多品种，小批量，由产地向需求地的长距离运输会出现不合理的现象；在生产地增加了一个加工环节，同时增加了近距离运输、装卸、储存等一系列物流活动。在这种情况下，不如由原生产单位完成生产加工而无须设置专门的流通加工环节。

一般而言，为方便物流的流通加工环节应设在消费地，即设置在进入社会物流之后。如果将其设置在物流之前，即设置在产出地，则不但不能解决物流问题，又在物流中增加了一个中转环节，因而也是不合理的。即使是产地或需求地设置流通加工的选择是正确的，但还涉及流通加工在小地域范围内能否正确选址问题，如果处理不妥，仍然会出现不合理的现象。

2. 流通加工方式选择不当

流通加工不是对生产加工的代替，而是一种补充和完善。如果工艺复杂，技术装备要求较高或加工可以由生产过程延续或轻易解决的都不宜再设置流通加工，尤其不宜与生产过程争夺技术要求较高、效益较高的生产环节，更不能使生产者变成初级加工或前期加工，而流通企业完成装配或最终形成产品的加工。如果流通加工方式选择不当，就会出现与生产夺利的后果。

3. 流通加工作用不大，形成多余环节

有的流通加工过于简单，或对生产及消费者作用都不大，甚至存在盲目性，即未能解决品种、规格、质量、包装等问题，反而增加了多余环节，这也是不合理的。

4. 流通加工成本过高，效益不好

流通加工之所以能够有生命力，且发展势头强劲，重要优势之一就是有较大的产出投入比，能对生产加工有效地起着补充、完善的作用。如果流通加工成本过高，效益不好，则不能实现以较低投入获得较高回报的目的。所以，除了一些必需的、政策要求即使亏损也应进行的流通加工外，凡是成本过高、效益不好的流通加工都应看成是不合理的。

四、流通加工合理化的措施

流通加工合理化是实现流通加工的最优配置，不仅做到避免各种不合理加工，使流通加工有存在的价值，而且综合考虑流通加工与配送、合理运输、合理商流等的有机结合，做到最优选择。

为避免各种不合理现象，对是否设置流通加工环节，在什么地点设置，选择什么类型的加工，采用什么样的技术装备等，需要做出正确抉择。常见的合理化措施如下。

1. 流通加工与配送相结合

将流通加工设置在配送点中，一方面按配送的需要进行加工；另一方面加工又是配送业务流程中分货、拣货、配货的一环，加工后的产品直接投入配货作业，这就不需要单独设置一个加工的中间环节，使流通加工有别于独立的生产，从而使流通加工与中转流通巧妙地结合在一起。这样，由于配送之前有加工使配送服务水平大大提高。这是当前流通加工合理化的重要形式，在煤炭、水泥等产品的流通中已表现出了较大的优势。

2. 流通加工与配套相结合

“配套”是指对使用上有联系的用品集合成套的供应给用户使用。在对配套要求较高的流通中，配套的主体来自各个生产单位。但是，完成配套有时无法全部依靠现有的生产单位。所以，进行适当的流通加工，可以有效地促成配套，大大提高流通作为连接生产与消费的桥梁与纽带的能力。例如，方便食品的配套生产，礼品的拼装、包装等。

3. 流通加工与合理运输相结合

流通加工能有效衔接干线运输与支线运输，促进两种运输形式的合理化。利用流通加工，可以减少干线运输与支线运输之间停顿的环节和时间，使两者之间的转换更加合理，从而大大提高运输水平。

4. 流通加工与合理商流相结合

通过流通加工，有效地促进销售，使商流合理化，也是流通加工合理化的考虑方向之一。流通加工和配送的有机结合，提高了配送水平与配送效率，促进了销售，是流通加工与合理商流相结合的一个成功例证。

此外，简单地改变包装，方便购买；或者通过组装加工，消除用户使用前进行组装、调试的困难，都是有效促进商流的例子。

5. 流通加工与节约相结合

节约能源、节约设备、节约人力、节约消耗是流通加工合理化的重要考虑因素，也是目前我国设置流通加工时考虑其合理化的普遍形式。

对于流通加工合理化的最终判断，取决于其是否能实现社会和企业本身的两个效益，而且是否取得了最优效益。对流通加工企业而言，应把社会效益放在首位。如果片面追求企业的微观效益，不适当地进行加工，甚至与生产企业争利，不仅有违流通加工的初衷，而且脱离了流通加工的范畴。

6. 避免盲目设置流通加工

流通加工不是对生产加工的代替，而只是补充和完善。所以，一般而言，如果工艺复杂、技术装备要求高、可以由生产过程延续或轻易解决的，都不宜再设置流通加工的环节。流通加工业务是现代物流企业提供的增值服务，既能提高流通商品的附加价值，也能给供需双方带来方便。

一、活动准备

案例：丽洁公司的主打产品是面粉，每年从加拿大进口小麦，散装船海运进港、装袋，然后用汽车运进工厂仓库内存放。每天加工面粉 10 吨，送到粮食批发市场。为防止受潮，面粉采用双层塑料复合袋包装，25 千克一袋，如果面粉超过一个月没卖掉，就低价处理给饲料厂，造成浪费。

二、活动实施

学生分小组，以小组为单位结合案例进行讨论和发言。

三、技能训练

请讨论：请分析该物流过程是否合理，提出合理化改进意见。

资料链接

1. 中国物流与采购网 . http：//www. chinawuliu. com. cn.
2. 资料来源：http：//edu. wuliu800. com/2009/0105/2600. html.

绿色物流的三个子范畴是指绿色运输、绿色包装以及绿色流通加工。

绿色流通加工是指在流通过程中继续对流通中商品进行生产性加工，以使其成为更加适合消费者需求的最终产品。流通加工具有较强的生产性，也是流通部门对环境保护可以有大作为的领域。

绿色流通加工的途径主要分两个方面：

一方面变消费者分散加工为专业集中加工，以规模作业方式提高资源利用效率，以减少环境污染（如餐饮服务业对食品的集中加工）；减少家庭分散烹调所造成的能源；减少乱费和空气污染；

另一方面是集中处理消费品加工中产生的边角废料，以减少消费者分散加工所造成的废弃物污染，如流通部门对蔬菜的集中加工减少了居民分散垃圾丢放及相应的环境治理问题。

模块总结

通过本模块学习明确了流通加工是现代物流的主要环节和重要功能之一；流通加工的类型与方式；流通加工的流程及合理化。虽然流通加工并不改变商品的基本形态和功能，只是一种完善商品的使用功能、提高商品附加价值的活动，但它可以满足消费者多样化的需求，促进销售；也可以提高原材料和加工设备的利用率，增加流通企业的经济效益；还可以提高物流效率、降低物流成本、促进物流合理化；而这一切的重要前提是实现流通加工的合理化。

案例

阿迪达斯公司在美国有一家超级市场，设立了组合式鞋店，摆放的不是做好的鞋，而是做鞋用的半成品，款式花色多样，有6种鞋跟、8种鞋底，均为塑料制造的，鞋面的颜色以黑、白为主，鞋带的颜色有80种，款式有百余种。顾客进店可任意挑选自己喜欢的各个部位，交给职员当场进行组合加工。只要10分钟，一双崭新的鞋便唾手可得。

这家鞋店昼夜营业，职员技术熟练。鞋子的售价与成批制造的价格差不多，有的还稍便宜些。所以顾客络绎不绝，销售金额比邻近的鞋店多十倍。请结合案例思考流通加工的作用及意义。

作业

一、名词解释

1. 流通加工
2. 流通加工合理化
3. 流通加工的生产管理

二、简答题

1. 流通加工与生产加工的区别主要有哪些?
2. 简介流通加工的作用。

三、论述题

1. 试分析不合理的流通加工方式有哪些，如何实现流通加工的合理化?
2. 举例说明流通加工的类型及方式。

模块十　配送

知识目标

（1）认识配送的含义。
（2）掌握配送合理化的概念和相关措施。
（3）了解配送中心并熟悉配送中心作业流程。

能力目标

（1）能够对配送中心进行分类。
（2）理解配送网络的构建。

素质目标

（1）培养学生的团队合作意识。
（2）培养学生的良好沟通能力。

引导案例

70多年前发源于美国的7—11商店是全球最大的便利连锁店，在全球拥有2.1万家左右的连锁店。

一家成功的便利店背后一定有一个高效的物流配送系统。开始时7—11的货物依靠当时的批发商来完成，这时的批发商一般都只代理一家生产商，逐渐无法满足日渐扩大的7—11便利店的需要。于是7—11改变了配送模式，改由一家在一定区域内的特定批发商（窗口批发商）统一管理该区域内的同类供应商，然后向7—11统一配货，称为集约化配送。

为了自己掌握自己的经营脉络，7—11建立了自己的配送中心，分别在不同的区域统一集货、统一配送。配送中心有一个计算机网络配送系统，分别与供应商及7—11店铺相连，保证各店铺所需，而且能随时查看在途商品、库存货物等重要数据。

有了自己的配送中心，7—11就能和供应商谈价格了，他们定期进行谈判，确定未来一段时间内商品价格，减少了以前的口舌之争，多了平稳运行，节省了很多时间。

请思考：1. 什么是配送？
2. 7—11为什么要让配送中心送货代替特定批发商送货？
3. 配送中心给7—11带来了哪些改变？

任务一 配送的概念

一、配送的概念

配送在《中华人民共和国物流标准术语》（GB/T 18354—2006）被定义为：“在经济合理区域范围内，根据客户要求，对物品进行拣选、加工、包装、分割、组配等作业，并按时送达指定地点的物流活动。”

配送是物流活动中一种特殊的、综合的具有商流特征的形式。它将商流与物流紧密结合起来，既包括了商流活动，也包括了物流活动中若干功能要素。一般讲，配送是集包装、装卸搬运、保管、运输于一身，并通过一系列的作业活动，完成将货送达的目的。配送与物流其他功能的关系如图 10－1 所示。从商流来讲，物流是商物分离的产物，而配送则是商物合一的产物；从本质上讲，配送可以看作一种商业形式。虽然，配送具体实施时，所有的作业活动是以商物分离形式出现的，但是，从配送的发展趋势来看，商流与物流越来越紧密地结合，这是配送职能发挥的重要保障。如表 10－1 所示。

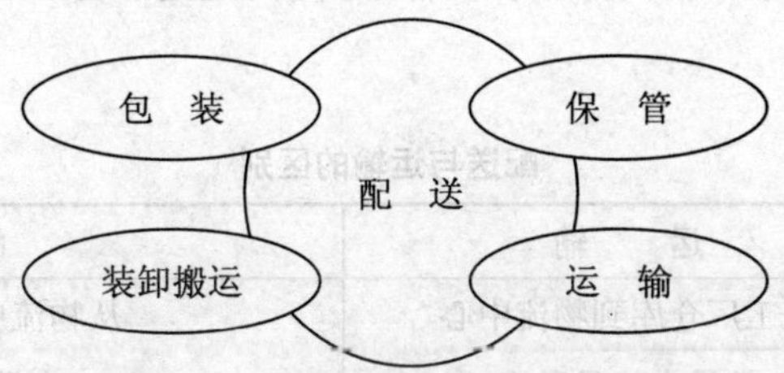

图 10－1 配送与物流其他功能的关系

根据上述的分析，对于配送概念的理解可以描述为：配送是根据用户订货的要求，以现代送货的形式，在配送中心或其他物流据点进行货物分拣、配备，并将配好的货物适时地以最合理的方式送交收货人的过程，实现资源的最终配置的经济活动。

表 10－1 配送与送货的区别

项 目	配 送	送 货
运输企业	专业流通企业	生产性企业
运输方式	“中转性”配送	直达性送货
运输特点	需要什么送什么	生产什么送什么
表现方式	固定的形态	偶然的行为

二、配送的特征

配送需要依靠信息网络技术来实现，它包括以下特点。

1. 配送是各种活动的有机结合体

配送是许多业务活动有机结合的整体，同时还与订货系统紧密联系。要实现这一点，就必须依靠现代情报信息，建立和完善整个大系统，使其成为一种现代化的作业系统。这也是以往的送货形式无法比拟的。

2. 配送的全过程有现代化技术和装备作保证

由于现代化技术和装备的采用，使配送在规模、水平、效率、速度、质量等方面远远超过以往的送货形式。在活动中，由于大量采用各种传输设备及识码、拣选等机电装备，使整个配送作业像工业生产中广泛应用的流水线，实现了流通工作的一部分工厂化。因此，可以说，配送也是科学技术进步的一个产物。

3. 配送是一种专业化的分工方式

以往的送货形式只是作为推销的一种手段，目的仅仅在于销售一些商品，而配送则是一种专业化的分工方式，是大生产、专业化分工在流通领域的体现。因此，如果说一般的送货是一种服务方式的话，配送则可以说是一种体现形式。

4. 配送是末端运输

从运输角度看，货物运输分为干线部分的运输和支线部分的配送。这里所说的配送是指支线的、末端的运输，是面对客户的一种短距离的送达服务。配送与运输的主要区别如表10-2所示。

表10-2　配送与运输的区别

项　　目	运　　输	配　　送
线　　路	从工厂仓库到物流中心	从物流中心到终端客户
运输批量	批量大，品种少	小批量，品种多
运输距离	长距离干线运输	短距离支线运输
评价标准	主要看运输效率	主要看服务质量
附属功能	单一	几乎包括了物流的所有功能要素

5. 配送追求综合的效用

对于配送而言，应当在时间、速度、服务水平、成本、数量等方面寻求最优，不能过分强调“按客户要求”。受用户本身的局限，客户要求有时候存在不合理性，在这种情况下，要对客户进行指导，实现双赢。

以上所讲为传统物流的配送特征，而现在正在发展的电子商务物流配送又有新的特征。电子商务物流配送是指物流配送企业采用网络化的计算机技术和现代化的硬件设备、软件系统及先进的管理手段，针对社会需求，严格地、守信用地按用户的订货要求，进行一系列分类、编配、整理、分工、配货等理货工作，定时、定点、定量地交给各类用户，满足其对商品的需求。

新型物流配送除了具备传统物流配送的特征外，还应具备以下基本特征：

(1) 信息化；

(2) 自动化；

(3) 网络化；

(4) 智能化；

(5) 第二次革命伴随着电子商务的出现而产生的柔性化。

三、配送的作用

配送是现代化的物流产物。其作用表现如下。

1. 可以使企业实现“零库存”，降低成本，提高竞争力

2. 对用户而言，提高了物流服务水平

采用配送方式，用户只需向一处订购或和一个进货单位联系就可以订购的。以往需去许多地方才能订到的货物，现在只需组织对一个配送单位的接货便可代替以往的高效率接货，这样一来，不但大大减轻了用户工作量和负担，也节省了事务开支；而且保障了物资供应，保障企业生产和流通的正常进行，满足了人们生产生活的物资需要和服务享受。

3. 完善了输送及整个物流系统

采用配送作业方式，可以在一定范围内，将干线、支线运输及仓储等环节统一起来，使干线运输过程及功能体系得以优化和完善，形成一个大范围的物流与局部范围配送相结合的、完善的物流配送系统。

4. 提高了物流的效益

物品配送是专业化的活动，是一种库存、运力、信息等物流资源相对集中的综合性的经济活动，可以优化库存结构和运输结构，提高设备、设施的利用率，有利于大大降低物流成本和生产成本。物品配送活动能够使分散的经营活动协调运作，减少社会范围内的迂回运输、交叉运输、重复运输等现象，创造更多的物流经济效益。

四、配送的类型

为满足不同产品、不同企业、不同流通环境的要求，可以采用各种形式的配送，配送的种类可划分如表 10-3 所示。

表 10-3　配送的类型

按配送组织者不同分类				按配送商品种类及数量不同分类			按配送时间及数量不同分类					按配送对象分类		
商店配送	配送中心配送	仓库配送	生产企业配送	单（少）品种、大批量	多品种、少批量配送	配套成套配送	定时配送	定量配送	定时定量配送	定时、定线路配送	即时配送	企业对企业配送	企业内部配送	企业对消费者配送

（一）按配送组织者不同分类

1. 商店配送

组织者是商业或物资的门市网点，这些网点主要承担商品的零售，一般来说规模不大，但经营品种却比较齐全。除日常经营的零售业务处，这些配送方式还可以根据用户的要求，将商品经营的品种配齐，或代用户外订、外购一部分本商店平时不经营的商品，与商品经营的品种一起配齐运送给用户。

2. 配送中心配送

组织者是专职配送中心，规模比较大；其中有的配送中心由于需要储存各种商品，储存量也比较大；也有的配送中心专职组织配送，因此，储存量比较小，主要靠附近的仓库来补充货源。由于配送中心专业性比较强，与用户之间存在固定的配送关系。因此，一般情况下都实行计划配送，需要配送的商品有一定的库存量，但是一般情况很少超越自己的经营范围。

3. 仓库配送

这种配送形式是以一般仓库为据点来进行配送。它可以是把仓库完全改造成配送中心，也可以是在保持仓库原功能前提下，再增加一部分配送职能。由于不是专门按配送中心要求设计和建立，所以，仓库配送规模较小，配送的专业化较差。但可以利用原仓库的储备设施及能力、收发货场地、交通运输线路等，所以既是开展中等规模配送可选的形式，也是较为容易利用现有条件而不需要大量投资、上马较快的形式。

4. 生产企业配送

组织者是生产企业，直接由本企业开始进行配送而无须将产品发运到配送中心进行中心配送，由于避免了一次物流中转，所以有一定优势。但是生产企业，往往是进行大批量低成本生产，品种较单一，因而不能像配送中心那样依靠产品凑整运输取得优势。这种配送在就地生产、就地消费的食品、饮料等生产企业中应用较多。

（二）按配送商品种类及数量不同来分类

1. 单（少）品种大批量

一般来说，对于工业企业需要量较大的商品，由于单独一个品种或几个品种就可以达到较大输送量，可以实行整车运输，这种情况下就可以由专业性很强的配送中心实行配送，往往不需要再与其他商品进行搭配。这种情况下，由于配送中心的内部设置、组织、计划等工作也较为简单，因此配送成本较低。如汽车的配送就属于此类配送。

2. 多品种、少批量配送

多品种、少批量配送是根据用户的要求，将所有的各种用品（每种用品的需求量不大）配备齐全，凑整装车后由配送据点送达用户。这种配送作业水平要求高，配送中心设备要求复杂，配货送货计划难度大，因此，需要有高水平的组织工作保证和配合。而且在实际中，多品种、少批量配送往往伴随多用户、多批次的特点，配送频度往往较高。

这种配送方式在所有配送方式中是一种高水平、高技术的方式。这种方式也与现代社会中的“消费多样式化”“需求多样化”等新观念刚好符合。因此，是许多发达国家推崇的方式。

3. 配套成套配送

这种配送方式是指根据企业的生产需要，尤其是装备型企业的生产需要，把生产每一台（件）所需要的全部零部件配齐，按照生产节奏定时送达生产企业，生产企业随即可将此成套零部件送入生产线以装配产品。这种配送方式中，配送企业承担了生产企业大部分的供应工作，使生产企业可以专注于生产，与多品种、少批量的配送效果相同。

想一想

汽车零配件的配送、食品蔬菜的配送分别属于以上所讲的哪种类型的配送？试举出你身边的其他类型的配送活动。

（三）按配送时间及数量不同来分类

1. 定时配送

定时配送是指按规定时间间隔进行配送，比如数天或数小时等；而且每次配送的品种及数量可以根据计划执行，也可以在配送之前以商定的联络方式（比如电话、计算机终端输入等）通知配送的品种及数量。

它又包括两种形式：①日配，如水果、肉类、蔬菜等的配送；②准时—看板方式，比日配更为精细和准确。目的是实现供货时间恰好是用户生产之时，保证货物不需停留，可直接运往生产场地。

2. 定量配送

定量配送是指按照规定的批量，在一个指定的时间范围内进行配送。这种配送方式数量固定，备货工作较为简单，可以根据托盘、集装箱及车辆的装载能力规定配送的定量，能够有效利用托盘、集装箱等集装方式，也可做到整车配送，配送效率较高。

3. 定时定量配送

定时定量配送是指按照所规定的配送时间和配送数量进行配送。这种方式兼有定时、定量两种方式的优点，但是其特殊性较强，计划难度大，因此，适合采用的对象不多，不是一种普遍的方式。

4. 定时、定线路配送

定时、定线路配送是指在规定的运行路线上，制定到达时间表，按运行时间表进行配送，用户则可以按规定的路线及规定的时间按货以及提出配送要求。这种方式有利于计划安排车辆及驾驶人员。对于用户来讲，既可以在一定路线、一定时间进行选择，又可以有计划安排接货力量。

5. 即时配送

即时配送是指完全按照用户突然提出的时间、数量方面的配送要求，随即进行配送的方式。这是有很高灵活性的一种应急方式，采用这种方式的品种可以实现保险储备的零库存，即用即时配送代替保险储备。

（四）按配送对象分类

1. 企业对企业的配送

这种配送属于社会开放系统的企业之间的配送。作为配送需求方，基本上有两种情况：第一种是企业作为最终的需求方；第二种是企业在接受配送服务之后，还要对产品进行销售，这种配送一般称为“分销配送”。

2. 企业内部配送

企业内部配送大多发生在巨型企业之中，有两种情况：

（1）连锁型配送。企业属于连锁型企业，各连锁商店经营的物品、经营方式、服务水平、价格水平相同，配送的作用是支持连锁商店经营。优势是：在一个封闭系统中运行，随机因素的影响比较小，计划性比较强，容易实现低成本的、精细的配送。

（2）内部配送。巨型企业成本控制的一个重要方法是，由高层主管统一进行采购，实行集中库存，按车间或者分厂的生产计划组织配送，这种方式是现在许多企业采用的“供应配送”。

3. 企业对消费者配送

这是在社会中所运行的配送，虽然企业可以通过会员制、贵宾制等方式锁定一部分消费者，从而可以采用比较容易实施的近似于连锁配送的方式，但是，在多数情况下，消费者是一个经常变换的群体，需求的随机性非常强，服务水平的要求又很高，所以就是配送供给与配送需求之间最难协调的一种类型。最典型的是和B to C型电子商务相配套的配送服务。

一、活动准备

学生分小组，以小组为单位结合案例讨论物流的概念、分类、特点等。

二、活动实施

案例分析：20世纪80年代初，沃尔玛配送中心的电子数据交换系统已经逐渐成熟。到了20世纪90年代初，它购买了一颗专用卫星，用来传送公司的数据及其信息。这种以卫星技术为基础的数据交换系统的配送中心，将自己与供应商及各个店面实现了有效连接，沃尔玛总部及配送中心任何时间都可以知道，每一个商店现在有多少存货，有多少货物正在运输过程当中，有多少货物存放在配送中心等；同时，还可以了解某种货品上周卖了多少，去年卖了多少，并能够预测将来能卖多少。沃尔玛的供应商也可以利用这个系统直接了解自己今天、昨天、上周、上个月和去年的销售情况，并根据这些信息来安排组织生产，保证产品的市场供应，同时使库存降低到最低限度。

由于沃尔玛采用了这项先进技术，配送成本只占其销售额的3%，其竞争对手的配送成本则占到销售额的5%，仅此一项，沃尔玛每年就可以比竞争对手节省下近8亿美元的商品配送成本。20世纪80年代后期，沃尔玛从下订单到货物到达各个店面需要30天，现

在由于采用了这项先进技术，这个时间只需要2～3天，大大提高了物流的速度和效益。

在沃尔玛的配送中心，大多数商品停留的时间不会超过48小时，但某些产品也有一定数量的库存，这些产品包括化妆品、软饮料、尿布等各种日用品，配送中心根据这些商品库存量的多少进行自动补货。到现在，沃尔玛在美国已有30多家配送中心，分别供货给美国18个州的3000多家商场。

沃尔玛的供应商可以把产品直接送到众多的商店中，也可以把产品集中送到配送中心，两相比较，显然集中送到配送中心可以使供应商节省很多钱。所以在沃尔玛销售的商品中，有87%左右是经过配送中心的，而沃尔玛的竞争对手仅能达到50%的水平。由于配送中心能降低物流成本50%左右，使沃尔玛能比其他零售商向顾客提供更廉价的商品，这正是沃尔玛迅速成长的关键所在。

三、技能训练

请讨论：1. 什么是配送？

2. 配送的特点有哪些？

3. 沃尔玛配送中心采取了哪些配送方式？

资料链接

1. 中国物流与采购网 . http：//www. chinawuliu. com. cn.
2. 翁与刚主编，《物流管理基础》，中国物资出版社，2009年版 .
3. 傅莉萍主编，《现代物流概论》，北京大学出版社，2007年版 .

任务二 配送中心

相关知识

一、配送中心概述

配送中心是从事配送业务具有完善的信息网络的场所或组织，应基本符合下列要求：①主要为特定的用户服务；②配送功能健全；③辐射范围小；④多品种、小批量、多层次、短周期；⑤主要为末端客户提供配送服务。

从图10－2可以看到，传统企业在没有配送中心的情况下，物流通路混杂，而现代物流通路简捷。从图10－3中则可以看到，建立配送中心后，尤其是大批量、社会化、专业化配送中心建立之后，物流配送的局面就显得非常合理和有序。

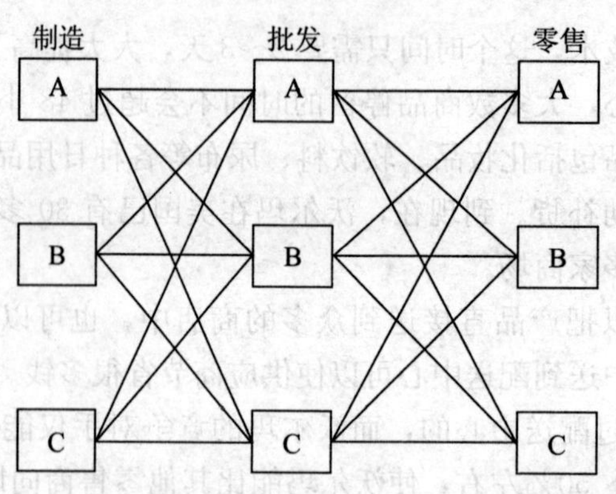

图 10－2　未建立配送中心的物流配送局面

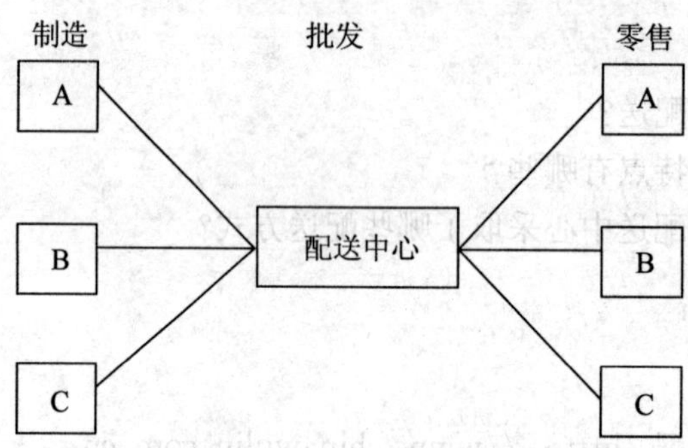

图 10－3　建立配送中心的物流配送局面

理解配送中心概念，要注意区分配送中心与物流中心、配送中心与仓库的联系与区别。配送中心可以看作是流通仓库，但绝不能看作是保管型仓库。物流中心的主要功能是加快商品流转，提高流通效率，满足客户对物流的高度化需求。而保管型仓库主要是为了商品的储存和保管。配送中心是物流中心的一种主要形式，但在物流运作中，我们时常将配送中心和物流中心相混淆。为了方便大家区分，表 10－4 列出了配送中心与保管仓库、配送中心与物流中心的区别。

表 10－4　配送中心与保管仓库、物流中心的比较

项　目	配送中心	仓　库	物流中心
服务对象	特定用户	特定用户	面向社会
主要功能	各项配送功能	物资保管	各项物流功能
经营特点	配送为主，储存为辅	库房管理	强大的储存能力、吞吐能力
配送品种	多品种	—	品种少
配送批量	小批量	—	大批量
配送范围	辐射范围小	辐射范围小	辐射范围大
保管空间	保管空间与其他功能各占一半	全身保管空间	—

二、配送中心的功能

配送中心的功能和流程与传统的仓库、运输是不一样的，一般的仓库只重视商品的储存保管，一般传统的运输出只是提供商品运输配送而已，而配送中心是重视商品流通的全方位功能，同时具有商品储存保管、流通行销、分拣配送、流通加工及信息提供的功能。

1. 流通行销的功能

流通行销是配送中心的一个重要功能，可以大大降低购买成本，因此广受消费者喜爱。例如，在国外有许多物流公司的名称就是以行销公司命名。而批发商型的配送中心、制造商型的配送中心与进口商型的配送中心也都是拥有行销（商流）的功能。

2. 仓储保管功能

商品的交易买卖达成之后，除了采用直配直送的批发商之外，均将商品经实际入库、保管、流通加工包装而后出库，因此配送中心具有储存保管的功能。在配送中心一般都有库存保管的储放区，因为任何的商品为了防止缺货，或多或少都有一定的安全库存商品的特性及生产前置时间的不同，则安全库存的数量也不同。一般国内制造的商品库存较少，而国外制造的商品因船期的原因库存较多，约为 2～3 个月；另外，生鲜产品的保存期限较短，因此保管的库存量较少；冷冻食品因其保存期限较长，因此保管的库存量比较多。

3. 分拣配送功能

在配送中心里另一个重点就是分拣配送的功能，因为配送中心就是为了满足多品种、小批量的客户需求而发展起来的，因此，配送中心必须根据客户的要求进行分拣配货作业，并以最快的速度送达客户手中或者是指定时间内配送到客户。配送中心的分拣配送效率是物流质量的集中体现，是配送中心最重要的功能。

4. 流通加工功能

配送中心的流通加工作业包含分类、磅秤、大包装拆箱改包装、产品组合包装、商标、标签粘贴作业等。这些作业是提升配送中心服务品质的重要手段。

5. 信息提供功能

配送中心除了具有行销、配送、流通加工、储存保管等功能外，更能为配送中心本身及上下游企业提供各式各样的信息情报，以供配送中心营运管理政策制定、商品路线开发、商品销售推广政策制定的参考。例如，哪一个客户订多少商品？哪一种商品畅销？从计算机的 EIQ 分析资料中可以非常清楚地显示，甚至可以将这些宝贵资料提供给上游的制造商及下游的零售商当作经营管理的参考。

三、配送中心的分类

配送中心按不同的标准，可以划分为多种类型。按经营主体的角度划分，如表10－5所示。

表 10-5　　配送中心按经营主体分类

类　型	主导企业	特　点
厂商主导型	大型生产厂家（如家用电器、汽车、化妆品、食品等）	将产品在最短的时间内以较低的物流成本推向市场，在维持产品低价格水平的基础上，获得较高的收益
批发商主导型	大型批发企业（种类批发企业）	满足零售商日益高度化的需求，强化批发为零售的服务职能。如美国加州食品配送中心
零售商主导型	大型零售企业（连锁企业和大型零售业）	减少流通环节，降低物流成本，是零售业的现代化的后勤保障系统。如沃尔玛商品公司的配送中心
物流企业主导型	物流企业（第三方物流企业等）	不仅提高设施和保管、配送等作业服务，而且为货主企业提供物流信息系统和配送管理系统，并对配送系统的运输管理负责
共同型	两个以上企业（一般是由规模比较小的批发业与专业物流企业共同设立）	不仅负责共同配送，还包括共同理货，共同开展流通加工等活动

按照服务对象划分，服务于不同对象便是不同的类型，如表 10-6 所示。

表 10-6　　配送中心按服务对象分类

类　型	服务对象	特　点
面向最终消费者	最终消费者	消费者在店铺看样品挑选确定购买后，商品由配送中心直接送达到消费者手中
面向制造企业	制造企业	配送中心按制造企业的生产计划及调度的安排，把所需物品送达到企业的仓库或直接送达到生产现场
面向零售商	零售企业	配送中心按照零售店铺的订货要求，将各种商品备齐后送达到零售店铺

按照功能划分，功能不同便有不同类型的配送中心，如表 10-7 所示。

表 10-7　　配送中心按功能分类

类　型	功　能	特　点
供应型	向客户供应产品，提供后勤保障	与生产企业或大型商业组织建立起相对稳定的供需关系，专门为其供应原材料、零配件和其他商品。例如为大型连锁超级市场组织供应的配送中心
销售型	以销售商品为目的	多为商品生产者和经营者为促进商品的销售，通过为客户代办理货、加工和送货等手段来降低成本、提高服务质量，运用现代配送理念来组织物流活动
储存型	储备、储存功能	通常具有较大规模的仓库和储物场地。例如，美国福来明公司的食品配送中心，由 7 万多平方米的储备仓库，经营商品达 8 万多种
加工型	加工产品	储存作业和加工作业居主导地位。进货量比较大，但分类、分拣工作量并不太大。如上海开展的配煤配送，在配送点进行了配煤加工
流通型	向客户提供库存补充	大量货物整进并按一定批量零出，货物在配送中心仅做稍许停滞。在地理上定位于接近主要的客户地点。如阪神配送中心，中心内只有暂存，大量储存则依靠一个大型补给仓库

四、配送中心的作业流程

配送中心的特性或规模不同，其营运涵盖的作业项目和作业流程也不完全相同，但其基本作业流程大致可归纳为，由供应货车到达码头开始，经“进货”作业确认进货品后，便依次将货品“储存”入库。为确保在库货品受到良好的保护管理，需进行定期或不定期的“盘点”检查。当接到客户订单后，先将订单依其性质作“订单处理”，之后即可按处理后的订单信息将客户订购货品从仓库中取出的“拣货”作业。拣货完成一旦发觉拣货区所剩余的存量过低，则必须由储区来“补货”，当然，若整个储区的存量亦低于标准，便应向上游采购进货。而从仓库拣出的货品经整理后即可准备“出货”，等到一切出货作业完成后，司机便可将出货品装上配送车，将之“配送”到各个客户点交货。整个作业过程如下。

(1) 进货：进货作业包括把货品做实体上的接收，从货车上将其货物卸下，并核对该货品的数量及状态（数量检查、品质检查、开箱等），然后记录必要信息或录入计算机。

(2) 搬运：是将不同形态之散装、包装或整体之原料、半成品或成品，在平面或垂直方向加以提起、放下或移动，可能是要运送，也可能是要重新摆置物料，而使货品能适时、适量移至适当的位置或场所存放。在配送中心的每个作业环节都包含着搬运作业。

(3) 储存：储存作业的主要任务是把将来要使用或者要出货的物料做保存，且经常要做库存品的检核控制，储存时要注意充分利用空间，还要注意存货的管理。

（4）盘点：货品因不断的进出库，在长期的累积下库存资料容易与实际数量产生不符，或者有些产品因存放过久、不恰当，致使品质功能受影响，难以满足客户的需求。为了有效地控制货品数量，需要对各储存场所进行盘点作业。

（5）订单处理：由接到客户订货开始至准备着手拣货之间的作业阶段，称为订单处理，包括有关客户、订单的资料确认、存货查询、单据处理以及出货配发等。

（6）拣货：每张客户的订单中都至少包含一项以上的商品，如何将这些不同种类数量的商品由配送中心中取出集中在一起，此即所谓的拣货作业。拣货作业的目的也就在于正确且迅速地集合顾客所订购的商品。

（7）补货：补货作业包括从保管区域（Reserve Area）将货品移到拣货区域（Home Area），并作相应的信息处理。

（8）出货：将拣取分类完成的货品做好出货检查，装入合适的容器，做好标示，根据车辆趟次别或厂商别等指示将物品运至出货准备区，最后装车配送。

（9）配送作业：配送是指将被订购之物品，使用运输工具从配送中心送至顾客手中的活动。

一、活动准备

学生分小组，以小组为单位结合案例讨论物流中心的概念、分类、特点等。

二、活动实施

案例分析：沃尔玛物流配送中心

沃尔玛诞生于1945年的美国。在它创立之初，由于地处偏僻小镇，几乎没有哪个分销商愿意为它送货，于是不得不自己向制造商订货，然后再联系货车送货，效率非常低。在这种情况下，沃尔玛的创始人山姆·沃尔顿决定建立自己的配送组织。1970年，沃尔玛的第一家配送中心在美国阿肯色州的一个小城市本顿维尔建立，这个配送中心供货给4个州的32个商场，集中处理公司所销商品的40%。

沃尔玛配送中心的运作流程是：供应商将商品的价格标签和UPC条码（统一产品码）贴好，运到沃尔玛的配送中心；配送中心根据每个商店的需要，对商品就地筛选，重新打包，从“配区”运到“送区”。

由于沃尔玛的商店众多，每个商店的需求各不相同，这个商店也许需要这样一些种类的商品，那个商店则有可能又需要另外一些种类的商品，沃尔玛的配送中心根据商店的需要，把产品分类放入不同的箱子当中。这样，员工就可以在传送带上取到自己所负责的商店所需的商品。那么在传送的时候，他们怎么知道应该取哪个箱子呢？传送带上有一些信号灯，有红的、绿的、黄的，员工可以根据信号灯的提示来确定箱子应被送往的商店，来拿取这些箱子。这样，所有的商店都可以在各自所属的箱子中拿到需要的商品。

在配送中心内，货物成箱地被送上激光制导的传送带，在传送过程中，激光扫描货箱

上的条码，全速运行时，只见纸箱、木箱在传送带上飞驰，红色的激光四处闪射，将货物送到正确的卡车上，传送带每天能处理20万箱货物，配送的准确率超过99%。

三、技能训练

请讨论：1. 什么是配送中心？

2. 配送中心的特点有哪些？

3. 沃尔玛配送中心采取了那些运作方式？

资料链接

1. 锦程物流网．http：//club.jctrans.com/.

2. 翁与刚主编，《物流管理基础》，中国物资出版社，2009年版.

3. 傅莉萍主编，《现代物流概论》，北京大学出版社，2007年版.

任务三 配送的合理化

相关知识

一、不合理配送的表现

对于配送合理与否，不能简单判定，也很难有一个绝对的标准。例如，企业效益是配送的重要衡量标志，但是，在决策时常常考虑各个因素，有时要做赔本买卖。所以，配送的决策是全面、综合决策，在决策时要避免由于不合理配送所造成的损失，但有时某些不合理现象是伴生的，要追求大的合理，就可能派生小的不合理，所以，虽然这里只单独论述不合理配送的表现形式，但要防止绝对化。

1. 资源筹措的不合理

配送是利用较大批量筹措资源，通过筹措资源达到规模效益来降低资源筹措成本，使配送资源筹措成本低于用户自已筹措资源成本，从而取得优势。如果不是集中多个用户需要进行批量筹措资源，而仅仅是为某一、两户代购代筹，对用户来讲，就不仅不能降低资源筹措费，相反却要多支付一笔配送企业的代筹代办费，因而是不合理的。资源筹措不合理还有其他表现形式，如配送量计划不准，资源筹措过多或过少，在资源筹措时不考虑建立与资源供应者之间长期稳定的供需关系等。

2. 库存决策不合理

配送应充分利用集中库存总量低于各用户分散库存总量，从而大大节约社会财富，同时，降低用户实际平均分摊库存负担。因此，配送企业必须依靠科学管理来实现一个低总量的库存，否则就会出现仅仅是库存转移，而未取得库存总量降低的效果。

配送企业库存决策不合理还表现在储存量不足，不能保证随机需求，失去了应有的市场。

3. 价格不合理

配送产品的价格应低于不实行配送时，用户自己进货时产品购买价格加上自己提货、运输、进货之成本总和，这样才会使用户有利可图。有时候，由于配送有较高服务水平，价格稍高，用户也是可以接受的，但这不是普遍的原则。如果配送价格普遍高于用户自己进货价格，损伤了用户利益，就是一种不合理表现。价格过低，使配送企业处于无利或亏损状态下运行，也是不合理的。

4. 配送与直达的决策不合理

一般的配送总是增加了环节，但是这个环节的增加，可降低用户平均库存水平，以此不但抵消了增加环节的支出，而且还能取得剩余效益。但是如果用户使用批量大，可以直接通过社会物流系统均衡批量进货，较之通过配送中转送货则可能更节约费用，所以，在这种情况下，不直接进货而通过配送，就属于不合理范畴。

5. 送货运输不合理

配送与用户自提比较，尤其对于多个小用户来讲，可以集中配装一车送几家，这比一家一户自提，可大大节省运力和运费。如果不能利用这一优势，仍然是一户一送，而车辆达不到满载（即时配送过多、过频时会出现这种情况），则就属于不合理。此外，不合理运输若干表现形式，在配送中都可能出现，会使配送变得不合理。

6. 经营观念的不合理

在配送实施中，有许多是经营观念不合理，使配送优势无从发挥，相反却损坏了配送的形象。这是开展配送时尤其需要注意克服的不合理现象。例如，配送企业利用配送手段，向用户转嫁资金、库存困难；在库存过大时，强迫用户接货，以缓解自己库存压力；在资金紧张时，长期占用用户资金；在资源紧张时，将用户委托资源挪做他用获利等。

二、配送合理化的判定标准

对于配送合理化与否的判断，是配送决策系统的重要内容，目前国内外尚无一定的技术经济指标体系和判断方法，按一般认识，图 10－4 的若干标志是应当纳入的。

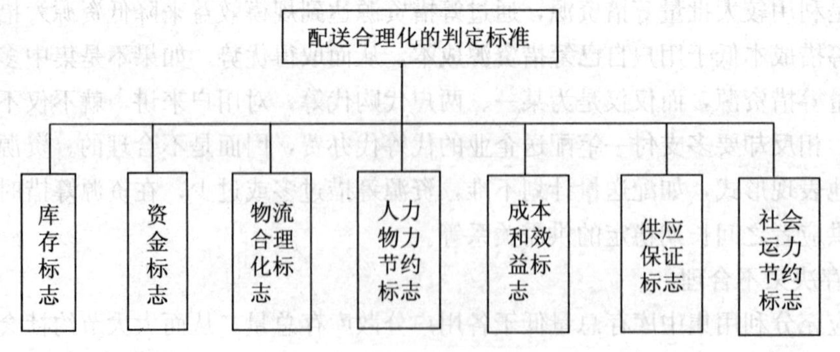

图 10－4　配送合理化的判定标准

（一）库存标志

库存是判断配送合理与否的重要标志。具体指标有以下两方面。

（1）库存总量。库存总量在一个配送系统中，从分散于各个用户转移给配送中心，配送中心库存数量加上各用户在实行配送后库存量之和应低于实行配送前各用户库存量之和。

此外，从各个用户角度判断，各用户在实行配送前后的库存量比较，也是判断合理与否的标准，某个用户上升而总量下降，也属于一种不合理。

库存总量是一个动态的量，上述比较应当是在一定经营量前提下。在用户生产有发展之后，库存总量的上升则反映了经营的发展，必须扣除这一因素，才能对总量是否下降做出正确判断。

（2）库存周转。由于配送企业的调剂作用，以低库存保持高的供应能力，库存周转一般总是快于原来各企业库存周转。

此外，从各个用户角度进行判断，各用户在实行配送前后的库存周转比较，也是判断合理与否的标志。

为取得共同比较基准，以上库存标志，都以库存储备资金计算，而不以实际物资数量计算。

（二）资金标志

总的来讲，实行配送应有利于资金占用降低及资金运用的科学化，具体判断标志如下。

（1）资金总量。用于资源筹措所占用流动资金总量，随储备总量的下降及供应方式的改变必然有一个较大的降低。

（2）资金周转。从资金运用来讲，由于整个节奏加快，资金充分发挥作用，同样数量的资金，过去需要较长时期才能满足一定的供应要求，配送之后，在较短时期内就能达此目的。所以，资金周转是否加快是衡量配送合理与否的标志。

（3）资金投向的改变。资金分散投入还是集中投入，是资金调控能力的重要反映。实行配送后，奖金必然应当从分散投入改为集中投入，以能增加调控作用。

（三）成本和效益标志

总效益、宏观效益、微观效益、资源筹措成本都是判断配送合理化的重要标志。对于不同的配送方式，可以有不同的判断侧重点；例如，配送企业、用户都是各自独立的以利润为中心的企业，不但要看配送的总效益，而且还要看对社会的宏观效益及两个企业的微观效益，不顾及任何一方，都必然出现不合理。又例如，如果配送是由用户集团自己组织的，配送主要强调保证能力和服务性，那么，效益主要从总效益、宏观效益和用户集团企业的微观效益来判断，不必过多顾及配送企业的微观效益。

由于总效益及宏观效益难以计量，在实际判断时，常以按国家政策进行经营，完成国家税收及配送企业及用户的微观效益来判断。

对于配送企业而言，则企业利润反映配送合理化程度。

对于用户企业而言，在保证供应水平或提高供应水平前提下，供应成本的降低，反映了配送的合理化程度。

成本及效益对合理化的衡量，还可以具体到储存、运输具体配送环节，使判断更为精细。

（四）供应保证标志

实行配送，各用户的最大担心是害怕供应保证程度降低，这是个心态问题，也是承担风险的实际问题。

配送的重要一点是必须提高而不是降低对用户的供应保证能力，才算实现了合理。供应保证能力可以从以下方面判断。

（1）缺货次数。实行配送后，对各用户来讲，该到货而未到货以致影响用户生产及经营的次数，必须下降才算合理。

（2）配送企业集中库存量。对每一个用户来讲，其数量所形成的保证供应能力高于配送前单个企业保证程度，从供应保证来看才算合理。

（3）即时配送的能力及速度是用户出现特殊情况的特殊供应保障方式，这一能力必须高于未实行配送前用户紧急进货能力及速度才算合理。

特别需要强调一点，配送企业的供应保障能力是一个科学的合理的概念，而不是无限的概念。具体来讲，如果供应保障能力过高，超过了实际的需要，属于不合理。所以，追求供应保障能力的合理化也是有限度的。

（五）社会运力节约标志

末端运输是目前运能、运力使用不合理，浪费较大的领域，因而人们寄希望于配送来解决这个问题。这也成了配送合理化的重要标志。

运力使用的合理化可以简化判断如下：

（1）社会车辆总数减少，而承运量增加为合理；

（2）社会车辆空驶减少为合理；

（3）一家一户自提自运减少，社会化运输增加为合理。

（六）人力物力节约标志

配送的重要观念是以配送代劳用户；因此，实行配送后，各用户库存量、仓库面积、仓库管理人员减少为合理；用于订货、接货、搞供应的人应减少才为合理。真正解除了用户的后顾之忧，配送的合理化程度则可以说是一个高水平了。

（七）物流合理化标志

配送必须有利于物流合理。这可以从以下几方面判断；

（1）是否降低了物流费用；

（2）是否减少了物流损失；

（3）是否加快了物流速度；

（4）是否发挥了各种物流方式的最优效果；

（5）是否有效衔接了干线运输和末端运输；

（6）是否不增加实际的物流中转次数；

（7）是否采用了先进的技术手段。

物流合理化的问题是配送要解决的大问题，也是衡量配送本身的重要标志。

任务实施

一、活动准备

学生分小组，以小组为单位通过网络等渠道寻找某公司的配送方式。

二、活动方案

各组归纳出该公司的配送方式，结合所学知识讨论其合理性与不合理性，形成报告。

三、技能训练

在报告里详细列出该公司配送方式的特点，合理性与不合理性，并提出合理化建议。

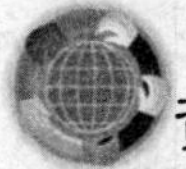

资料链接

1. 郑玲主编，《配送中心运作与管理》，机械工业出版社，2009 年版.
2. 陈虎主编，《物流配送中心运作与管理》，北京大学出版社，2011 年版.

任务四　配送组织

相关知识

配送计划的制订如下：

生产的连续性和计划性，决定了配送要有很强的计划性。从配送业务本身看，这是一项需要多方面密切协调配合的工作，组织资源、配货、储运、送货上门等一系列的活动，都要有严密的计划。

(一) 制订配送计划的步骤

一个高效的配送计划是在分析外部需求和内部条件的基础上按一定的程序制定出来的，这个程序如图 10－5 所示。

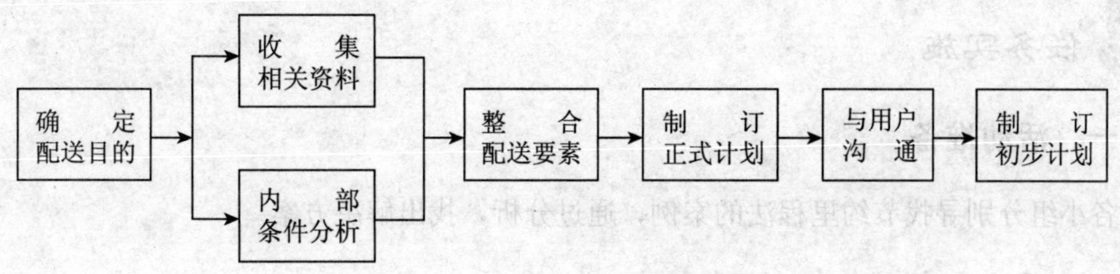

图 10－5　制订配送计划的步骤

1. 确定配送的目的

配送计划的目的是一定时期工作所要达到的结果。在这里要注意处理好配送业务是为了满足短期实效性要求，还是长期稳定性要求；是服务于临时性特定顾客还是服务于长期固定客户。配送目的不同，具体的计划安排就不同。

2. 进行调查收集资料

要制订出一定时期的配送计划，对未来一定时期的需求进行正确的预测与评估，就必须依据大量的数据。不了解客户的需求，就无法满足客户需求，因此，这阶段是计划工作的基础。需要调查收集的资料有：①配送活动的主要标的物情况，如原材料、零部件、半成品、产成品等；②了解当年销售计划、生产计划、流通渠道的规模以及变化情况、配送中心的数量、规模、运输费用、仓储费用、管理费用等数据；③了解竞争对手的情况。

3. 内部条件分析

配送往往受到自身的能力和资源的限制，故要对配送中心配送人员（司机或者相差业务员）、配送中心的车辆及其他配送设施进行分析，确定配送能力。

4. 整理配送要素

这些配送要素是指货物、客户、车辆、人员、路线、地点、时间等，这些也称作配送的功能七要素。在制订计划时要对这些要素进行综合分析。

5. 制订初步配送计划

在完成上述步骤之后，综合自身能力以及客户需求，便可以初步确定配送计划。这个计划精确到到达每一个配送地点的具体时间、具体路线的选择，以及货运量发生突然变化时的应急办法等方面。

6. 进一步与客户协调沟通

在制订了初步的配送计划之后，再进一步与客户进行沟通，请客户充分参与，提出修改意见，共同完善配送计划。这一环节对于提高配送计划质量是非常重要的。

7. 确定正式配送计划

与客户几次协调沟通之后，初步配送计划经过反复修改最终确定。

（二）配送计划的内容

一项较完整的计划主要包括以下内容：配送地点及数量，配送所需的车辆数量，运输路线，各环节的操作要求，时间范围的确定，与客户作业层面的衔接等。

计划安排好以后，要按计划完成各项操作，达到预定的目的。

任务实施

一、活动准备

各小组分别寻找节约里程法的案例，通过分析，找出解决方案。

二、活动方案

各小组可在相关教材和网站上寻找节约里程法的案例，计算出最优方案。

三、技能训练

节约里程法的解题关键是找到最优路径，因此各小组在解题时需列表理清思路。

节约里程法典型例题（http：//wenku. baidu. com/view/38a3b926ccbff121dd368302. html）

任务五 物流网络

一、物流网络的概述

1. 物流网络的概念

物流的过程，如果按其运动的程度即相对位移大小观察，它是由许多运动过程和许多相对停顿过程组成的。所谓物流网络是指由执行物流运动使命的线路和执行物流停顿使命的节点两种基本元素所组成的网络。

2. 线路和节点

全部物流活动是在线路和节点进行的。其中，在线路上进行的活动主要是运输，包括集货运输、干线运输、配送运输等。物流功能要素中的其他所有功能要素，如包装、装卸、保管、分货、配货、流通加工等，都是在节点上完成的。

二、物流网络的构造

物流网络构造有两个主要组成部分，即路线和节点。

1. 物流路线

物流路线广义指所有可以行使和航行的陆上、水上、空中路线，狭义仅指已经开辟的，可以按规定进行物流经营的路线和航线。物流路线有以下几种类型：铁路线路、公路线路、海运线路、空运线路。

2. 物流节点

物流节点又叫物流结点，是物流网络中连接物流线路的结节之处，所以又称为物流结节点。物流节点的种类很多，在不同线路上节点的名称也各异，这是受物流学科形成之前，交通运输、外贸、商业等领域各自发展影响，而形成的行业性叫法。

在铁路运输领域，节点的称谓有：货运站、专用线货站、货场、转运站、编组站等。在公路运输领域，节点的称谓有货场、车站、转运站、枢纽等。在航空运输领域，节点的称谓有货运机场、航空港等。在商贸领域，节点的称谓有流通仓库、储备仓库、转运仓

库、配送中心、分货中心等。

任务实施

一、活动准备

请阅读以下材料：

海尔模式——自营物流系统

自营物流系统的企业中，最典型的就是海尔集团。海尔物流特色可总结为，借助物流专业公司力量，在自营基础上小外包，总体实现采购 JIT、原材料配送 JIT 和成品配送 JIT 的同步流程。1999 年海尔开始实施以“市场链”为纽带的业务流程再造，以订单信息流为中心，带动物流、商流、资金流的运作，其物流运作模式日益引起人们的关注。对海尔来讲，物流首先是使其实现三个“零”的目标，即零库存、零距离和零营运资本；其次，是使其能够获得在市场竞争中取胜的核心竞争力。

美的模式——剥离物流业务、组建物流公司

如果说海尔是把物流作为降低成本的机器，美的集团则把物流作为一个赚钱机器。2000 年 1 月美的集团成立了安得物流公司，把物流业务剥离出来。安得物流公司作为美的集团一个独立的事业部，成为美的其他产品事业部的第三方物流公司，一方面能为美的生产、制造、销售提供最快捷的物流服务，同时也作为专业物流公司向外发展业务。美的的其他事业部可以使用安得物流，也可以选择其他的物流公司。

伊莱克斯模式——全面外包物流业务

伊莱克斯将物流完全外包给第三方物流企业，第三方物流商为他们提供整个或部分供应链的物流服务，以获取一定的利润。1995 年，伊莱克斯合资组建伊莱克斯中意电冰箱有限公司时，就明确了责任分工，伊莱克斯只负责产品生产，而中意冰箱厂全权负责产品的销售与售后服务工作。随后，伊莱克斯又将物流外包给了专业的物流公司。目前伊莱克斯将物流交由包括宝供物流在内的三家物流公司负责。

东芝物流——独立的物流子公司

日本的企业大多数都有自己的物流公司。东芝公司为了开拓新的业务，在 1974 年出资建立了东芝物流（株）的独立物流子公司，主要管理东芝集团的家电产品和信息产品。随后，日本其他电子行业也陆续建立起自己的物流子公司。东芝公司的内部物流业务大概在 70%，外部业务在 30%左右，基本上实现了与社会物流公司的资源共享。日本的家电行业基本采用这种模式，内部物流为主，外部物流为辅，比如松下、索尼等。

二、活动方案

各小组讨论这些公司的物流网络有何特点，分析出各物流节点。

三、技能训练

绘制各公司的物流网络结构。

资料链接

（物流网络的介绍）http：//wiki.mbalib.com/wiki

模块总结

本模块通过对配送的含义、作用及特点的介绍，分述了配送的类型以及配送合理化的概念，使学生对于配送合理化有深刻的理解，并能根据实践进行分析和总结；能通过对配送中心的概述，了解配送中心的功能和分类，对配送和配送中心有系统和比较完整的认识。

案例

戴尔计算机公司在不到20年的时间内，发展到250亿美元的规模，即使面对美国经济的低迷、惠普等超大型竞争性对手纷纷裁员减产的情况下，据美国一家权威机构的统计，戴尔公司个人电脑销售额占全球总量的13.1%，居世界前列。

戴尔公司分管物流配送的副总裁迪克·亨特在分析成功的诀窍时说："戴尔总支出的74%用在材料配送购买方面，2000年这方面的总开支高达210亿美元，如果我们能在物流配送方面降低0.1%，就等于我们的生产效率提高了10%。"

在提高物流配送效率方面，戴尔和50家材料配送供应商保持着密切、忠实的关系，他们之间每天都通过网络进行协调沟通；戴尔监控每个零部件的发展情况并发布在网络上，刺激供应商之间的竞争。

高效率的物流配送使戴尔的过期零部件比例保持在材料开支总额的0.05%～0.1%，2000年戴尔全年在这方面的损失为2100万美元。而这一比率在戴尔的对手企业都高达2%～3%，在其他工业部门更是高达4%～5%。

问题：1. 戴尔为什么取得了如此快速的发展？

2. 戴尔在配送方面还有哪些可以改进？

作业

1. 请叙述配送的类型，并指出不同类型配送的特点。
2. 配送合理化可以给企业带来哪些效益？
3. 配送计划包含哪些内容，并简述其在物流配送中的意义。

模块十一　第三方物流

知识目标

（1）掌握第三方物流的定义、分类。

（2）掌握第三方物流管理的特征。

（3）了解第三方物流运作过程。

能力目标

（1）掌握第三方物流企业的利润源。

（2）掌握第三方物流的选择方法。

素质目标

（1）培养学生的团队合作意识。

（2）培养学生的良好沟通能力。

引导案例

作为一家第三方物流公司，上海新鼎益凭借着专业的成本及服务方案，帮助客户做好物流管理，赢得了众多好评。

“成本每上涨哪怕一个百分点，也像是在客户身上割肉。对成本控制的要求，已经成为客户选择第三方物流公司的一个重要指标。”付海奇对此有着深刻的认识，否则上海新鼎益也不会屡屡拿下行业内的大客户。他告诉记者，无论是车队管理还是运输方式，抓住细节，就能打赢这场成本保卫战。在车队管理方面，上海新鼎益的车辆虽然不多，但其根据自身实际情况，非常善于利用社会资源。付海奇分析说，目前，社会上闲散的车辆资源还是供大于求，所以要组建一支车队不算困难，但是想使这支车队“百里挑一”，必须在管理上多下功夫。为此，他还简单介绍了几条利用社会车辆组建企业“车队”的法则。

第一，因为客户所处行业不同，所以车队司机必须了解对应行业的特点。只有司机了解承运货物的特点，才能确保货物安全、准时地运输到目的地。第二，司机需要熟悉运输线路，避免运送途中由于路况生疏造成不必要的麻烦。司机能够轻车熟路，还能节省不少油费。第三，避免车辆回程空驶，提升车辆利用效率。

除了一支管理有素的车队，上海新鼎益还有一出拿手好戏，就是通过多式联运为客户降低成本支出。付海奇告诉记者，如今，能够运作多式联运的第三方物流公司还不算多，上海新鼎益的优势恰恰在于能够根据客户的实际需求，制定合理的运输方案，使各种运输方式相互搭配，以此有效降低物流成本。

他举例说，公司眼下正在帮助一家大型钢铁企业运输钢材。具体方案是，从上海到南昌用船运，再由南昌的中转库（以租赁为主，长、短期都有）通过卡车运到工地。虽然这一流程听起来相对复杂一点，但实际效果却很明显——能为客户降低20%乃至30%的物流成本。

而对另一项物流成本——乱收费、乱罚款，付海奇认为，这是物流成本中一项关键开销，但这是企业无法左右的，只能尽力为之。他认为，很多省份治理超载超限标准不够统一，随意性又较大，加之各个阶段执行力度也不一样，才造成了超载超限屡禁不绝，甚至一定程度上致使企业之间出现无序竞争。为此，既要全国一盘棋统一标准，长期坚持不懈抓超载超限，也要清理和修改不合理的收费、罚款规定。

请思考：1. 什么是第三方物流？

2. 上海新鼎益凭借什么赢得了客户的好评？

任务一　第三方物流的特征与产生

一、第三方物流的特点与功能

（一）第三方物流的定义

第三方物流（Third－Party Logistics，简称3PL，也简称TPL）的概念源自于管理学中的（out－sourcing），意指企业动态地配置自身和其他企业的功能和服务，利用外部的资源为企业内部的生产经营服务；将外包（Out－sourcing）引入物流管理领域，就产生了第三方物流的概念。所谓第三方物流是指生产经营企业为集中精力搞好主业，把原来属于自己处理的物流活动，以合同方式委托给专业物流服务企业，同时通过信息系统与物流企业保持密切联系，以达到对物流全程管理控制的一种物流运作与管理方式。因此，第三方物流又叫合同制物流。

第三方物流既不属于第一方，也不属于第二方，而是通过与第一方或第二方的合作来提供其专业化的物流服务，它不拥有商品，不参与商品的买卖，而是为客户提供以合同为约束、以结盟为基础的、系列化、个性化、信息化的物流代理服务。最常见的3PL服务包括设计物流系统、EDI能力、报表管理、货物集运、选择承运人、货代人、海关代理、信息管理、仓储、咨询、运费支付、运费谈判等。

（二）第三方物流的特点

第三方物流的实质是指物流经营者借助现代信息技术，在约定的时间、空间、按约定的价格向供方和需方提供约定的个性化、专业化、系统化物流的过程。因此，第三方物流企业应具有供方和需方都不具备的能力和优势，使供方和需方愿意将自身物流业务外包出去。为此，第三方物流企业应具备以下特点，如图11-1所示。

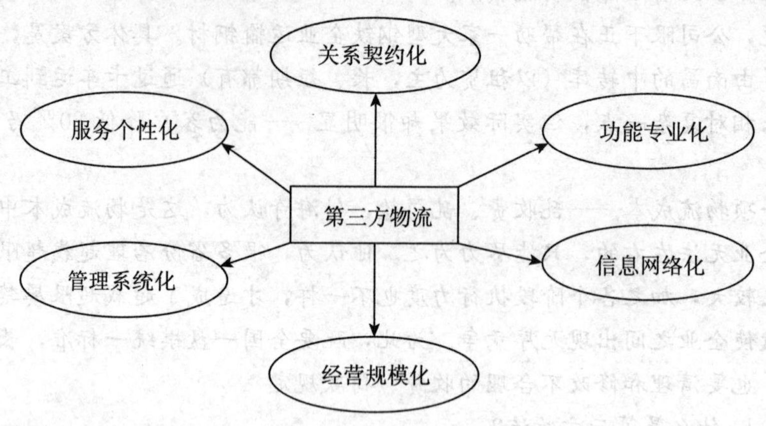

图11-1　第三方物流企业的特点

1. 关系契约化

第三方物流是一种具有契约性质的综合物流服务，通过契约来规范物流企业与物流消费者之间的关系。第三方物流企业根据契约规定的要求，提供多功能甚至全方位的物流服务，并根据契约来管理提供的所有物流服务活动及其过程，最终职能是保证客户物流体系的高效运作和不断优化供应链管理。

2. 服务个性化

不同的物流消费者具有不同的物流服务要求，第三方物流需要根据不同物流消费者在企业形象、业务流程、产品特征、顾客需求特征、竞争需要等要素“量身定做”针对性强的个性化物流服务和增值服务。同时，第三方物流是一种专业性物流服务的组织单元，要熟悉市场运作，具有专门的物流设施和信息手段，有长年的客户关系网络，又需要有专业人才，并形成自身的核心业务。

3. 功能专业化

第三方物流提供的是专业化的物流服务。从物流设计、物流操作过程、物流信息处理到物流管理必须体现专门化和专业化水平，这既是物流消费者的要求，也是第三方物流自身发展的基本需要。

4. 管理系统化

第三方物流应该具有系统的物流功能，这是第三方物流产生和发展的基本要求。现代化的管理系统不仅是满足第三方物流运行的要求，而且是推动第三方物流发展和完善的基本需要。

5. 信息网络化

第三方物流拥有充分的市场信息、较为广泛的信息网络和现代信息技术。在物流服务过程中，信息技术的发展实现了信息实时共享，促进了物流管理的科学化，极大地提高了

物流效率和物流效益。常用于支撑第三方物流的关键技术有实现信息自动快速交换的 EDI 技术、实现资金快速支付的 EFT 技术、实现信息自动快速输入的条码技术和实现网上交易的电子商务技术等。

6. 经营规模化

第三方物流可以组织若干客户的共同物流，这对于不能形成规模优势的单独的客户而言，将业务外包给第三方物流，可以通过多个客户所形成的规模来降低成本。有了规模，就可以有效地实施供应链、共同配送等先进的运作方式，进一步保障物流服务水平的提高。

（三）第三方物流的功能

作为一种较为先进的服务形态，第三方物流服务所体现出的社会物流配送的价值和给企业（顾客）带来的益处是多方面的。

1. 资源优化配置

中国的社会物流设施已经具备一定规模，但与满足物流配送的实际需要相比，仍有较大的距离。实行第三方物流配送，有利于物流配送社会化，充分利用已有的物流设施，进行合理的资源优化配置，同时减少流通与生产企业不必要的投资，对整个社会资源配置合理化起到极大的作用。

2. 提高运作效率

第三方物流是专业化物流机构，设施先进，专业人才多，凭借其优势有能力建立快速反应系统，实行专业化物流配送，利用快速反应系统，及时为用户服务，使供产销紧密结合，从而提高整个物流系统的运作效率。

3. 形成规模效益

有利于企业实现规模化经营，提高规模效益。第三方物流的配送对象多，流通渠道广，可以把千家万户的流通量集少成多，按大生产流水作业线的生产方式形成规模流通，收到规模效益。主要表现在以下几个方面。

（1）规模采购效益。一是可享受优惠价格，增加企业在市场上的部分竞争能力，使消费者满意；二是降低管理费用；三是压缩库存占用资金，进而在条件具备的情况下实现“零库存”；四是有利于保证商品质量，杜绝假冒伪劣商品的进入。

（2）实行规模化加工，可以提高材料利用率。

（3）实行社会化混载运输，提高效益，降低费用。

（4）专业化社会分工，有利于降低流通成本。第三方物流通过合同形式收购工业产品，向流通、生产企业供货，可以解除流通与生产企业的后顾之忧，使它们可专心搞好优质产品生产，又有利于降低流通成本。

（5）有利于物流现代化的建设和电子商务的发展。社会化物流配送中心物流量大，具有规模效益，为实现物流现代化，包括建立电子配送系统等创造了条件。电子商务也必须借助于社会化物流配送中心，才能实现规模化发展。

4. 使企业具备外部信息技术

第三方物流企业通过其掌握的物流系统开发设计、信息技术能力等，成为企业间物流系统网络的组织者。许多第三方物流公司与独立软件供应商合作开发了内部的信息系统，

这使他们能够最大限度地利用运输和分销网络，有效地进行跨运输方式的货物追踪，进行电子交易，生成提高供应链管理效率所必须的报表和进行其他相关的增值服务。

5. 提升企业形象

现代企业都非常注重自身企业形象，利用第三方物流恰好满足企业的这一需求。第三方物流通过量体裁衣的设计，制定出以企业为导向、低成本高效率的物流方案，同时利用遍布全球的配送网络和服务提供者（分承包方）大大缩短了交货期，帮助企业改进服务，树立了企业良好的品牌形象，使企业在同行中脱颖而出，为其在竞争中取胜创造了有利条件。

（四）我国第三方物流市场的发展前景（见图11－2）

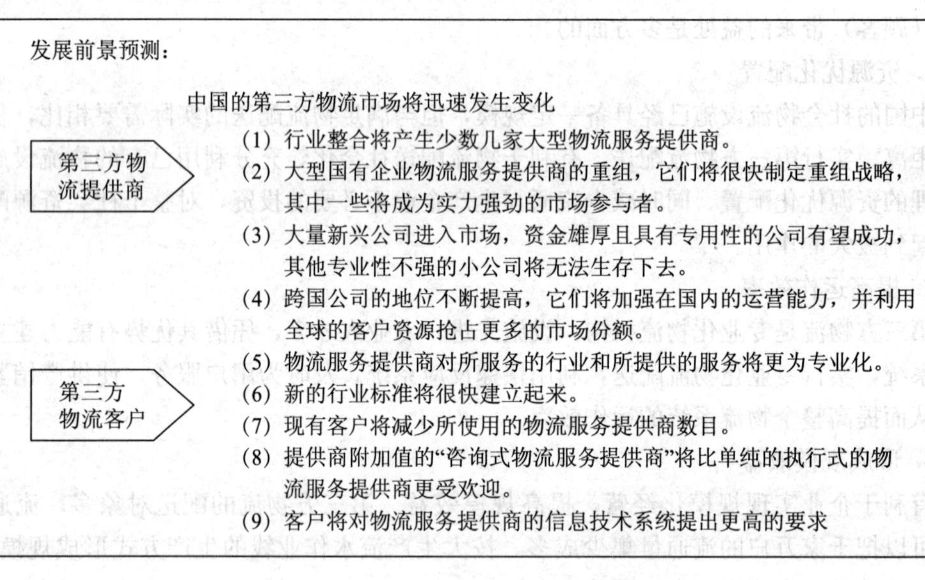

图11－2　第三方物流市场发展前景预测

二、第三方物流产生的原因

随着物流业务的飞速发展，第三方物流应运而生，那么为什么会产生第三方物流？

(1) 第三方物流产生是社会分工的结果。在外包Out－souring等新型管理理念的影响下，各企业为增强市场竞争力，而将企业的资金、人力、物力投入到其核心业务上去，寻求社会化分工协作带来的效率和效益的最大化。专业化分工的结果导致许多非核心业务从企业生产经营活动中分离出来，其中包括物流业。将物流业务委托给第三方专业物流公司负责，可降低物流成本，完善物流活动的服务功能。

(2) 第三方物流的产生是新型管理理念的要求。进入20世纪90年代后，信息技术特别是计算机技术的高速发展与社会分工的进一步细化，推动着管理技术和思想的迅速更新，由此产生了供应链、虚拟企业等一系列强调外部协调和合作的新型管理理念，既增加了物流活动的复杂性，又对物流活动提出了零库存、准时制、快速反应、有效的顾客反应等更高的要求，使一般企业很难承担此类业务，由此产生了专业化物流服务的需求。第三

方物流的思想正是为满足这种需求而产生的。它的出现一方面迎合了个性需求时代企业间专业合作（资源配置）不断变化的要求，另一方面实现了进出物流的整合，提高了物流服务质量，加强了对供应链的全面控制和协调，促进供应链达到整体最佳性。

（3）改善物流与强化竞争力相结合意识的萌芽。物流研究与物流实践经历了成本导向、利润导向、竞争力导向等几个阶段。将物流改善与竞争力提高的目标相结合是物流理论与技术成熟的标志。这是第三方物流概念出现的逻辑基础。

（4）物流领域的竞争激化导致综合物流业务的发展。随着经济自由化和贸易全球化的发展，物流领域的政策不断放宽，同时也导致物流企业自身竞争的激化，物流企业不断地拓展服务内涵和外延，从而导致第三方物流的出现。这是第三方物流概念出现的历史基础。

任务实施

一、活动准备

学生分小组，以小组为单位结合案例讨论第三方物流的概念、特点等。

二、活动实施

案例分析：上海通用汽车是中国目前最大的一个合资企业，是上海汽车集团公司与美国通用汽车公司合资的企业。因为汽车制造行业比较特殊，它的零部件比较多，品种规格都比较复杂。如果自己去做物流，要费很多的时间。他们计划做物流外包，要做到生产零部件 JIT（Just In Time）直送工位，准点供应，生产线上零库存。那他们要如何实施呢?

三、技能训练

请讨论：1. 什么是第三方物流?

2. 第三方物流的特点?

3. 上海通用汽车为什么要对物流作业进行外包?

资料链接

1. 中国物流与采购网．http：//www.chinawuliu.com.cn.
2. 熊文杰主编，《第三方物流运营实务》，中国海洋大学出版社，2010 年版．
3. 傅莉萍主编，《现代物流概论》，北京大学出版社，2007 年版．

任务二　第三方物流企业的发展战略

相关知识

物流企业发展战略从不同角度可以有不同的划分方式，其中，按发展方向可以分为增长战略、维持战略和收缩战略三大类；按业务相关性可分为集中经营发展战略和多样化经营发展战略两种，而多样化经营发展战略又可分为相关多元化战略和非相关多样化战略。由于中国的物流市场尚处于成长阶段，因此，企业增长战略将是主流的战略选择。

一、经营层面的定位

经营层面的定位，实际上是物流企业的“产品”定位。核心经营层面定位并不代表企业不可以开展其他层面的业务，而是市场拓展的重点在核心经营层面，自身核心竞争力的培养在核心经营层面。

根据提供服务集成度的高低，第三方物流企业可以选择以下几个经营层面。

1. 运作层

运作层整合是比较初级的物流管理服务，物流企业本身不涉及客户企业内部的物流管理和控制，只是根据客户的要求，整合社会物流资源，完成特定的物流服务。

运作层整合是要求有规范的运作机制、快速反应的能力和大量的可供选择和调度的低层资源，如车队、空运代理、海运代理、仓库、报关公司、进出口代理商等。

运作层整合由于可以做到资源的共享，如仓库、车队、报关代理等，企业可以同时为比较多的客户服务，并实现经营的规模效益。

2. 管理层

管理层面的服务包括销售预测、库存管理和控制等专业的物流环节，对物流企业的管理水平要求很高，因此能够提供专业化物流管理的物流企业，往往可以得到比较大的利润空间。但由于管理层面的物流服务需要物流企业直接介入客户内部的管理，甚至更深入到企业的销售、市场、生产、财务环节，因此，市场对此类服务的接受尚有一定的障碍。

3. 规划层

现代物流能够成为一个行业，源于其技术含量和专业性越来越强。物流设施、物流体系和物流网络的规划，成为物流领域里独特的服务内容。在此类服务中，物流企业不仅提供管理和运作层面的服务，还参与或涉及物流体系的规划。这也是物流服务中最高端和最富技术含量的领域。

4. 混合型

客户企业的物流需求是千差万别的，第三方物流企业有时候要适应不同的客户需求，就必须不断完善和拓展自己的物流服务能力，否则就可能流失客户。混合型的经营模式就是企业不断拓展自己的经营层面，在核心能力得到加强的基础上，向其他经营层面延伸。如以运作为主的物流企业，在遇到新客户或老客户的新要求时，就不得不延伸自己的服务范围。

二、核心竞争力定位

企业核心竞争力定位其实是和企业的经营层面的定位相联系的。企业确立什么样的经营层面，就要致力于培养什么样的核心竞争力。在现代物流服务中，最核心的竞争力有物流运作能力、物流管理能力和物流体系的规划能力。同以上能力相联系的分别是企业的运作层面、管理层面和规划层面。

（一）物流运作能力

物流运作能力具体体现为：

（1）订单完成率高；

（2）运作成本低；

（3）运作时效性好；

（4）服务柔性化强；

（5）意外处理能力强；

（6）适应新业务快。

要建立以上的运作能力，必须在操作的规范性、员工的培训、供方的选择和评估、运作过程的协调和优化等方面不断强化。

（二）物流管理能力

物流管理主要涉及以下内容：

（1）订单管理；

（2）库存管理；

（3）运输优化；

（4）信息服务；

（5）客户关系管理等。

物流管理能力关注的不只是第三方物流本身的管理和运作能力，更重要的是对客户的采购、生产、销售等过程有深入的了解，精通客户的产品特点和产品的市场特点，熟悉客户的客户服务政策和财务目标，熟知客户的产品生产和物流过程。因此，物流管理能力是建立在对客户的物流需求深入了解的基础之上的。

（三）物流体系的规划能力

物流体系的规划能力主要体现在：

（1）物流网络的规划能力；

（2）物流设施的设计能力；

（3）物流体系的构建能力等。

规划能力是专业性很强的领域，需要专家参与，又由于物流行业的实践性很强，专家队伍最好能有物流管理和运作的实践经验。

核心竞争力是企业确立自己的品牌和竞争优势的关键。第三方物流企业由于自身不具备可用于操作的资产，必须在运作能力、管理能力或规划能力上突出自身的优势，才不致在资产型物流企业的冲击下消亡。

三、主导区域定位

第三方物流企业自身的投入能力非常有限，选择主导区域是非常关键的战略规划。

主导区域的定位是设定自身核心业务的覆盖范围，在主导区域内，企业依靠自身的物流网络完成相关的物流服务。由于经济的全球化，跨国公司的物流和供应链可能分布在全球范围内，作为物流服务商，不可能在全球任何一个区域都有自己的网络，因此确定自身的主导区域是非常重要的决策。确定主导区域要考虑以下几个因素。

（1）自身的投入能力。主导区域覆盖的区域大，投入的资金就应增加，物流企业必须考虑自己的投入能力。

（2）管理水平。主导区域覆盖面广，管理的难度就会上升。如果管理的能力不强，过快地拓展自己的网络覆盖范围可能造成管理的失控和客户服务质量的降低。

（3）客户的需求分析。根据对现有客户群的需求分析，将业务比较多的区域设为主导区域。

（4）营运成本分析。通常来讲，主导区域覆盖的面广，表明提供服务的能力比较强，同时有利于企业品牌的宣传，但在建立主导区域的过程中，不可贪大求全，而要有成本核算的意识。

四、客户关系定位

第三方物流企业在同客户的关系上，统一定义为合作伙伴关系，但根据伙伴关系的重要程度和合作的深入程度，可分为普通合作伙伴关系和战略合作伙伴关系。普通合作伙伴关系的存在是由中国第三方物流发展的阶段性决定的。

1. 普通合作伙伴关系

普通合作伙伴关系对应于目前存在的服务买卖关系，合作双方根据双方签订的合作文件进行业务往来，在合作过程中双方的职责有比较明确的界定。对于这一类客户，第三方物流企业应通过运作先进的客户关系管理系统，提高服务的质量和客户满意度，变目前的一般交易关系为合作伙伴关系。

2. 战略合作伙伴关系

在西方，不论在理论上还是在实践中，第三方物流企业都是作为客户企业的战略合作伙伴提出来的。第三方物流企业只有作为其客户的战略合作伙伴，才可能为客户提供量体定制的高效的物流服务。第三方物流企业应明确地将合作定位在合作伙伴关系上，同客户进行深入持久的合作。和普通的合作伙伴关系不同，战略合作伙伴关系双方职责不再有明确的边界，合作双方为了共同的利益，因此，物流企业将在很大程度上参与对方的经营决策。

任务实施

一、活动准备

学生分小组，以小组为单位查找第三方物流公司的发展战略。

二、活动实施

每个小组查找一个第三方物流公司的发展战略，归纳其特点，并提出建议，形成报告。

三、技能训练

请讨论：1. 第三方物流可以选择哪几个经营层面？

2. 第三方物流企业怎样定位自己的核心竞争力？

资料链接

1. 锦程物流网 . http：//club. jctrans. com/.

2. 翁与刚主编，《物流管理基础》，中国物资出版社，2009 年版.

3. 熊文杰主编，《第三方物流运营实务》，中国海洋大学出版社，2010 年版.

任务三　第三方物流的运作

相关知识

企业物流业务外包的选择与实施如下：

（一）企业物流业务外包的选择

物流是重要的企业流程，是否实行物流业务外包是企业的一项重大决策，必须深思熟虑，通过严格的流程进行，才能取得预期效果。企业首先对自身的物流系统进行分析，以决定企业的外包需求。也就是分析企业的物流系统看企业是否有自营物流的能力，要考虑企业物流系统的战略地位（企业具备的物流设施和技术）、物流总成本和服务水平；如果没有，就将物流外包。企业对第三方物流的评价与选择，要经过以下几个步骤（见图11－3）。

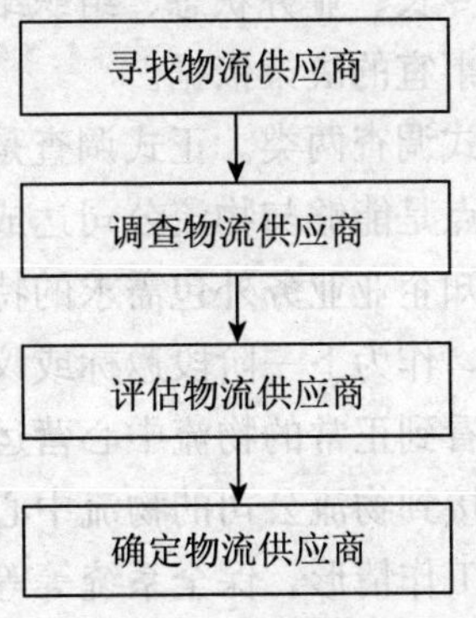

图 11－3　企业对第三方物流的评价与选择步骤

1. 寻找物流供应商

当企业不具备自营物流的能力时，当企业确定要物流外包时，就可以按照自己的需求去寻找最合适的物流供应商了。在选择供应商时，不能够只着眼于企业内部核心竞争能力的提升，而置供应商的利益于不顾，企业应以长远的战略思想来对待外包，通过外包既实现企业利益最大化，又有利于供应商持续稳定的发展，达到供需双方双赢的局面。

提供物流外包业务的物流供应商有很多，企业需要物流外包时，应根据自身的需要来选择物流供应商。概括地说，物流供应商有以下几类。

（1）以运输为基础的物流公司。以运输为基础的物流公司都是大型运输公司的分公司，有些服务项目是利用其他公司的资产完成的。这类物流供应商的优势在于公司能利用母公司的运输资产扩展其运输功能，提供更为综合性的一套物流服务。典型企业有中国远洋运输、中国外货运输等。

（2）以仓库和配送业务为基础的物流公司。以仓库和配送业务为基础的物流公司一般提供存货管理、仓储与配送等物流活动。这类物流供应商的优势是要比基于运输的公司更容易转为综合物流服务。典型企业有中国储运、华运通等。

（3）以货运代理为基础的物流公司。以货运代理为基础的物流公司一般无资产，非常独立，并与许多物流服务供应商有来往。这类物流供应商的优势是具有把不同物流服务项目组合以满足客户需求的能力，能够从货运中间商角色转为更广范围的第三方物流服务公司。典型企业有中国外轮代理、大通国际运输等。

（4）以托运人和管理为基础的物流公司。以托运人和管理为基础的物流公司一般是从大公司的物流组织演变而来的。它们将物流专业的知识和一定的资源，如信息技术等用于第三方作业。这类物流供应商的优势是具有管理母公司物流的经验。

（5）以财务或信息管理为基础的物流公司。以财务或信息管理为基础的物流公司是由信息公司演变而来，这类物流供应商的优势是能提供如运费支付、审计、成本监控、采购跟踪和存货管理等管理工具。典型企业有阳光网达、易速网、宅急送等。

2. 调查物流供应商

确定初选合格的物流公司后，必须一一调查，了解物流公司的软硬件设施、经营团队的水准与态度、营运系统与物流专长、业务状态、组织结构、用人哲学与方法等企业整体素质，作为进一步洽商业务外包事宜的决策依据。

调查可分成正式调查与非正式调查两类。正式调查是企业预先联系物流公司，约定特定时间前往拜访。正式调查的优点是能够与物流公司达成互动，当面沟通业务外包策略与技术层次的问题，使物流公司认知企业业务外包需求的特性，让他们了解企业的目标及任务，进而了解其承接能力及意愿，作为下一阶段邀标或议约的基础性工作。其缺点是由于物流公司的刻意安排而无法真正看到正常的物流中心营运特性。非正式调查就是不通知物流公司，需要物流外包的企业直接到物流公司的物流中心，对物流设施与设备、物流作业流程、现场环境与整洁性、人员工作情形、保全系统等等进行现场观察。非正式调查的优点是可真正了解物流企业平日物流作业与系统的营运与管理水准。

3. 评估物流供应商

就要将物流业务外包出去。企业可以将物流业务外包给一家第三方物流企业，也可以

外包给多家第三方物流企业。要想选择好第三方物流企业，就必须对第三方物流企业进行合理的评价。

(1) 第三方物流供应商的核心竞争力。在挑选第三方物流供应商时，应首先考虑第三方物流供应商的核心竞争力是什么，例如，美国联邦快递和联合包裹服务公司最擅长的服务是包裹的限时速递，中国储运总公司的核心竞争力在于其有大型的仓库。

(2) 第三方物流供应商是自拥资产还是非自拥资产。使用一家自拥资产还是非自拥资产的第三方物流供应商都各有优缺点。自拥资产的公司具备较大的规模，丰富的人力资源，雄厚的客户基础，先进的系统，但是他们的工作倾向于自己决定，存在官僚作风，需要较长的决策周期。非自拥资产的公司在运作上更加灵活，对于企业所提出的服务内容可以自由组合、调配，但资源有限，物流服务价格会偏高。

(3) 第三方物流供应商服务的地理范围。第三方物流供应商按照其所服务的地理范围可分为：全球性、国际性、地区性和地方性。选择第三方物流供应商时要与本企业的业务范围相一致。

(4) 第三方物流服务的成本。在计算第三方物流服务的成本时，首先要弄清自营物流的成本，然后两者对应起来进行比较，对于物流服务的成本计算，与分析企业的物流系统的成本计算相同。

(5) 第三方物流的服务水平。评价第三方物流的服务水平时，首先关心的是运作质量和包含物流信息在内的运作能力问题，其次是客户的满意程度评估。

4. 确定物流供应商

经过评估，企业就可以进一步对初选合格的物流供应商进行比较，从而确定自身需要和满意的合作者。

(二) 企业物流业务外包的实施

企业一旦确定物流供应商，就需要与物流公司议定业务外包的和约，实施相关的业务外包。企业物流外包的管理如图 11－4 所示。

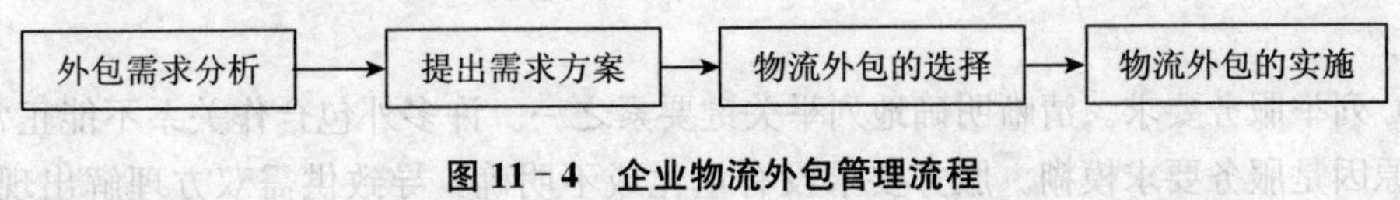

图 11－4　企业物流外包管理流程

1. 企业物流业务外包实施的注意事项

企业选定了第三方物流供应商后，通过合同的形式达成协议，企业与第三方物流供应商要想成功地合作，应该注意以下几个问题。

(1) 处理好双方的关系。企业与第三方物流供应商之间的关系应该是合作伙伴关系，双方应该牢记，这是一个互惠互利、风险共担的合作联盟。企业应该考虑如何将第三方物流供应商融入自己的物流战略规划。

(2) 有效地沟通。有效地沟通对于任何一个外包项目走向成功都是非常必要的。首先，对于企业来说，各个部门的管理者之间、管理者与员工之间必须相互沟通，明确为什么进行物流业务外包，从外包中期望得到什么。这样，所有的相关部门才能与第三方物流

供应商密切配合，员工也不会产生抵触的心理。其次，企业与第三方物流供应商也要进行有效地沟通，确保合作的顺利进行。

（3）其他。①第三方物流供应商必须为企业所提供的数据保密。②对绩效衡量的方式必须一致。③讨论附属合同的特定标准。④在达成合同前要考虑争议仲裁问题。⑤协商合同中的免责条款。⑥确保通过物流供应商的定期报告来实现绩效目标。

2. 企业物流业务外包的实施

企业外包实施首先应该明确列举服务要求，然后签订合约，签订合约之后，双方共同编制操作指引，提前解决潜在问题，理顺双方合作关系，具体的实施步骤如图 11－5 所示。

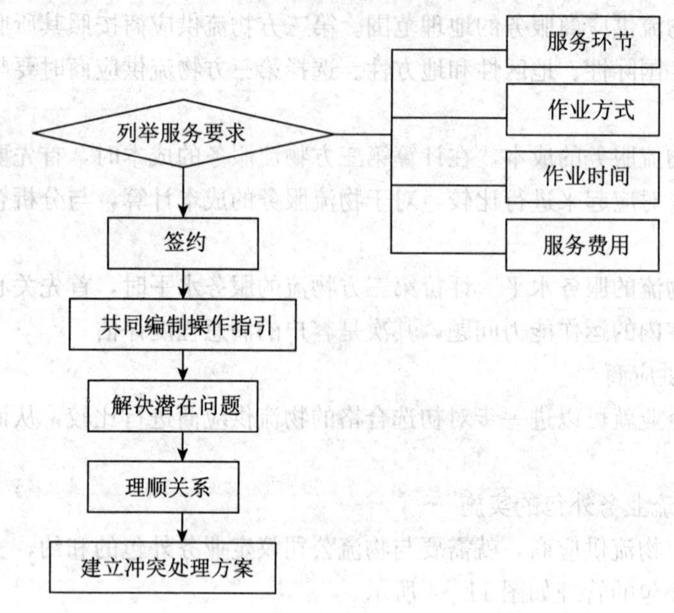

图 11－5　物流外包实施步骤

（1）列举服务要求。清晰明确地列举关键要素之一。许多外包合作关系不能正常维持的主要原因是服务要求模糊。服务要求没有量化或不明确，导致供需双方理解出现偏差，物流供应商认为企业要求过高，企业认为物流供应商未认真履行合约条款。明确的服务要求应该包括：服务环节、作业方式、作业时间和服务费用。

（2）签约。签约意味着外包合作正式生效。签约时要注意签约方式，对于两项业务可分别签约，这样两个合约单独展行、互不影响，即使取消了其中一个合约，另一个合约仍然生效。同时，要注意不同企业商业文化的差异，特别是企业的上游和下游，对两者都要提前做出判断，从而有效协调沟通，确保与供应商签订的合约满足各方的需求，实现各自目标。

（3）共同编制操作指引。正式签约以后，物流需求商不能认为外包作业是供应商单方面的工作，而是应该与供应商一起制定作业流程、确定信息果道、编制操作指引，供双方参考使用，操作指引能够使双方对口人员在作业过程中相互步调一致，也为检验对方作业

是否符合要求提供了标准和依据。

（4）解决潜在问题。建立外包合作关系后，认真细致地考虑未来发生的变化及潜在的问题，在问题出现之前就要提出解决方案。有时企业内部物流经理会把供应商当作成胁自己地位的竞争对手。当供应商规模越来越大时，也会出现工作官僚化的现象。因此，物流外包需求企业应就可能出现的问题与物流供应商展开相关探讨，如如何处理客户投诉、服务质量的下降、应变能力的降低等，并就这些问题提出相关解决方案。

（5）理顺沟通渠道。理顺沟通渠道对物流外包的实施非常重要。供需双方在日常合作过程中出现的问题大多与沟通不畅有关。供应商是顾客关系中最重要的环节，必须理顺各种沟通渠道，以免造成不必要的误会，致使合作双方遭受损失。

（6）建立冲突解决方案。在合作过程中，发生冲突的可能随时存在，必须事先建立好解决方案，以便冲突发生时得到及时的解决。

一、活动准备

学生分小组，以小组为单位结合案例进行讨论分析。

二、活动方案

案例分析：上海通用汽车外包就是把原材料直接送到生产线上去的一种外包制度。通过对物流企业的筛选，上海通用汽车最终确定了专业的第三方物流公司中远，通过这样一种强强联合，建立一个战略合作伙伴的关系。中远公司按照上海通用汽车公司要求的时间准点供应。具体步骤有以下三个方面。

（1）门到门运输配送使零部件库存放于途中。运输的门到门有很大的优势：第一，包装的成本可以大幅度下降，因为从供应商的仓库门到用户的仓库门，装一次、卸一次就可以了，这比铁路运输要先进得多。第二，除了包装成本以外，库存可以放在运输途中，算好时间，货物就准时送到，货物在流通的过程中需进行一些调控。

（2）生产线的旁边设立“再配送中心”。货物到位后两个小时以内就用掉了，那么它在这两个小时里就起了一个缓冲的作用，就是传统所说的安全库存。如果没有再配送中心，货物在生产线上流动的时候就没有根据地，就会比较混乱，它能起到集中管理的作用。

（3）每隔两小时“自动”补货到位/蓄水池活水。“自动”补货到位在时间上控制的非常严格，因为这是跟库存量有关系的，库存在流动的过程中加以掌控，动态的管理能够达到降低成本，提高效益的目的。所以再配送中心其实起一个蓄水池的作用，而且这个蓄水池里面的水一定是活水，就是这一头流进来那一头就流出去，一直在流。

三、技能训练

指出上海通用为什么要将物流作业外包，外包的要求有哪些？为什么有这些要求？

资料链接

1. 中国物流与采购网 . http：//www. chinawuliu. com. cn/cflp/anli/.
2. 陈虎主编，《物流配送中心运作与管理》，北京大学出版社，2011 年版 .

模块总结

本模块通过介绍第三方物流的概念及其产生原因、第三方物流企业的发展战略、第三方物流的运作，使学生能比较系统地了解什么是第三方物流及其基本情况，并能归纳出第三方物流企业的运作流程，使学生对于第三方物流有系统的概要了解。

作业

1. 请叙述第三方物流的定义和内涵。
2. 物流作业外包给企业带来哪些效益？

自测实训

组织学生参观第三方物流企业。

请思考：

(1) 第三方物流企业为什么取得了如此快速的发展？

(2) 第三方物流企业还有哪些可以改进的方面？

模块十二　国际物流

知识目标

(1) 掌握国际物流的定义、特征。

(2) 了解国际物流的形成与发展。

(3) 掌握国际货物代理的基本理论知识。

能力目标

(1) 掌握国际物流的分类、基本业务活动。

(2) 了解国际物流发展的新趋势。

(3) 掌握国际货物运输的基础知识。

素质目标

(1) 培养学生的团队合作意识。

(2) 培养学生的良好沟通能力。

引导案例

集装箱装载羽绒滑雪衫货损案

2006年6月，中国土产畜产进出口公司某畜产分公司（简称A公司）委托某对外贸易运输公司（简称B公司）办理333只纸箱的男士羽绒滑雪衫出口手续。B公司将货装上某远洋运输公司（简称C公司）所属“汉江河”轮，并向A公司签发了北京对外贸易运输总公司的清洁联运提单，提单载明货物数量333只纸箱，分装3个集装箱。6月29日，该轮抵达目的港神户，同日，集装箱驳卸到岸。7月6日，日方收货人Phenix Co. Ltd在港口开箱，日本快船公司出具的折箱报告称箱号为FELU一9301197集装箱下的11只纸箱中，5箱严重湿损，5箱轻微湿损。7月7日，3只集装箱由卡车运至东京Phenix CO. Ltd仓库，同日由新日本商检协会检验。该协会于10月11日出具商检报告：11只纸箱有不同程度的湿损，将湿损衣物的残值冲抵后，实际货损约为1868338日元，湿损系FELU一9301197集装箱里挡左侧顶部破损所致。在东京进行货损检验时，商检协会曾邀

C公司派人共同勘察，被C公司以“出港后检验无意义”为由拒绝。

Phenix Co. Ltd依商检报告从货物保险人AIU保险公司得到赔偿，随后AIU取得代位求偿权，先后通过其在香港、北京的代理人与B公司联系，B公司未提出赔偿处理意见。

2009年9月25日，AIU保险公司以货运代理人B公司和实际承运人C公司为被告，向上海海事法院提起诉讼。

请思考：

结合此案例讨论：B公司和C公司是否应对保险人进行赔偿？

B公司作为货运代理人，对于货箱严重湿损或轻微湿损造成的损失应承担赔偿责任。

C公司作为实际承运人对于在运输中出现的货箱严重湿损或轻微湿损造成的损失应承担赔偿责任。

任务一　国际物流的概述

相关知识

一、国际物流的内涵

国际物流（International Logistics，IL），是组织材料、在制品、半成品和制成品在国与国之间进行流动和转移的活动。国际物流是相对国内物流而言的，是国家和地区之间的物流，是跨国界的、流通范围扩大了的物的流通。

对国际物流的理解分广义和狭义两个方面。

广义的国际物流研究的范围包括国际贸易物流、非贸易国际物流、国际物流投资、国际物流合作、国际物流交流等领域。其中，国际贸易物流主要是指组织货物在国际间的合理流动。非贸易国际物流是指如国际展览与展品物流、国际邮政物流等；国际物流合作是指不同国别的企业共同完成重大的国际经济技术项目的国际物流；国际物流投资是指不同国别的物流企业共同投资组建国际物流企业；国际物流交流则主要是指在物流科学、技术、教育、培训和管理方面的国际交流。

狭义的国际物流主要是指国际贸易物流，即组织货物在国际间的合理流动，也就是指发生在不同国家之间的物流。更具体点说，狭义的国际物流是指当生产和消费分别在两个或两个以上的国家（或地区）独立进行时，为了克服生产和消费之间的空间距离和时间间隔，对物进行物理性移动的一项国际贸易或国际交流活动，从而完成国际商品交易的最终目的，即卖方交付单证、货物和收取货款，买方接受单证、支付货款和收取货物。

本节大部分内容仅涉及狭义的国际物流。国际物流的内涵还可以从以下几个方面理解。

1. 国际物流的实质

国际物流的实质是根据国际分工协作的原则，依照国际惯例，利用国际化的物流网

络、物流设施和物流技术，实现货物在国际间的流动与交换，以促进区域经济的发展和世界资源的优化配置。

2. 国际物流是国内物流的延伸

国际物流是跨国界的、范围扩大了的物流活动，包括全球范围内与物料管理和物资运送相关的所有业务环节。所以，国际物流又称“国际大流通”或“大物流”。

3. 国际物流的总目标

国际物流的总目标是为国际贸易和跨国经营服务，即选择最佳的方式和路径，以最低的费用和最小的风险，将货物从一个国家或地区的供给方运到另一个国家或地区的需求方，使国际物流系统整体效益最大。一般地，一个国际物流过程总是涉及货物的交货方、贸易中间人、货运代理人和货物接收方。贸易中间人和货运代理人都是专门从事商品使用价值转移活动的业务机构或代理人。因此，与一般物流相比，国际物流涉及的环节较多，整个物流过程更加复杂。

4. 国际物流是国际贸易活动的重要组成部分

随着世界经济的发展，国际间分工日益细化，任何国家都不可能包揽一切领域的经济活动，国际间的合作与交流日益频繁，这就推动了国际间的商品流动，必然形成国际物流。因此，国际物流的实质是按国际分工协作的原则，依照国际惯例，利用国际化的物流网络、物流设施和物流技术，实现货物在国际间的流动与交换。它促进了区域经济的发展和资源在国际间的优化配置。

二、国际物流业务

国际物流是跨国间进行的物流活动，它主要包括发货、国内运输、出口国报关、国际间运输、进口国报关、送货等业务环节。其中，国际运输是国际物流的关键和核心业务环节。

1. 商品检验

商品检验是国际物流系统中一个重要的子系统。进出口商品的检验，就是对卖方交付商品的品质和数量进行鉴定，以确定交货的品质、数量和包装是否与合同的规定一致。如发现问题，可分清责任，向有关方面索赔。在国际贸易买卖合同中，一般都订有商品检验条款，其主要内容有检验时间与地点、检验机构与检验证明、检验标准与检验方法等。

2. 报关业务

报关是指商品在进出境时，由进出口商品的收、发货人或其代理人，按照海关规定格式填报《进出口商品报关单》，随附海关规定应交验的单证，请求海关办理商品进出口手续的活动。

海关是国家设在进出境口岸的监督机关，在国家对外经济贸易活动和国际交往中，海关代表国家行使监督管理的权利。海关按照《海关法》和其他法律的规定，履行下列职责：①对进出境的运输工具、商品、行李物品、邮递物品和其他物品进行实际监管；②征收关税和其他税费；③查缉走私；④编制海关统计和办理其他海关业务。

经海关审查批准予以注册、可直接或接受委托向海关办理运输工具、商品物品进出境手续的单位叫“报关单位”。报关单位的报关员需经海关培训和考核认可，发给报关员证

件，才能办理报关事宜。报关员需在规定的报关时间内，备有必要的报关单证办理报关手续。

3. 保税制度、保税区和保税仓库

保税制度是各国政府为了促进对外加工贸易和转口贸易而采取的一项关税措施，它是对特定的进口商品，在进境后，尚未确定内销或复出的最终去向前，暂缓缴纳进口税，并由海关监管的一种制度。

保税区又称保税仓库区，是海关设置的或经海关批准注册的，受海关监管的特定地区和仓库。国外商品存入保税区内，可以暂时不缴进口税；如再出口，不缴出口税；如要进入所在国的国内市场，则要办理报关手续，缴纳进口税。进入保税区的国外商品，可以进行储存、分装、混装、加工、展览等。有的保税区还允许在区内经营保险、金融、旅游、展销等业务。

保税仓库是经海关批准专门用于存放保税商品的仓库。它必须具备专门储存、堆放商品的安全设施；健全的仓库管理制度和详细的仓库账册，配备专门的经海关培训认可的专职管理人员。保税区和保税仓库的出现，为国际物流的海关仓储提供了既经济又便利的条件。

4. 国际货运保险

在国际贸易中，每笔成交的货物，从卖方交至买方手中，一般都要经过长途运输。在此过程中，货物可能遇到自然灾害或意外事故，从而使货物遭受损失。货主为了转嫁货物在途中的风险，通常都要投保货物运输险。如货物一旦发生承包范围内的风险损失，即可以从保险公司取得经济上的补偿。保险人承保以后，如果保险标的在运输过程中发生约定范围内的损失，应按照规定给予被保险人经济上的补偿。国际货物运输保险的种类很多，其中包括海上货物运输保险、陆上货物运输保险、航空货物运输保险和邮包运输保险，其中以海上货物运输保险历史最久。

5. 国际货运代理

国际贸易中的跨国商品运输和配送可以由进出口双方单位自行组织，也可以委托跨国性的第三方物流企业组织完成。其中，国际货运代理是方便、节约地执行国际物流中不可缺少的一个重要环节。

国际货运代理人接受货主委托，办理有关货物报关、交接、仓储、调拨、检验、包装、转运、租船和定舱等业务。他以货主的代理人身份并按代理业务项目和提供的劳务向货主收取劳务费。国际货运代理的业务范围主要包括：租船订舱代理、货物报关代理、转运及理货代理、储存代理、集装箱代理、多式联运代理。

6. 国际运输

国际运输是国际物流系统的核心，商品通过国际运输作业由卖方转移给买方，克服商品生产地和需要地的空间距离，创造了商品的空间效益。国际运输具有路线长、环节多、涉及面广、手续烦杂、风险性大、时间性强等特点，而运输费用在国际贸易商品价格中也占有很大比重。因此，有效的国际运输组织对整个国际物流过程是至关重要的。

7. 理货业务

理货是指船方或货主根据运输合同在装运港和卸货港收受和交付商品时，委托港口的

理货机构代理完成的在港口对商品进行计数、检查商品残损、指导装载、制作有关单证等工作。

理货是对外贸易与国际商品运输配送中不可缺少的一项重要工作，它履行判断商品交接数量和状态的职能，是托运和承运双方履行运输契约、分清商品短缺和毁损责任的重要过程。

三、国际物流的特点

（一）物流作业环节多，流程完成周期长

国际物流是跨越国界的物流活动，由于地域范围大、运输时间较长、物流流程涉及不同的国家、不同国家物流设施设备的差异等，与一般物流相比，国际物流作业不仅需要一般的运输、仓储、装卸、流通加工等环节，还需要某些特殊的环节，物流流程的完成周期更长。

（二）物流作业复杂

国际物流涉及两个以上的国家或地区，不同的国家或地区又存在着法律法规、物流技术和标准的差异，因而，物流过程中的管制和查验以及相关手续繁多。除此以外，国际物流作业的复杂性还表现如下。

1. 国际物流环境复杂、差异大

不同的国家适应不同的物流法规，使国际物流经营活动的环境可能变的非常复杂。一个国际物流系统需要在几个不同的法律、语言、科技、社会标准下运行，这些也无疑会大大增加物流的难度和系统的复杂性。

2. 国际物流运输过程复杂

国际物流往往需要经过多种运输方式的衔接运输，同时，由于气候条件复杂，对货物运输途中的保管、存放要求高。货物的加工和储存也具有一定的复杂性。

3. 国际物流作业的复杂性还突出地表现在单证的复杂性上

国内作业一般只需要一份发票和一份提单就能完成，而国际作业往往需要大量的有关商务单证、结汇单证、船务单证、运输单证、报检报关单证、港口单证及装卸货流转单证等。

（三）国际物流以远洋运输为主，多种运输方式结合

国际物流运输方式的选择不仅关系到国际物流交货周期的长短，还关系到国际物流总成本的大小。由于国际物流中的运输距离远、运量大，考虑运输成本，运费较低的海运成为最主要的方式。同时，为缩短货运时间，满足客户在时间上的要求，在运输方式上还采用空运、陆运和海运相结合的方式。目前，在国际物流活动中，“门到门”的运输方式越来越受到货主的欢迎，使能满足这种需求的国际复合运输方式得到快速发展，逐渐成为国际物流运输中的主流。

（四）物流过程具有高风险性

由于国际物流较长的流程完成周期、复杂的作业和跨国界运作，国际物流过程中除了存在一般性物流风险（如意外事故、不可抗力、作业损害、理货检验疏忽、货物自然属性、合同风险）外，还因跨国家、长距离运作，面临着政治、经济和自然等方面的更高

风险。

边学边议：

举例说明国际物流运输具有高风险性的具体表现有哪些？

（五）国际物流的标准化要求高

国际物流除了国际化信息系统支持外，还要求物流各国家和地区物流基础设施结构标准化和签订贸易协定，以保证国际间物流的畅通。

（1）基础设施设备标准化可以有效地减少物流作业量，缩短物流流程完成周期。标准集装箱运输方式的发展极大地促进了物流基础设施设备的标准化发展，但各个国家和地区在诸如汽车、轮船等运输工具的装载尺寸、载重和铁路轨道规格等方面仍然存在着很大的差距，这就导致产品在跨越国界时，不得不在不同的运输工具之间卸载和转运，人为增加了作业环节和作业量，导致大量的资源浪费和物流成本。

（2）全球标准信息系统是保证国际物流效率的基础。信息技术是现代物流发展的最有力的技术支撑，也是物流成为独立产业的技术基础。要保证各物流环节之间及时的信息交流，就必须建立统一的信息技术平台，实行全球信息一体化运作。目前，在物流信息传递技术方面，欧洲各国不仅实现企业内部的标准，而且也实现了企业之间及欧洲统一市场的标准化。

（3）贸易协定也是减少物流作业环节、降低物流成本的重要保证。为保护国内企业生产，一些国家和地区通过规定某些商品的进口额度，对超出部分设置高额关税，限制这些商品的流入量，从而人为增加了物流成本。例如，美国对金枪鱼进口就采取了这样的措施。为避免缴纳过多的关税，进口商往往在金枪鱼即将到达规定的数量时，将多余的部分存入保税仓库，等待第二年年初进行装运。这就增加了物流成本，也使金枪鱼的物流过程复杂化。各个国家和地区通过贸易协定就可以有效地克服这种人为成本的增加。

（六）国际物流需要更高的标准化信息处理系统和信息传输技术

要实现物流流程中各环节之间的有序衔接，节约时间、缩短流程周期，就必须有功能更强大、信息传输和信息处理更快的标准化信息系统技术支撑。只有这样，才能及时处理国际物流流程中纷繁复杂的相关信息，才能以标准化的方式将有用的信息及时传递到相关的物流节点，保证各节点及时组织和安排相关的业务。国际物流与传统物流的区别就在于现代信息技术与物流的结合，也就是通过计算机和网络进行信息收集、传递、发布，以及智能化处理和物流过程的控制。由于信息网络的条码和自动识别技术、全球定位系统（GPS）跟踪、自动仓储控制、自动订单等电子单据传递等新技术的广泛采用，国际物流必须有世界范围的信息化的支持。

总之，尽管国际物流在原理上与国内物流基本相同，但国际物流的经营环境更复杂和昂贵。国际物流的复杂性通常用4个D来概括，即距离（Distance）、单证（Bill of Document）、文化差异（Culture Difference）和顾客需求（Customer Demand）。由于国际物流线长、面广，作业环节多，情况和单证复杂，整个流程面临着更大的营运风险，同时，不同国家和地区在制度法律、物流设施和语言等方面还存在着差异，国际物流的组织和管理难度更大。这不仅要求国际物流有强大的信息技术系统支撑，而且要求从业人员具备较高

的政治素质和业务素质，保证在业务处理上有较强的洞察力和应变力，能够对具体的物流运作环境做出反应。

四、国际物流的分类

根据不同的标准，国际物流可以分成不同的类型。

（一）根据货物流动的关税区域分类

国际物流可分为国家间物流与经济区域间物流。这两种类型的物流在形式和具体环节上存在着较大差异。比如，欧洲经济共同体国家之间由于属于同一关税区，成员国之间的物流的运作与欧共体成员国与其他国家或者经济区域之间的物流运作在方式和环节上就存在着较大的差异。

（二）根据货物在国与国之间的流向分类

国际物流可分为进口物流和出口物流。凡存在于进口业务中的国际物流行为被称为“进口物流”，而存在于出口业务中的国际物流行为被称为“出口物流”。鉴于各国的经济政策、管理制度、外贸体制的不同，进口物流和出口物流，既存在交叉的业务环节，又存在不同的业务环节，需要物流经营管理人员区别对待。

（三）根据跨国运送的货物特性分类

国际物流可分为贸易型国际物流和非贸易型国际物流。贸易型国际物流是指由国际贸易活动引起的商品在国际间的移动，除此之外的国际物流活动都属于非贸易型国际物流，如国际展品物流、国际邮政物流、国际军火物流和国际逆向物流等。

（1）国际邮政物流是指通过各国邮政运输办理的包裹、函件等。由于国际邮政完成的货运数量较大，使得国际邮政物流成为国际物流的重要组成部分。航空快递的发展已经开始分流一部分函件和货物包裹。

（2）国际展品物流是伴随着国家展览业的发展而发展的。它是指以展览为目的，暂时将商品运入一国境内，待展览结束后再复出境的物流活动，国际展品物流的主要内容包括制定展品物流的运作方案，确定展品种类和数量，安排展品的征集和运输，协调组织展品等货物的包装、装箱、开箱、清点和保管，协助安排展品布置等工作。

（3）国际军火物流是指军用品作为商品和物资在不同的国家或地区之间的买卖和流通，是广义物流的一个重要组成部分。

（4）国际逆向物流是指对国际贸易中回流的商品进行改造和整修活动，包括循环利用容器和包装材料；由于损坏和季节性库存需要重新进货、回调货物或过量库存导致的商品回流。

（四）根据国际物流经营方式和管理的重点分类

国际物流可分为资源导向型国际物流、信息导向型国际物流和客户导向型国际物流。

任务实施

一、活动准备

背景材料：法国标志——雪铁龙公司十分重视物流服务的重要性。PSA 希望能够将维

修的复杂性、订单的优先级别和配送频率进行综合考虑，不断改进以进一步提升其售后物流网络的效率。经过近4年的运作，PSA将其售后物流运作成本削减了15%，同时将存储于仓库中的零部件价值量减少了20%。

二、活动实施

学生分小组，以小组为单位结合案例讨论法国标志——雪铁龙公司国际物流发展成果。

三、技能训练

请讨论：1. 国际物流有哪些业务？

2. 国际物流特点有哪些？

资料链接

1. 中国物流与采购网．http：//www.chinawuliu.com.cn.

2. http：//edu.wuliu800.com/2009/0114/13980.html.

任务二 国际物流系统

相关知识

按照系统论的原理，物流活动本身也是一个系统。国际物流是一个复杂而巨大的系统工程，国际物流系统的基本要素包括一般要素、功能要素、支撑要素和物质基础要素。

一、国际物流系统的一般要素

1. 劳动者要素

它是现代物流系统的核心要素和第一要素。提高劳动者的素质是建立一个合理化的国际物流系统并使它有效运转的根本。

2. 资金要素

交换是以货币为媒介的。实现交换的国际物流过程实际也是资金运动过程。同时，国际物流服务本身也需要以货币为媒介，国际物流系统建设是资本投入的一大领域，离开资金这一要素，国际物流就不可能实现。

3. 物的要素

物的要素首先包括国际物流系统的劳动对象，即各种实物。此外，国际物流的物的要素还包括劳动工具、劳动手段，如各种物流设施、工具、各种消耗材料（燃料、保护材料）等。

二、国际物流系统的功能要素

国际物流系统的功能要素指的是国际物流系统所具有的基本能力，这些基本能力有效地组合、连接在一起，形成了国际物流系统的总功能，由此，便能合理、有效地实现国际物流系统的总目的，实现其自身的时间和空间效益，满足国际贸易活动和跨国公司经营的要求。

国际物流系统的功能要素一般认为有采购、包装、流通加工、储存保管（仓储）、出入境检验检疫和通关、装卸搬运、运输、物流信息处理等。如果从国际物流活动的实际工作环节来考察，国际物流也主要由上述八项具体工作构成。换句话说，国际物流能实现以上八项功能。这八项功能要素也相应地形成各自的一个子系统。

1. 国际物流采购子系统

随着国际物流管理内涵的日益拓宽，采购功能在企业中变得越来越重要。要真正做到低成本、高效率地为企业国际物流服务，采购就需要涉及企业的各个部门。采购的功能是选择企业各部门所需要的适当物料，从适当的来源（包括全球采购），以适当的价格、适当的送货方式（包括时间和地点）获取适当数量的这些原材料。

2. 国际物流包装子系统

在考虑出口商品包装设计和具体作业过程时，应把包装、储存、搬运和运输有机联系起来，统筹考虑，全面规划，实现现代国际物流系统所要求的“包、储、运一体化”，即从开始包装商品时就考虑储存的方便、运输的快速，以加速物流，减少物流费用，符合现代物流系统设计的各种要求。

3. 国际物流流通加工子系统

流通加工是为了促进销售、提高物流效率和物资利用率，以及为维护产品的质量而采取的，能使物资或商品发生一定的物理和化学及形状变化的加工过程，它可以确保进口商品的质量达到要求。出口商品加工的重要作用是使商品更好地满足消费者的需要；不断地扩大出口。同时，它也是充分利用本国劳动力和部分加工能力，扩大就业机会的重要途径。

进出口商品流通加工的具体内容包括：一种是指装袋、贴标签、配装、挑选、混装、刷标记（刷唛）等出口贸易商品服务；另一种则是生产性外延加工，如剪断、平整、套裁、打折、折弯、拉拔、组装、改装、服装的检验和烫熨等。其中，后一种出口加工或流通加工，不仅能最大限度地满足客户的多元化需求，同时还可以实现货物的增值。

4. 国际物流储存保管子系统

商品储存、保管使商品在其流通过程中处于一种或长或短的相对停滞状态，这种停滞是完全必要的。因为，商品流通是一个由分散到集中，再由集中到分散的源源不断的流通过程。国际贸易和跨国经营中的商品从生产厂家或供应部门被集中运送到装运港口，有时需临时存放一段时间，再装运出口，这是一个集和散的过程。它主要是在各国的保税区和保税仓库进行的，主要涉及各国保税制度和保税仓库建设等方面。

从物流角度看，应尽量减少储存时间和储存数量，加速货物和资金的周转，实现国际物流的高效率运转。

5. 国际物流商品检验检疫、通关子系统

由于国际贸易和跨国经营具有投资大、风险高、周期长等特点，这就使商品检验成为国际物流系统中重要的子系统。通过商品检验，确定交货品质、数量和包装条件是否符合合同规定。如发现问题，可分清责任，向有关方面索赔。在买卖合同中，一般都有商品检验条款，其主要内容有检验时间与地点、检验机构与检验证明、检验标准与检验方法等。另外，商品的出入境还须申请通关。

6. 国际物流装卸搬运子系统

装卸搬运子系统主要包括对国际货物运输、保管、包装、流通加工等物流活动，以及在保管等活动中为进行检验、维护、保养所进行的装卸活动。伴随装卸搬运，一般也包括在这一活动中。在国际物流活动中，装卸活动是频繁发生的，因而是产品损坏的重要原因。对装卸活动的管理，主要是确定最恰当的装卸方式，要求减少装卸次数，合理配置及使用装卸机具，以做到节能、省力、减少损失、加快速度，最终获得较好的经济效果。

7. 国际物流运输子系统

运输的作用是将商品使用价值进行空间移动，物流系统依靠运输作业克服商品生产地和需要地的空间距离阻隔，创造了商品的空间效益。国际货物运输是国际物流系统的核心。商品通过国际货物运输作业由卖方转移给买方。国际货物运输具有路线长、环节多、涉及面广、手续烦杂、风险性大、时间性强等特点。运输费用在国际贸易价格中占有很大比重。

8. 国际物流信息子系统

信息子系统的主要功能是采集、处理及传递国际物流和商流的信息情报。没有功能完善的信息系统，国际贸易和跨国经营将寸步难行。国际物流信息主要包括进出口单证的作业过程、支付方式信息、客户资料信息、市场行情信息和供求信息等。

国际物流信息系统的特点是信息量大、交换频繁；传递量大、时间性强；环节多、点多、线长，所以要建立技术先进的国际物流信息系统。

应将上述各主要系统有机地联系起来，统筹考虑，全面规划。其中，运输及储存保管分别解决了供给者与需要者之间场所和时间的分离，分别是国际物流创造“空间效用”及“时间效用”的主要功能要素，因而在国际物流系统中，这两个要素处于主要功能要素的地位。

三、国际物流系统的支撑要素

1. 体制、制度

物流系统的体制、制度决定了物流系统的结构、组织、领导和管理的方式。国家对其控制、指挥和管理的方式，是国际物流系统的重要保障。

2. 法律、规章

国际物流系统的运行，不可避免地涉及企业或人的权益问题，法律、规章一方面限制和规范物流系统的活动，使之与更大的系统相协调；另一方面则是给予保障，合同的

执行、权益的划分、责任的确定都要靠法律、规章来维系。各个国家和国际组织的有关贸易、物流方面的安排、法规、公约、协定、协议等也是国际物流系统正常运行的保障。

3. 行政、命令

国际物流系统和一般系统的不同之处在于，国际物流系统关系到国家的军事、经济命脉，所以，行政、命令等手段也常常是国际物流系统正常运转的重要支持要素。

4. 标准化系统

它是保证国际物流各环节协调运行、保证国际物流系统与其他系统在技术上实现连接的重要支撑条件。

四、国际物流系统的物质基础要素

国际物流系统的建立和运行，需要有大量的技术装备手段，这些手段的有机联系对国际物流系统的运行具有决定意义。这些要素对实现国际物流和某一方面的功能也是必不可少的。具体而言，物质基础要素主要如下。

1. 物流设施

它是组织国际物流系统运行的基础物质条件，包括物流站场、物流仓库、国际物流线路、建筑物、公路、铁路、口岸（如机场、港口、车站、通道）等。

2. 物流工具

它是国际物流系统运行的物质条件，包括包装工具、维护保养工具、办公设备等。

3. 物流装备

它是保证国际物流系统运行的条件，包括仓库货架、进出库设备、加工设备、运输设备、装卸机械等。

4. 信息技术及网络

它是掌握和传递国际物流信息的手段，根据所需信息水平的不同，包括通信设备及线路、传真设备、计算机及网络设备等。

5. 组织及管理

它是国际物流网络的“软件”，起着联结、调运、运筹、协调、指挥其他各要素以保障国际物流系统目的的实现等作用。

五、国际物流系统的运作模式

国际物流系统是以实现国际贸易、国际物资交流大系统总体目标为核心的。国际贸易合同签订后的履行过程，就是国际物流系统的实施过程。国际物流系统通过其所联系的各子系统发挥各自的功能，它们相互协作，以实现国际物流系统所要求达到的低国际物流费用和高客户服务水平，从而最终达成国际物流系统整体效益最大的目标。

国际物流系统在国际信息流系统的支撑下，借助于运输和储运等作业的参与，在进出口中间商、国际货代及承运人的通力协助下，借助国际物流设施，共同完成一个遍布国内外、纵横交错、四通八达的物流运输网络。

任务实施

一、活动准备

背景材料：法国标志——雪铁龙公司十分重视物流服务的重要性。PSA 希望能够将维修的复杂性、订单的优先级别和配送频率进行综合考虑，不断改进以进一步提升其售后物流网络的效率。经过近 4 年的运作，PSA 将其售后物流运作成本削减了 15%，同时将存储于仓库中的零部件价值量减少了 20%。

二、活动实施

学生分小组，以小组为单位结合案例讨论法国标志——雪铁龙公司国际物流系统的构成要素。

三、技能训练

请讨论：1. 国际物流系统的功能要素有哪些？
2. 国际物流系统的支撑要素有哪些？

资料链接

1. 中国物流与采购网 . http：//www. chinawuliu. com. cn.
2. http：//edu. wuliu800. com/2009/0114/13980. html.

任务三　国际货物运输

相关知识

运输包括人和物的载运及输送。运输就是通过运输手段使货物在物流节点之间流动。国际货物运输是国际物流系统的核心。它不同于国内运输，具有线长面广、中间环节多、情况复杂多变和风险大等特点。为了多快好省地完成进出口货物运输任务，从事国际物流的人员必须合理地选用各种运输方式，订好买卖合同中的各项装运条款，正确编制和运用各种运输单据，并掌握与此有关的运输基本知识。

一、国际货物运输的特点与构成

（一）国际货物运输的特点

1. 国际货物运输是中间环节很多的长途运输

国际货物运输是国家与国家、国家与地区之间的运输，一般运距较长。在运输过程

中，往往需要使用多种运输工具，通过多次装卸搬运，交换不同运输方式，经由不同的国家和地区，中间环节很多。

2. 国际货物运输涉及面广，情况复杂多变

货物在国际间的运输过程中，需要与不同国家、地区的货主、交通部门、商检机构、保险公司、银行、海关以及各种中间代理人打交道。同时，由于各个国家、地区的政策法律规定不一，金融货币制度不同，贸易运输习惯和经营做法也有差别，再加上各种政治、经济形势和自然条件的变化，都会对国际货物运输产生较大的影响。

3. 国际货物运输的风险较大

国际货物运输由于运距长、中间环节多、涉及面广、情况复杂多变，加之时间性很强，因而风险也就比较大，为了转嫁运输过程中的风险损失，各种进出口货物和运输工具，都需要办理运输保险。

4. 国际货物运输的时间性特别强

国际市场竞争十分激烈，商品价格瞬息万变，进出口货物如不能及时地运到目的地，很可能会造成重大的经济损失；某些鲜活易腐商品和季节性商品如不能按时送到目的地出售，所造成的经济损失可能会更加严重。为此，货物的装运期、交货期被列为贸易合同的条件条款，能否按时装运直接关系到重合同、守信用的问题，对贸易、运输的发展都会产生巨大的影响。

5. 国际货物运输涉及国际关系问题

在组织国际货物运输过程中，需要经常同国外发生广泛的联系，这种联系不仅仅是经济上的，也会牵涉国际政治问题。对于各种运输业务问题的处理，常常也会涉及国际关系问题，是一项政策性很强的工作。因此，从事国际货物运输的人不仅要有经济观念，而且也要有国家政策观念。

（二）国际货物运输在国际物流中的地位与作用

国际货物运输是国际物流系统的核心，发挥着重要作用。

1. 国际货物运输是国际物流不可缺少的重要环节

在国际贸易中，进出口商品在空间上的流通范围极为广阔，没有运输，要进行国际间的商品交换是不可能的。商品成交以后，只有通过运输，按照约定的时间、地点和条件把商品交给对方，贸易的全过程才算最后完成。国际货物运输是国际贸易和国际物流不可缺少的重要环节。

国际物流是“物”的国际间物理性运动，这种运动不但改变了物的时间状态，也改变了物的空间状态。而国际运输承担了改变空间状态的主要任务，国际运输是改变空间状态的主要手段，能圆满完成改变空间状态的全部任务。在国际物流中，国际运输能提供两大功能：国际货物转移和储存。

（1）国际货物转移。运输的主要功能就是产品在价值链中的来回移动。国际货物运输是通过运输手段使货物在国际物流节点之间流动，因此，国际货物转移是国际货物运输所提供的主要功能。

（2）物品存放。对物品进行临时存放是一个特殊的运输功能，这个功能在以往并没有被人们关注。国际货物运输一般经历的时间长、路途远，各种运输工具如火车、飞机、船

舶、集装箱等都担负着国际货物的存放功能。尤其是一些国际货物在转移中需要储存但在短时间内又将重新转移，那么该物品从仓库卸下来和再装上去的成本可能高于存放在运输工具中支付的费用。在仓库有限的时候，利用运输工具存放也许是一种更可行的选择。在本质上，国际运输工具被用做一种临时储存设施，它是移动的，而不是处于闲置。

2. 国际运输是国际物流“第三利润”的主要源泉

国际运输是运动中的活动，它和静止的保管不同，要靠大量的动力消耗才能实现这一活动，而国际运输又承担着大跨度空间转移的任务，所以活动的时间长、距离长、消耗也大。消耗的绝对数量大，其节约的潜力也就大。

从运费来看，运费在全部国际物流费用中占最高的比例，一般综合分析计算社会物流费用，运输费在其中占接近50%的比例，有些物品的运费甚至高于物品的生产费用，所以节约的潜力是很大的。

3. 国际货物运输能够促进国际物流的发展

国际货物运输工具的不断改进，运输体系结构、经营管理工作的逐步完善和日趋现代化，一方面使得开拓越来越多的国际市场成为可能，另一方面由于交货更为迅速、准时，运输质量更高，运输费用更节省，可以大大提高对外贸易的经济效益并进而使得国际间的经济联系日益加强，国际分工日趋深化，国际贸易愈加发展。

（三）国际货物运输的构成要素

国际货物运输是通过一些具体的运输方式或运输方式的组合来实现的。因此，简单地说，国际货物运输主要由三个方面构成：国际运输的关系方、国际运输工具和国际运输方式。

1. 国际运输的关系方

一般来说，一种活动总是由人与工具构成的，运输活动也不例外。在国际运输活动中的人主要是国际运输的关系方，即国际物流中运输的参与者和运输服务的提供者。

2. 国际货物运输的工具

工具是实现国际货物运输的手段。国际物流运输工具主要有下列4种。

（1）包装工具，包括包装机械、充填包装机械、灌装机械、封口机械、贴标机械、捆扎械、热成型包装机械、真空包装机械、收缩包装机械和其他机械。

（2）集装工具，主要有集装箱、托盘和集装袋等。

（3）运输工具，主要有汽车、火车、船舶、飞机和管道等。

（4）装卸搬运工具，主要有起重机械、装卸搬运车辆、连续输送机械和散装机械等。

3. 国际运输方式

根据使用的运输工具的不同，国际货物运输主要可分为如下几种方式：海洋运输、铁路运输、航空运输、公路运输、邮包运输、管道运输、集装箱运输、大陆桥运输，以及由各运输方式组合而成的国际多式联运等。在实际业务中，应根据货物特性、运量大小、距离远近、运费高低、风险程度、任务缓急及自然条件和气候变化等因素，审慎选用合理的运输方式。

二、国际海洋运输

海洋运输是国际物流中最主要的运输方式，它是指使用船舶通过海上航道在不同国家和地区的港口之间运送货物的一种方式。目前，国际贸易总运量中的2/3以上，我国进出口货运总量的约90%都是利用海洋运输的。海洋运输通过能力大，万吨以上甚至数十万吨的巨轮都可在海洋中航行。由于海洋运输量大，运输成本低，所以许多国家，特别是沿海国家的进出口货物，大部分都采用海洋运输。但海洋运输易受自然条件和气候的影响，风险较大，且航行速度较慢，因此，对于不宜经受长期运输的货物以及急用和易受气候条件影响的货物，一般不宜采用海洋运输方式。

(一) 国际海洋运输分类

按照船公司对船舶经营方式的不同，商船可分为班轮和不定期船两种类型，由于这两个种类的船舶在经营上各有自己的特点，所以海洋运输又可分为班轮运输和租船运输两种方式。

1. 班轮运输（Liner Transport）

班轮通常是指具有固定航线，沿途停靠若干固定港口，按照事先规定的时间表（Sailing Schedule）航行的船舶。班轮运输是指在预先固定的航线上，按照船期表在固定港口之间来往行驶的海洋运输。少量货物或件杂货，通常采用班轮运输。

2. 租船运输（Shipping by Chartering）

租船运输又称租船，是海洋运输的一种方式，是指租船人向船车租赁船舶用于货物运输的一种方式。

边学边议：

租船运输有哪些优点?

租船通常是指包租整船而言，大宗货物一般都采用租船运输。租船通常在租船市场上进行。船东（或二船东）向租船人提供的不是运输劳务，而是船舶的使用权。船东和租船人之间所进行的租船业务是对外贸易的一种商业行为，也叫无形贸易。租船运输具有如下特点：

(1) 没有固定的航线、装卸港及航期。

(2) 没有固定的运价。

(3) 租船运输中的提单不是一个独立的文件。银行一般不乐意接受这类提单，除非信用证另有规定。

(4) 租船运输中的船舶港口使用费、装卸费及船期延误所造成的费用按租船合同规定划分及计算，而班轮运输中船舶的一切正常营运支出均由船方负担。

(5) 租船主要用来运输国际贸易中的大宗货。

租船方式主要包括定程租船（Voyage Charter）、定期租船（Time Charter）和光船租船（Demise Or Bareboat Charter）三种。

(二) 海运出口货物运输业务

海运出口货物运输业务是指根据贸易合同中的运输条件，把售予国外客户的出口货物

加以组织和安排，通过海运方式运到国外目的港的一种业务。凡以CIF和CFR条件签订的出口合同，皆由卖方安排运输。卖方须根据买卖合同中规定的交货期安排运输工作。

（三）海运进口货物运输业务

海运进口货物运输业务是指根据贸易合同中的有关运输条件，把向国外的订货加以组织，通过海运方式运进国内的一种业务。这种业务必须取决于价格条件。如果是CIF或CFR条件，则由国外卖方办理租船订舱工作；如果是FOB条件，则由买方办理租船订舱工作，派船前往国外港口接运。由于经营外贸业务的公司或有外贸经营权的企业一般本身不掌握运输工具，因而运输工作主要依靠国内、外的有关运输部门来完成。这是一项复杂的运输组织工作。外贸部门或其运输代理要根据贸易合同的规定，妥善组织安排运输，使船货相互适应，密切配合，按时、按质、按量完成进口运输任务。海运进口货物运输工作，一般包括以下一些环节：租船订舱、掌握船舶动态、收集和整理单证、报关、报验、监卸和交接、保险等。

（四）主要货运单证

1. 托运单（Shipping Note，B/N）

有的人也称之为“下货纸”，是托运人根据贸易合同和信用证条款内容填制的，向承运人或其代理办理货物托运的单据。承运人根据托运单内容，并结合船舶的航线、挂靠港、船期和舱位等条件考虑，认为合适后，即接受托运。

2. 装货单（Shipping Order，S/O）

装货单是接受了托运人提出装运申请的船公司，签发给托运人，凭以命令船长将承运的货物装船的单据。装货单既可作为装船依据，又是货主凭以向海关办理出口申报手续的主要单据之一。

3. 收货单（Mates Receipt，M/R）

收货单又称大副收据，是船舶收到货物的收据及货物已经装船的凭证。

4. 装货清单（Loading List）

装货清单是承运人根据装货单留底，将全船待装货物按目的港和货物性质归类，依航次、靠港顺序排列编制的装货单汇总清单，是船上大副编制配载计划的主要依据，又是供现场理货人员进行理货，港方安排驳运、进出库场以及承运人掌握情况的业务单据。

5. 提货单（Delivery Order，D/O）

提货单又称小提单，是收货人凭正本提单或副本提单随同有效的担保向承运人或其代理人换取的，可向港口装卸部门提取货物的凭证。

6. 海运提单（Bill of Lading，B/L）

海运提单是承运人或其代理人应托运人的要求所签发的货物收据（Receipt of Goods），在将货物收归其照管后签发，证明已收到提单上所列明的货物，是一种货物所有权凭证。提单持有人可据以提取货物，也可凭此向银行押汇，还可在载货船舶到达目的港交货之前进行转让。提单是承运人与托运人之间运输合同的证明。

（五）海上货物运输索赔与理赔

海上货物运输经常发生货损货差的情况，索赔与理赔的问题也就伴随而至。租船合同和提单是处理索赔与理赔的主要依据，它们都有专门的条款用来规定租船人和船东、托运

人和承运人之间的关系以及各自的权利、义务、责任、豁免等事项。

决定对外索赔，就要准备各项必要的索赔单证。采用班轮或程租船方式运输发生货损货差时，凡出口货物，一般由国外收货人（或提单持有人、或货物承保人）直接向承运人办理索赔；凡进口货物，一般情况下由货运代理人代表有关进出口公司以货方名义向承运人办理索赔。

三、国际铁路运输

在国际货物运输中，铁路运输（Rail Transport）是仅次于海洋运输的主要运输方式，海洋运输的进出口货物，也大多是靠铁路运输进行货物的集中和分散的。

铁路运输有许多优点，一般不受气候条件的影响，可保障全年的正常运输，而且运量较大，速度较快，有高度的连续性，运转过程中可能遭风险也较小。办理铁路货运手续比海洋运输简单，而且发货人和收货人可以在就近的始发站（装运站）和目的站办理托运和提货手续。

国际铁路运输在国际物流运输中以国际铁路联运的方式出现。国际铁路联运（International Through Railway Transport）使用一份统一的国际铁路联运票据，由跨国铁路承运人办理两国或两国以上铁路的全程运输，并承担运输责任的一种连贯运输方式。

国际铁路联运的适用范围：适用于国际货协国家之间的货物运送，发货人只需在发货站办理铁路托运，使用一张运单，即可办理货物的全程运输；适用于未参加国际货协铁路间的顺向或反向货物运输，在转换的最后一个或第一个参加国的国境站改换适当的联运票据。

四、国际航空运输

航空运输（Air Transport）是一种现代化的运输方式。国际航空运输是指根据当事人订立的航空运输合同，无论运输有无间断或者有无转运，运输的出发地点、目的地点或者约定的经停地点之一不在中华人民共和国境内的运输。

（一）国际航空运输的特点

它与海洋运输、铁路运输相比，具有运送迅速、节省包装、保险和储存费用、可以运往世界各地而不受河海和道路限制、安全准时等特点。因此，对易腐、鲜活、季节性强、精密仪器和贵重物品、紧急需要的商品运送尤为适宜，被称为“桌到桌快递服务”（Desk to Desk Express service）。

（二）国际航空运输的方式

1. 班机运输（Scheduled AirLine）

班机运输是指在固定航线上飞行的航班，它有固定的始发站、途经站和目的站。一般航空公司都使用客货混合机型，舱容有限，难以满足大批量的货物运输要求。

2. 包机运输（Chartered Carrier）

包机运输分整包机与部分包机两种。前者由航空公司或包租代理公司按照事先约定的条件和费用将整机租给租机人，从一个或几个空站将货物运至指定目的地，它适合运送大批量的货物，运费不固定，一次一议，通常较班机运费低；后者由几家货运代理公司或发

货人联合包租一架飞机，或者由包机公司把一架飞机的舱位分别租给几家空运代理公司，其运费虽较班机低，但运送的时间比班机长。

3. 集中托运（Consolidation）

集中托运是由空运代理将若干单独发货人的货物集中起来组成一整批货物，由其向航空公司托运到同一到站，货到国外后由到站地的空运代理办理收货、报关并分拨给各个实际收货人。集中托运的货物越多，支付的运费越低。因此，空运代理向发货人收取的运费要比发货人直接向航空公司托运低。

4. 陆空陆联运（TAT Combined Transport）

陆空陆联运分三种：一是TAT，即Train-Air-Truck的联运；二是TA，即Truck-Air的联运；三是TA，即Train-Air的联运。

5. 急件传递（Air Express）

急件传递不同于一般的航空邮寄和航空货运，它是由专门经营这项业务的公司与航空公司合作，设专人用最快的速度在货主、机场、用户之间进行传递。例如，传递公司接到发货人委托后，用最快的速度将货物送往机场赶装最快航班，随即用电传将航班号、货名、收货人及地址通知国外代理接货，航班抵达后，国外代理提取货物后急送收货人。

6. 送交业务（Delivery Business）

送交业务通常用于样品、目录、宣传资料、书籍报刊之类的空运业务，由国内空运代理委托国外代理办理报关、提取、转送并送交收货人。其有关费用均先由国内空运代理垫付，然后向委托人收取。

五、国际集装箱运输

集装箱运输自1956年4月开始在美国用于海上运输后，满足了货主快速、安全、准确、直达的运输要求，在国际贸易运输中得到了广泛应用，并在20世纪70年代以后迅速发展起来。后来发展为以港口与海运为中心的国际集装箱联运，目前已是世界上发展最快且又较为广泛的运输形式之一。

集装箱运输（Container Transport）是指将一定数量的货物装入特制的标准规格的箱体内作为运送单位进行运输的方式。

（一）集装箱运输的优点

集装箱运输在保证货物安全、节约包装材料、简化包装和理货手续、提高运输效率、加速货物运输、降低运输成本及改善运输劳动条件等方面都有重要作用与明显效果。其独特的优越性表现在：

（1）可露天作业，露天存放，不怕风雨，节省仓库。

（2）可节省商品包装材料，可保证货物质量、数量，减少货损货差。

（3）车船装卸作业机械化，节省劳动力和减轻劳动强度。

（4）装卸速度快，提高了车船的周转率，减少港口拥挤，扩大了港口吞吐量。据统计，一个集装箱码头的作业量抵得上7～11个普通码头，一台起吊设备装卸集装箱要比装卸件杂货快30倍，一艘集装箱船每小时可装卸货物数公吨，而普通货轮每小时只能装卸35公吨，每小时的装卸效率相差11倍。

(5) 减少运输环节，可进行门到门的运输，从而加快了货运速度，缩短了货物的在途时间。

(6) 由于集装箱越来越大型化，从而减少了运输开支，降低了运费。据国际航运界报道，集装箱运费要比普通件杂货运费低5%～10%。

(二) 集装箱运输方式

1. 装箱方式

集装箱装箱分为整箱（FCL）和拼箱（LCL）。整箱是指货主向承运人或租赁公司租用一定的集装箱。空箱运到工厂仓库后在海关人员监管下，货主把货装入箱内，加锁铅封后，交承运人并取得站场收据，最后凭收据换取提单或运单。拼箱是指承运人接受货主托运的数量不足整箱的小票货运后根据货类性质和目的地进行分类整理，把去同一目的地的货，集中到一定数量，拼装入箱。

2. 交接方式

根据集装箱的装箱方式，其交接方式有四类：一是整箱交整箱接；二是拼箱交拆箱接；三是整箱交拆箱接；四是拼箱交整箱接。

3. 交接地点

交接地点分为门、场、站三类。其中"门"是指发收货人工厂或仓库；"场"是指港口的集装箱堆场；"站"是指港口的集装箱货运站。

(1) 门到门——在整个运输过程中，完全是集装箱运输，并无货物运输，适宜于整箱交整箱接。

(2) 门到场站——从门到场站为集装箱运输，从场站到门是货物运输，适宜于整箱交拆箱接。

(3) 场站到门——由门至场站为货物运输，由场站至门是集装箱运输，适宜于拼箱交整箱接。

(4) 场站到场站——除中间一段为集装箱运输外，两端的内陆运输均为货物运输，适宜于拼箱交拼箱接。

(三) 集装箱进出口程序

进口程序为：订舱→装箱单→发送空箱→拼箱货装箱→整箱货装箱→集装箱货运交接→换取提单→装船。

出口程序为：货运单证→分发单证→到货通知→提单→提货单→提货→整箱交→拆箱交。

六、国际多式联运

国际多式联运（International Multimodal Transport）简称多式联运，是在集装箱运输的基础上产生和发展起来的，是指按照多式联运合同，以至少两种不同的运输方式，由多式联运经营人将货物从一国境内的接管地点运至另一国境内指定交付地点的货物运输。国际多式联运适用于水路、公路、铁路和航空多种运输方式。在国际贸易中，由于85%～90%的货物是通过海运完成的，故海运在国际多式联运中占据主导地位。

国际多式联运具有统一化、简单化；减少中间环节、缩短货物运输时间，降低货损货差事故、提高货运质量；降低运输成本，节省运杂费用；提高运输组织水平，实现合理化运输等诸多优点。

一、活动准备

学生分小组，以小组为单位结合案例讨论国际货物运输的内容等。

二、活动实施

每个小组分别查找一个关于国际货物运输管理的案例，进行小组讨论，列举案例中国际货物运输的主要方式和特点。

三、技能训练

请讨论：1. 国际货物运输的主要方式有哪些？

2. 国际货物运输有哪些特点？

资料链接

1. 中国物流与采购网．http：//www. chinawuliu. com. cn.

2. 申纲领主编、赵智锋主审，《物流管理案例引导教程》，人民邮电出版社，2009年版．

任务四　国际货运代理

随着社会经济的发展和社会化大生产的出现，特别是商品经济高度发达的情况下，频繁的经济活动常因时间、地点和条件的限制，当事人无法亲自完成全部经济行为。国际间的交易不仅涉及面广，环节多，而且情况复杂多变，任何一个贸易商或承运人都不可能亲自到世界各地处理每一项业务，很多业务需要委托代理人代办。为了适应这种需要，在国际贸易和运输领域就产生了很多从事代理业务的代理行或代理人，他们接受委托人的委托，代办各种业务，并按提供的劳务收取一定的报酬。

国际上从事国际货运代理业务的代理人一般都经营运输多年，精通运输行业的各项业务，熟悉各项法规，与交通运输、外贸进出口部门、银行、保险、商检、海关等部门有广泛的联系，从而他们具有为委托人代办各种运输业务的有利条件，比货主亲自去处理更为有利。虽然要支付一定的佣金，但委托人可以从服务中可以得到补偿，这就是运输代理行业得以发展的一个重要因素。

一、国际货运代理概述

(一) 国际货运代理的概念

1995 年 6 月 29 日公布的《中华人民共和国国际货运代理业管理规定》(以下简称《管理规定》),国际货运代理业被定义为:“接受进出口业务货物收货人、发货人的委托,以委托人的名义或者以自己的名义,为委托人办理国际货物运输及相关业务并收取服务报酬的行业。”目前我国普遍采用的是《管理规定》所作的定义。

根据《管理规定》定义,国际货物运输代理企业可以作为进出口货物收货人、发货人的代理人,也可以作为独立经营人,从事国际货物运输代理业务。

国际货运代理企业作为代理人从事国际货物运输代理业务,是指国际货运代理企业接受进出口货物收货人、发货人或其代理人的委托,以委托人名义或者以自己名义办理有关业务,收取代理费或佣金的行业。

(二) 国际货运代理的性质

随着国际货运代理业的发展,“货运代理人”有从“代理人”的角色逐步向货物运输的“经营人”和“承运人”的角色方向发展的趋势,但其本质还是货物运输的代理人。不管“货运代理人”以代理人的角色,还是以“经营人”或“承运人”的角色为客户提供运输服务,其主要的工作内容不外乎两个方面:代表货主的利益,选择运输方式和运输线路、订舱、仓储、安排短途运输、缮制各种运输单据,办理报关、报检、保险等相关手续。代表承运人的利益,揽货、签发运输单据等。货代本身并不拥有货物的所有权和运输的工具,只是为他人提供服务的中间人,在社会经济结构中属于第三产业。

(三) 国际货运代理的作用

由于国际货运代理企业一般有着广泛的客户资源,熟悉国际贸易的各个环节,通晓运输业务,熟悉相关的法律、法规,信息资源丰富,与相关部门的交往密切,所以它可以为货主和承运企业带来时间上和经济上的利益。其作用主要体现如下。

1. 为发货人服务

货运代理具有专门知识和技能,能争取以最迅速、最安全、最经济的方式实现货物的合理运输。货运代理代替发货人承担货物运输不同阶段的任何委托手续,为客户安排货物、包装、选择航线、船舶、航次,提供仓储、运输、集装箱的拼箱、分拨、货物交接、到港提货、报关、三检、订舱托运,代收代付各种费用等,并与运输有关方保持联系,跟踪货物运输全过程。

2. 为承运人服务

货运代理人以合理的价格向承运人及其代理订舱,并将货物安全交接,代收海运费及其他附加费。国际货运代理可使专业承运人的规模经济效益提高,因为国际货运代理常常使小批量货物可以集中到达发运地,便于整合运输,并且缩短了专业承运人发出货物的时间,减少货物在专业承运人处的储存时间,增加了作业效率。

3. 为港口服务

港口是货物运输链中的重要节点。货运代理为运输的正常进行适时提供离港货源,按时提取到港物资,完成货物及单证的正常交接,协助港船方做好集装箱管理工作,大大地加快了港口的工作效率，加大了港口的吞吐量。

4. 为海关服务

当货运代理作为货主代理，办理有关进出口商品的海关手续时，他不仅代表他的客户，而且也必须与海关当局通力合作，负责在法定的单证中申报货物确切的金额、数量和品名，以使政府的税收不受损失。

边学边议：

海关的主要职责有哪些？

二、国际货运代理企业的主要业务

国际货运代理人的业务范围是相当广泛的。至于具体某个国际货运代理企业的经营范围，应以其经营许可证上核准的业务范围为准。不管是何类的国际货运代理企业，它们都经营着相似的业务。

（一）国际货运代理的业务范围

（1）以代理人身份从事海、陆、空进出口货物的报关报验代理以及保险等业务。

（2）以中介人、代理人或经营人身份从事海、陆、空货物的租船、订舱及运输组织等业务。

（3）以多式联运经营人身份从事多式联运业务。

（4）以第三方物流经营人身份从事物流服务业务。

（二）国际货运代理的具体业务

（1）货物运输代理企业作为出口货物发货人的代理人。

货物运输代理企业作为出口货物发货人的代理人的业务内容通常可以分为以下具体项目：

①为出口商（发货人）选择运输路线、方式和适当的承运人并争取优惠运价。

②为货主和选定的承运人之间安排揽货并办理订舱，如为集装箱运输办理订舱。

③从货主存货地点提取货物送往指定的港站。

④根据信用证条款和有关主管部门的规定填制各种相关单证。

⑤办理包装、计量、存储及保险等有关事宜。

⑥办理出口结关手续并负责将货物交付承运人。

⑦支付运费，收取正本提单并交发货人。

⑧安排货物转运，记录货物残缺、灭失情况。

⑨提供货运信息和咨询服务。

⑩协助发货人向有关责任方进行索赔。

（2）国际货物运输代理企业作为进口货物收货人的代理人。

国际货物运输代理企业作为进口货物收货人的代理人的业务内容，通常可以分为以下具体项目：

①向收货人通报货物动态。

②接受和核查有关货运单据，支付运费并提货。

③办理报关、纳税、结关等相关手续。

④向收货人交付已清关的货物，并进行结算。

⑤必要时协助收货人向有关责任方办理索赔事宜。

(3) 国际货物运输代理企业作为出口货物承运人的代理人。

(4) 国际货物运输代理企业作为进口货物承运人的代理人。

(5) 国际货物运输代理企业作为独立经营人。

(6) 国际货物运输代理企业作为专业顾问。

三、国际货运代理的权利

国际货运代理企业的主要业务是接受货主的委托，代理客户完成国际贸易中的货物运输任务，货主是委托方，货代是代理人。根据我国《合同法》的有关规定，国际货运代理企业主要有以下权利。

(1) 为客户提供货物运输代理服务获取报酬。

(2) 接受委托人支付的因货物的运送、保管、投保、报关、办理汇票的承兑和其他服务所发生的一切费用。

(3) 接受委托人支付的因货代不能控制的原因致使合同无法履行而产生的其他费用（如果客户拒付，国际货运代理人对货物享有留置权，有权以某种适当的方式将货物出售，以此来补偿所应收取的费用）。

(4) 接受承运人支付的订舱佣金。

(5) 按照客户的授权，可以委托第三人完成相关代理事宜。

(6) 接受委托事务时，由于货主或承运人的原因，致使货代受到损失，可以向货主或承运人要求赔偿损失。

四、国际货运代理的义务

国际货运代理义务是指国际货运代理在接受委托后对自己的代理事宜应当行为或不应当从事的行为，以及在从事货运代理业务中与第三人的行为或不应当从事行为。国际货运代理企业一经与货主（委托人）签署合同或委托书，就必须根据合同或委托书的相关条款为委托人办理委托事宜，并对在办理相关事宜中的行为负责。归纳起来其义务分为两类：对委托人的义务和对委托事务相对人的义务。

(一) 对委托人的义务

国际货运代理企业在从事国际货物运输代理业务过程当中，对委托人的义务主要表现在：

(1) 按照客户的指示处理委托事务的义务。

(2) 亲自处理委托人委托事务的义务。

(3) 向委托人如实报告委托事务进展情况和结果的义务。

(4) 向委托人移交相关财物的义务。

(5) 就委托办理的事宜为委托人保密的义务。

(6) 由于自己的原因，致使委托业务不能按期完成或使委托人的生命财产遭受损失，

进行赔偿的义务。

（二）对委托事务相对人的义务

国际货运代理企业从事国际货物运输代理业务，在办理委托人委托的事务过程中，必然与外贸管理部门、海关、商检、外汇管理等国家管理部门和承运人、银行、保险等企业发生业务往来，国际货运代理企业在办理相关业务中还必须对其办理事务的相关人负责。其义务主要体现在：

（1）如实、按期向有关的国家行政管理部门申报的义务。

（2）如实向承运人报告货物情况的义务。

（3）缴纳税费，支付相关费用的义务。

（4）由于货主或货代本身的原因，致使相关人的人身或财产损失的赔偿义务。

五、国际货运代理的责任

国际货运代理的责任是指国际货运代理作为代理人和当事人两种情况时的责任。

（一）作为代理人责任

国际货运代理作为纯粹的代理人，通常应对其本人及其雇员的过错承担责任，其错误和疏忽主要包括：

（1）未按指示交付货物。

（2）尽管得到指示，办理过程中仍然出现疏忽。

（3）报关有误，运往错误的目的地。

（4）未能按必要的程序取得再出口（进口）货物退税。

（5）未取得收货人的货款而交付货物。

（6）对其经营过程中由于国际货运代理的责任，造成第三人的财产灭失或损坏或人身伤亡承担责任。

（二）作为当事人责任

国际货运代理作为当事人是指在为客户提供货运代理服务中，以其本人的名义承担责任的独立合同人。他应对因履行国际货运代理合同而雇佣的承运人、分货运代理的行为或不行为负责。

在这种代理中，他与客户接洽的是服务的价格，而不是收取代理手续费。特别当国际货运代理以经营人的身份提供多式联运服务时，作为国际货运代理的标准交易条件中的纯粹代理性质的条款就不再适用了。其合同义务受他所签发的多式联运提单条款的制约，即使此时国际货运代理本人并不拥有船舶或其他运输工具，也将作为多式联运经营人，对全程负责，承担如同承运人的全部责任。

边学边议：

国际货运代理作为代理人不能履行合同时，应承担哪些经济责任？

六、国际货运代理的免除责任

免除责任又称免责，是指根据国家法律、国际公约、运输合同的有关规定，责任人免

于承担责任的事由。国际货运代理与承运人一样享有免除责任。

对于国际货运代理，其免除责任，通常体现在国际货运代理标准交易条件，或者在与客户签订的合同中，归纳起来主要包括以下 7 个方面：

（1）客户的疏忽或过失所致。

（2）客户或其代理人在搬运、装卸、仓储和其他处理中所致。

（3）货物的自然特性或潜在缺陷所致，如由于破损、泄漏、自燃、腐烂、生锈、发酵、蒸发或由于对冷、热、潮湿的特别敏感性。

（4）货物的包装不牢固、缺乏或不当包装所致。

（5）货物的标志或地址的错误或不清楚、不完整所致。

（6）货物的内容申报不清楚或不完整所致。

（7）不可抗力所致，如战争、海啸、飓风等灾害造成的货物的灭失。

需要说明的是，尽管有上述免责条款的规定，国际货运代理仍须对因其自己的或过失或疏忽而造成的货物灭失、短少或损坏负责。

任务实施

一、活动准备

背景材料：深圳市浩冉国际货运有限公司是由国家商务部批准，是国家交通部承认的具备“无船承运人”资格，是中国航空总局认可的具有国际航空运输类代理资格的一级国际货运代理企业。目前我公司已成为国际货运代理协会（FIATA）和中国国际货运代理协会（CIFA）会员。公司经过多年努力，现已成为一个实力雄厚的综合物流服务供应商，主要专注于国际海运整柜，散货拼箱；国际空运，国际快递的运输代理服务，并为我们的客户提供仓储配送、陆路拖车、报关报检、保险、物流方案等“ 站式多式联运的综合物流配套服务”。

二、活动实施

学生分小组，以小组为单位结合案例讨论国际货运代理的内容等。然后每组选派代表进行典型发言。

三、技能训练

请讨论：1. 什么是国际货运代理？

2. 结合案例说明国际货运代理主要业务涉及哪些内容？

资料链接

1. 中国物流与采购网 . http：//www. chinawuliu. com. cn.

2. 锦程物流网 . http：//www. jctrans. com/.

案例

商品霉变 谁的责任

某省某公司从国外进口150吨可可豆，计3000包。货场于×年6月16日由华利轮运至上海，卸于九区，堆放在港区露天场地，下垫垫仓木板和草席，上盖双层油布。收货人于6月18日书面委托上海某货运代理代办进口报关和铁路运输至某省某站某巧克力厂收货。货代接受委托后立即办妥报关、卫检、植检等有关的进口手续并先后24次向铁路部门申报车皮计划。由于铁路运力紧张，车皮计划一直未批。货代及时用电话向收货人通报了情况并建议改用水运。8月16日收货人在电话中称请酌情处理。8月18日可可豆装上了某省航运公司的驳船，于29日运抵某市后，经向当地商检局申请品质检验，检验结果这批可可豆严重霉变，失去使用价值，已无法加工成成品。

霉变原因：

(1) 国内转运时间太长，6月16日卸货后至8月18日才从上海转运内地。

(2) 保管不善，露天存放，用双层油布遮盖不通风，又在多雨炎热季节以致受潮发热霉变，且超过对外索赔期，因此也无法向国外索赔。

收货人多次找货代交涉，要求赔偿，未果。遂于同年11月向某市中级人民法院起诉。

法院判决：

本案关键是查明造成霉变的原因和有关方应承担的责任。

(1) 作为收货人来说，理应深谙该商品的特性。可可豆是易吸湿变质的商品，尤其在含水量超标和高温潮湿气候条件下更易霉变。因此，收货人理应在货物到达口岸后立即向港口商检部门申请品质检验或委托代理申办，而不是等到两个多月后货到该省时，才向当地商检局申办，为时已晚，以致无法确定这批可可豆到港时其含水量是否超标。

另外，货到港久久不能出运，既不派人员赴沪督运，又无函电催办，以致延误了决定改变运输方式的时间，而使货物在港存放时间过长导致霉变。因此，收货人负有责任。

(2) 作为货代来说，在多次申请车皮未果的情况下，仅用电话通知收货人，而无书面的通知形式，因而难以认定。

另外，货代理应具有一定的商品保管知识，对这批货物应随时关心和注意其品质变化情况并应及时提请港区职能部门采取措施。但该货代恰恰忽略了这方面的工作，因此对货物的严重霉变也负有一定的责任。

(3) 扣除残值，双方各承担一半损失，即各负担人民币14万元。

问题：原被告双方应吸取的教训有哪些？

作业

一、选择题

1. 国际货物运输代理企业可以作为进出口货物收货人、发货人的代理人，也可以作为（　　），从事国际货物运输代理业务。

A. 独立经营人　　B. 生产企业　　C. 销售企业　　D. 采购人

2. 国际物流的实质是根据国际分工协作的原则，依照国际惯例，利用国际化的物流网络、物流设施和物流技术，实现货物在国际间的流动与交换，以促进区域经济的发展和世界资源的（　　）。

A. 结构调整　　B. 优化配置　　C. 优势互补　　D. 合理配置

3. 货代本身并不拥有货物的所有权和运输的工具，只是为他人提供服务的中间人，在社会经济结构中属于（　　）。

A. 第一产业　　B. 第二产业　　C. 第三产业　　D. 第四产业

4. 集装箱运输自 1956 年 4 月开始在（　　）用于海上运输后，满足了货主快速、安全、准确、直达的运输要求，在国际贸易运输中得到了广泛应用，并在 20 世纪 70 年代以后迅速发展起来。

A. 中国　　B. 英国　　C. 日本　　D. 美国

5. 国际货物运输主要由三个方面构成：国际运输的关系方、国际运输工具和（　　）。

A. 国际运输方式　　B. 国际仓储方式　　C. 国际物流方式　　D. 国际海运方式

二、问答题

1. 国际货运代理的作用有哪些?
2. 国际货运代理的权利有哪些?
3. 什么叫班轮运输?
4. 集装箱运输的优越性表现在哪些方面?
5. 国际货运代理的业务范围有哪些?

自测实训

1. 实训目的：使学生对国际货运代理有个整体的感性认识。

2. 实训方式：实地调研国际货运代理企业的业务范围。

3. 实地调研的内容包括：

(1) 国际货运代理企业是如何开展代理业务的；

(2) 国际货运代理企业在开展代理业务中存在的问题有哪些。

4. 实训要求：

(1) 要求每个学生写出调研报告；

(2) 要求每个学生提出国际货运代理企业的改进意见。

模块十三　物流信息技术

知识目标

（1）掌握物流信息的概念、作用和特点。

（2）掌握条码技术及其应用、射频技术及其应用，了解EDI、GPS、GIS及其应用。

（3）了解物流信息系统的概念、作用、类型。

（4）了解物流信息系统的开发和应用方法。

能力目标

（1）掌握物流信息化的作用。

（2）了解各类信息技术在物流行业的应用。

（3）掌握物流信息系统的开发步骤。

素质目标

（1）培养综合分析能力。

（2）培养系统设计观念。

（3）培养信息化意识。

引导案例

UPS核心竞争优势现代物流信息技术

成立于1907年的美国联邦快递公司（United Parcel Service，UPS）是世界上最大的配送公司。表面上联邦快递公司的核心竞争优势来源于其由15.25万辆卡车和560架飞机组成的运输队伍，而实际上联邦快递公司今天的成功并非仅仅如此。

20世纪80年代初，联邦快递公司以其大型的棕色卡车车队和及时的递送服务，控制了美国路面和陆路的包裹速递市场。然而，到了20世纪80年代后期，随着竞争对手利用不同的定价策略以及跟踪和开单的创新技术对联邦快递的市场进行蚕食，联邦快递的收入开始下滑。许多大型托运人希望通过单一服务来源提供全程的配送服务，顾客们希望通过掌握更多的物流信息，以利于自身控制成本和提高效率。随着竞争的白热化，这种服务需

求变得越来越迫切。正是基于这种服务需求联邦快递公司从 20 世纪 90 年代初开始了致力于物流信息技术的广泛利用和不断升级。今天，提供全面物流信息服务已经成为包裹速递业务中的一个至关重要的核心竞争要素。

联邦快递公司通过应用三项以物流信息技术为基础的服务提高了竞争能力。

第一，条码和扫描仪使联邦快递公司能够有选择地每周 7 天、每天 24 小时地跟踪和报告装运状况，顾客只需拨个免费电话号码，即可获得"地面跟踪"和航空递送这样的增值服务。

第二，联邦快递公司的递送驾驶员现在携带着以数控技术为基础的笔记本电脑到排好顺序的线路上收集递送信息。这种笔记本电脑使驾驶员能够用数字记录装运接受者的签字，以提供收货核实。通过电脑协调驾驶员信息，减少了差错，加快了递送速度。

第三，联邦快递公司最先进的信息技术应用，是创建于 1993 年的一个全美无线通信网络，该网络使用了 55 个蜂窝状载波电话。蜂窝状载波电话技术使驾驶员能够把适时跟踪的信息从卡车上传送到联邦快递公司的中央电脑上。无线移动技术和系统能够提供电子数据储存，并能恢复跟踪公司在全球范围内的数百万笔递送业务。通过安装卫星地面站和扩大系统，到 1997 年适时包裹跟踪成为现实。

请思考：试分析联邦快递公司是如何利用信息技术来完成物流活动的？

任务一　物流信息技术的概念

物流业是现代商品流通环节的基础行业，对商业流通体系，甚至整个国民经济都有着举足轻重的意义。现代物流引入了新的管理观念和高科技信息化技术，已经具备了一套先进的组织方式和管理理念，被广泛地认为是企业降低物耗、提高劳动生产率以外的第三利润源泉。大幅提高物流信息传递的速度，可以针对详细准确的数据有效地规划物流行为，以提高运作效率，降低运作成本，提升整体的竞争力。

物流信息化是指物流企业运用现代信息技术对物流过程中产生的全部或部分信息进行采集、分类、传递、汇总、识别、跟踪、查询等一系列处理活动，以实现对货物流动过程的控制，从而降低成本、提高效益的管理活动。物流信息化是现代物流的灵魂，是现代物流发展的必然要求和基石。那么，随着我国物流业的快速发展，物流信息化也显得越来越重要。我们要了解物流信息化，实现企业的信息化管理，首先要学习以下相关知识。

一、信息

1. 信息和数据的定义

信息和数据是我们经常使用和接触的概念，也是信息系统中最为基本的要素，信息系统处理的主要对象是大量的各种各样的信息和数据。世间万物的运动和变化，都离不开信息的作用。信息与物质、能量一起，构成了客观世界的三大要素。

例如，“100 个集装箱”，其中的“100”和“集装箱”就是数据。“100”表示了对象集装箱的数量特征，“集装箱”反映了对象的性质。在信息系统领域中，我们可以这样定义数据：数据是记录客观事物的可以鉴别的符号，数据不仅包括数字，还可以是文字、图形以及声音等。

数据是一种原始记录，没有经过加工的数据是粗糙和杂乱的。现代科技的飞速发展已经使计算机能够处理数量巨大的各种数据，而我们更关注那些经过计算机处理后的数据，这是因为我们可以从这些大量的数据中及时得到有用的信息。一般说来，信息总是通过数据的形式来表示，加载在数据之上并对数据的具体含义进行解释。信息是客观世界的反映，它提供了有关现实世界某些事物的知识，这种知识对信息的接收者来说是有价值的。所以，信息与数据是两个不同的概念，数据经过加工处理后才能成为信息，数据与信息的关系就好比原料和产品，如图 13-1 所示。

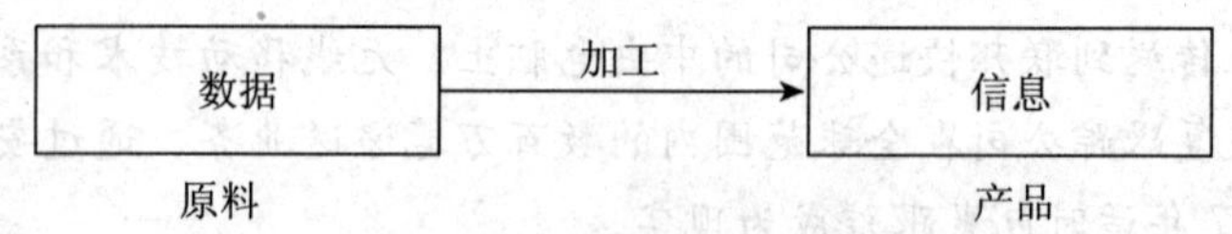

图 13-1　数据与信息的关系

综上所述，信息是通过一定的物质载体形式反映出来的，表现客观事物变化特征的，由发生源发生，经加工与传递，可以被接收者接收、理解和利用的消息、数据、资料、知识等的通称。

2. 信息的基本特征

（1）普遍性。信息是事物运动状态和方式的表征，只要有事物的存在和运动，就会有其运动的状态和方式，就存在信息。因此，信息是无时不在、无处不在的。

（2）时效性。客观事物本身都在不停的运动变化，相应地，信息也在不断发展更新。任何特定的信息只有在一段时间内才能起作用，过时信息的作用会减少或是毫无用处，甚至带来损失。因此，在获取与利用信息时必须竖立时效观念，不能一劳永逸。“只有及时准确的信息才是有价值的”。

（3）相对性。客观上信息是无限的，但相对于认知主体来讲，人们实际获得的信息总是有限的。并且，由于不同的认知主体有着不同的感受能力、理解能力和目的性。因此，从严格意义上来讲，对于同一事物，不同的信息获得者获得的信息各不相同。好比，对于行驶中的运输卡车，从不同的方位观察，得到的卡车信息是不会完全相同的。

（4）依存性。信息本身是看不见、摸不着的，它必须依附于一定的物质形式（如声波、电磁波）之上，不可能脱离物质单独存在。我们把这些以承载信息为主要任务的物质形式称为信息的载体，信息没有物质载体便不能存储和传播。

（5）可传递性。信息可以通过多种渠道、采用多种方式进行传递，我们把信息从时间或空间上的某一点向其他点移动的过程称为信息传递。信息传递要借助于一定的物质载体，因此，实现信息传递功能的载体又称为信息媒介。一个完整的信息传递过程必须具备信源（信息的发出方）、信宿（信息的接收方）、信道（信息媒介）和信息四个基本要素，

关系如图 13－2 所示。

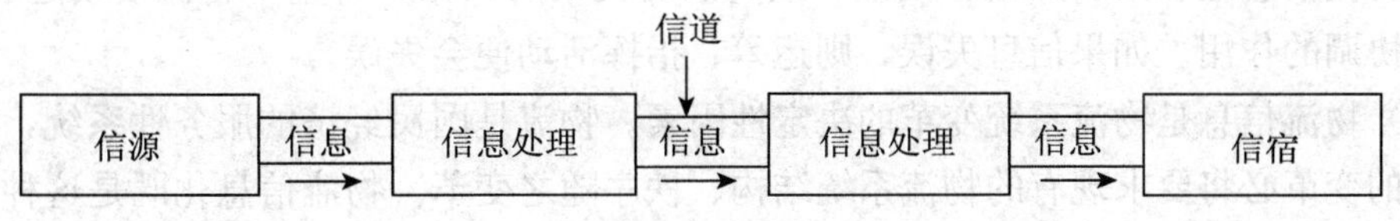

图 13－2　信息的传递

（6）可干扰性。信息是通过信道进行传递的。信道既是通信系统不可缺少的组成部分，同时又对信息传递有干扰和阻碍作用。我们把任何不属于信源原意而加之于其信号上的附加物都称为信息干扰，实际情况下，完全不受干扰是不可能的。例如，噪声就是一种典型的干扰，当我们欣赏美妙音乐的时候希望背景噪声越小越好，但是并不能完全避免，只能做到噪声相对音乐本身尽可能地小到不易察觉的程度。

（7）可加工性。信息可以被分析或综合，扩充或浓缩，也就是说人们可以对信息进行加工处理。所谓信息加工是把信息从一种形式变换成另一种形式，同时在这个过程中保持一定的信息量。这样做的目的，就是为了信息能方便有效地传输。计算机网络的实现，一个重要的基础就是成熟地应用了计算机数字信号与网络线路模拟信号之间相互转换的技术。

（8）可共享性。信息区别于其他物质的一个重要特征是它可以被共同占有，也就是说信息在传递过程中不但可以被信源和信宿共同拥有，而且还可以被众多的信宿同时接收利用。物质交换遵循易物交换原则，失去一物才能得到一物；信息交换的双方不仅不会失去原有信息，而且还会增加新的信息；信息还可以广泛地传播扩散，供全体接收者共享。例如，在人们所熟知的聊天平台，每一位聊天者在聊天室里都可以共享拥有自己和其他每一个人的聊天信息。

二、物流信息

1. 物流信息（Logistics Information）

就是反映物流各种活动内容的知识、资料、图像、数据、文件的总称。

2. 物流信息的分类

物流信息总是随企业的物流活动而同时发生的。物流信息的分类可按照信息在物流活动种所起的作用不同，而将物流信息分成如下几类：

（1）订货信息。

（2）库存信息。

（3）生产指示信息（采购指示信息）。

（4）发货信息。

（5）物流管理信息。

按信息加工程度可分为物流原始信息和物流加工信息两类。

按活动领域大致可分为运输信息、存储信息和装卸信息三类。

3. 物流信息的作用

物流信息是物流系统的功能要素之一，主要体现在以下几个方面。

（1）物流信息是物流系统整体的中枢神经。物流系统是一个有着自身运动规律的有机整体。物流信息经收集、加工、处理、成为系统决策的依据，对整个物流活动起着运筹、指挥和协调的作用。如果信息失误，则运筹、指挥活动便会失误。

（2）物流信息是物流系统变革的决定性因素。物流是国民经济的服务性系统，社会经济秩序的变革必将要求现有的物流系统结构、秩序随之变革。物流信息化既是这种变革的动力，也是这种变革的实质内容。物流信息系统是把各种物流活动与某个一体化过程连接在一起的通道，一体化过程建立在四个层次上：交易、管理控制、决策分析以及战略计划系统，如图13-3所示。

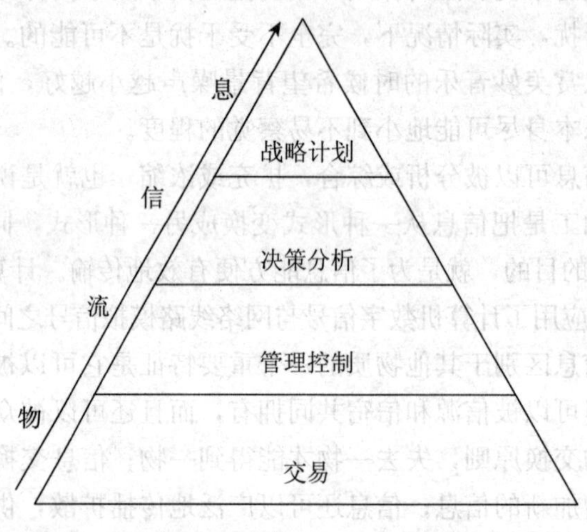

图13-3 物流信息的作用

4. 物流信息的特点

（1）信息量大。物流信息随着物流活动以及商品交易活动的展开而大量发生。多品种少批量生产和多频度少数量配送使库存、运输等物流活动的信息大量增加。随着企业间合作倾向的增强和信息技术的发展，物流信息的信息量在今后将会越来越大。

（2）信息更新快。物流信息的更新速度快、多品种少量生产和多频度少数量配送使各种作业活动频繁发生，从而要求信息不断更新，而且更新的速度越来越快。

（3）信息来源多样化。物流信息不仅包括企业内部的物流信息，而且包括企业间的物流信息，企业竞争优势的获得需要各参与企业之间相互协调合作，协调合作的手段之一是信息及时交换和共享。另外，物流活动往往利用道路、港湾、机场等基础设施。因此，为了高效率的完成物流活动，必须掌握与基础设施有关的信息，如在国际物流过程中必须掌握报关所需信息、港湾作业信息。

三、物流信息与物流系统的关系

1. 物流系统对物流信息的要求

物流信息是随企业的物流活动而同时发生的，是实现物流功能必不可少的条件。物流系统对信息的质量有很高的要求，主要表现在以下三个方面。

(1) 信息充足。有效的物流系统需要充足的信息，提供的信息是否充足、能否满足物流管理的需要至关重要。因此，必须实现企业的物流信息管理与物流管理的良好融合，这就要求，物流管理者与物流信息系统管理者必须善于沟通，配合默契。

(2) 信息准确。只有准确的信息才能为物流系统提供帮助。有些企业可用的准确信息不足，跟不上市场的形势，甚至对自身都定位不准，导致物流决策不当。例如，有些物流企业投入大量的资金设备来提高仓库运输、库存控制的效率，大大降低这些领域的人力成本。结果就是，虽然效率上去了，但是成本过大，与企业规模不相称，效益反而降低。

(3) 信息通信顺畅。管理需要及时准确的信息就要求企业通信顺畅。通信的方式必须使人容易接受，否则就会产生误解，导致决策失误。

2. 物流信息对物流系统的作用

物流信息必须结合以下六条原理来满足管理信息的需要，并充分支持企业指定计划和运作。

(1) 可得性。物流信息必须具有始终如一的可得性，所需的信息包括订货和存货状况。物流信息的分散性，要求其本身具有存储能力，并且能够从有效范围的任何地方得到更新后的信息。这样，信息可得性就能减少作用上和制订计划上的不确定性和滞后性。

(2) 精确性。物流信息必须精确地反应当前状况和定期活动，以衡量顾客订货和存货水平。例如，平稳的物流作业要求实际的存货与物流信息系统报告的存货相吻合的精确性，最好在99%以上。

(3) 及时性。信息系统的及时性指系统状况（存货水平）以及管理控制的及时性（如每天或每周的功能记录）。及时的管理控制是在还有时间采取行动或使损失减少到最低程度时必须提供相应的信息。

(4) 以异常情况为基础。物流信息系统必须以异常情况为基础，突出问题和机会。物流作业通常与大量的顾客、产品、供应商和服务公司竞争。异常情况的信息报告可以使计划人员利用时间来提炼建议，而不是消耗时间去识别决策是否必要。

(5) 灵活性。物流信息系统必须具有灵活性，以满足系统用户和顾客两方面的需求。信息系统必须具有能力提供能迎合特定顾客需要的数据。

(6) 适当形式化。物流信息的报告和显示应该具有适当的形式，这意味着它们用正确的结构和顺序来表达信息。例如，物流信息系统往往包含一个配送中心存货状况显示屏，每一个显示屏显示一个配送中心的相关信息，检查每一个配送中心存货状况。如果有六个配送中心，就需要检查比较这六个计算机显示屏。如果有适当的形式提供单独一个显示屏，综合显示所有六个配送中心的存货状况，这种组合显示屏显然使用就比较方便一些。

3. 物流实现信息化的必要性

(1) 物流信息化能促使物流成本的减少

无论是企业物流还是物流企业，如何对自身物流资源进行优化配置，如何实施管理和决策，以期用最小的成本带来最大的效益，是其所面临的最重要问题之一。与其他系统不同，物流系统中大量的信息不仅随时间波动，而且还依赖于气象和经济条件，是不稳定的。因此，物流管理和决策作业与活动，需要实时地分析各种条件，并在最短时间内，给出最佳实施方案。

诸如配舱、装箱、运输资源的使用、运输路线的选择、工作计划的拟订、人员的安排、库存数量的决策、需求和成本的预测、系统的控制等，都需要优化或智能规划。而在物流信息管理系统中，自觉运用智能规划理论和方法，实现管理和决策的最优化、智能化，可以最合理地利用有限的资源，以最小的消耗，取得最大的经济效益。国家发展改革委、国家统计局和中国物流与采购联合会发布了《2008年全国重点企业物流统计调查报告》，据资料介绍，2007年我国全社会物流费用支出约占GDP的20%，以我国2006年的GDP计算，2007年我国全社会物流费用为20880亿元，在物流费用构成中，运输费用所占比例最高，为68.9%。如果我国物流费用降低1%，每年将节约178亿元，因此，这方面的空间和潜力是巨大的。国际上，许多先进的企业物流管理系统，应用现代科学技术和数学方法与手段，运用数学模型和数学工具，对企业物流活动进行决策、预测和控制，进而实现真正有效的科学管理。通过引入了各种最优化模型，先进的物流管理软件在车辆配载、运输路线优化、仓储优化等各个方面都已经实现了很好的应用，直接为客户带来经济上的利益。例如，在车辆路线优化方面，统计表明，合理安排车辆线路可以帮助用户用原来60%~70%的资源（车辆、人力）完成原来的工作。因此，物流信息化能够以最小的成本带来最大的效益。

（2）物流信息化促使物流流程的重组

物流信息化的直接结果是信息流动的加快、信息流动的及时准确，而信息的迅速流动直接关系到物流的工作流程的平衡。例如，对一个厂商来说，要想实现快速的交付，可能采取两种方法，一是在当地的销售办事处积累一周的订单，将其邮寄到地区办事处，在批量的基础上处理订单，把订单分配给配送仓库，然后通过航空进行装运；二是通过速度较慢的水上运输，两者相比，显然前者没有多大的意义，而后者可能实现在较低总成本下甚至更快的全面交付，由此可见，物流信息化关键的目标是要平衡物流系统各个组成部分，这也决定了我们必须对物流流程进行重组。比如，沃尔玛与供货商合作，建立快速补货体系。我们知道，常规的零售商与供货商的业务流程一般如下：零售商进行销售—发现商品库存快到最低点—向供货商要货—供货商发货—零售商入库—进行销售，这是最常见的方式。但沃尔玛却采取了另一种方式，是在计算机及网络技术的基础上进行的。沃尔玛对于某供货商每天的销售数据，不仅要发到自己的总部，同时通过“RETAIL LINK”软件包，利用互联网，发送到供货商的计算机系统内。这样，供货商对其商品销售的数据不再是1个月后才能知道。由此也可以看出，物流信息化必然要求进行物流流程重组。

（3）物流信息化促使物流的标准化

据估算，如果有一个可参照的标准，目前我国物流企业的信息系统开发费用可以降低80%，将各系统连通起来的成本也可以减少一半以上，从而避免大量的低水平的重复开发与建设成本。在由中国物流与采购联合会举办的“2002年物流与采购信息化优秀案例暨经验交流大会”上，有10个企业的物流与采购信息化案例被评为优秀案例。这些优秀案例共同的特点之一就是，在标准化建设方面都做出了不同的尝试，取得了积极的成果。因此，物流信息化促使物流标准化。目前，基于信息技术和现代网络技术的现代物流标准化趋势有三个方面：一是业务流程标准化；二是信息流标准化；三是文件格式标准化。企业的业务流程要体现在信息系统的软件当中，只有把企业的业务流程标准化以后，才有利于

信息系统与企业的具体业务相结合；信息流标准化的重点是企业各类信息的编码、管理信息、经营数据和技术数据标准化问题；文件格式标准化主要是为了解决数据的互联与互通。这三个方面的核心任务是实现数据交换和信息的共享，这是信息时代先进企业标准化的一个特点。还有两点很关键：一是标准要统一；二是标准要适当超前。中国物流信息管理标准化委员会2003年8月12日在北京正式成立，来自中国标准化管理委员会、中国标准化研究所、中国科技部、中国商务部等单位的负责人出任了该委员会的委员。中国物流信息管理委员会将负责中国物流信息管理、系统、安全等领域的标准化工作，整合物流领域分散经营带来的信息不匹配等问题。

任务实施

一、活动准备

我们物流企业的信息化发展的驱动力是什么呢？

近年来现代物流信息化在我国得以迅速发展的原因，主要来自三个层面的驱动因素。

第一个层面是信息技术、网络技术的普及和发展，特别是互联网技术解决了信息共享、信息传输的标准问题和成本问题，使信息更广泛地成为控制、决策的依据和基础。因此，只要解决信息的采集、传输、加工、共享，就能提高决策水平，从而带来效益。在这个层面上可以不涉及或少涉及流程改造和优化的问题，信息系统的任务就是为决策提供及时、准确的信息。这是所有信息化的共性问题，基础问题。

第二个层面是企业在利益机制的驱动下，不断追求降低成本和加快资金周转，将系统论和优化技术用于物流的流程设计和改造，融入新的管理制度之中。此时的信息系统作用有二，其一是固化新的流程或新的管理制度，使其得以规范地贯彻执行；其二是在规定的流程中提供优化的操作方案，例如，仓储存取的优化方案、运输路径的优化方案等。此时信息系统作用主要在于固化管理和优化操作。此类信息化建设涉及流程，因此带有明显的行业特点。

第三个层面是供应链的形成和供应链管理的作用上升，其中物流管理是其主要组成部分。要解决的问题是提高整个供应链的效率和竞争力，主要是通过对上下游企业的信息反馈服务来提高供应链的协调性和整体效益，如生产企业与销售企业的协同、供应商与采购商的协同等，物流信息系统不仅是供应链的血液循环系统，也是中枢神经系统。供应链的基础是建立互利的利益机制，但是这种机制需要一定的技术方案来保证，信息系统在这里的主要作用是实现这种互利机制的手段。例如，销售商的库存由供应商的自动补货系统来管理，生产商的生产计划根据销售商的市场预测来安排等。

二、活动实施

学生分小组，以小组为单位，选择2～4家物流企业进行调查，结合背景资料讨论物流信息技术和系统推广情况。

三、技能训练

请讨论：1. 这些企业采用了哪些物流信息技术和信息系统？

2. 信息技术和信息系统的运用对企业带来了怎样的变化？

1. 中国物流与采购网 . http：//www. chinawuliu. com. cn.

2. 中国物流信息中心 . http：//www. clic. org. cn.

任务二　物流信息自动识别技术

信息自动识别与采集技术是实现信息数据自动识读、自动输入计算机的重要方法和手段，简称为自动识别技术。自动识别技术（Auto Identification）是指：对字符、影像、条码、声音等记录数据的载体进行机器自动识别，自动地获取被识别物品的相关信息，并提供给后台的计算机处理系统来完成相关后续处理的一种技术。

自动识别技术自诞生以来，几十年之内在全球范围内得到了迅速发展。计算机和网络技术的发展，彻底改变了人们传统的工作方式。但是如何解决计算机的快速录入问题，一直是影响计算机应用的“瓶颈”。手工键盘输入速度慢、容易出错，而且工作强度大。到目前为止，先后涌现出多种自动识别技术，例如，手写识别技术、语音识别技术、条码识别技术、射频识别技术等。

一、条码自动识别技术

条码自动识别技术（Bar Code Auto ID）是指运用条码进行自动数据采集的技术。条码自动识别技术主要包括编码技术、符号表示技术、识读技术、生成与印制技术和应用系统设计五大部分。

条码是利用光电扫描阅读设备识读并实现数据输入计算机的一种特殊代码，是由一组按特定规则排列的条、空及其对应字符组成的表示一定信息的符号。如图 13－4 所示，条码中的条、空分别由深浅不同且满足一定光学对比度要求的两种颜色（通常为黑色和白色）表示。一组条、空和相应的字符代表相同的信息。前者用于机器识读，后者供直接识读或通过键盘向计算机输入数据使用。

图 13－4　条码

条码符号的不同组合形成了不同的条码种类，每一种条码都有自己特定的标准码制。条码种类很多，常见的大概有二十多种码制。目前，国际广泛使用的条码种类有EAN码、UPC码、Code39码、ITF25码、Code bar码、Code39码、Code128码等。其中，比较常用且已相当规范的条码主要有以下两种。

①商品条码（EAN码）。此码是目前通行于美国和加拿大以外的各个国家的商品条码，也是中国地区使用的通行条码。分为两种型式，一种为标准式EAN－13，有13个数字元，通用于一般尺寸商品的表示。另一为缩短型EAN－8，有8个数字元，使用于体积较小的商品。②统一产品码（UPC码）。此码为北美地区常用条码，含有0～9十个数字，基本组合为十位数，前5位是用以辨别制造商或机构的代码，后5位是个别产品项，由厂商自行编订，当然若商品过多也可用较多位来表示，甚至由多达30个字元。统一产品码又有A型与E型两种，分别代表基本型和零缩型。

常用条码实例如图13-5所示。

图13-5　常用条码

1. 条码的特点

在信息输入技术中，采用的自动识别技术种类很多。条码作为一种图形识别技术与其他识别技术相比有如下特点：

(1) 简单。易于制造，可印刷，被称为“可印刷的计算机语言”。条码标签易于制作，对印刷技术设备和材料没有特殊要求。

(2) 信息采集速度快。普通计算机的键盘录入速度是每分钟200字符，而利用条码扫描录入信息的速度是键盘录入的20倍。

(3) 采集信息量大。采用条码扫描一次可以采集十几位字符的信息，不同码制的条码字符密度不一，录入的信息量也不尽相同。

(4) 可靠性高。键盘输入数据，误码率为三百分之一；利用光学字符识别技术，误码率约为五万分之一；而采用条形码扫描输入方式误码率仅为百万分之一。

(5) 设备结构简单，成本低。与其他自动识别技术相比较，推广应用条码技术，所需费用较低。

(6) 灵活、实用。条码符号作为一种识别手段可以单独使用，也可以和有关设备组成识别系统实现自动化识别，还可和其他控制设备联系起来实现整个系统的自动化管理。

(7) 自由度大。识别装置与条码标签相对位置的自由度要比光学识别（OCR）大得多，条码通常只在一维方向下表达信息，而同一条码下所表示的信息完全相同并且连续，这样即使标签有大部分缺欠，仍可以从正常部分输入正确的信息。

2. 条码识别系统

条码识别系统的核心内容是利用光电扫描设备识别条码符号，从而实现机器的自动识别，并快速准确的将信息录入到计算机进行数据处理。从系统结构和功能上讲，条码识别系统是由条码标签、条码识读器、信号整形、译码四部分组成的，如图 13-6 所示。条码标签（Bar Code Tag）是指印有条码符号的信息载体，一般为纸质。条码识读器是指识读条码符号的设备。由光学系统及探测器，即光电转换器件组成，它完成对条码符号的光学扫描，并通过光电探测器，将条码图案的光信号转换为电信号。信号整形部分的功能在于将条码的光电扫描信号处理成为标准电位的矩形波信号，其高低电平的宽度和条码符号的条空尺寸相对应；译码部分由计算机方面的软硬件组成，它的功能是对得到条码矩形波信号进行译码，并将结果输出到条码应用系统中的计算机网络。

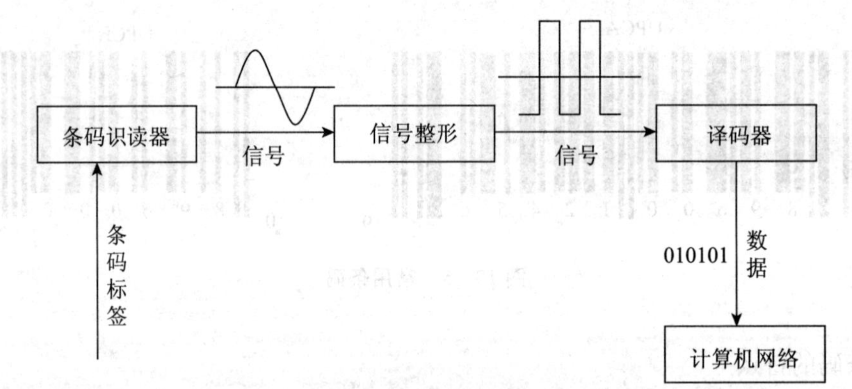

图 13-6　条码识别系统

一维条码自出现以来，得到了人们的普遍关注，发展速度十分迅速。它的使用，极大地提高了数据采集和信息处理的速度，提高了工作效率，并为管理的科学化和现代化做出了很大贡献。由于受信息容量的限制，一维条码仅仅是对“物品”的标识，而不是对“物品”的描述。所以，一维条码的使用不得不依赖数据库的存在。在没有数据库和不便联网的地方，一维条码的使用受到了较大的限制，有时甚至变得毫无意义。另外，要用一维条码表示汉字的场合，显得十分不方便，且效率很低。现代高新技术的发展，迫切要求用条码在有限的几何空间内表示更多的信息，从而满足千变万化的信息表示的需要。二维条码正是为了解一维条码无法解决的问题而产生的。如图 13-7 所示，因为它具有高密度、高

可靠性等特点，所以可以用它表示数据文件（包括汉字文件）、图像等。二维条码是大容量、高可靠性信息实现存储、携带并自动识读的最理想的方法。

图 13-7　二维条码

3. 一维条码与二维条码的比较

一维条码：一维条码只是在一个方向（一般是水平方向）表达信息，而在垂直方向则不表达任何信息，其一定的高度通常是为了便于阅读器的对准。一维条码的应用可以提高信息录入的速度，减少差错率，可直接显示内容为英文、数字、简单符号；贮存数据不多，主要依靠计算机中的关联数据库；保密性能不高；损污后可读性差。

二维条码：在水平和垂直方向的二维空间存储信息的条码，称为二维条码（2-Dimensional Barcode)，英文标准名称 417 Barcode。可直接显示英文、中文、数字、符号、图型；储存数据量大，可存放 1K 字符，可用扫描仪直接读取内容，无须另接数据库；保密性高（可加密）；安全级别最高时，损污 50%仍可读取完整信息。

一维条码与二维条码应用处理的比较如图所示，虽然一维和二维条码的原理都是用符号（Zymology）来携带资料，达成资料的自动辨识。但是从应用的观点来看，一维条码偏重于“标识”商品，而二维条码则偏重于“描述”商品。因此相较于一维条码，二维条码（2D）不仅只存关键值，并可将商品的基本资料编入二维条码中，达到资料库随着产品走的效益，进一步提供许多一维条码无法达成的应用。例如，一维条码必须搭配电脑资料库才能读取产品的详细资讯，若为新产品则必须再重新登录，对产品特性为多样少量的行业构成应用上的困扰。此外，一维条码稍有磨损即会影响条码阅读效果，较不适用于工厂型行业。除了这些资料重覆登录与条码磨损等问题外，二维条码还可有效解决许多一维条码所面临的问题，让企业充分享受资料自动输入、无键输入的好处，对企业与整体产业带来相当的利益，也拓宽了条码的应用领域。

一维条码与二维条码的差异可以从资料容量与密度、错误侦测能力及错误纠正能力、主要用途、资料库依赖性、识读设备等项目看出，两者的比较如表 13-1 所示。

表 13-1　　一维条码与二维条码之比较

项目/条码类型	一维条码	二维条码
资料密度与容量	密度低，容量小	密度高，容量大
错误侦侧及自我纠正能力	可以检查码进行错误侦测，但没有错误纠正能力	有错误检验及错误纠正能力，并可根据实际应用设置不同的安全等级
垂直方向的资料	不储存资料，垂直方向的高度是为了识读方便，并弥补印刷缺陷或局部损坏	携带资料，因对印刷缺陷或局部损坏等可以错误纠正机制恢复资料
主要用途	主要用于对物品的标识	用于对物品的描述
资料库与网路依赖性	多数场合须依赖资料库及通信网路的存在	可不依赖资料库及通信网路的存在而单独应用
识读设备	可用线扫瞄器识读，如光笔、线型CCD、雷射枪	

二、射频识别（RFID）

射频识别（Radio Frequency Identification，RFID）是指利用射频信号及其空间耦合和传输特性进行非接触双向通信、实现对静止或移动物体的自动识别，并进行数据交换的一项自动识别技术。这是20世纪90年代开始兴起的一种自动识别技术。射频技术的基本原理是电磁理论，利用无线电波对记录媒体进行读写。

1. 射频识别的特点

射频识别技术是一种利用射频通信实现的非接触式自动识别技术。它通过射频信号自动识别目标对象来获取相关数据和条码、磁卡、IC卡等同期或早期的识别技术相比，射频识别具有非接触，工作距离长，适于恶劣环境，可识别高速运动目标等优点。识别工作无须人工干预，适于实现自动化，操作快捷方便。短距离射频产品不怕油渍、灰尘污染等恶劣的环境，可以替代条码，例如，用在工厂的流水线上跟踪物体。长距射频产品多用于交通上，识别距离可达几十米，如自动收费或识别车辆身份等。

2. 射频识别系统

射频识别系统（RFID system）是指由射频标签、识读器和计算机网络组成的自动识别系统，如图13-8所示。

射频标签具有体积小、容量大、寿命长、可重复使用等特点，可支持快速读写、非可视识别、移动识别、多目标识别、定位及长期跟踪管理。通常，识读器在一个区域发射能量形成电磁场，射频标签经过这个区域时检测到识读器的信号后发送存储的数据，识读器接收射频标签发送的信号，解码并校验数据的准确性以达到识别的目的。射频标签（RFID tag）是指射频识别系统中存储可识别数据的电子装置。射频识读器（RFID reader）是指利用射频技术读取标签信息、或将信息写入标签的设备。识读器读出的标签信息通过计算机及网络系统进行管理和信息传输。除此之外，标签和识读器都配有天线，用于

相互之间传输数据的发送和接收。在实际应用中，天线的形状和相对位置会因要求不同而不同。

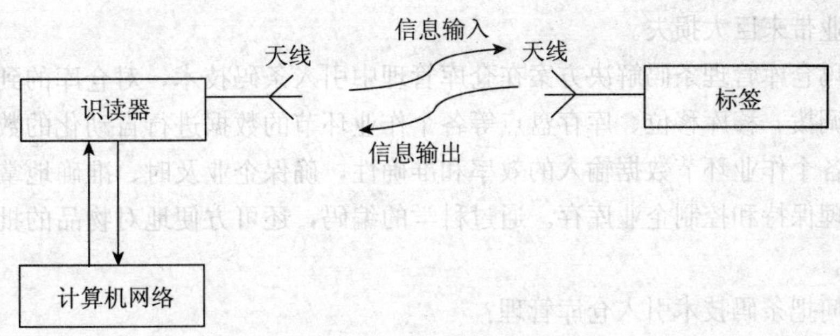

图 13－8　射频识别系统

三、条码识别与射频识别

如表 13－2 所示，现阶段条码识别与射频识别各有优缺点。因此，在应用上条码技术和射频技术并不能完全相互替代，两者必须共存。在中国，条码技术已经比较成熟并且广泛使用，射频技术由于成本、技术和标准化等多方面的原因，暂时不能大范围普及使用。但是在应用领域内，应用规模和效果都是可观的，例如，中国最大的物流射频识别系统就是铁路车号识别系统，截至 2004 年，中国已有 60 万个车厢和 2 万个车头使用了射频标签。由此可见，RFID 还是很值得期待的。

表 13－2　　条码识别与射频识别的对比

	条码识别系统	射频识别系统
原理	光学感应原理	电磁感应原理
标签	制作简单，信息量较小，一次写成不可更改，允许局部破损，成本较低	制作复杂，信息量较大，可以读也可以写，还可以主动发出信号，破损往往导致失效，成本较高
识读器	识别时与标签距离较近，方向性要求高，只能一对一识别	识别时与标签距离较远，可以对标签写入数据，无方向性要求，可以一对多识别，可识别高速运动目标
抗干扰	识别对光线极为敏感，易受影响	识别不受灰尘、油渍、包装纸等的影响，易受空气性质影响和特定电磁干扰

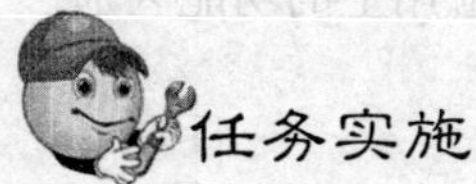
任务实施

一、活动准备

背景资料：仓储在企业的整个供应链中起着至关重要的作用，如果不能保证正确地进

货和库存控制及发货，将会导致管理费用的增加，服务质量难以得到保证，从而影响企业的竞争力。传统简单、静态的仓库管理已无法保证企业资源的高效利用。如今的仓库作业和库存控制作业已十分复杂多样化，仅靠人工记忆和手工录入，不但费时费力，而且容易出错，给企业带来巨大损失。

广州爱玛仓库管理条码解决方案在仓库管理中引入条码技术，对仓库的到货检验、入库、出库、调拨、移库移位、库存盘点等各个作业环节的数据进行自动化的数据采集，保证仓库管理各个作业环节数据输入的效率和准确性，确保企业及时、准确地掌握库存的真实数据，合理保持和控制企业库存。通过科学的编码，还可方便地对物品的批次、保质期等进行管理。

思考如何把条码技术引入仓库管理？

我们在仓库管理中，引入条码技术，要做到如下内容。

（1）对库存品进行科学编码，并列印库存品条码标签。根据不同的管理目标（例如要追踪单品，还是实现保质期/批次管理）对库存品进行科学编码，在科学编码的基础上，入库前列印出库存品条码标签，以便于后续仓库作业的各个环节进行相关数据的自动化采集。

（2）对仓库的库位进行科学编码，并用条码符号加以标识，实现仓库的库位管理。对仓库的库位进行科学编码，用条码符号加以标识，并在入库时采集库存品所入的库位，同时导入管理系统。仓库的库位管理有利于在大型仓库或多品种仓库种快速定位库存品所在的位置，有利于实现先进先出的管理目标及仓库作业的效率。

（3）使用带有条码扫描功能的手持数据终端进行仓库管理。对于大型的仓库，由于仓库作业无法在计算机旁直接作业，可以使用手持数据终端先分散采集相关数据，后把采集的数据上载到计算机系统集中批量处理。此时，给生产现场作业人员配备带有条码扫描功能的手持数据终端，进行现场的数据采集。同时在现场也可查询相关信息，在此之前会将系统中的有关数据下载到手持终端中。

（4）数据的上传与同步。将现场采集的数据上传到仓库管理系统中，自动更新系统中的数据。同时，也可以将系统中更新以后的数据下载到手持终端中，以便在现场进行查询和调用。

二、活动实施

学生分小组，以小组为单位，结合案例讨论物流信息技术和信息系统的内容等。

三、技能训练

请讨论：广州爱玛如何在仓库管理中把条码技术引入以提高效率的？可以查看商品上的一维条码和火车票上使用的二维条码，分析想想一维条码和二维条码在应用上的功能区别？

资料链接

1. 中国物流与采购网．http：//www.chinawuliu.com.cn.
2. 火车票二维条码的应用（http：//wenku.baidu.com）.

任务三　物流信息存储传输技术

相关知识

电子数据交换技术（EDI）

电子数据交换（Electronic Data Interchange，EDI）是指通过电子方式，采用标准化的格式，利用计算机网络进行结构化数据的传输和交换。它是20世纪80年代发展起来的一种新颖的电子化贸易工具，是计算机、通信和现代管理技术相结合的产物。由于使用EDI可以减少甚至消除贸易过程中的纸面文件，因此EDI又被人们通俗地称为“无纸贸易”。

由上述定义可知，EDI包括了三方面的内容：格式化的数据与报文标准，通信网络和计算机应用。这三方面内容相互依存构成了EDI的基本框架。经过二十多年的发展与完善，EDI作为一种全球性的具有巨大商业价值的电子化贸易手段和工具，具有几个显著的特点。

1. 单证格式化

EDI传输的是企业间格式化的数据，如定购单、发票、货运单、装箱单，报关单等，这些信息都具有固定的格式与行业通用性。而信件、公函等非格式化的文件不属于EDI处理的范畴。

2. 报文标准化

EDI传输的报文符合国际标准或行业标准，这是计算机能自动处理的前提条件。目前最为广泛使用的EDI标准是：UN/EDIFACT（联合国标准EDI规则，适用于行政管理、商贸、交通运输）和ANSIX.12（美国国家标准局标准化委员会第12工作组制定）。

3. 处理自动化

EDI信息传递的路径是从计算机到数据通信网络，再到商业伙伴的计算机，信息的最终用户是计算机应用系统，它自动处理传递来的信息。因此，这种数据交换是机—机，应用—应用，不需人工干预。

4. 软件结构化

EDI功能软件由5个模块组成：用户界面模块、内部EDP（电子数据处理）接口模块、报文生成与处理模块、标准报文格式转换模块、通信模块。这5个模块功能分明，结构清晰，形成了EDI较为成熟的商业化软件。

5. 运作规范化

EDI以报文的方式交换信息有其深刻的商贸背景，EDI报文是目前商业化应用中最成熟、最有效、最规范的电子凭证之一，EDI单证报文具有法律效力已被普遍接受。任何一个成熟、成功的EDI系统，都以相应的规范化环境作基础，如EDI存证系统，商贸伙伴的协议，管理法规与相应的配套措施，例如，国际海事委员会制定了《电子提单规则》，上海市制定了《上海市国际经贸电子数据交换管理规定》等。

当今世界通用的EDI系统，是建立在MHS（报文处理系统）数据通信平台上的信箱系统，其通信机制是信箱间信息的存储和转发。具体实现方法是在数据通信网上加挂大容量信息处理计算机，在计算机上建立信箱系统，通信双方需申请各自的信箱，其通信过程就是把文件传到对方的信箱中。文件交换由计算机自动完成，在发送文件时，用户只需进入自己的信箱系统。如图13－9所示。

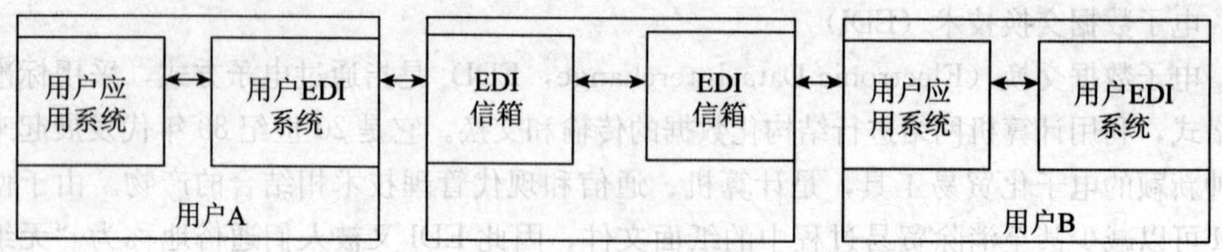

图13－9　EDI系统工作原理

与一般邮件系统不同，现有的EDI系统是一种特殊的邮件系统，两者对比如表13－3所示。

表13－3　EDI系统与一般邮件系统的比较

	EDI系统	一般邮件系统
传输形式	格式化的标准文件	非标准的自由格式文件
使用过程	计算机系统自动处理，不需要人工处理	需要人工处理
安全性	安全保密性较高	安全保密性较低

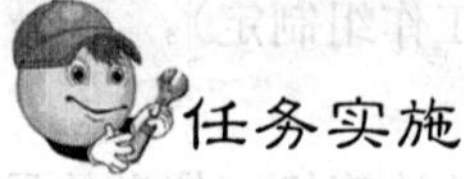

任务实施

一、活动准备

背景资料：上海联华超市集团EDI应用系统

每天中午12点钟，配送中心将商品的库存信息以文件形式发送到增值网上，各门店计算机系统从自己的增值网信箱中取出库存信息，然后根据库存信息和自己门店的销售信息制作“要货单”。但由于要货单信息没有通过网上传输，而是从计算机中打印出来，通过传真形式传送到配送中心，配送中心的计算机工作人员再将要货信息输入计算机系统。这样做的结果不仅导致了数据二次录入可能发生的错误和人力资源的浪费，也体现不出网络应用的价值和效益，因此，公司决定采用EDI系统管理公司的业务。如图13－10所示。

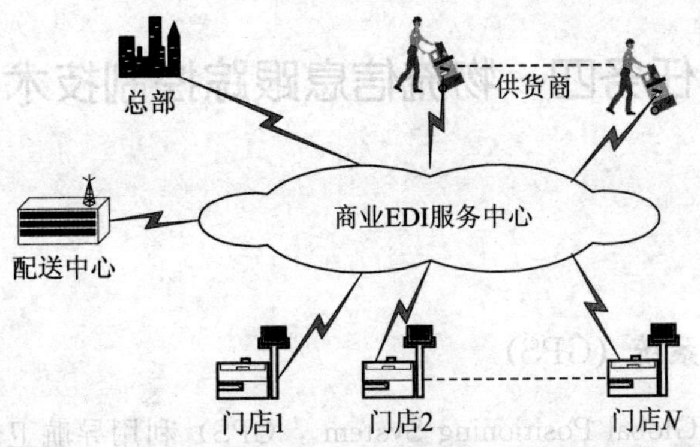

图 13-10　EDI 应用系统

采用 EDI 之后，配送中心直接根据各门店的销售情况和要货情况产生订货信息发送给供货厂家。供货厂家供货后，配送中心根据供货厂家的发货通知单直接去维护库存，向门店发布存货信息。

EDI 应用信息流如图 13-11 所示。

图 13-11　EDI 应用信息流

二、活动实施

学生分小组，以小组为单位结合案例讨论 EDI 技术及应用等相关的内容，并实地调查该技术的应用推广情况，撰写调查报告。

三、技能训练

请讨论：1. 上网查询 2 个 EDI 网站，比较其业务的不同点？

2. 实地调查 EDI 在哪些领域中有应用？写出调查报告。

资料链接

1. 上海 CA 中心 . www. sheca. com. cn.

2. EDI 世界商贸网 . www. ediworld. net. cn.

3. 天津港务局 . www. ptacn. com.

任务四　物流信息跟踪控制技术

相关知识

一、全球定位系统（GPS）

全球定位系统（Global Positioning System，GPS）利用导航卫星进行测时和测距，使在地球上任何地方的用户，都能测定出他们所处的方位。GPS是美国国防部建立的，由24颗卫星以及地面相应的设施设备组成的全球定位、导航及授时系统。这些卫星分布在高度为2万千米的6个轨道上绕地球飞行。用户通过测量到太空各可视卫星的距离来计算他们的当前位置，卫星相当于精确的已知参考点。每颗GPS卫星时刻发布其位置和时间数据信号，用户接收机可以测量每颗卫星信号到接收机的时间延迟，根据信号传输的速度就可以计算出接收机到不同卫星的距离。同时收集到至少四颗卫星的数据时就可以解算出三维坐标、速度和时间。

小贴士

GPS分为两种码：P码为精确码，美国为了自身的利益，P码只供美国军方、政府机关以及得到美国政府批准的民用用户使用；C/A码为粗码，其定位和时间精度均低于P码，目前，全世界的民用客户均可不受限制地免费使用C/A码。

如图13－12所示，GPS由三大子系统构成：空间卫星系统、地面监控系统、用户接收系统。

1. 空间卫星系统

事实上，空间卫星系统的卫星数量要超过24颗，以便及时更换老化或损坏的卫星，保障系统正常工作。该卫星系统能够保证在地球的任一地点向使用者提供4颗以上可视卫星。

2. 地面监控系统

由均匀分布在美国本土和三大洋的美军基地上的五个监测站、一个主控站和三个注入站构成。该系统的功能是对空间卫星系统进行监测、控制，并向每颗卫星注入更新的导航电文。

3. 用户接收系统

主要由以无线电传感和计算机技术支撑的GPS卫星接收机和GPS数据处理软件构成。GPS卫星接收机的基本结构是天线单元和接收单元两部分。GPS数据处理软件是GPS用户系统的重要部分，其主要功能是对GPS接收机获取的卫星测量记录数据进行“粗加工”“预处理”。

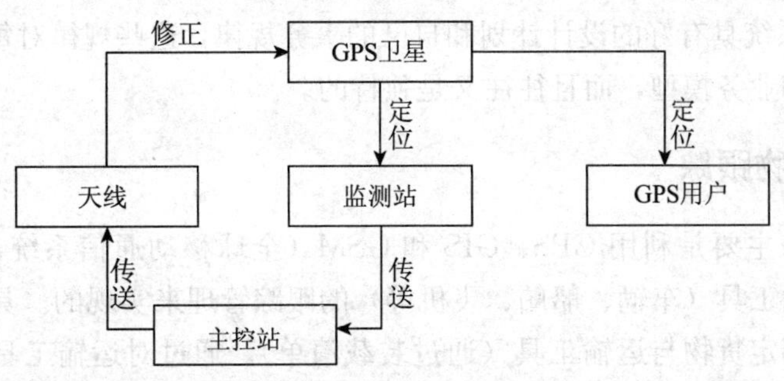

图 13－12　GPS 的结构

二、地理信息系统（GIS）

地理信息系统（Geographical Information System，GIS）是指由计算机软硬件环境、地理空间数据、系统维护和使用人员四部分组成的空间信息系统。该系统可对整个或部分地球表层（包括大气层）空间中有关地理分布数据进行采集、储存、管理、运算、分析显示和描述。地理信息是指表征地理系统诸要素的数量、质量、分布特征、相互联系和变化规律的数字、文字、图像和图形的总称。通俗地讲，地理信息系统是整个地球或部分区域的资源、环境在计算机中的缩影。

GIS 系统主要由以下五个要素组成。

1. 硬件

硬件是 GIS 所操作的计算机。今天，GIS 软件可以在很多类型的硬件上运行。从中央单机到网络环境。

2. 软件

GIS 软件提供所需的存储、分析和显示地理信息的功能和工具。

主要的软件部件有：

（1）输入和处理地理信息的工具；

（2）数据库管理系统（DBMS）；

（3）支持地理查询、分析和视觉化的工具；

（4）容易使用这些工具的图形化界面（GUI）。

3. 数据

一个 GIS 系统中最重要的部件就是数据了。地理数据和相关的表格数据可以自己采集或者从商业数据提供者处购买。GIS 将把空间数据和其他数据源的数据集成在一起，而且可以使用那些被大多数公司用来组织和保存数据的数据库管理系统，来管理空间数据。

4. 人员

GIS 技术如果没有人来管理系统和制订计划应用于实际问题，将没有什么价值。GIS 的用户范围包括从设计和维护系统的技术专家，到那些使用该系统并完成他们每天工作的人员。

5. 模型

成功的GIS系统具有好的设计计划和自己的事务规律，这些规律对每一个应用来说是具体的操作实践和业务模型，而且往往又是独特的。

三、在途货物跟踪

在途货物跟踪主要是利用GPS、GIS和GSM（全球移动通信系统，俗称“全球通”技术，通过对运输工具（车辆、船舶、飞机等）的跟踪管理来实现的。具体的实现方法是在装载作业时，绑定货物与运输工具（通过装载清单）。通过对运输工具的跟踪，就能查询货物的位置，如图13－13所示。

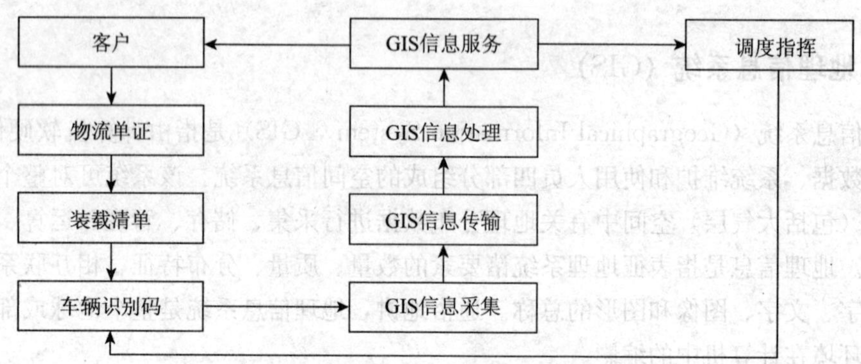

图13－13　在途货物跟踪的过程

小贴士

GPRS（通用无线分组业务）是一种基于GSM系统的高速无线通信技术。与原有的GSM相比，GPRS结合GSM有着成本低，监控范围广，信息传递快，实时性好等诸多优点. GPS/GPRS/GSM/GIS体系正在逐步取代原有的GPS/GSM/GIS体系实现在途货物跟踪。由此可以预想的到，3G（第三代移动通信技术）将给物流作业中的跟踪与控制带来更多的便利。

四、物流信息技术在国内应用现状

在国内，各种物流信息应用技术已经广泛应用于物流活动的各个环节，对企业的物流活动产生了深远的影响。

1. 物流自动化设备技术的应用

物流自动化设备技术的集成和应用的热门环节是配送中心，其特点是每天需要拣选的物品品种多，批次多、数量大。因此，在国内超市、医药、邮包等行业的配送中心部分地引进了物流自动化拣选设备。一种是拣选设备的自动化应用，如北京市医药总公司配送中

心，其拣选货架（盘）上配有可视的分拣提示设备，这种分拣货架与物流管理信息系统相连，动态地提示被拣选的物品和数量，指导着工作人员的拣选操作，提高了货物拣选的准确性和速度。

另一种是一种物品拣选后的自动分拣设备。用条码或电子标签附在被识别的物体上(一般为组包后的运输单元)，由传送带送入分拣口，然后由装有识读设备的分拣机分拣物品，使物品进入各自的组货通道，完成物品的自动分拣。分拣设备在国内大型配送中心有所使用。但这类设备及相应的配套软件基本上是由国外进口，也有进口国外机械设备，国内配置软件。立体仓库和与之配合的巷道堆垛机在国内发展迅速，在机械制造、汽车、纺织、铁路、卷烟等行业都有应用。例如，昆船集团生产的巷道堆垛机在红河卷烟厂等多家企业应用了多年。近年来，国产堆垛机在其行走速度、噪声、定位精度等技术指标上有了很大的改进，运行也比较稳定。但是与国外著名厂家相比，在堆垛机的一些精细指标如最低货位极限高度、高速（80 米/秒以上）运行时的噪声，电机减速性能等方面还存在不小差距。

2. 物流设备跟踪和控制技术的应用

目前，物流设备跟踪主要是指对物流的运输载体及物流活动中涉及的物品所在地进行跟踪。物流设备跟踪的手段有多种，可以用传统的通信手段如电话等进行被动跟踪，可以用 RFID 手段进行阶段性的跟踪，但目前国内用的最多的还是利用 GPS（全球定位系统(Global Positioning System，GPS)）技术跟踪。GPS 具有在海、陆、空进行全方位实时三维导航与定位能力。

GPS 在物流领域可以应用于汽车自定位、跟踪调度，用于铁路运输管理，用于军事物流。GPS 技术跟踪利用 GPS 物流监控管理系统，它主要跟踪货运车辆与货物的运输情况，使货主及车主随时了解车辆与货物的位置与状态，保障整个物流过程的有效监控与快速运转。物流 GPS 监控管理系统的构成主要包括运输工具上的 GPS 定位设备、跟踪服务平台(含地理信息系统和相应的软件)、信息通信机制和其他设备（如货物上的电子标签或条码、报警装置等)。在国内，部分物流企业为了提高企业的管理水平和提升对客户的服务能力也应用这项技术，例如，沈阳等地方政府要求下属交通部门对营运客车安装 GPS 设备工作进行了部署，从而加强了对营运客车的监管。

3. 物流动态信息采集技术的应用

企业竞争的全球化发展、产品生命周期的缩短和用户交货期的缩短等都对物流服务的可得性与可控性提出了更高的要求，实时物流理念也由此诞生。如何保证对物流过程的完全掌控，物流动态信息采集应用技术是必需的要素。动态的货物或移动载体本身具有很多有用的信息，例如货物的名称、数量、重量、质量、出产地，或者移动载体（如车辆、轮船等）的名称、牌号、位置、状态等一系列信息。这些信息可能在物流中反复的使用，因此，正确、快速读取动态货物或载体的信息并加以利用可以明显地提高物流的效率。在目前流行的物流动态信息采集技术应用中，一维、二维条码技术应用范围最广，其次还有磁条（卡)、语音识别、便携式数据终端、射频识别（RFID）等技术。

(1) 一维条码技术：一维条码因为符合条码规范且无污损的条码的识读率很高，所以一维条码结合相应的扫描器可以明显地提高物品信息的采集速度。加之条码系统的成本较低，操作简便，又是国内应用最早的识读技术，所以在国内有很大的市场，国内大部分超市都在使用一维条码技术。但一维条码表示的数据有限，条码扫描器读取条码信息的距离也要求很近，而且条码上损污后可读性极差，所以限制了它的进一步推广应用，同时一些其他信息存储容量更大、识读可靠性更好的识读技术开始出现。

（2）二维条码技术：由于一维条码的信息容量很小，如商品上的条码仅能容纳几位或者十几位阿拉伯数字或字母，商品的详细描述只能依赖数据库提供，离开了预先建立的数据库，一维条码的使用就受到了局限。基于这个原因，人们发明一种新的码制，除具备一维条码的优点外，同时还有信息容量大（根据不同的编码技术，容量是一维的几倍到几十倍，从而可以存放个人的自然情况及指纹、照片等信息），可靠性高（在损污 50%仍可读取完整信息），保密防伪性强等优点。这就是在水平和垂直方向的二维空间存储信息的二维条码技术。二维条码继承了一维条码的特点，条码系统价格便宜，识读率强且使用方便，所以在国内银行、车辆等管理信息系统上开始应用。

（3）磁条技术：磁条（卡）技术以涂料形式把一层薄薄的由定向排列的铁性氧化粒子用树脂黏合在一起并粘在诸如纸或塑料这样的非磁性基片上。磁条从本质意义上讲和计算机用的磁带或磁盘是一样的，它可以用来记载字母、字符及数字信息。优点是数据可多次读写，数据存储量能满足大多数需求，由于黏附力强的特点，使之在很多领域得到广泛应用，如信用卡、银行 ATM 卡、机票、公共汽车票、自动售货卡、会员卡等。但磁条卡的防盗性能、存储量等性能比起一些新技术如芯片类卡技术还是有差距。

（4）声音识别技术：是一种通过识别声音达到转换成文字信息的技术，其最大特点就是不用手工录入信息，这对那些采集数据同时还要完成手脚并用的工作场合或键盘上打字能力低的人尤为适用。但声音识别的最大问题是识别率，要想连续地高效应用有难度。目前更适合语音句子量集中且反复应用的场合。

（5）视觉识别技术：视觉识别系统是一种通过对一些有特征的图像分析和识别系统，能够对限定的标志、字符、数字等图像内容进行信息的采集。视觉识别技术的应用障碍也是对于一些不规则或不够清晰图像的识别率问题，而且数据格式有限，通常要用接触式扫描器扫描，随着自动化的发展，视觉技术会朝着更细致、更专业的方向发展，并且还会与其他自动识别技术结合起来应用。

（6）接触式智能卡技术：智能卡是一种将具有处理能力、加密存储功能的集成电路芯版嵌装在一个与信用卡一样大小的基片中的信息存储技术，通过识读器接触芯片可以读取芯片中的信息。接触式智能卡的特点是具有独立的运算和存储功能，在无源情况下，数据也不会丢失，数据安全性和保密性都非常好，成本适中。智能卡与计算机系统相结合，可以方便地满足对各种各样信息的采集传送、加密和管理的需要，它在国内外的许多领域如银行、公路收费、水表煤气收费等得到了广泛应用。

（7）便携式数据终端：便携式数据终端（PDT）一般包括一个扫描器、一个体积小但功能很强并有存储器的计算机、一个显示器和供人工输入的键盘，所以是一种多功能的数据采集设备，PDT 是可编程的，允许编入一些应用软件。PDT 存储器中的数据可随时通过射频通信技术传送到主计算机。

（8）视频识别（RFID）：RFID 技术与互联网、通信等技术相结合，可实现全球范围

内物品跟踪与信息共享。从上述物流信息应用技术的应用情况及全球物流信息化发展趋势来看，物流动态信息采集技术应用正成为全球范围内重点研究的领域。我国作为物流发展中国家，已在物流动态信息采集技术应用方面积累了一定的经验，例如，条码技术、接触式磁条（卡）技术的应用已经十分普遍，但在一些新型的前沿技术，例如 RFID 技术等领域的研究和应用方面还比较落后。

任务实施

一、活动准备

背景资料：GPS 技术在物流领域的应用，就是物流企业通过 GPS 物流监控管理系统，实现全面跟踪货运车辆与货物的运输情况，使客户可以随时了解车辆与货物的位置与状态，保障整个物流过程的有效监控与快速运转。

那么，物流 GPS 监控管理系统有哪些实际的功能呢？

运用物流 GPS 监控管理系统，可以：

（1）提高现有车辆的运输能力、仓储场地的利用率及降低货运车辆油耗。

（2）对司乘人员、车辆及货物的安全进行监控和保障。

（3）向物流企业及客户提供增值服务，包括让客户对物流车辆的精确位置，货物交接时间、车辆实时状态了如指掌。

中国加入世贸组织后，政府打造“大制造、大流通”的格局，对物流行业的管理迫切需要现代化的手段。一些大型跨国企业将中国当作制造基地和采购基地，而这些跨国企业本身对信息化管理的要求比较高，也促进了国内物流业信息化的发展。GPS 在物流行业中的应用还处在起步阶段，具有巨大的市场潜力和发展前景。

二、活动实施

学生分小组，以小组为单位结合案例讨论 GPS 的概念及应用的内容等。然后实地去了解物流配送过程中货物运输路线的选择、仓库位置的选择、仓库容量的设置。

三、技能训练

请讨论：1. GPS 的构成分为哪几个部分？

2. 物流配送过程中如何利用 GPS 这个先进而实用的工具来进行有效的管理和决策分析的？

资料链接

1. 中国物流与采购网 . http：//www. chinawuliu. com. cn.

2. http：//www. ca800. com/trader/logistics.

任务五 物流信息系统

相关知识

物流系统包括运输系统、储存保管系统、装卸搬运、流通加工系统、物流信息系统等方面，其中物流信息系统是高层次的活动，是物流系统中最重要的方面之一，涉及运作体制、标准化、电子化及自动化等方面的问题。由于现代计算机及计算机网络的广泛应用，物流信息系统的发展有了一个坚实的基础，计算机技术、网络技术及相关的关系型数据库、条码技术、EDI等技术的应用使物流活动中的人工、重复劳动及错误发生率减少，效率增加，信息流转加速，使物流管理发生了巨大变化。本任务里主要介绍了物流信息系统的功能，规划与开发的步骤，并以具有代表性的配送中心信息系统模型为例，介绍模块化的物流信息系统在物流系统中的应用。

一、物流信息系统的概念

物流信息系统（Logistics Information System，LIS）是指由人员、计算机硬件、软件、网络通信设备及其他办公设备组成的人机交互系统，其主要功能是进行物流信息的收集、存储、传输、加工整理、维护和输出，为物流管理者及其他组织管理人员提供战略、战术及运作决策的支持，以达到组织的战略竞优，提高物流运作的效率与效益。

二、物流信息系统的分类

（1）按管理决策的层次分类：可分为物流作业管理系统、物流协调控制系统、物流决策支持系统；

（2）按系统的应用对象分类：面向制造企业的物流管理信息系统、面向零售商、中间商、供应商的物流管理信息系统、面向物流企业的物流管理信息系统（3PLMIS）；

（3）按系统采用的技术分类：单机系统、内部网络系统、与合作伙伴、客户互联的系统。

三、物流信息系统的要求

1. 开放性

为实现物流企业管理的一体化和资源的共享，物流信息系统应具备可与公司内部其他系统如财务、人事等管理系统相连接的性能。系统不仅要在企业内部实现数据的整合和顺畅流通，还应具备与企业外部的供应链的各个环节进行数据交换的能力，实现各方面连接的紧密。尤其中国在加入WTO后，系统还需考虑未来与国际通行的标准接轨的需要。

2. 可扩展性、灵活性

物流信息系统应具备随着企业发展而发展的能力。在建设物流信息系统时，应充分考

虑企业未来的管理及业务发展的需求，以便在原有的系统基础上建立更高层次的管理模块。

3. 安全性

广域网（Intranet）的建立、互联网（Internet）的接入使物流企业触角延伸更远、数据更集中，但安全性的问题也随之而来。在系统开发的初期，这个问题往往被人们所忽略，但随着系统开发的深入，特别是要网上支付的实现、电子单证的使用，安全性更成为物流信息系统的首要问题。

4. 协同性

（1）与客户的协同。

（2）与内部各部门之间的协同。

（3）与供应链上的其他环节的协同。

（4）与社会各部门的协同。

5. 动态性

系统反映的数据应是动态的，可随着物流的变化而变化，能实时地反映货物流的各种状况，支持客户、公司员工等用户的在线动态查询。这就需要公司内部与外部数据通信的及时、顺畅。

6. 快速反应

系统应能对用户、客户的在线查询、修改、输入等操作做出快速和及时的反应。在市场信息万变的今天，企业需要跟上市场的变化才可在激烈的市场竞争中生存。物流信息系统是物流企业的数字神经系统，系统的每一神经元渗入到供应链的每一末梢，每一末梢受到的刺激都能引起系统快速、适当的反应。

7. 信息的集成性

物流过程涉及的环节多、分布广，信息随着物流在供应链上的流动而流动，信息在地理上往往具有分散性、范围广、量大等特点，信息的管理应高度集成，同样的信息只需一次输入，以实现资源共享、减少重复操作，减少差错。目前大型的关系数据仓库通过建立数据之间的关联可帮助实现这一点。

8. 支持远程处理

物流过程往往包括的范围广，涉及不同的部门，并跨越不同的地区。在网络时代，企业间、企业同客户间的物理距离都将变成鼠标距离。物流信息系统应支持远程的业务查询、输入、人机对话等事务处理。

9. 检测、预警、纠错能力

为保证数据的准确性和稳定性，系统应在每个模块中设置一些检测小模块，对输入的数据进行检测，以把一些无效的数据排斥在外。如集装箱箱号在编制时有一定的编码规则（如前四位是字母，最后一位是检测码等），在输入集装箱箱号时，系统可根据这些规则设置检测模块，提醒并避免操作人员输入错误信息。

四、物流信息系统的功能

物流信息系统是物流系统的神经中枢，它作为整个物流系统的指挥和控制系统，

可以分为多种子系统或者多种基本功能。通常，可以将其基本功能归纳为以下几个方面。

1. 物流数据的收集和输入

物流数据的收集首先是将数据通过收集子系统从系统内部或者外部收集到预处理系统中，并整理成为系统要求的格式和形式，然后再通过输入子系统输入到物流信息系统中。这一过程是其他功能发挥作用的前提和基础，如果一开始收集和输入的信息不完全或不正确，在接下来的过程中得到的结果就可能是实际情况完全相左，这将会导致严重的后果。因此，在衡量一个信息系统性能时，应注意它收集数据的完善性、准确性、及时性，以及校验能力和预防和抵抗破坏能力等。

2. 物流信息的存储

物流数据经过收集和输入阶段后，在其得到处理之前，必须在系统中存储下来。即使在处理之后，若信息还有利用价值，也要将其保存下来，以供以后使用。物流信息系统的存储功能就是要保证已得到的物流信息能够不丢失、不走样、不外泄、整理得当、随时可用。无论哪一种物流信息系统，在涉及信息的存储问题时，都要考虑到存储量、信息格式、存储方式、使用方式、存储时间、安全保密等问题。如果这些问题没有得到妥善的解决，信息系统是不可能投入使用的。

3. 物流信息的传输

物流信息在物流系统中，一定要准确、及时地传输到各个职能环节，否则信息就会失去其使用价值了。这就需要物流信息系统具有克服空间障碍的功能。物流信息系统在实际运行前，必须要充分考虑所要传递的信息种类、数量、频率、可靠性要求等因素。只有这些因素符合物流系统的实际需要时，物流信息系统才是有实际使用价值的。

4. 物流信息的处理

物流信息系统最根本目的就是要将输入的数据加工处理成物流系统所需要的物流信息。数据和信息是有所不同的，数据是得到信息的基础，但数据往往不能直接利用，而信息是从数据加工得到，它可以直接利用。只有得到了具有实际使用价值的物流信息，物流信息系统的功能才算发挥。

5. 物流信息的应用

物流信息的应用是指对经过收集、加工处理后的信息的使用，以实现信息使用价值和价值的过程。

五、物流信息系统的应用

物流系统各个环节的流程以及内容，在本书其他模块里都有详细介绍，这里就不再赘述了，相应的计算机硬件配置以及软件结构等技术细节也不属于本书范畴。这里主要以具有代表性的配送中心信息系统模型为例，介绍模块化的物流信息系统在物流系统中的应用。

小贴士

模块化就是把需要实现的系统划分成若干个部分，每个部分具有各自的一部分功能，每一个部分都称之为一个模块。把这些模块以一定方式集总起来组成一个整体，就可以完成系统指定的全部功能。

配送中心信息系统主要有 6 个模块，如图 13－14 所示。

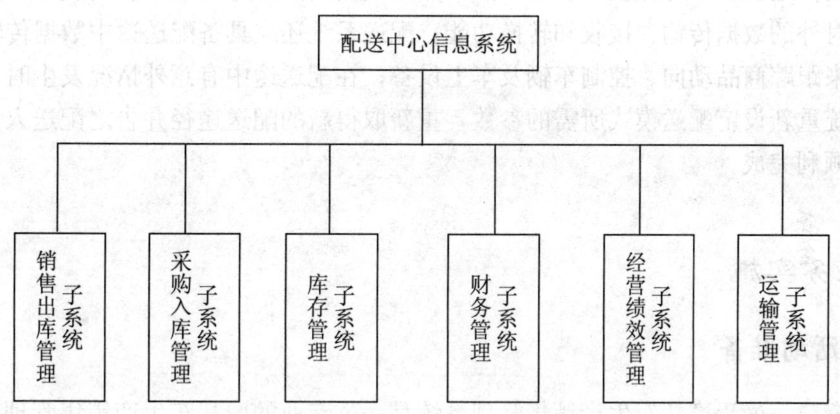

图 13－14　配送中心信息系统结构

1. 销售出库管理子系统

销售出库管理子系统所涉及的作业主要包括自客户处取得订单、进行订单处理、出货准备，到实际将商品运送至客户手中为止，均以对客户服务为主。对内的作业内容则是进行订单需求统计，传送到库存管理子系统，作为补货的参考，并从库存管理了系统处取得库存数据；在商品发货后将应收账款账单转入财务子系统做转账用；最后将各项内部数据提供给经营绩效管理子系统作为考核参考，并从经营绩效管理子系统取得各项经营指示。

2. 采购入库管理子系统

采购入库管理系统是处理与供货厂商的相关作业，包括商品实际入库、根据入库商品内容做库存管理、根据需求商品向供货厂商下订单。

3. 库存管理子系统

库存管理子系统主要完成库存数量控制和库存量规划，以减少因库存积压过多造成的利润损失；它包括商品分类分级、订购批量及订购时点确定、库存跟踪管理以及库存盘点作业。

4. 财务管理子系统

财务会计部门对外主要用采购部门传来的商品入库数据核查供货厂商送来的催款数据，并据此给厂商付款；或由销售部门取得出货单来制作应收账款催款单并收取账款。财务子系统还制作各种财务报表提供给经营绩效管理系统参考。

5. 经营绩效管理子系统

经营绩效管理子系统从各子系统取得数据，制定各种经营政策，然后将政策内容及执行方针告知各部门，并向社会提供配送中心的有关数据。经营绩效管理子系统包括配送资源计划、经营管理、绩效管理等。

6. 运输管理子系统

商品装车后即由送货司机持出货单予以配送，出货单通常有多联，用来作为客户及配送司机的签收核定。商品送达客户处后，出货单由送货司机缴回并输入数据，作为订单数据库、出货配送数据库的减项并转入会计系统作为应收账款的加项。出货单还可通过计算机网络直接传送至客户计算机系统中，由对方在收到商品后传回确认收货凭证。这就要求系统具备对外的数据传输、接收和转换功能。配送系统还应具备配送途中数据传输及控制的功能，来跟踪商品动向、控制车辆及车上设备；在配送途中有意外情况发生时，还可通过通信系统重新设定配送模式所需的参数，重新取得新的配送途径并告之配送人员，使配送工作能顺利完成。

一、活动准备

背景资料：爱玛摩托车生产销售管理系统是一款专业的摩托车生产销售管理软件，适合摩托车整车生产企业对整车的生产、仓储、销售高效精确管理。功能包含整车生产管理系统、货品进货、出货管理系统、仓库管理系统、销售管理系统、报表系统等子模块，软件界面设计简洁、美观，其人性化的软件流程，使普通用户不需培训也能很快掌握软件操作使用方法，上手极易。具备强大报表与集成查询功能，所有功能在用户需要使用的地方自然体现。

爱玛摩托车生产销售管理系统包括整车生产管理系统、货品进货、出货管理系统、仓库管理系统、销售管理系统、报表系统等子模块。

其中销售管理系统的功能模块主要包括：

商品基础资料、商品入库管理、商品出库管理、商品库存管理、销售管理。

结合爱玛摩托车生产销售管理系统，我们有如图 13－15 所示的销售管理系统的功能界面。

图 13－15　销售管理系统的功能界面

二、活动实施

学生分小组，以小组为单位结合案例讨论 GPS 的概念及应用的内容等。找一家物流企业，调查该企业业务类型的信息管理系统，进行该信息系统功能构架，并试分析出该信息管理系统由哪些子系统构成，并画出功能结构图。

三、技能训练

1. 试写出一个销售管理系统的功能模块及其功能实现的界面。
2. 分析出一企业信息管理系统由哪些子系统构成，并画出功能结构图。

资料链接

1. 中国物流与采购网 . http：//www. chinawuliu. com. cn.
2. http：//www. ayma. com. cn.

案例

沃尔玛的物流信息系统

20世纪90年代初，沃尔玛就在公司总部建立了庞大的数据中心，全集团的所有店铺、配送中心也与供应商建立了联系，从而实现了快速反应的供应链管理。厂商通过这套系统可以进入沃尔玛的电脑配销系统和数据中心，直接从POS得到其供应的商品流动动态状况，如不同商店及不同商品的销售统计数据、沃尔玛各仓库的存货和调配状况、销售预测、电子邮件及付款通知等，以此作为安排生产、供货和送货的依据。生产厂商和供应商都可通过这个系统查阅沃尔玛的产销计划。这套系统为生产商和沃尔玛两方面都带来了巨大的利益。

沃尔玛对物流的要求是以优质和高效的工作程序将商品运送到各个营运单位，及时地将商品陈列在货架上，并且以合理的价格提供给顾客。沃尔玛拥有百分之百完整的物流系统。由信息系统、供应商伙伴关系、可靠的运输及先进的全自动配送中心组成的完整物流系统遍布全美，其高效率的物流过程具有以下几个环节：首先由采购员向供货商采购商品，通过资料输入发出订单——供应商将商品统一地送到配送中心——配送中心经过处理之后由卡车运去各个商店，摆放在商店内让顾客购买——商店通过电脑系统要求补货，如此不断地循环。

问题：沃尔玛的物流信息管理系统对加强企业管理有哪些作用？

作业

简答题

1. 物流信息的作用及特点？
2. 物流信息化的重要性是如何体现的？
3. 一维条码与二维条码的比较？
4. 在物流作业中，GPS与GIS的关系是什么？
5. 试分析物流信息系统的产生背景？

模块十四　企业物流

知识目标

（1）掌握企业物流的概念及分类。
（2）了解供应物流的概念和构成。
（3）了解生产物流的概念、模式。
（4）了解销售物流的概念、合理化。
（5）理解逆向物流的重要性。

能力目标

（1）能够认识企业物流与社会物流的关系。
（2）能够理解企业物流各个子系统的概念及重要性。
（3）分析出逆向物流在现代社会中发挥的作用。

素质目标

（1）培养团队意识。
（2）培养低碳环保的意识。
（3）培养吃苦耐劳的精神。

引导案例

海尔的企业物流和海尔物流

海尔集团创立于1984年，经过艰苦努力，已发展成为在海内外享有较高声誉的大型国际化集团。目前海尔集团是世界第四大白色家电制造商、中国最具价值品牌公司；其旗下拥有240多家法人单位，在全球30多个国家建立了本土化的设计中心、制造基地和贸易公司，全球员工总数超过50000人；重点发展科技、工业、贸易、金融四大支柱产业，已成为大规模的跨国企业集团。2007年，海尔集团实现全球营业额1180亿元。

海尔首席执行官张瑞敏说，在网络经济时代，一个现代企业如果不搞现代物流，就没有生路。海尔搞物流的出发点是使企业每时每刻都能够对市场做出最快的反应。为此，必须对企业的整个流程进行一次“革命”，即“业务流程再造”。就是说，物流不仅仅是精简车辆和仓库、业务外包、多拉快运，还必须把改革的触角伸向生产领域。海尔集团从 1999 年年初开始进行物流改革；首先选择库存资金占用比较大的零部件作为突破口，建立了现代化的立体库，开发了库存管理软件；之后，因为车间、分货方和经销商的管理水平跟不上，又向他们推荐标准的托盘和塑料周转箱，带动了机械化搬运和标准化包装；现在，海尔物流注重整个供应链全流程最优与同步工程，不断消除企业内部与外部环节的重复、无效的劳动，让资源在每一个过程中流动时都实现增值，使物流业务能够支持客户，实现快速获取订单与满足订单的目标。目前，海尔接到客户的订单，在 10 天内即可完成从采购、制造到配送的全过程，而一般企业则需要 36 天。

现在，海尔的企业物流已经成为海尔的物流企业。海尔物流成立于 1999 年，依托海尔集团的现金管理理念以及海尔集团的强大资源网络，构建海尔物流的核心竞争力，为全球客户提供最有保障的综合物流集成服务，成为全球最具竞争力的第三方物流企业。海尔物流提出在服务中做到三个“三分之一”，即三分之一服务本企业，三分之一服务国内其他企业，三分之一服务跨国公司。海尔物流也要像海尔产品一样走向世界。目前，它已成为日本美宝集团的物流总代理，而且还为 ABB、雀巢等国际企业提供物流分拨业务，提高了资源利用率。

海尔物流凭借其先进的管理理念及物流技术，被中国物流与采购联合会授予首家“中国物流示范基地”和“国家科技进步一等奖”，同时也先后获得“中国物流百强企业”“中国物流企业 50 强”“中国物流综合实力百强企业”和“最佳家电物流企业”等殊荣。

请思考：海尔物流取得成功的经验是什么？

任务一　企业物流的概念

相关知识

一、企业物流的概念及特征

1. 企业物流的概念

企业物流是指企业内部的物品实体流动（中华人民共和国物流标准术语 GB/T18354—2006），是围绕企业经营进行的物流活动。主要是指从工厂进行生产活动所需的原材料进厂（包括原材料、零部件等），经储存、加工、装配、包装直至产成品出厂送达消费地的产成品在生产地与消费地之间、仓库与仓库之间、仓库与车间之间、车间与车间之间、工序与工序之间每个环节的流转、移动与储存（含停滞、等待）及与此有关的管理活动。它贯穿了整个生产、销售过程的始终，形成一个有机整体。如图 14－1 所示。

从系统的角度来看，企业物流是一个承受外界环境干扰作用的具有输入、转换、输出功能的自适应体系。

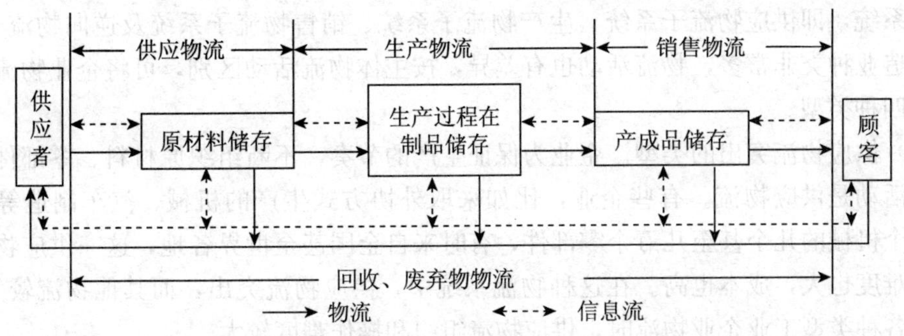

图 14-1　企业物流示意

2. 企业物流的特征

企业物流与社会物流（企业外部的物流活动总称）是相对应的，供应物流和销售物流将企业物流和社会物流很好的衔接起来，其特征与社会物流的特征在很多方面基本都是一致的，其中，真正能将企业物流与社会物流区分开来，反映企业物流特征的是企业内部的生产物流。企业物流的特征主要有以下几个。

（1）企业生产物流的延续性。企业的生产物流活动把整个生产企业的所有孤立的作业点、作业区域有机地联系在一起，构成了一个连续不断的企业内部生产物流。企业内部生产物流将静态的"点"（物料处在空间位置不变的状态，如厂区布置）和动态运动的方向、流量、流速等进行有效的衔接，形成一个完整、有序的生产网络结构。

（2）物料流转是企业生产物流的关键特征。物料流转的手段是物料搬运。在企业生产中，物料流转贯穿于生产、加工制造的整个过程。无论是在厂区、库区、车间与车间之间、工序与工序之间、机台之间，都存在大量、频繁的原材料、零部件、半成品和成品的流转运动。生产过程物流是以提供畅通无阻的物料流转，保证生产过程顺利、高效率地进行为目标的。为此，必须对物流的流转进行分析研究，以明确对物料搬运的要求。通过物料流转分析可以明确知道需要搬运物料的种类、数量、连续性和机动性等方面的要求，以及搬运作业的起讫地点、空间限制、次序等。

（3）企业物流成本的二律背反性。企业物流成本的二律背反现象是指企业物流各个子系统功能间或物流成本与服务水平之间的二重矛盾，即追求一方就必须舍弃另一方的一种状态，是两者的对立状态。例如，减少库存使储存费用减少，但同时势必增加补货次数，从而增加了运输费用；简化包装降低了包装成本，但由于包装强度下降，导致装卸搬运、运输、储存的过程中容易出现破损，增加了其他成本。二律背反现象在企业物流中是客观存在的，所以企业的经营管理目标应定位于降低物流总成本的投入并取得较大的经营效益。

二、企业物流的分类

企业物流按企业性质不同可分为生产制造业物流和流通服务业物流两大类。

1. 生产制造业物流

制造业物流或工业生产企业物流，是对应制造企业生产经营活动的物流，这种物流有四个子系统，即供应物流子系统、生产物流子系统、销售物流子系统及逆向物流子系统。由于制造业种类非常多，物流活动也有差异，按主体物流活动区别，可将企业物流大体分为以下四种类型。

（1）供应物流突出的类型。企业为保证生产的节奏，不断组织原材料、零部件等供应的物流活动是供应物流。有些企业，比如采取外协方式生产的机械、汽车制造等工业企业，一个机械的几个甚至几万个零部件，有时来自全国甚至世界各地，这一供应物流范围极大，难度也大，成本也高。在这种物流系统中，供应物流突出，而其他物流较为简单，在组织各种类型工业企业物流时，供应物流组织和操作难度较大。

（2）生产物流突出的类型。在生产工艺中产生的物流活动是生产物流，这种物流活动是与整个生产工艺过程相伴而生的。在有些企业的物流系统中，生产物流突出，而供应、销售物流较为简单。典型的例子是生产冶金产品的工业企业供应是大宗矿石，销售是大宗冶金产品，而从原料转化为产品的生产过程及伴随的物流过程都很复杂。

（3）销售物流突出的类型。销售物流是企业为实现产品销售，组织产品送达用户或市场供应点的外部物流。很多小商品、小五金等大宗原材料进货，加工也不复杂，但销售却要遍及全国或很大的地域范围，是属于销售物流突出的工业企业物流类型。此外，如水泥、玻璃、化工危险品等，虽然生产物流也较为复杂，但其销售时物流难度更大，问题更严重，有时会出现大事故或花费大代价，因而也包含在销售物流突出的类型中。

（4）逆向物流突出的类型。逆向物流包括废弃物物流、回收物流和退货物流三个部分。有一些工业企业几乎没有废弃物的问题，但也有废弃物物流十分突出的企业，如制糖、选煤、造纸、印染等工业企业，废弃物物流的组织几乎决定了企业能否生存。

2. 流通服务业物流

流通服务业物流是指以从事商品实物流通的企业发生的物流活动。根据流通企业的性质又可分为以下五种类型。

（1）批发企物流

批发企业物流是以批发据点为核心，由批发经营活动所派生的物流活动。包括组织商品的运进和运出，在批发中心主要是包装形态及包装批量的转换。

（2）配送企业物流

配送企业物流是以配送中心为核心的由配送活动组成的物流。这一物流主要包括配送中心内部的储存、分货、拣选、流通加工、配货，以及外部的配送活动。

（3）零售企业物流

零售企业物流是以零售商店或零售据点为核心的，以实现零售为主体的物流活动。零售企业类型不同，其具体的物流活动有所区别，主要有类型如下。

①多品种零售企业。这种类型企业物流的重点在于多品种、小批量、多批次的供应物流，以保证零售企业不出现缺货；企业内部物流的关键则是降低库存以保证较大的售货面积，少占用库存场地，尤其在“黄金地域”；多品种零售企业的销售物流，主要是大件商品的送货和售后服务。大部分小件商品在销售后由用户自己完成物流，所以销售物流不是这种类型企业的主要物流形态。

②连锁店零售企业。这种类型企业物流的特点在于集中进行供货的供应物流，和一般

零售企业供应物流不同，连锁店的销售品种是相同的、有特色的，其供应物流是由本企业共同配送中心完成的。

③直销零售企业。这种类型企业物流的重点集中于销售物流，销售物流决定了销售业绩。由于直销企业通过直销手段的品种比较少，因而供应物流及企业内部物流相对简单。

（4）仓储企业物流

仓储企业是以储存业务为赢利手段的企业。仓储企业的物流是以商品接运、入库、保管保养、出库或运输为流动过程的物流活动，其中储存和保管是其主要的物流功能。

（5）“第三方物流企业”物流

“第三方物流”通常也称为契约物流或物流联盟，是指从生产到销售的整个过程中从事物流服务的“第三方”，它本身不拥有商品，而是通过签订合作协定或结成合作联盟，在特定的时间段内按照特定的价格向客户提供个性化的物流代理服务。具体的物流内容包括商品运输、装卸搬运、储存、包装、配送以及流通加工等。

任务实施

一、活动准备

1. 将学生以5～6人为一组分成若干组。

2. 收集企业的相关信息。

二、活动实施

1. 每个小组选择一家企业为研究对象，对该企业物流的现状及存在问题进行深入分析，包括企业的供应物流、生产物流及销售物流等。

2. 根据调查研究结果，各小组写一份调查报告。

三、技能训练

1. 企业物流调查

2. 撰写调查报告

资料链接

1. 企业物流精品课程建设专题网站（http：//www. xnec. cn/jinping2/qywlsw/view. html? wlkc）

2. 企业物流案例（http：//www. chinawuliu. com. cn/cflp/anli/qiye13. html）

任务二　企业供应物流

相关知识

供应物流是企业物流系统的一个重要组成部分，是企业物流与社会物流的衔接点，与企业物流的其他物流子系统有着密不可分的关系。供应物流是企业所需物料从外部进入到企业内部的物流活动，关系到企业的正常运转，因此要确保供应物流的通畅合理。

一、供应物流的概念

为生产制造企业提供原材料、零部件或其他物品时，物品在供应者与需求者之间的实体流动，称为供应物流，也可称为采购物流。

供应物流是企业为保证生产节奏，不断组织原材料、零部件、燃料、辅助材料供应的物流活动，是企业物流系统中独立性相对较强的一个子系统。

二、供应物流系统的构成

供应物流包括原材料等一切生产资料的采购、运输、仓储、库存管理、用料管理和供料等活动。

1. 采购

采购是供应物流与社会物流的衔接点，是依据生产制造企业的采购计划来进行原材料及其他生产资料外购的作业层，在进行采购作业的同时，还需要负责市场资源、供货厂家、市场变化等信息的收集和反馈。

（1）采购的含义

狭义上的采购就是买东西，是企业根据需要制订采购计划、选择供应商并与供应商谈判后确定交货价格和条件，最后签订采购合同并按要求收货付款的过程。

广义的采购除了以购买的方式占有物品之外，还可以通过租赁、交换等途径来完成。采购一般包括三层含义：

①采购是从资源市场获取资源的过程。

②采购既是一个商流过程，也是一个物流过程，是商物流统一的活动。

③采购是一种经济活动。企业要以最少的采购成本获得最好的资源。

（2）采购流程

企业采购流程通常是指有制造需求的选择和购买生产所需的各种原材料、零部件等物料的全过程。在这个过程中，作为购买方，企业首先要根据内部的需要制订采购计划，然后寻找根据采购计划寻找合适的供货商并且调查其产品在数量、质量、价格、信誉等方面是否满足购买要求。在选定了供应商后，要以订单方式给供应商传递详细的购买计划和需求信息，并通过谈判方式商定交货价格和交货条件，以便供应商能够准确地按照客户的性能指标进行生产和供货。最后，要定期对采购物料的管理工作进行评价，寻求提高效率的

采购流程创新模式。采购流程可以用一个简单的图形来表示，如图 14-2 所示。

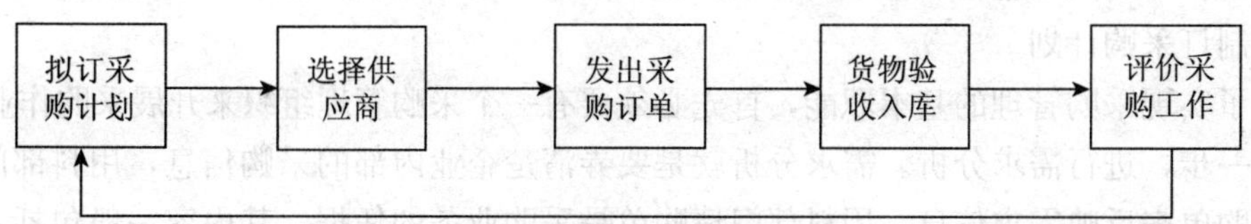

图 14-2　采购的业务流程

(3) 采购的方法

目前比较常见的采购方法有如下几种。

①订货点采购

订货点是仓库发出订货的警戒点，订货点采购是根据需求的变化和订货提前期的大小，准确地确定订货点、订货批量，当库存量下降到订货点时，即进行补货采购的一种方式。这种方法由于市场随机因素的影响，存在库存量大、市场响应不灵敏的缺陷。

②MRP 采购

MRP 采购主要应用于生产企业。它是生产企业根据主生产计划（MPS）、物料清单（BOM）和库存信息逐步推导出生产主产品所需要的零部件、原材料等的采购计划和生产计划的过程。它是以需求分析为依据，以满足库存为目的，其市场响应灵敏度比订货点采购有所提高。

③JIT 采购

JIT 采购又称为准时化采购，它是由准时化生产（Just In Time）管理思想演变而来的，是一种完全以满足需求为依据的采购方法。它的基本思想是：要求供应商把合适的数量、合适质量的物品、在合适的时间供应到合适的地点。这是一种比较科学、比较理想的采购模式。

④供应链采购

供应链采购是指供应链内部企业之间的采购。与传统的采购相比，物资供需关系没变，采购的概念没变，但是，由于供应链各个企业之间是一种战略伙伴关系，采购是在一种非常友好合作的环境中进行，所以采购的观念和采购的操作都发生了很大变化。采购不再由采购者操作，而是由供应商操作。采购者把自己的需求信息和库存信息向供应商连续及时的传递，供应商根据自己产品的消耗情况不断及时小批量补充库存，保证采购者既满足需要，又使总库存量最小。这种采购方法对信息系统、供应商要求比较高。

⑤电子商务采购

电子商务采购是在电子商务环境下的采购模式，也就是网上采购。其特点是通过建立电子商务交易平台，发布采购信息，或主动在网上寻找供应商、寻找产品，然后通过网上洽谈、比价、网上竞价实现网上订货，甚至网上支付货款，最后通过网下的物流过程进行货物的配送，完成整个交易过程。这种方法简化了手续、缩短了时间、降低了成本，但对科学技术的要比较高，同时它依赖于电子商务的发展和物流配送水平的提高。

（4）采购管理的内容

采购管理的内容包括制订采购计划、组织实施采购计划和监控采购作业。

①制订采购计划

为了实现采购管理的基本职能，首先必须要有一个采购管理组织来开展采购作业。

第一步，进行需求分析。需求分析就是要弄清楚企业内部的采购信息，用料部门通过提交请购单来反映需求信息。用料部门请购单是采购业务的凭据，其内容一般包括：请购单号（识别编号）、请购单位名称、申请日期、订购数量、功能要求、需要日期、采购单号、供应商名称、供货日期等。

第二步，进行资源市场分析。资源市场分析就是根据企业所需求的物资，分析资源市场的情况，主要包括市场供求状况及预期，价格波动及趋势，供应商的多少，其产品的质量、价格、运距与运费、供应可靠性，市场上新材料、新设备、替代品的情况和供应状况，以及政府对物品使用的政策和法规等。资源市场分析的重点是供应商分析和品种分析，分析的目的是为制订采购计划做准备。

第三步，制订采购计划。制订采购计划是根据需求品种的情况和供应商的情况，制订出切实可行的采购计划，包括年度采购计划、季度采购计划和月度采购计划。

②组织实施采购计划

组织实施采购计划就是把已经制订的采购计划分配落实到人，根据既定的采购进度进行实施。

第一步，联系供应商。采购部门与经过考查确定的供应商进行联系，传递采购信息，确定谈判时间。

第二步，进行商务谈判。与选中的供应商进行谈判，共同商定交货的具体条件。在谈判过程中要做到知己知彼，谈判要做到“双赢”才能使谈判成功。

第三步，签订采购合同。以符合法律规范的书面形式明确双方的权利、义务以及违规的处理。

第四步，验收入库。采购部门要配合仓库部门按有关合同规定的数量、质量、验收办法、到货时间做好验收入库工作。

③监控采购作业

监控采购作业就是在采购活动进行的过程中进行监控，包括对采购人员、采购资金、采购合同的监管。一次采购活动结束后，要对这次采购活动进行购后评价。通过总结评价，可以肯定成绩、发现问题、制定措施、改进工作，不断提高采购管理水平。

2. 供应

供应即供给所需的物资。任何企业进行生产经营活动，都要消耗各种各样的物品。在企业内部以物品补充生产经营消耗的过程，就称之为供应。供应过程包括采购、储存、供料等环节，涉及商流、物流、信息流和资金流。

供应是供应物流与生产物流的衔接点。它是根据物料供应计划、物资消耗定额和生产作业计划来进行生产作业的活动。供应方式一般有两种基本方式：一是传统的领料制，就是用料单位根据生产计划到供应部门领取所需的生产资料；二是供应部门根据生产作业信息和作业安排，按生产中需要的物料数量、时间、次序、生产进度进行配送供应的方式。

3. 库存管理

库存管理就是对物流过程中库存商品数量的管理。库存管理是供应物流的核心部分。其功能主要包括两个方面：一方面，库存管理是依据企业生产计划的要求和库存控制情况，制订物料采购计划，进行库存数量和库存结构的控制，指导供应物流的合理运行；另一方面，库存管理又是供应物流的转折点，它要完成生产资料的接货、验收、入库、保管、养护等具体功能。

库存管理的基本思想有两种，它们对库存控制决策的总方向产生决定性的影响。第一个思想是拉动式库存管理，这种思想是一种从终端需求出发，根据终端需求量对供货方制定补货量并进行补货的一种库存管理思想。第二个思想是推动式库存管理，这种思想是供货方根据以往的经验、每个需求点的预测需求、可用的空间和其他标准，实现整个供需系统库存水平最低的一种库存管理思想。

任务实施

一、活动准备

背景资料：BMW 的订单要求

汽车制造业对物流供应要求相当高，其中最难的地方在于有效提供生产所需的千千万万个零部件。居世界汽车领导地位的德国 BMW 公司，针对顾客个别需求生产多样车型，因而让难度颇高的汽车制造物流，变得更加复杂。其 3 个在德国境内负责 3、5、7 系列车型的工厂，每天装配所需的零部件高达 4 万个运输容器，供货商上千家。面对如此庞大的供应链，非借助一套精囊妙计不可。

在汽车组装零件的送货控制中，最重要的是提出订货需求，也就是把货物的需要量和日期通知物流采购中心。BMW 在生产规划过程中，可以针对 10 个月后所需提出订货需求，供货商也可借此预估本身对上游供货商所需提出货物的种类和数量。不过，随着生产日期的接近，对方才会更明确地知道需求量。

针对送货控制而言，一般可分为两种不同形式：一种为根据生产步骤所需提出订单；另一种为视当日需要量提出需求。前者由于生产顺序决定需要量，其零件大多在极短的时间内多次运送，由于此种提出订单方式对整个送货链的控制及时间要求相当严格，因此，适用于大批量、高价值或是变化大的零件供应。

对于大多数的组装程序而言，只要确定当天需要量就够了，区域性货运公司在前一天从供货商处取货，把这些货物储存在转运点，大多数只停放一个晚上，隔天就送到 BMW 组装工厂。在送到 BMW 工厂的先前取货并停放在转运点的过程称为前置运送，而第二阶段称为主要运送。

这几年，BMW 认为当日需要量提出订单方式有极大发展潜能，因此，已经把根据生产顺序所需的订货方式进行最佳化研究。

二、活动实施

1. 将学生以 5～6 人为一组分成若干组。

2. 每个小组的成员选择案例中的两个问题进行讨论分析。

3. 每一个小组派一名代表回答案例中的问题。

三、技能训练

请讨论：1. 分析 BMW 视当日需要量提出订单方式的要点及适用范围。

2. 案例中提到的 BMW 公司的采购种类有哪些？

3. 请谈谈你对 BMW 公司供应采购物流的理解和建议。

资料链接

1. 戴尔：在危境中供应链的最佳运作（http：//www. chinawuliu. com. cn/cflp/newss/content1/201108/767 _ 35279. html）

2. 麦包包网络订单驱动供应链模式案例研究（http：//www. chinawuliu. com. cn/cflp/newss/content1/201108/767 _ 35245. html）

3. 企业采购物流案例（http：//www. chinawuliu. com. cn/cflp/anli/caigou13. html）

4. 用科学方法提高采购物流精细化管理（http：//www. chinawuliu. com. cn/cflp/newss/content1/201011/640 _ 34065. html）

任务三　企业生产物流

相关知识

一、企业生产物流概述

制造企业的核心价值链是制造生产过程。伴随着生产过程出现的企业生产物流是企业物流的关键环节，生产物流的通畅关系到企业物流的优化，以及企业竞争力的提高。

1. 企业生产物流的概念

企业生产物流是指伴随着企业内部生产过程的物流活动。

（1）从生产工艺角度分析。企业生产物流是企业物流的关键环节，这种物流活动与整个生产工艺过程是相伴而生的，其物流过程和生产工艺过程密不可分，实际上已经构成了生产工艺过程的一部分。所以生产物流是企业在生产工艺中的物流活动（即物流不断地离开上一工序，进入到下一工序，不断发生搬上搬下、向前运动，暂时停滞等活动）。其过程为：原材料、外购件等物料从企业仓库或企业的“门口”进入到生产线的开始端，再随生产加工过程并借助一定的运输装置，一个一个环节地“流动”。在“流动”的过程中，其自身被加工，同时会产生一些废料和边角余料，直到生产加工终结，再“流”至成品仓库。

（2）从物流范围分析。企业生产物流从原材料、外购件的投入开始，到成品仓库截止。它贯穿了生产的全过程，横跨整个企业（车间、工段），其流经的范围是全厂性的、

全过程的。物料投入生产后即形成物流，并随着生产进程不断改变自己的实物形态（如加工、装配、储存、搬运、等待状态）和场所位置（各车间、工段、工作地、仓库）。

（3）从物流本质分析。企业生产物流是指生产所需物料在空间、时间上的运动过程，是生产系统的动态表现。换言之，物料（原材料、辅助材料、零配件、在制品、成品）经历生产系统各个生产阶段或工序的全部运动过程就是生产物流。

2. 企业生产物流的组织特性

企业的生产过程实质上是每一个生产加工过程“串”起来而形成的物流活动。企业生产物流区别于其他物流系统的最显著的特点是它和企业的生产过程紧密联系在一起的。只有合理组织生产物流过程，才有可能使生产过程始终处于最佳状态。合理地组织生产物流过程需要做到以下几点。

（1）生产物流过程的连续性、流畅性。连续性是指物料总是处于不停的流动中，包括空间上的连续性和时间上的流畅性。空间上要求生产过程的各个环节在空间布置上合理紧凑，时间上要求物料在生产过程中各个环节上的运动都处于连续流畅的状态。

（2）物流过程的节奏性、均衡性。物流过程的节奏性是指产品在生产过程的各个阶段，从投料开始到产成品完工入库，都能保证按计划、有节奏、均衡地进行，要求各个环节在相同的时间间隔内生产大致相同数量的产品，均衡地完成生产任务，避免前松后紧的现象出现。

（3）物流过程的适应性、柔性。柔性通常又称为适应性，是指生产过程的组织形式要灵活。当企业生产产品的型号和种类发生变化时，生产过程能够很快地应变，也就是生产过程要能够在较短的时间内由一种产品的生产迅速转换为另一种产品的生产。物流过程也需要同时具备较强的应变和适应能力。

（4）物流过程的比例性、协调性。比例性是指生产过程的各个工艺阶段之间、各个工序之间在生产能力上要保持一定的比例以适应产品制造的要求。比例关系表现在各生产环节的工人数、设备数、生产面积、生产速率和开次等因素之间的相互协调和适应，所以，比例是相对的、动态的。它是保证生产顺利进行的前提。

3. 企业生产物流的主要影响因素

（1）生产类型。不同的生产类型，它的产品品种、结构的复杂程度、工艺要求以及原料准备都不一样，这些特点影响着生产物流的构成以及相互间的比例关系。

（2）生产规模。生产规模是指单位时间内生产的产品产量，通常以年产量来表示。生产规模越大，生产过程的构成就越齐全，物流量就越大，反之，生产规模越小，生产过程的构成就没有条件划分得很细，物流量也就越小。

（3）企业的专业化与协作水平。社会专业化和协作水平越高，企业内部的生产过程就越简单化，物流流程缩短。某些基本工艺阶段的半成品，如毛坯、零件、部件等，就可由其他专业工厂提供，从而企业可以降低自身的生产成本。

二、企业生产物流的模式

1. 单件生产（也称项目型生产）物流

单件生产（项目型生产）是指具有具体的开始和结束时间、有严格定义的最终目标、有成本和时间控制计划、能够产生具体结果而且只发生一次的生产物流系统。如建筑工程项目、轮船制造等。

单件生产（项目型生产）具有物料采购量大、供应商多变、外部物流较难控制、生产周期长、在制品占用大等特征。

2. 单件小批量型生产物流

单件小批量型生产物流是指需要生产的产品种类很多，但每一个品种生产的数量甚少，生产的重复度很低的生产物流系统。

单件小批量型生产物流具有采购物料所需供应商多变、外部物流较难控制、物流消耗定额不易确定等特征。

3. 单一品种大批量型生产物流

单一品种大批量型生产物流是指生产的产品品种单一，但一次生产的数量多，生产的重复度高的生产物流系统。

单一品种大批量型生产物流具有生产连续性强、物料需求不独立性和内部相关性易于计划和控制、容易确定物料消耗定额、物料供应商固定、外部物流容易控制等特征。

4. 多品种小批量型生产物流

多品种小批量型生产物流是指生产的产品品种繁多，并且每一品种有一定的生产数量，生产的重复度中等的生产物流系统。

多品种小批量型生产物流具有物料消耗定额易确定、对物料供应商要求较高、外部物流较难控制等特征。

5. 多品种大批量型生产物流

多品种大批量型生产物流，又称为大批量定制生产物流，是指一种以大批量生产的成本和时间，提高满足客户需求的产品和服务的新型生产物流系统。

多品种大批量型生产物流具有生产大量标准化基型产品、基型产品重复度高、生产过程柔性要求高、信息化水平要求高等特征。

三、企业生产物流控制

企业生产物流系统由于受到生产企业的战略选择与企业内外部环境的作用和影响，使其在企业生产过程中偏离预定目标，因此，应加强对企业生产物流的过程管理．以实现生产物流的有效控制。

1. 企业生产物流控制系统的组成要素

企业生产物流控制系统的组成要素主要包括控制对象、控制目标和控制主体。

（1）控制对象。控制对象是由人、设备组成的一个系统单元，通过施加某种控制或指令，能完成某种变化。在生产物流系统中，物流过程是主要的控制对象。

（2）控制目标。控制目标是系统预先确定的力争达到的目标，控制的职能就是随时或定期对控制对象进行检查，发现偏差，进行调整，以利于目标的实现。

（3）控制主体。在一个控制系统里，当目标已定，收集控制信息的渠道已畅通时，就需要一个机构来比较当前系统的状态与目标值的差距。如果差距超过容许的范围，则采取纠正措施，下达控制指令。这样的控制机构就成为控制主体。

2. 企业生产物流控制系统的内容

（1）进度控制。物流控制的核心是进度控制，即物料在生产过程中的流入、流出控制，以及物流量的控制。

（2）在制品管理。在生产过程中对在制品进行静态、动态控制以及占有量的控制。在制品控制包括在制品实物控制和信息控制。有效地控制在制品，对及时完成作业计划和减少在制品积压均有重要意义。

（3）偏差的测定和处理。在进行作业过程中，按预定时间及顺序检测执行计划的结果，掌握计划量与实际量的差距，根据发生差距的原因、差距的内容及严重程度，采取不同的处理方法。首先，要预测差距的发生，事先规划消除差距的措施，如动用库存、组织外协等；其次，为及时调整产生差距的生产计划，要及时将差距的信息向生产计划部门反馈；最后，为了使本期计划不作或少作修改，将差距的信息向计划部门反馈，作为下期调整的依据。

3. 企业生产物流控制系统的程序

（1）制订作业计划标准。物流控制从制订作业计划标准开始，所制订的标准要保持先进与合理的水平，随着生产条件等因素的变化，要对标准定期或不定期地进行修订。

（2）制订生产物流计划。依据生产计划制订相应的物流计划，并有目的、有组织、系统地完成计划。

（3）物流信息的收集、传送和处理。

（4）按期调整。为了保证生产物流计划的顺利完成，要及时检查监督计划的执行情况，及时调整偏差，保成生产物流计划的目标，包括短期调整和长期调整。

4. 常见生产物流控制原理

（1）推进式物流控制。推进式物流控制是由生产推进式而来的，基本方式是根据最终需求量，在考虑各阶段的生产期之后，向各阶段发布生产指令量，这称为推送方式。以这种方式进行物流控制的原理称为物流推进式控制原理。该控制原理的特点集中控制，每个阶段物流活动服从集中控制的指令。

（2）拉动式物流控制。拉动式物流控制是在根据最终产品的需求结构，计算出各个生产工序的物流需求量，再根据最后工序的物流需求量，向前一工序提出物流供应要求，前一工序按工序物流需求量向上一工序提出要求。以此类推，各个工序再重复性地向前一工序提出要求，这种方式称为拉动式物流控制。这种方式在形式上是多道工序，但由指令方式不难看出，由于各个工序独立的发布指令，所以实质上是前一阶段的重复。采用此方式的物流控制原理称为物流拉动式控制原理。

一、活动准备

1. 联系一家小汽车装配企业。

2. 准备参观所需的资料。

二、活动实施

1. 由老师带队到装配线上参观小汽车装配的全过程。

2. 学生认真观察，了解其生产物流过程。

三、技能训练

根据参观结果，写一份总结报告。

1. 企业供应链QR法具体实施步骤（http：//www.chinawuliu.com.cn/oth/content/201012/201034155.html）

2. 供应链系统下的企业物流库存管理研究（http：//www.chinawuliu.com.cn/cflp/newss/content1/201103/804_34733.html）

任务四　企业销售物流

一、企业销售物流概述

在买方市场环境下，企业只有满足顾客的需求，才能实现最后的销售。因此，销售物流是企业物流系统中的重要环节，它是企业物流与社会物流的另外一个衔接点。

1. 企业销售物流的概念

企业销售物流是企业为实现销售利润，在销售过程中，将产品所有权转移给用户的物流活动，是产品从生产地到消费地的空间转移。企业的销售物流包括包装、运输、储存、流通加工等活动。

2. 企业销售物流的特征

企业销售物流是通过包装、运输、储存、配送等一系列物流活动实现商品的销售，它具有以下特征。

（1）企业销售物流具有一体化的特征。企业销售物流企业为保证自身的经营效益，伴随着销售活动，将产品所有权不断地转移给客户的物流活动，涵盖了订单处理、包装、运输、储存、配送等多种物流活动，是企业物流系统的一个子系统。

（2）企业销售物流是连接生产企业和用户的桥梁。企业销售物流是企业物流的一部分，以产品离开生产线进入流通领域为起点，以送达用户并提供售后服务为终点，将生产企业和用户衔接起来。

（3）企业销售物流是企业赖以生存和发展的条件。物流是企业的第三利润源，降低销

售成本是企业降低成本的重要环节，而销售物流成本占到了销售总成本的20%左右，因此，销售物流的好坏直接关系到企业利润的高低，影响企业的生存和发展。

(4) 企业销售物流具有很强的服务性。企业销售物流的目的是实现销售，出发点是满足用户的需求，进而实现销售和完成售后服务，因此，企业销售物流具有很强的服务性。在销售服务的过程中，要树立客户至上的理念，快速、及时地满足客户的要求。

二、企业销售物流的主要环节

1. 订单处理

订货是企业销售物流中一个很重要的环节和内容，接受订单，办理接受订货手续是交易活动的始发点，为了迅速准确地将商品送到，必须准确迅速地处理接受订货的各种手续。

2. 产成品储存

产成品储存是企业销售物流系统的重要内容，其目的是能够及时、优质地满足客户的需求，实现产成品的可得性。产成品的可得性是衡量企业销售物流系统服务水平的一个重要参数。如果出现了缺货，不仅使客户的需求得不到满足，还会增加企业进行销售服务的物流成本，也会增加失去客户的风险。

3. 产成品包装

对产成品进行包装是企业生产物流的终点，是企业销售物流的起点。产成品的包装具有保护产品、方便储存和运输、促进销售和方便使用的功能。因此，包装是企业销售物流中不可缺少的一个环节。

4. 运输

运输是将产成品送达客户指定地点的物流活动。企业可以自己送货，也可以委托第三方进行送货，有时候，客户会直接到企业取货。在进行运输的过程中，企业要根据产成品的批量、运输距离、地理条件、客户要求等因素确定正确的运输方式，尽量降低运输成本。

5. 客户服务

在现在的市场环境下，客户购买产品时都希望获得更多的高附加值的服务。高效的客户服务业成为企业提高竞争力的一个重要手段。因此，客户服务也是企业销售物流的一个重要内容。

三、企业销售物流合理化

如果企业拥有一个合理、高效的销售物流体系，制定科学的管理目标，配合良好的营销活动，可以保证企业在为客户提供服务的基础上实现自身的利益，达到企业的终极目标。企业合理化的形式是多种多样的，它们可以同时在销售物流合理化中得到应用，以收到多重效益。

1. 大量化

这是通过增加运输量使物流合理化的一种做法，一般通过延长备货时间得以实现。随着客户需求变化的多样性，客户订货偏向了每次订货批量小、品种多的趋势，这样就增加了企业在发货方面的成本。为了解决这种需求的零星化和发货的大量化的矛盾，可以采用大量化策略。

2. 计划化

计划化是实现销售物流合理化的首要条件，也是提高物流服务质量的重要标志。企业为了在销售竞争中立于不败之地、保证扩大销售的状态，提高物流效率势在必行。这就要求企业制订周密的配送计划，实现送货的计划化和集中化。例如，在运输活动中采取按路线配送、按时间表配送、混装发货、利用归途车等措施。

3. 商流和物流分离

商流和物流分离就是将订单活动与配送活动相互分离。这样，就把自备车辆运输与委托运输乃至共同运输联系在一起了。利用委托运输或共同运输可以压缩固定费用开支；提高了运输效率，降低了运输成本。

4. 差别化

差别化是根据商品周转的快慢和销售对象规模的大小，把保管场所和配送方式区别开来。

第一种方式是根据商品周转的快慢进行差别化管理，实行周转较快的商品群分散保管；周转较慢的商品群尽量采取集中保管的原则，以做到压缩流通阶段的库存，有效利用保管面积，库存管理简单化等。

第二种方式是根据销售对象决定物流方法。例如，供货量大的销售对象从工厂直接送货；供货量分散的销售对象通过配送中心供货，使运输和配送方式区别开来。对于供货量大的销售对象，每天送货；对于供货量小的销售对象集中一周配送一次等，把配送的次数灵活掌握起来。在采取以上任何一种形式时，都要把注意力集中在解决节约物流费用与提高服务水平之间的矛盾关系上。

5. 共同化

在配送合理化方面，最先进的方式之一是实现共同配送。共同配送打破了单个企业物流合理化的局限，将其他企业联合起来共同配送，提高配送车辆的利用率，从而进一步实现企业物流的合理化，降低物流成本。

任务实施

一、活动准备

1. 收集丝宝集团的相关信息。
2. 准备调研所需资料。

二、活动实施

1. 将学生以5～6人为一组分成若干组。
2. 每个小组选择丝宝集团的一个或结果产品为研究对象，了解其销售物流的操作方法和业务流程。

三、技能训练

根据调查研究结果，各小组写一份调查报告。

资料链接

1. 长虹公司的合理化运输

长虹公司是我国家用彩色电视机最大的厂商，1998 年长虹将设置在全国各地的分公司处理的保管和配送等业务，从各分公司中分离出来，设置配送中心，在那里制订有计划的、集中处理的物流战略计划。长虹公司过去采取的方法是：将工厂装配好的产品，直接通到各地从事经营的商店，暂时保管，然后再根据客户的订货，配送到客户所在地。不管配送件数多少，各分店中都必须配备通货人员和卡车。运输费用占物流费用的 70%以上。长虹面临这种成本压力，物流费用的必然上升将严重影响企业的竞争力。长虹采用上述商物分离的办法，设置配送中心，制订合理化物流计划，取得很好的成效。配送中心建立在分公司集中的大城市内，一个中心可承担约 20 个分公司的商品配送业务。建立配送中心，分公司的车辆和送货人员就可以压缩，这样，就能用较少车辆运送大量货物。更进一步，还可实行从工厂到消费者的一贯制产品运输，这可以取得大批量运输等好的成效。

2. 联想销售物流体系（http：//www. docin. com/p－111831452. html）

3. 销售物流讲座（http：//v. youku. com/v _ show/id _ XMjMxMDAwNjky. html）

任务五　逆向物流

相关知识

一、逆向物流

近年来，随着电子商务的快速发展，物流业已从传统的流通业中独立出来并日益受到人们的关注，而随着我国每年因退货、过量生产、不合格退回、报废和损坏等产生的损失快速增长，以及人们环保意识的增强，环保法规约束力度的加大，逆向物流的经济价值也逐步显现。

1. 企业逆向物流的概念

我们通常所说的物流一般是指“正向物流”，但一个完整的供应链除了正向物流外，还包括逆向物流。逆向物流的概念有狭义和广义之分。

狭义的逆向物流（Returned Logistics）是指对那些由于环境问题或产品已过时的原因导致产品、零部件或物料回收的过程。它是将排泄物中有再利用价值的部分加以分拣、加工、分解，使其成为有用的资源重新进入生产和消费领域。

广义的逆向物流（Reverse Logistics）除了包含狭义的逆向物流的定义之外，还包括废弃物物流的内容，其最终目标是减少资源使用，并通过减少使用资源达到废弃物减少的目标，同时使正向以及回收的物流更有效率。

2. 逆向物流产生的原因

“逆向物流”这个词最早出现在1992年美国物流管理协会的一份研究报告中。对于企业而言，逆向物流往往出于以下动机：环境管制、经济利益（体现在废弃物处理费用的减少、产品寿命的延长、原材料零部件的节省等方面）和商业考虑。同时，随着人们环保意识的增强，环保法规约束力的加大，企业被迫承担起更多回收产品的责任。

二、回收物流

1. 回收物流的概念

回收物流是指将最终客户所持有的废旧物品或他们不再需要的物品、企业在生产、供应、销售的活动中产生的各种边角余料和废料等回收到供应链上各节点企业，并重新加以利用的过程。

2. 回收物流的业务流程

回收物流的业务流程主要包括以下几个环节。

（1）收集。收集就是将废旧物品从废物中分离出来进入回收渠道。

（2）分拣。对收集回来的各种废旧物品进行分拣，这个工作可以在收集过程中参照物料再制造的各种标准进行。

（3）运输。从废旧物料的收集到返回制造商，都需要涉及运输环节。

（4）检测。一般情况下，在检测之前并不知道所回收物品的新旧程度，因此，检测活动的分散性是物料回收中的一个主要问题。

（5）再制造。废旧物流回收后，需要对其进行处理，如果发现产品已经有破损，不能作为无缺陷产品直接出售，就需要对其进行再制造和整修。

（6）配送。回收再加工后的物品重新进入正向物流阶段可与其他新产品的配送同时进行。

三、废弃物物流

1. 废弃物物流概念

废弃物物流是经济活动中基本失去或完全失去原有使用价值的物品，根据实际需要进行收集、分类、搬运等，并分送到专门处理场所时所形成的物品实体流动。

2. 企业废弃物的种类

（1）按照废弃物的物理形态分类

①固体废弃物。固体废弃物也称为垃圾，其形态是各种各样的固体物混合杂体。这种废弃物流一般采用垃圾处理设备处理。

②液体废弃物。液体废弃物也称为废液，其形态是各种成分的液体混合物。这种废弃物物流常采用管道方式排放或者净化处理。

③气体废弃物。气体废弃物也称为废气，主要是工业企业，尤其是化工类工业企业的排放物。多种情况下是通过管道系统直接向空气中排放。

（2）按照形成废弃物的来源分类

①产业废弃物。产业废弃物也称为产业垃圾。

②生活废弃物。生活废弃物也称为生活垃圾。

③环境废弃物。企业环境废弃物一般有固定的产出来源，主要来自企业综合环境中。

3. 目前企业对废弃物的几种物流方式

(1) 废弃物掩埋。大多数企业对企业产业的最终废弃物，是在政府规划地区，利用原有的废弃坑塘或用人工挖掘出的深坑，将其运来、倒入，表面用好土掩埋。其优点是不形成堆场、不占地、不露天污染环境、可防止异味对空气污染，同时掩埋后的垃圾场，还可以作为农田进行种植或进行绿化；缺点是挖坑、填埋要有一定投资，在未填期间仍有污染。

(2) 垃圾焚烧。垃圾焚烧是在一定地区用高温焚毁垃圾。这种方式只适合用于有机物含量高的垃圾或经过分类处理将有机物集中的垃圾，因为这类垃圾本身具有易燃性，因此采用焚烧的办法是很有效的。

(3) 垃圾堆放。在远离城市地区的沟、坑、塘、谷中，选择合适位置直接倒垃圾也是一种物流方式。

(4) 净化处理加工。净化处理加工是垃圾（废水、废物）进行净化处理，减少对环境危害的物流方式。

四、退货物流

1. 退货物流的概念

退货物流是指下游客户将不符合订单要求的产品、根据销售协议规定将接近有效期限的产品或者有瑕疵的产品退回给上游供应商，其流程与正向的物流正好相反。

2. 退货物流产生的原因

(1) 客户的无理由退货。没有明确的理由，客户坚持退货。

(2) 产品过期造成的退货。下游客户的产品接近或超出有效期限，根据销售协议规定可以退货。

(3) 产品不合格导致的退货。产品本身质量有问题，或者是因为型号不符合客户的要求需要退货。

(4) 产品运输不合理造成的退货。由于订单处理疏忽或调度有误导致产品错误运输需要退货。

(5) 产品有危害导致客户不满意的退货。产品本身可能对环境或人体产生危害，客户要求退货。

任务实施

一、活动准备

学生分小组，以小组为单位结合案例讨论供应链的概念、供应链管理的内容等。

二、活动实施

每个小组分别查找一个关于逆向物流管理的案例，进行小组讨论。然后，每个小组派

一名代表发表本小组的观点。

三、技能训练

请讨论：1. 实施逆向物流的意义是什么？

2. 废弃物已经没有任何价值，为什么还要增加物流成本？

资料链接

1. 浅析发展逆向物流的现实意义、实施困难及改变措施（http：//wenku. baidu. com/view/89165fd96f1aff00bed51e03. html）

2. 废弃物与回收物流案例分析（http：//wenku. baidu. com/view/8391c35e312b3169a451a44c. html）

模块总结

本模块主要介绍了企业物流及其子系统。企业物流是指生产企业或流通企业内部发生的物流活动。企业物流包括企业供应物流、企业生产物流、企业销售物流和企业逆向物流四个子系统。了解并掌握企业物流四个子系统的概念、构成及在企业物流中发挥的作用，掌握四个子系统的管理内容和管理模式，可以更好地理解企业物流。

案例

曼哈顿的退货解决方案

为了帮助消费者处理不同的退货，曼哈顿合伙企业——美国亚特兰大一家供应链提供商与其他的软件提供商设计了新的解决方案。大多数企业都有自己处理退货的方针，要遵循许多的供应商规则，但是这些方案都不简单。据曼哈顿合伙企业逆向物流的高级总管David Hommrich介绍，其实每一个企业都会有自己的退货产品的处理政策，但是由于每一个企业的政策不同，加上操作人员对其不熟悉，使处理退货的政策指南只能束之高阁，无人问津。因此，曼哈顿合伙企业的一个目标就是要使退货政策深入人心。

曼哈顿合伙企业的“退回供应商”模型能够把所有供应商退货管理的政策纳入计划。比如说，一个DVD制造商要求每次退回的DVD数量为20。那意味着企业必须搁置19件，直到第20件到来才能处理。然而，曼哈顿的“退回供应商”模型可以自动生成一个拣选票据，并且能够把票据传输给仓储管理系统。这样，曼哈顿合伙企业就可以避免退货管理中经常出现的问题。

此外，曼哈顿合伙企业的退货政策还具有“守门”功能，可以防止不符合条件的产品的退回。例如，一个制造商可能与一家批发商签订协议，不管是否是质量问题，都只允许一定比例的退货。在这种情况下，企业就必须实时掌握退货的数量。一些企业只允许批发商每季进行一次退货，另一些企业的退货数量与产品的生命周期有关。不管哪种情况，都涉及“守门”功能。曼哈顿合伙企业按照退货处理政策，以关系、产品或环境为基础，动

态地解决各种情况，自主决策。

问题：曼哈顿是如何进行退货管理的？

作业

简答题

1. 企业物流的特征是什么？
2. 企业物流有哪些类型？
3. 供应物流的内容有哪些？
4. 描述生产物流的两个控制原理。
5. 销售物流在企业物流中起到什么作用？
6. 理解实施逆向物流的意义。

参考文献

[1] 周建亚．物流基础［M］．北京：中国物资出版社，2007.

[2] 林勇，马士华．物流管理基础［M］．武汉：华中科技大学出版社，2008.

[3] 李向文，冯茹梅．新物流概论［M］．北京：北京大学出版社，2013.

[4] 田学军．供应链管理［M］．北京：中国财富出版社，2013.

[5] 王成林，付青叶．物流实验实训教程［M］．北京：中国财富出版社，2013.

[6] 刘安凤．现代物流管理概论［M］．北京：中国物资出版社，2006.

[7] 郑志军．物流管理高级技能人才培养研究［M］．广州：暨南大学出版社，2013.

[8] 庞燕，王志伟．普通高等学校物流美学科专业创新人才培养模式研究［M］．北京：中国物资出版社，2011.

[9] 翁心刚，安久意．销售物流［M］．北京：中国财富出版社，2013.

[10] 甘卫华，尹春建，曹文寒．现代物流基础［M］．北京：电子工业出版社，2010.

[11] 段圣贤．现代物流概论［M］．北京：电子工业出版社，2010.

[12] 范学谦．物流管理［M］．南京：南京大学出版社，2012.

[13] 黄福华，任豪翔．现代物流经营概论［M］．北京：中国物资出版社，2006.

[14] 董绍华，宓为建．物流管理实验实训——任务导向型教程［M］．北京：中国物资出版社，2011.

[15] 王爽，鲁艳萍，陈成．现代物流基础［M］．北京：首都经贸大学出版社，2014.

[16] 陈晖．现代物流管理［M］．郑州：郑州大学出版社，2010.